书山有路勤为径,优质资源伴你行
注册世纪波学院会员,享精品图书增值服务

微权力下的项目管理

如何在有责无权的状况下带领项目团队获得项目成功

（第3版）

肖杨◎著

电子工业出版社
Publishing House of Electronics Industry
北京·BEIJING

未经许可，不得以任何方式复制或抄袭本书之部分或全部内容。
版权所有，侵权必究。

图书在版编目（CIP）数据

微权力下的项目管理：如何在有责无权的状况下带领项目团队获得项目成功 / 肖杨著. —3 版. —北京：电子工业出版社，2024.6
ISBN 978-7-121-47824-6

Ⅰ. ①微… Ⅱ. ①肖… Ⅲ. ①企业管理－组织管理－研究②企业管理－项目管理－研究 Ⅳ. ①F272

中国国家版本馆 CIP 数据核字（2024）第 092356 号

责任编辑：刘淑丽
印　　刷：三河市鑫金马印装有限公司
装　　订：三河市鑫金马印装有限公司
出版发行：电子工业出版社
　　　　　北京市海淀区万寿路 173 信箱　邮编：100036
开　　本：720×1000　1/16　印张：18.25　字数：384 千字
版　　次：2016 年 10 月第 1 版
　　　　　2024 年 6 月第 3 版
印　　次：2025 年 4 月第 3 次印刷
定　　价：88.00 元

凡所购买电子工业出版社图书有缺损问题，请向购买书店调换。若书店售缺，请与本社发行部联系，联系及邮购电话：（010）88254888，88258888。
质量投诉请发邮件至 zlts@phei.com.cn，盗版侵权举报请发邮件至 dbqq@phei.com.cn。
本书咨询联系方式：（010）88254199，sjb@phei.com.cn。

微权力的项目环境，造就大作为的未来领袖

微权力的项目环境在国内非常普遍，这也一直都是在国内从事项目管理工作的各类从业人员感到最痛苦的一件事情。由于没有被授予与自己在项目中所承担的责任相匹配的权力，作为项目负责人或项目经理，无论是调动项目资源还是组织大家协同工作，都是非常费心费力的，而且不能简单粗暴地借助被授予的权力来直接解决人员配合的问题。然而，正是这样一种逆境式的工作环境，反而更容易激发项目管理从业人员的真正潜力，造就具有过人领导力和能力的项目负责人或项目经理，在未来充满变化的商业和企业环境中，带领团队成就超越前人的一番事业。

一、锻炼"博弈能力"

众所周知，项目这种特别的组织管理模式最早诞生于第二次世界大战的"曼哈顿计划"，就是美国发明原子弹的那个伟大计划。正因为美国人发明了项目管理这种方法，才能在本来处于技术劣势的情况下比德国人更早地把原子弹发明出来，从而赢得了战争。这也是在第二次世界大战之后美国坚定地在其军事领域贯彻组织级项目管理机制和推行多层级项目管理办公室（Project Management Office，PMO）的重要原因。

从项目管理的起源上，我们可以看到项目管理的以下几个特点：

（1）项目管理最适合的场景是战争环境或激烈的商业或企业内的博弈环境。

（2）项目管理是为了比竞争对手更抢先地实现创新且挑战很大的目标而特别创立的一种跨职能的组织形式，其目的是在更短的时间内建立跨职能的协同性。

（3）项目经理的使命在于通过项目管理的组织形式有效地根据战略规划跨职能地组织进攻，培养快速出击和突破的能力。

因此，在这种激烈竞争和博弈的商业环境下从事微权力的项目管理工作，可以很好地锻炼自己的博弈能力。

二、塑造"大局观"

很多人都误认为"项目管理"和"管理项目"是一回事，其实不是。在西方的项目管理理念里，项目中的工作内容大体上可以分为三类：项目管理工作、端到端的业务工作（实现项目产品的业务流程），以及对职能部门的支持工作。我们通常所学习的西方项目管理方法仅仅涉及了项目中的项目管理流程和工具，而不是项目中的全部内容。而且，在任何一个项目中，端到端的业务工作才是项目中的核心价值流，而项目管理工作和对职能部门的支持工作都是为了让项目中的业务流程更顺畅而存在的。对于项目管理来说，其价值在于通过整体规划和调控机制可以更科学地梳理和整合项目中原本分散的业务资源，确保在更短的时间内形成合力和协同，实现项目中的业务目标和收益。作为项目经理，如果仅仅懂得项目管理方法却不熟悉项目中各种不同的业务工作或不同职能的项目成员特点的话，是没办法将项目中这些不同领域的资源和工作根据实现项目目标的路径进行有效整合的，也就发挥不出项目管理的效力。因此，优秀的项目管理负责人或项目经理一定要同时具备知识的深度和广度，要具备多领域、多元化的知识和技能，既要懂技术，又要懂管理，只有综合能力强，能够站在大局的高度来思考和判断，善于识别和整合各类不同的资源，才能在较短的时间内发现在别人看来各不相关的各种资源和工作任务之间的潜在关联关系，并协助它们建立联系，形成一体。

在微权力的项目环境下，项目经理跟随项目发起人（往往是组织的大领导）长期进行跨领域、跨职能、跨文化、跨层级的组织协调工作，可以很好地锻炼自己从组织大局的角度来思考和解决问题的能力，帮助自己塑造作为领导者所必需的大局观。

三、树立"拥抱变化"的自信

拥抱变化不仅仅是一种意愿，更是一种面对变化时的自信和从容，是在经历了多次的场景变化后依然能保持自信、好奇甚至热衷的一种自信心。项目永远处于一个变化的环境中，作为项目来进行管理的工作往往是那些具备鲜明的创新性或变革性的重要任务。这些工作在启动的初期往往充满了目标的模糊性、利益相关方之间的冲突和矛盾、环境和范围的不确定性，以及不计其数的变化，因此会对带领团队的人形成很大的挑战。然而，由于这类工作的风险较大，为了避免较大的损失，企业高层往往不会授予项目负责人很大的权力，以减少试错成本，但会赋予其很大的责任，以确保项目负责人和项目团队会竭尽全力来应对挑战，突破自我，实现创新。

这种性质的工作一定不适合那些长期在企业稳定环境下管理团队的管理者来担任领导者，而更适合那些能在变化的环境下脱颖而出、表现出过人的应对变化能力的人。作为长期在这样的环境下带领、组织和协调大家来开展工作的项目经理，会逐渐消除自己对于未知变化的恐惧，树立应对变化的信心，甚至培养出对未知变化的向往和期望的感觉，逐步建立带领大家共同面对未知变化的领导力。

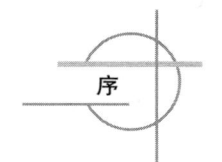

四、学会找"管理"要"收益"

项目的价值和项目管理的价值是不一样的。项目的价值是创造产品实现项目预期的成果和收益。而项目管理的价值是用更短的时间和更少的资源创造产品和实现项目预期的成果和收益。

项目的最终价值一定要体现在业务层面,因此项目经理只懂项目管理不懂业务是发挥不出作用的。又因为自己处于有责无权的环境下,没有办法强迫业务或技术专家替自己去思考这些问题,所以只能逼迫自己去学习项目中的业务和技术,思考如何通过项目管理的方法和工具来整合和控制项目中的各类业务和技术工作,才能实现项目的目标和收益。长期在这种环境下工作,会在潜移默化中锻炼出项目经理整合项目管理与业务和技术的能力,逐渐学会通过项目管理的方式更好地整合不同类型的技术,加速实现项目中的业务工作,从而达到最大化项目收益的效果。这恰恰也是未来的领导者所必需的能力。

五、建立"平衡",推动"合力"

项目成功的关键在于可以在较短的时间内帮助项目中的不同利益相关方建立平衡,形成合力和协同。

项目是组织创新或变革的载体,而颠覆式或突破式的创新又往往来源于跨界或跨领域的冲突。因此,绝大多数企业会自然而然地通过创造跨界冲突的环境来建立创新的过程和实现创新的目标,而承载这个过程的组织形式就是我们所说的项目。通常,项目是在项目中的各个利益相关方之间充满冲突的环境中开始的,而项目的创新或变革目标的确定和实现又必须由这些原本相互不能协同的利益相关方通过协同来实现。那么,尽早在项目的不同利益相关方之间建立平衡,在项目的小环境中让不同利益相关方求同存异,在一定时间内统一目标和方向,抱着形成合力的态度却又可以在项目中公正公平地表达自己的观点和建议,最终形成协同创新的局面就变得特别重要。老祖宗告诫我们"兄弟同心,其利断金",企业创新离不开大家的合力,而项目经理恰好是在这种有责无权的挑战性环境下不断地锻炼自己整合各路人马、建立临时的平衡及形成合力的能力,从而打造了自己在微权力环境下的领导力。

六、微权力的环境造就具备"领导力"的领袖

目前国内很多企业,虽然企业的规模发展得很大,但是企业的管理成熟度普遍偏低,甚至包括很多细分领域的行业龙头企业,且大多处于科层制的职能型管理模式下,一些刚刚度过了野蛮生长期的企业还处在人治的管理模式下,甚至连企业管

理的专业化、规范化和标准化都还没有做到，就在国家政策和宏观经济发展趋势的推动下急剧地扩张成了大规模的企业。然而，在当前各个行业的发展速度放缓甚至开始下滑的局势下，这些管理成熟度不高的企业在管理上的弱点对企业的发展和转型造成了极大的影响。但很多企业内曾经的功臣仍然沉浸在自己数年前的丰功伟业的回忆里，而拒绝颠覆自己过去的认知，以及进一步学习和成长的机会，总是希望用自己一成不变的思考和工作方式来带领团队创造与过去和现在都完全不同的企业未来竞争力。这种目前非常普遍的现象极大地阻碍了企业的战略落地和转型模式，也同样给那些负责带领企业创新和变革的项目负责人或项目经理带来了非常大的挑战。

除此以外，项目经理有责无权的状况也是在目前中国企业环境下非常普遍的现象，而且我个人认为这种现象在短时间内应该不会有太大变化。然而，这种貌似对项目经理来说非常恶劣的工作环境，其实对项目经理个人来说却是非常难得的锻炼和成长环境。

《孟子》中提到"故天将降大任于是人也，必先苦其心志，劳其筋骨，饿其体肤，空乏其身，行拂乱其所为，所以动心忍性，曾益其所不能"，正所谓"玉不琢不成器"，在我看来，对于项目经理的成长来说，也是相同的道理。

正因为在当前中国的环境下，项目经理没有权力或仅有微小的权力，却又背负带领跨职能、跨领域的各路人马在未知的创新领域闯出一片天地的重任，就不得不逼迫自己通过快速学习来获取各种不同领域的知识，通过实践来提升自己的技能，通过以柔克刚的方式来影响有权力和有能力的人来支持自己的想法和目标，站在大局的角度来帮助各个不同利益相关方建立项目中的动态平衡。由于长期在这种微权力的项目环境下锲而不舍地开展工作，如果方式得当的话，项目经理的个人领导力将会得到飞速的提升，也能获得越来越多的关键利益相关方的信任和支持，从而成为企业转型和创新的中坚力量。无论是在国际还是在国内，都必须培育出更多有格局、有远见、有技术、懂管理、开放、包容、拥抱变化且善于整合资源的新时代复合型人才，才能带领大家实现命运共同体的美好未来，而微权力的项目环境恰好是培育这类未来领袖的摇篮。

前言

当前，我国不缺外来的管理方法，包括项目管理方法。从20世纪90年代开始，各种项目管理方法不断被引入我国，现在市面上大家可以看到各种流派的外来项目管理方法的书籍和认证考试。值得注意的一点是，虽然这些外来方法是在西方国家发展历程中的不同历史时期产生的，却在同一时期涌入我国。所以对于想学习项目管理的人来说，现在最大的问题不在于缺少项目管理方法，而是方法太多，不知道学谁家的好！与此同时，我们发现绝大多数学习了西方一些知名项目管理方法并取得了相关专业资质的项目经理在实际工作中仍然感到无从下手，无法将学到的先进项目管理方法应用到实际工作中，这种现象无论是对企业管理者来说，还是对项目管理从业人员来说，都造成了很大的困扰。

目前，市面上主流的西方项目管理知识体系主要有三个：一是美国项目管理协会（PMI）及其知名认证PMP；二是英国内阁办公室所开发和拥有的项目管理产品及其知名认证 PRINCE2；三是来自瑞士的国际项目管理协会（IPMA）及其知名认证 IPMP。第一个代表典型的美国项目管理流派，第二个代表典型的英国项目管理流派，第三个代表典型的偏欧洲的项目管理流派。这三大流派基本上代表了目前世界上比较主流的三种文化思想，当然，三大流派背后的起因也不太一样。PMP 产生于军工，特别适合装备制造、军工生产，它是由这类工作衍生出来的，特点是大而全，比较像大百科全书，囊括了全球所有与项目管理相关的概念、方法、工具和技术，其经典著作为《项目管理知识体系指南》。PRINCE2 最早是英国政府为了管理IT 项目而开发的项目管理方法，是从 IT 项目管理中衍变出来的一套项目管理方法。它的全称是 Project in Controlled Environment Second Version，翻译过来为"受控环境下的项目管理第2版"。由于这套方法是英国政府提出的，所以特别侧重建立受控机制，尤其是对项目相关人员的管控和协同。IPMP 的拥有者是 IPMA，IPMA 是世界上第一个成立的项目管理协会，比较注重欧洲的人文文化，特别关注人和组织的能力问题，其最大的贡献是提出了对项目管理能力和项目经理能力评定的模型和指标库，尤其侧重帮助组织界定什么样的人适合什么样的项目岗位。其实 IPMP 有一个项目管理人员能力评定基准，对项目经理进行了等级划分，以界定不同等级的项目经理所需的不同能力。这三大流派之所以能在世界上一直存在，而且能各树一杆大旗，主要就是因为它们各有各的特色。当然，除了这三大主流项目管理方法，大家还可以看到一些专业领域的项目管理方法，比较知名的有软件开发项目管理的CMMI和敏捷开发模式，以及新产品开发领域的NPD等。

虽然我们可以看到或学习到各种流派的项目管理方法，但是很难把它们照搬到自己的组织里。为什么？因为大家没搞清楚这些方法在企业发展到什么样的阶段才适用，也没搞清楚适合这些方法的西方企业本身的文化与我们自己的组织文化的差异，这些差异对企业能否顺利移植西方方法是至关重要的。在我培训或演讲的时候，经常有人问我哪种项目管理方法更好，我通常的回答是："所有在中国能看到的外来方法一定都是非常好的，否则很难被引入国内，目前因为我不了解你所在企业的企业文化和当前的企业管理成熟度，所以我没办法判断哪种方法更适合你所在的企业。"

在我过往的从业过程中，我既做管理咨询顾问，也做培训讲师，并且取得的各类流派的项目管理资质证书也很齐全，精通各种项目管理流派和不同国家的项目管理方法。在把很多不同流派的项目知识进行充分对比并通过企业实践融会贯通后，我的个人体会是，项目管理的本质都是一样的，只是不同流派的侧重点不一样。究其原因，每种方法来源的国家不同，产生的时期不同，造成了不同的管理侧重。因此，我认为学习任何一种方法，一定要关注它背后的文化和产生的时期。作为有5000多年历史的国家，中国其实是一个特别有思想的国家，尤其在春秋战国和汉代的时候，我们有诸子百家，其实也代表了多种不同流派的思想体系和方法。每个国家都有一套符合自身特点的项目管理方法，而现在我国目前缺少一套特别拿得出手的中国项目管理方法。这就是我们一直在学其他国家的方法，用着却又总是很别扭的原因。

一直以来，我都希望可以为中国的项目管理从业人员写一本适用于我国企业当前特点的项目管理图书。作为一个多年一直在国内外企业一线摸爬滚打、总结提炼的项目管理者、管理咨询顾问和培训师，我不断地边学习、边实践，尝试在实践中不断地消化和吸收自己所学的各种西方项目管理方法和标准之后再结合实践体会进行创新，经过多年，逐步形成了一套属于自己的项目管理套路。经过多家国内行业龙头企业的实际应用证明，相比西方项目管理方法，它在中国文化的企业里是更加行之有效的。我将这套具有中国特色的项目管理方法称为微权力下的项目管理方法。我觉得自己有责任将这个方法分享给大家，以帮助更多的企业、项目经理及有志于在项目管理道路上发展和奋斗的同人少走弯路，更快地认识项目管理的本质和精髓，尤其是学到如何能在中国的文化下把项目管理做成功的套路。

在写本书的过程中，我得到了家人、学员、客户和朋友的大力支持和帮助，也希望借此机会，表达我对大家发自内心的感谢。感谢《微权力下的项目管理》的各位读者，是你们对本书的充分认可，让我有了更大的信心把微权力下的项目管理方法继续发展和推广下去。另外，特别感谢电子工业出版社的编辑，引导我走上写书的道路，并且在我写书的过程中一直给予大力鼓励和协助。特别感谢付亚清老师和赵灿老师在我修订《微权力下的项目管理》(第3版)过程中协助我整理素材。

目录

思维篇：项目管理的底层逻辑

第1章 转换思维，认识项目和项目管理 ·· 2
    1.1 为打破部门墙而诞生的项目 ··· 2
    1.2 项目到底是什么 ··· 3
    1.3 项目的五个典型特点 ··· 5
    1.4 项目管理和管理项目不是一回事 ··································· 10
    1.5 PMBOK 与 PRINCE2 的差异 ·· 11
    1.6 项目管理的 ISO 国际标准与中国国家标准 ···················· 12
    1.7 线性、敏捷型和适应型项目管理 ··································· 15
    本章小结 ··· 18

第2章 卓越项目经理的人才画像与能力进阶的五个层次 ··············· 19
    2.1 理解项目经理的角色 ··· 19
    2.2 游走于领导与管理之间的项目管理模式 ······················· 22
    2.3 学会用正确的方式与领导者沟通 ··································· 24
    2.4 技术骨干转型项目经理的四个难点 ······························· 28
    2.5 基于国家标准的卓越项目经理人才画像 ······················· 31
    2.6 项目管理专业人员能力进阶的五个层次与职业发展路径 ······· 34
    本章小结 ··· 39

第3章 中国特色，微权力下的项目管理方法 ································· 40
    3.1 微权力下的项目管理方法模型 ······································· 40
    3.2 一个核心思想："借力" ··· 41
    3.3 三项核心任务：定方向、搞定人和干成事 ··················· 43
    3.4 项目生命周期的四个发展阶段：确立目标、建立组织、交付项目和移交收尾 ··· 45
    3.5 项目经理必须具备的六个人格特质 ······························· 50
    3.6 项目经理必须掌握的八项实战技能 ······························· 52

本章小结 ··· 56
第4章　如何建立受控的项目组织环境 ··· 57
　　4.1　明确项目的召集人（项目发起人） ····································· 57
　　4.2　任命项目总监 ··· 58
　　4.3　任命项目经理 ··· 59
　　4.4　通过业务价值论证澄清项目目标 ······································· 59
　　4.5　通过WBS分解项目的最终目标 ·· 60
　　4.6　物色最适合担任工作包负责人的人选 ·································· 61
　　4.7　建立以项目总监为核心的项目领导小组 ······························· 62
　　4.8　项目经理通过向项目领导小组汇报获得项目所需的资源 ············· 62
　　4.9　项目经理要把自己变成项目领导小组的授权代表 ···················· 64
　　　本章小结 ··· 65

方法篇：项目经理的八项实战技能

第5章　分析环境，找到借力的来源 ··· 67
　　5.1　项目管理所处的环境——敏捷组织环境 ······························· 67
　　5.2　企业由野蛮生长走向敏捷的路径 ······································· 70
　　5.3　适应性组织框架下的战略管理、职能管理、流程管理与项目
　　　　 管理的关系 ··· 78
　　　本章小结 ··· 80
　　　篇外篇　某研究所在项目管理上的"痛" ································ 81
第6章　论证价值，统一大家的方向 ··· 84
　　6.1　论证项目是否具备投资价值的三个维度 ································ 84
　　6.2　梳理从项目产出到成果到收益的路线图 ······························· 86
　　6.3　编写项目业务可行性分析报告 ··· 89
　　6.4　项目业务价值论证的生命周期 ··· 90
　　6.5　常用的投资评估技术 ··· 92
　　　本章小结 ··· 92
　　　篇外篇　以价值为导向的项目闭环管理 ································· 93
第7章　分解目标，编制科学的项目计划 ·· 98
　　7.1　项目管理计划与项目进度计划 ··· 99
　　7.2　项目任务书 ·· 100
　　7.3　项目产品描述 ··· 100
　　7.4　项目中的管理阶段与技术阶段 ·· 102
　　7.5　三层项目阶段评审模式 ·· 105

		7.6	产品项目管理模式端到端流程框架	106
		7.7	基于产品的规划技术	108
		7.8	制订项目计划的两个阶段	117
		7.9	制订项目计划的几个心得	118
		本章小结		120
第 8 章	建立组织，打造项目利益相关方的统一战线			122
		8.1	项目中的三种利益相关方	123
		8.2	项目中的层级划分	124
		8.3	项目内九种关键的项目角色的制衡关系	126
		8.4	项目管理委员会——项目经理权力的来源	133
		8.5	打造项目利益相关方的统一战线	134
		8.6	案例：某金融行业产品部产品项目和战略项目的组织结构演变	138
		本章小结		139
		篇外篇 用项目管理的底层逻辑解读《西游记》		139
第 9 章	控制质量，确保项目利益相关方满意			144
		9.1	项目质量管理的关键路径	145
		9.2	项目质量控制方法	154
		9.3	质量评审技术	156
		9.4	项目质量管理的卫道士——项目质量保证	160
		本章小结		161
第 10 章	管理风险，学会有效地应对不确定性			162
		10.1	项目风险管理没有效果的三个主要原因	162
		10.2	风险≠不确定的事件	163
		10.3	用三段论描述风险	165
		10.4	风险管理全景图	169
		10.5	风险管理的第一个步骤：风险识别	170
		10.6	风险管理的第二个步骤：风险评估	174
		10.7	风险管理的第三个步骤：风险计划	175
		10.8	风险管理的第四个步骤：风险实施	177
		10.9	贯穿项目风险管理的沟通和汇报机制	179
		本章小结		180
第 11 章	量化指标，实现基于项目的考核和评价			181
		11.1	项目成功的三个层次	181
		11.2	项目评价≠项目经理评价	183

11.3 项目评价的维度——目标达成率 ················· 185
11.4 项目评价的维度——过程符合性 ················· 191
11.5 项目评价的维度——利益相关方满意度 ············ 195
11.6 项目经理的绩效评价 ··························· 196
11.7 项目成员的绩效评价 ··························· 200
本章小结 ·· 201

第 12 章 总结复盘，将项目经历转化为自己的能力 ······ 202
12.1 什么是项目复盘 ······························· 202
12.2 为什么要开展项目复盘 ························· 202
12.3 业界可借鉴的复盘方法 ························· 203
12.4 微权力下的项目复盘 ··························· 204
本章小结 ·· 208

进阶篇：从个人走向组织

第 13 章 赋能他人，让更多人理解项目管理的做法和价值 ···· 210
13.1 实践再实践，做到知行合一 ····················· 210
13.2 学会通过培训在企业内传播项目管理思想和文化 ···· 211
13.3 不断地修炼自己的平衡能力 ····················· 212
本章小结 ·· 214

第 14 章 项目管理办公室的定位和使命 ··············· 215
14.1 PMO 出现的时机 ······························ 215
14.2 PMO 幕后的老板是谁 ·························· 216
14.3 PMO 到底是领导还是打杂的 ···················· 218
14.4 最牛的 PMO 是什么样的 ······················· 221
14.5 PMO，知道你动了哪个部门的奶酪吗 ············· 225
14.6 知道领导为什么不响应 PMO 的要求吗 ············ 227
14.7 PMO 对组织的价值是什么 ······················ 229
本章小结 ·· 229
篇外篇　××科技集团"从 0 到 1"建设以 PMO 为核心的组织级
　　　　项目管理体系 ································ 230

附录 A　项目经理常见困惑与解答 ···················· 240
附录 B　项目经理能力测试 ·························· 245
附录 C　××科技集团项目管理制度示例 ··············· 251
附录 D　项目管理模板 ······························ 258
参考文献 ··· 277

思维篇：

项目管理的底层逻辑

第 1 章

转换思维,认识项目和项目管理

中国已经进入一个人人都是项目经理的时代。各行各业中,越来越多的重要工作都在以项目的形式开展,越来越多与项目管理相关的岗位在企业如雨后春笋般涌现出来。然而,真正懂得项目管理的人仍然凤毛麟角。绝大多数项目经理或项目负责人,包括很多有数十年经验的资深项目管理从业人员,竟然也都不知道"项目"到底是什么。因此,也就搞不清楚到底什么事该项目经理管,什么事不该项目经理管。即使干了很多别人都不干的活,而且受了很多累,还老被别人埋怨。因此,很多人对项目这种类型的工作又爱又怕,亟须找到一套可以让自己少走弯路的方法。

想管好项目,得从认识中国特色下的"项目"开始。只有充分认识什么是"项目",熟悉它在中国的本质,了解它在中国的特点,才有机会把它管理好。项目有五个与生俱来的特点,这五个特点导致了项目管理中的种种挑战。只有认清这些挑战的根源,才能顺利地找到适合自己的方法,战胜挑战,成功地实现项目的目标。

1.1 为打破部门墙而诞生的项目

项目是如何诞生的呢?在第二次世界大战的时候,曾经有一个非常著名的事件叫"曼哈顿计划"(见图 1.1),就是那个研制原子弹的计划。据说这是因为在当时执行"曼哈顿计划"的过程中,动员了十多万人参与这一工程,其中包括大批来自世界各地的科学家,不乏诺贝尔奖获得者,以及大批的政府官员、军官、各类人才。他们被召集在一起去完成这么一个重大的创新任务,协同起来特别困难。大家都是专

图 1.1 第一个被称为"项目"的事件——曼哈顿计划(1942—1945 年)

家，以前也没一块儿工作过，会习惯性地各自为政。当时的领导者意识到，如果没有一个特别的组织形式出现，来解决这么多人协同创新的问题，就很难把这件大事完成，因此美国就创造出这样一种被称为"项目"的管理模式。结果众所周知，美国比德国先研究出原子弹，并且赢得了第二次世界大战，成为世界的新一任霸主。所以，我一直认为"项目"这种在当时非常创新的管理模式其实是被当时的形势所逼迫出来的。在任何时候，同时管理这么一大批各个领域的牛人都是超级困难的。传统的职能式管理一定是不适用的，只有通过不基于权力的组织协调，才有可能最大限度地消除团队成员之间的隔阂，促进他们之间的沟通和协作，实现这种史无前例的创新。基于这样的原因，项目式的管理模式就被发明出来了。在之后很长一段时间内，项目管理工具和技术的创新都来源于美国军方的重大项目，如大家所熟知的网络计划技术和计划评审技术等。

那么，企业中为什么又会用到项目呢？

我们知道，企业的发展需要经历一个过程，即规模从小到大。通常，在创业初期，也就是几个人凑一块儿合伙做事。这个时候的企业管理并不复杂，有什么事儿，几个人一商量也就达成共识了，靠人治就可以了。当企业的规模发展到几十人以上的时候，通常会形成职能化的管理模式，由几个分管不同专业的负责人分别领导各自的职能团队。这样做的最大好处是提升了每个团队的专注度与专业性，大家可以一直专注在各自领域或职能上，但同时也会产生一些问题，其中"部门墙"就是常见的问题之一。由于各自的目标和专注点是不一样的，大家会习惯性地只关注自己部门的事，很少关注其他部门的事，而且也不愿意或者说没有必要去为了帮助别人而改变自己的工作方式。时间长了，就会出现一个很普遍的现象——部门内沟通、协同很容易，跨部门沟通和协同就非常困难，这就是我们所说的"部门墙"。在有"部门墙"的很多企业里，一旦出现了需要跨部门协同的短期攻关型任务，就只能由总经理或 CEO 亲自挂帅了。要是类似的项目不多的话，企业一把手还能管得过来。如果企业刚好处在转型或变革时期，注定会产生大量的跨职能部门的协调性工作，如果只靠企业一把手自己协调，那就真的忙不过来了。而且，每件事都要通过层层审批，最终由公司一把手拍板的话，对各个部门来说，都很不方便，周期太长。因此，一部分企业就开始尝试借用项目管理的模式来提升跨职能部门的协同效率，分担企业一把手的工作量。因此，就有了项目经理这个职务。

1.2 项目到底是什么

那么，项目到底是什么呢？

项目管理这种方法论是从西方引进的，而且目前中国绝大部分的项目管理方法都来源于美国文化下的项目管理理念，大家最熟悉的是著名的 PMI 的代表作《项目管理知识体系指南》(*Project Management Body of Knowledge® Guide*,*PMBOK Guide*)及其 PMP 认证。PMI 的知识体系融入的是美国文化对项目管理的理解,在美国的文化下,项目被定义为"为了创造一个独特的产品、服务或成果而进行的临时性的工作",具有独特性、临时性和渐进明细的特点,项目的核心词是"工作"。很多时候,在美国、中国的学术界或企业里,大家接触的绝大多数项目管理方法都把项目定义为一项任务或工作,这是一种很常见也很容易被大家接受的定义。让我们再看看项目的另一个定义,这个定义来源于代表英国文化的典型项目管理方法论,即 PRINCE2。同样是谈项目管理,英国的学者站在了另一个角度来看待,他们把项目定义为"按照一个被批准的商业论证,为了交付一个或多个商业产品而创建的一个临时性的组织",他们把项目看成一个"组织"。

显而易见,"工作"和"组织"是完全不一样的。当我们把项目看成一项任务或工作的时候,我们更多地要集中精力关注如何把事情做好;但当我们把项目看成一个组织的时候,我们要更多关注的不仅是一件事,还有为了共同完成这件事的那一群人。这个时候,项目管理的关注点就会由"做事"变成"管人",而且是管一群人。通常,在某个特定的条件下,当一群本来目标和利益不一致、来自各个不同的组织或不同部门的人必须被紧密地组织在一起才有可能共同去实现一个创新和突破的目标时,项目就产生了。当企业的最高领导层察觉到完成这个任务最大的挑战很可能是这群人压根就不想在一起合作,或者他们之间互相不能认同,或者之前就有矛盾,甚至一见面就会争吵,那么就必须通过建立新的临时性团队来帮助他们实现协同,而承担这个艰巨任务的人就是众所周知的项目经理。因此,项目管理首要面对的挑战就是那一群很不好管理的人,这也是为什么绝大多数项目经理都会遇到一个困扰,即项目组成员不服管,甚至项目组成员根本不听项目经理的。如果这群人凑在一起能够自然而然地形成团队,和睦并且志同道合地去完成项目目标,那根本就不需要项目经理这样一个角色了。所以,对于项目管理这种类型的工作,我认为在"管人"上投入的精力应远远多于"做事"。我们会看到,不投入很大的精力,人是很难被管理的。这种情况也不仅仅在我国,其实在任何一个国家都是这样的,所以被称为"现代管理学之父"的彼得·德鲁克在其代表作《管理的实践》中曾经写道:"作为一种资源,人力能为企业所'使用',然而作为'人',唯有这个人本身才能充分自我利用,发挥所长,这是人力资源和其他资源最大的区别。"就我自己的亲身体会而言,我特别认同"人是一种非常不好管理的资源"这种理念,因为每个人都有独立的思想。在中国,人更不好管理,因为中国人非常有思想,但凡有思想的人有一个通病,就是想得太多,耽误了执行,因此,思想特别丰富的人执行力就会相对差一些。所以,要想成功地实现项目目标,项目经理就必须更加关注如何才能把项目中的人力资源管理好,如何管理一群本来目标和利益都不一致的人,帮助他们统一目标和行动步骤,建立团队内部的平衡,而不仅仅是研

4

究项目实施的具体过程应包括哪些技术和步骤。这是在中国的文化下开展项目管理的关键。

然而，在我从事咨询和培训的经历中，我看到的是，中国的大多数项目经理，尤其是年轻的项目经理，在工作中一直认为项目是一件事、一项任务，认为管理项目就是由项目经理带着一些人去完成一项任务，结果遇到了很多障碍，产生了很多困惑。因此，在所有能了解到的西方项目管理流派中，我认为英国流派对项目的定义和管理理念比较适用于中国企业的现状，我更愿意把项目看作一个组织。那么，什么是组织呢？项目中的很多挑战往往来源于一群人。这群人可能是项目团队中的人，也有可能是项目团队外能影响项目的利益相关方。在中国文化下，项目中最大的阻碍、挑战和困难往往都是人造成的，并不是一件事，也不是一项复杂的技术。中国有句谚语"有志者事竟成"，还有一种说法叫"态度决定一切"，这两句话其实表达的是一个意思，就是很多目标实现不了往往是因为大家的决心不够，态度不够坚决。基于这样的背景，我对项目也有一个定义："**项目就是根据企业的战略或最高领导层的方向，凝聚一群原本利益和目标不一致但又各自拥有独特的专业技能的人，去共同实现一个具有创新和挑战性的目标的团队。**"

1.3 项目的五个典型特点

项目有五个典型的特点，即临时性、唯一性、不确定性、跨职能性和变革性（见图1.2）。它们是"与生俱来"的，缺一不可，否则就不叫项目了。这五个特点导致了项目中与其对应的种种挑战，是项目中各种艰难险阻的根源所在，也是项目成功的最大障碍。想成为优秀的项目经理，就必须充分了解项目这五个特点及其产生的各种挑战，只有这样才有机会在任何情景下都能战胜这些挑战。

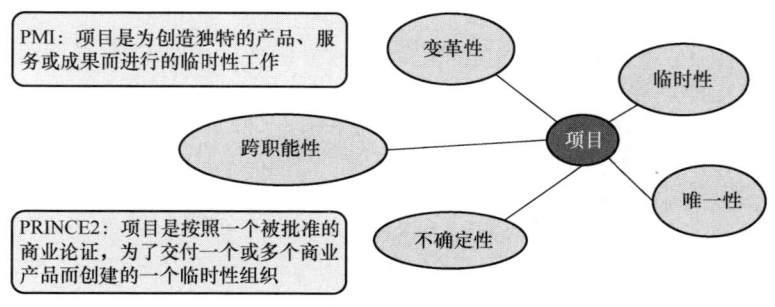

图1.2 项目的五个典型特点

1．临时性

所谓临时性，就是项目必须有明确的"开始"和"结束"。虽然大家都知道项目一定是有开始和结束的，但我们更多关注的是"明确"两个字。为什么项目一定要有一个"明确"的开始和结束呢？因为与传统的按时间周期进行绩效管控的方式不同，项目本来就是通过对工作中的关键里程碑节点进行严格的绩效评价和管理控制来提升效率的一种工作方式。项目的起点和终点作为项目的两个最为重要的里程碑节点，更是需要所有的项目参与方投入足够的时间和精力来参与评估、决策和达成集体共识。所以，很多项目失败的原因之一就是没有给予项目的起点和终点足够的重视，悄无声息地开始，又悄无声息地结束了。悄无声息地开始一个项目意味着这件事对大家来说不重要，不需要太多人知道，可能只是你一个人的事，所以大家的配合度就差。悄无声息地结束一个项目意味着这件事的结果很可能不理想，也不希望太多人知道。项目的结果对大家来说没有什么意义，那么大家也就不关心了。如果你的项目需要组织里的其他人共同配合才能完成，但又没有明确项目的"开始"和"结束"这两个最具有标志性的项目节点，就很难让大家名正言顺地配合项目的工作。那么，什么叫"明确"的项目开始点呢？通常，大家会认为项目启动会是一个明确的项目开始点。不论是项目组成员还是有可能会配合项目工作的部门或团队，都会关注项目经理是否召开项目启动会，以作为该项目是否重要的一个判断标准。在咨询和培训的过程中，我曾经多次看到，在各种类型的企业中，省略了项目启动会的项目，其过程往往很混乱，项目团队成员总是不主动配合项目工作，协同性也很差，因而项目目标就无法按计划实现。既然项目启动会很关键，在项目启动会上，大家必须做哪些事情呢？根据我的实践经验，建议如表1.1所示。

表1.1 项目启动会议程（示例）

序列号	会议主要内容	时长	发言人
1	会议日程介绍	5分钟	PMO或会议主持
2	公司战略方向及该项目的重要性	10分钟	公司高层领导代表
3	项目目标和范围（主要交付成果及验收标准）	10分钟	项目经理
4	项目的约束（强制的）：时间、资金、资源	5分钟	项目经理
5	项目组织结构及项目团队成员的角色和职责	10分钟	全体
6	项目高阶计划及关键里程碑和项目评审点	5分钟	项目经理
7	项目控制机制（审批、汇报/会议、文件管理、问题升级和风险管理）	10分钟	项目经理
8	各个项目小组的目标、高阶计划和对其他人的期望	25分钟	各个小组负责人
9	公司高层对项目目标、分工和计划的确认及全体项目成员的期望	5分钟	公司高层领导代表
10	下一步： • 行动 • 责任人 • 日期	5分钟	PMO或会议主持

> **特别提示**
>
> 一定要邀请公司很重要的几位高层领导在启动会上讲话。讲给谁？一定不只是讲给项目经理的，而是讲给大家的。让大家知道，这个项目是一件很重要的事，大家要积极配合。这样的话，大家抽出时间和精力来配合项目经理的工作才会名正言顺。如果没有这样一个授权的过程，大家会认为配合项目的工作名不正言不顺，可能就不愿意配合。当然，也会有例外，就是项目经理在企业内的人缘够好，大家可能也会愿意配合。再拿生活中的事举个例子吧，如办婚礼这件事。两个人结婚仅仅去民政部门登记是不够的，通常要办婚礼，必须把亲朋好友和重要的长辈、领导邀请过来，举办一个隆重的仪式。大家一定要吃一顿大餐，喝一顿大酒。其目的就是让大家对这件事印象深刻，让大家牢牢记住这两人正式结婚了，以后两家人就变一家人了。要是没有婚礼这个仪式，就容易产生非议与误解，婚姻也就不容易稳定。所以，重要的事情要有仪式，得让大家有仪式感，这样才能引起大家的重视。

同理，项目的结束也得让大家有个仪式感，不能仅仅让大家把活干完了就悄无声息地结束了。否则，大家会感觉这个项目不成功，不值得宣扬，会或多或少地感觉很沮丧。以后再找大家干活，大家就不爱参与了。因此，项目经理最后要干的一件事儿就是组织项目总结会或表彰会，请领导评价一下这个项目干得好不好，项目里谁应该受到奖励，谁需要改进，有哪些经验教训需要记住。很多时候，我们需要通过这样的仪式向大家宣告项目结束了，而且最好让大家在项目一开始时就知道在项目结束时会有这样一个仪式。这样，大家的目标更明确，配合度也就更高了。

在项目管理的过程中，重要的节点必须组织项目中的所有关键利益相关方进行集体决策，以此确保所有项目利益相关方的共识，从而确保项目中跨项目利益相关方的执行力。每逢项目的重要节点，项目经理要组织有仪式感的集体活动，引起领导和相关部门的重视，这样才能让项目团队更有凝聚力。作为项目经理，首先自己要重视这些事，并积极地游说其他人配合自己促成项目的启动会和总结会，为项目的顺利开展打下基础。

2. 唯一性

所谓"唯一性"，也可以称为"独特性"，简单地讲，就是项目的独特之处。

它与其他项目或其他工作的差异性体现在哪里？其实也就是创新点。众所周知，项目是创新的载体，缺少了创新点，项目就不能被称为项目，只能叫运营。因此，项目经理一定要能准确地识别和讲出自己项目的创新点是什么，也就是项目的唯一性体现在哪里。这一点决定了项目的吸引力，是其他人判断一个项目是否重要的一个关键要素。例如，很多项目经理都曾有过这样的困惑，就是不知道为什么自己的项目老是得不到领导的关注，但有些项目总是受到领导的重视。原因可能有很多，但其中一个重要的原因，一定是由于项目经理无法给领导和其他人讲清楚自己项目的创新点或独特之处是什么，以及这个创新点或独特之处对于公司和大家的价值是什么。中国有句老话："物以稀为贵。"只有非常独特的项目，才能受到重视。因此，项目经理一定要从接到项目经理任命的那一刻起，就努力地思考：自己项目的唯一性到底是什么，对企业、对大家、对自己的价值在哪里，为什么企业一定要投入资源干这件独特的事？将自己项目的唯一性与企业战略相关联很重要，那样能说明自己的项目不仅独特而且重要。项目经理还要学会营销自己项目的独特性，不能光自己明白，更要让别人明白，向大家证明自己项目的独特之处和价值。这样才能引起他人对自己项目的重视，才能更容易获得领导的高度支持、授权和更多的资源，项目成员和相关部门的配合度才会更高。我们非常怕看到这样的现象，就是当项目经理去寻求一些相关部门配合项目工作时，相关部门就对项目经理说："这件事不是之前干了好多遍了吗，怎么还干？"这等于直接否定了这件事的独特性和唯一性，潜台词就是："你这个项目是没有价值的，不值得浪费我们的宝贵资源。"所以很多时候我们作为项目经理，一定要非常擅长营销自己的项目。在这一点上，项目经理与产品经理是有共性的，要擅长说服所有人认同这个项目对公司来说是创新的，说服所有人认同这个项目非常有收益，给别人一个愿意配合项目经理的理由。

3. 不确定性

项目是创新的载体，创新过程中必然有很多不确定性，我们通常把这些不确定的事叫风险。

在项目开展过程中会有很多意料之外的事情出现，这导致了项目经理经常抱怨的一个现象，叫"计划赶不上变化"。一些项目经理因此采取的应对方法是不做计划，反正做了计划还会改，太麻烦了，不如等到整个项目做完了再补计划。这种行为会导致这个项目做得非常艰苦，因为不做计划，项目团队就会对项目的实施路径一片茫然，不知道什么时候该做什么、不该做什么，什么做得对、什么做得不对，通常会多走很多弯路，造成不必要的返工，致使项目延期。因此，我的建议是，越难的项目、变数越多的项目、风险越大的项目，越需要认真地做计划。因为在做计划的过程中，我们能认清路径、识别风险，研究出如何规避和应对风险，少走弯路。越是风险多的项目，我们越应该想办法在前期识别出风险，找出好的方案，尽量降低风险的影响，这叫"磨刀不误砍柴工"。风险管理是管理学中比较难，也是对人的能力要求最高的一门学问。正因为如此，评价一个项目经理能力的高低，很大程度上取决于该项目经理对风险的预测与管控能力。预测是最难的，但也是最有价值的。有经验的项目经理往往从接到项目那一刻起就尝试最大限度地预测这个项目的整个过程是怎样的，挑战在哪个点上，会遇到哪些风险或哪些问题，怎样提前规避，选择什么样的方案能少走弯路。预测得越准确，项目的过程会越顺利。不是因为运气好，而是有经验且水平高的项目经理已经提前把很多问题规避掉了。

4．跨职能性

所谓跨职能性，指的是项目团队一定是由跨职能部门的人组成的，因为项目这种模式本来就是用于管理跨职能部门协作的，目的是让不同部门的人为了实现一个共同的创新目标而进行有效的协同。然而，这也意味着在项目团队内一定会存在原本目标和利益不同的相关方，而且只有帮助他们在项目中共同协作，才能实现项目的目标。

跨职能性这个项目特性在企业里有一个很好的用途，就是可以用来鉴别一项工作是否可以被称为项目。企业里有很多工作是阶段性的工作，后来都被称为项目，从而产生了大量的项目经理，但企业内项目太多就会发生很大的问题。因此，在企业中界定什么是项目时有一个非常重要的依据，即判断这项工作是不是跨职能的，工作团队是不是由两个部门或三个部门的跨部门成员组成的。要是这项工作是自己部门内干一项阶段性的工作，通常不叫项目。因为项目从诞生之日起，它的使命就是为了实现临时性目标，解决跨职能协调问题，尤其是跨职能的短期协调问题。

5．变革性

变革性在项目里通常指对人的工作习惯的改变。项目的这个特性也是造成项目成果落地非常难的一个主要原因。执行项目就是做一件创新的事情，意味着项目团队是为了改变用户习惯而创造一个新的产品。如果用户习惯没有因使用了新的产品而发生改变，那就意味着这个项目没有转化成成果。其实，这是很有挑战性的一件事，因为大家都不愿意改变自己，无论在工作中还是生活中。在企业里也一样，大家都不愿意改变自己的工作方式。因为现在保持的工作方式一定来源于以前成功的经验，如果改了，意味着否定了以前的成功经验，所以很不好接受。创新，一开始的目的就是改变用户，但用户并不愿意改变。很多时候即使把一件好事给到用户，用户仍然会很担心这对他是一件很危险的事。这种现象造成的负面结果就是很多项目的成果不能落地。

案 例

一些IT系统建设的项目，系统虽然顺利上线运行，功能都实现了，但是由于前期没有对用户进行充分的调研，没有考虑用户的感受和使用习惯，导致用户不爱用新系统或不想用新系统。过一段时间后，大家发现用户的工作效率和质量并没有因为上了新系统而提高，甚至因为上了新系统反而造成了很多混乱，就会认为新系统没有用，很可能把项目成果给否定了。简言之，如果用户不使用新的IT系统，就看不到项目的收益，我们获得的就仅仅是个能正常运转的IT系统，而不是领导所期望的、由用户改变而带来的收益。因此，项目的变革性告诉我们，项目的最终目标是通过改变用户的行为习惯来创造收益，这相当难，却又必须加以实现，否则项目就是失败的。

一项工作可以被称为项目，就一定会具备这样五个特性：临时性、唯一性、不确定性、跨职能性和变革性。这些特性是项目所有挑战的根源，正确认识项目的这些特性，尝试从项目一开始就思考和制订应对方案，可以帮助项目经理更从容地开展项目，更容易地实现项目的目标。

1.4　项目管理和管理项目不是一回事

很多人都认为项目管理和管理项目是一回事，其实这个观念是不对的。项目有很多种类型，而且每种项目的工作内容也是各不相同的。通常，我们可以把项目中的工作分为端到端的业务流程工作、技术类工作、与职能相衔接的工作和项目管理工作。所以，项目管理工作只是管理项目的工作的一部分。因此，管理项目的工作应该由整个项目团队共同来承担，有人管业务，有人管技术，有人负责和相关部门衔接，而项目经理则负责整体的组织协调和资源整合（见图1.3）。

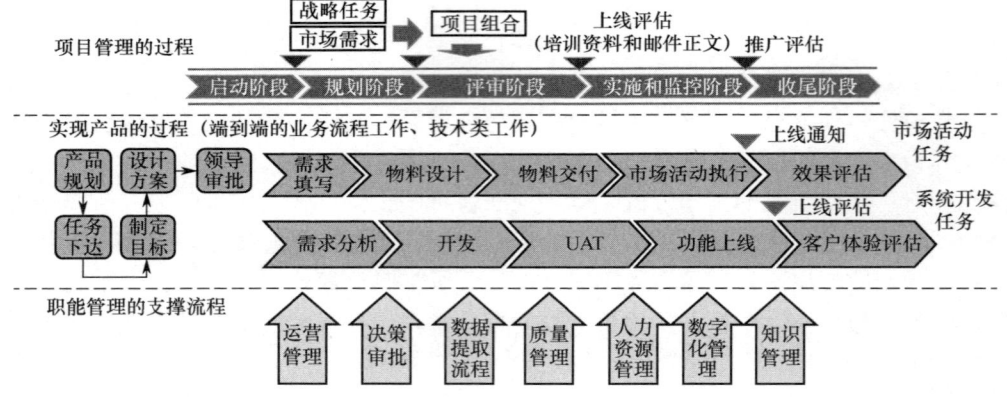

图1.3　某信息化渠道平台建设项目涉及的工作内容分类（示例）

因此，项目管理是基于端到端的业务流程之上的。即使没有项目管理，如果时间足够长，资源足够充分，这项临时性的工作也是可以完成的。引入项目管理的目的，更多的是在此基础上，通过科学地整合资源，更快速、更省钱地实现项目的目标。从另一个角度来看，优秀的项目经理绝不能仅仅只懂项目管理，还必须具备相当丰富的知识，熟悉项目中涉及的业务流程、技术特点、不同职能部门的关注点和公司的战略方向等，这样才有可能顺利地把项目管好。

因此，我们要明白一个道理：只懂项目管理是管不好项目的，还要通过不断学习和实践，掌握项目中涉及的各类知识和要求，应用项目管理的方法做好项目资源协调和整合的工作。

1.5　PMBOK 与 PRINCE2 的差异

国际上项目管理有很多不同的流派。PMBOK、PRINCE2 和 IPMP 这三大流派基本上代表了目前世界上比较主流的三种项目管理文化，并且各自侧重点不同。其中，美国的 PMBOK 侧重"项目管理包括什么"，英国的 PRINCE2 侧重"项目管理如何做"，瑞士的 IPMP 侧重"项目经理的能力模型"。PMI 的 PMBOK 侧重于讲解项目管理的相关知识，比较偏重理论层面。PMBOK 可以帮助读者最大限度地扩大视野，建立项目管理的整体框架，了解各种相关概念，这是非常有价值的。在我的经验中，考取了 PMP 证书的项目经理和没考取 PMP 证书的项目经理在对项目的认知和理解上存在着质的不同。没有 PMP 证书的项目经理经常会把项目管理当成工具，而拥有 PMP 证书的项目经理普遍认为项目管理是一套系统化的方法，而且会涉及很多相关领域，可以有效地帮助项目经理提升大局观和项目管理的系统化思维，两者视野完全不同。

PRINCE2 实际上是英国政府管控项目的一套具体要求，侧重于开展项目工作的"套路"。打个比方，考取了 PMP 相当于大学顺利毕业了，拓展了视野，学到了丰富的知识，但是如果没有足够的实践，即使有了一个大学学历，到企业里仍然不会干活，还得跟着老师傅学套路才行。PRINCE2 提供的就是类似于干活的套路，教会大家作为职业的项目经理，在接到一个项目任务后，第一件事该做什么，第二件事该做什么，要关注哪些关键人和关键控制点。因为 PMP 的十大知识领域太多了，实际做项目的时候项目经理管不了那么多事情。在管理上一定要充分遵循二八原则，找到关键控制点进行有效管理，才能收到好的效果。PMBOK 和 PRINCE2 背后所承载的文化也是不一样的。美国没有经历过封建社会，而且美国的创建者因不堪忍受英国的封建体制，才乘坐"五月花"号去了美洲大陆，联合起来反抗英国，建立了美国政权。所以，我的体会是，在美国文化下，等级观念相对比较淡薄，宣扬人人平等，崇尚制度为王。而英国和中国最大的共同点是：经历过漫长的封建社会，骨子里有较强的等级观念和人治思想。美国项目管理方法在中国应用的时候经常水土不服，很大程度上是由于忽略了"人"的因素。而英国的项目管理方法论恰好能够帮助弥补这一点。英国的方法论特别注重组织的层级，从一开始就明确了在自己的方法论里，哪些工作是领导要关注的，哪些工作是中层要负责的，哪些工作是基层要执行的。不同层级的人做的事情有什么差异，跨层级如何划分责权、建立沟通和协同工作，这些都会在方法论里详细说明，为我们推行方法论落地提供了很好的分配责权的依据。虽然 PMBOK 和 PRINCE2 都属于项目管理的领域，但知识和方法论其实是两个完全不同的东西。因为知识偏重于"知"，而方法论偏重于"行"。那么，所谓知行合一，其实就是要把 PMBOK 的理论与 PRINCE2 的套路相结合，项目管理的方法才比较容易落地和发挥出其应有的价值。而且，中国自身具有非常典型的文化特点，在推行外来方法论落地时一定要提前根据自身特点进行合理剪裁和调整，才能更容易让大家接受，以及改变原来的习惯。

PRINCE2 与 PMBOK 的特点对比，如图 1.4 所示。

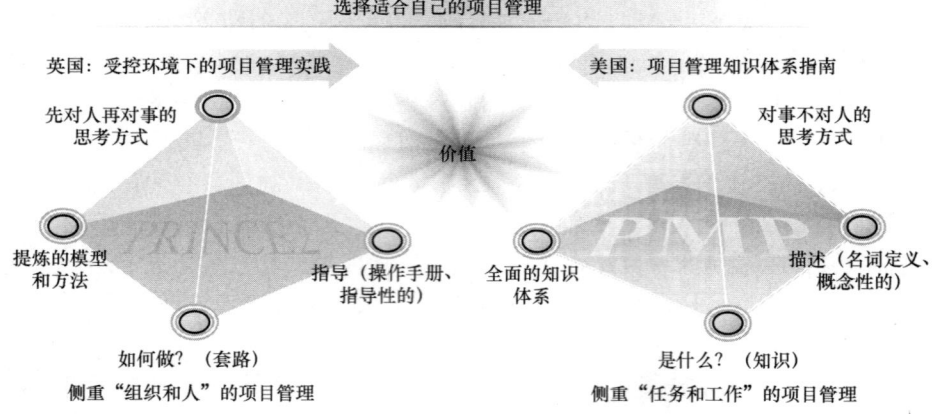

图 1.4　PRINCE2 与 PMBOK 的特点对比

1.6　项目管理的 ISO 国际标准与中国国家标准

经过多年的发展，项目管理已经不再仅仅是一个工具或方法，而是发展成了一个应用广泛的专业管理领域。

1. 项目、项目群及项目组合管理标准化技术委员会

2011 年，国际标准化组织 ISO 正式成立了项目、项目群及项目组合管理标准化技术委员会即 ISO/TC258，这是在项目管理行业发展史上的一个重要的里程碑事件，标志着项目管理已经发展成一个全球性的行业。ISO/TC258 的早期成员包括美国、韩国、德国、法国、中国等 36 个正式成员即 P 成员，及匈牙利、伊朗、波兰等 20 个观察员。2011 年 3 月 31 日，经中国国家标准化管理委员会（SAC）发文批准，由上海市质量和标准化研究院作为 ISO/TC258 国内的技术归口单位，并以正式成员身份参加相关的项目管理国际标准化活动。

📝 小知识

中国国家标准化管理委员会原隶属于中华人民共和国国务院，机构改革后，其职责划入国家市场监督管理总局，对外保留牌子。以国家标准化管理委员会名义，下达国家标准计划，批准发布国家标准，审议并发布标准化政策、管理制度、规划、公告等重要文件；开展强制性国家标准对外通报；协调、指导和监督行业、地方、团体、企业标准工作；代表国家参加国际标准化组织、

第 1 章 转换思维，认识项目和项目管理

国际电工委员会和其他国际或区域性标准化组织；承担有关国际合作协议签署工作；承担国务院标准化协调机制日常工作。

来源：国家标准化管理委员会网站

值得一提的是，在 2019 年，我非常荣幸地受中国家标准化管理委员的派遣，代表中国成为 ISO/TC258 的正式注册专家，参与 ISO/TC258 的各项国际活动，之后又正式担任了 ISO/TC258/WG12 即 ISO21512 挣值管理实施指南工作组的工作组秘书职务并负责该工作组的全球秘书处工作。图 1.5 是我们中国代表团首次参加在韩国首尔的 ISO/TC258 第十届全体会议时拍摄的全体照片，我非常有幸地成为中国代表团的首批团员。

图 1.5 在韩国首尔的 ISO/TC258 第十届全体会议

ISO/TC258 成立之后，相继组织全球顶尖专家和各国代表策划编写了一系列项目管理国际标准即 ISO 标准，目前已发布的标准如下：
- ISO 21500:2021 项目、项目群和项目组合管理——背景和概念。
- ISO 21502:2020 项目、项目群和项目组合管理——项目管理指南。
- ISO 21503:2022 项目、项目群和项目组合管理——项目群管理指南。
- ISO 21504:2022 项目、项目群和项目组合管理——项目组合管理指南。
- ISO 21505:2017 项目、项目群和项目组合管理——治理指南。
- ISO/TR 21506:2018 项目、项目群和项目组合管理——词汇。
- ISO 21508:2018 项目和项目群中的挣值管理。
- ISO 21511:2018 项目和项目群的工作分解结构。

上述 ISO/TC258 所发布的项目国际标准在正式发布后已经都被我国正式采纳，成为我国项目管理国家标准体系的一部分。

2．全国项目管理标准化技术委员会

全国项目管理标准化技术委员会（National Technical Committee 343 on Project

13

Management of Standardization Administration of China，SAC/TC343）于 2008 年由国家标准化管理委员会批准成立，是全国范围内专门负责我国项目管理领域标准化政策、规划与制度制定，标准化体系研究与建设，国家标准的制定和实施推广，国际交流与合作，人才培养与评价，以及科研课题研究及项目推进等工作的技术性组织，归国家标准化管理委员会直接管理。SAC/TC343 秘书处承担单位为中国标准化协会。

SAC/TC343 成立后先后组织全国顶尖的项目管理专家、学者和各行业龙头企业项目管理负责人转化了一系列 ISO/TC258 发布的项目管理国际标准，并立项和编写了一系列我国自主研发的项目管理国家标准。我非常荣幸地作为注册专家在 2019 年加入 SAC/TC343，开启了参与项目管理国家标准化的工作生涯，并担任了国标项目管理专业人员能力评价要求（GB/T 41831—2022）和国标项目管理敏捷化指南（GB/T 42892—2023）的起草组组长。截至 2023 年 9 月，已经发布的项目管理国家标准如表 1.2 所示。

表 1.2　已发布的项目管理国家标准

序号	标准号	标准中文名称	是否采标	实施日期	标准状态
1	GB/T 42994—2023	管理咨询服务指南 项目管理	自主研发	2023/9/7	现行
2	GB/T 42892—2023	项目管理敏捷化指南	自主研发	2023/8/6	现行
3	GB/T 41831—2022	项目管理专业人员能力评价要求	自主研发	2022/10/12	现行
4	GB/T 41245—2022	项目、项目群和项目组合管理 治理指南	采标	2022/10/1	现行
5	GB/T 41246—2022	项目、项目群和项目组合管理 项目群管理指南	采标	2022/10/1	现行
6	GB/T 39888—2021	项目和项目群管理中的挣值管理	采标	2021/10/1	现行
7	GB/T 39903—2021	项目工作分解结构	采标	2021/10/1	现行
8	GB/T 37490—2019	项目、项目群和项目组合管理 项目组合管理指南	采标	2019/12/1	现行
9	GB/T 37507—2019	项目管理指南	采标	2019/12/1	现行
10	GB/T 30339—2013	项目后评价实施指南	自主研发	2014/7/1	现行
11	GB/T 23691—2009	项目管理　术语	自主研发	2009/10/1	现行

2022 年，中国标准化协会（全国项目管理标准化技术委员会秘书处）基于我们国家自主研发的国标 GB/T 41831—2022 项目管理专业人员能力评价要求所规定的五个能力等级，成立了项目管理专业人员能力评价专家评审委员会，组织全国顶尖

的项目管理专家、学者和知名项目管理专业机构拉开了基于国标的项目管理专业人员能力分级评价和认证工作的序幕。

1.7 线性、敏捷型和适应型项目管理

2022年，受中国国家标准化管理委员会（SAC）的派遣，我在代表中国专家加入ISO/TC258的WG12（挣值管理实施指南）全球工作组担任工作组秘书及核心专家的同时，又非常有幸地加入了ISO/TC258的另一个新成立的工作组即AHG15（敏捷/适应型项目、项目群、项目组合及相关治理）并担任专家。

在ISO/TC258/AHG15担任专家及参与工作组会议的过程中，我认识到，在全球专家的认知里，常用的项目管理方法还可以分为线性（Linear）项目管理、敏捷型（Agile）项目管理和适应型（Adaptive）项目管理三种类型。

1. 线性项目管理

线性项目管理也称预测型项目管理，是最传统的项目管理方法。这类项目管理方法由事先确定好的明确的项目目标驱动，基于明确的项目目标倒排工期，确定实现项目目标的计划及过程中的关键决策点，再组织项目团队成员共同识别完成项目计划所需的活动并估算完成各项活动所需的资源。这类项目管理方法在项目前期需要花足够多的时间编制详细和完善的项目计划，再严格按计划执行，去实现预定的项目目标。在实现项目目标的过程中，项目经理要实时监控项目的执行情况，并依据项目计划做出偏差分析，如果出现偏差，需要及时组织项目团队进行纠偏，避免对项目目标和基线造成变更。线性项目管理适用于项目需求明确、目标清晰且工作范围确定的项目。

在实际工作中，目标清晰的研发项目、软件项目或工程项目通常都会采用线性项目管理，力争在实现项目目标的过程中少走弯路，一次做对，这样才能用较少的项目交付时间和较少的资源实现项目预期成果。图1.6是整合了PMBOK五大过程组和PRINCE2七大流程之后所形成的项目管理框架，特别适用于线性项目管理。

2. 敏捷型项目管理

敏捷一词来源于2001年年初美国犹他州雪鸟滑雪胜地的一次敏捷方法发起者和实践者（他们发起并成立了敏捷联盟）的聚会。在敏捷方法中经常用到的迭代和增量开发方法最早可以追溯到20世纪30年代。在20世纪60年代，美国国家航空航天局水星计划使用了一些极限编程和测试先行的方法。在20世纪90年代，各种轻量级软件开发方法纷纷被提出。

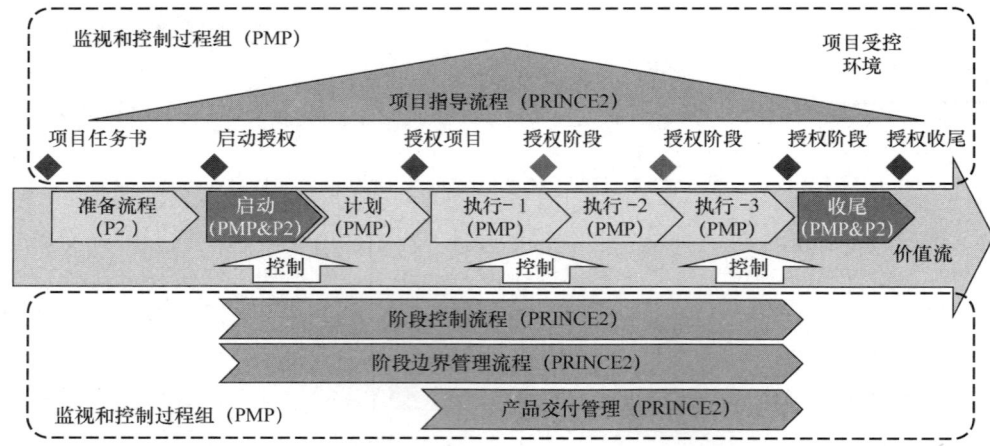

图 1.6 整合了 PMBOK 五大过程组和 PRINCE2 七大流程的线性项目管理框架

- 1991：快速应用开发（Rapid Application Development，RAD）。
- 1994：统一过程（Unified Process，UP）和动态系统开发方法（Dynamic Systems Development Method，DSDM）。
- 1995：Scrum 迭代增量软件开发过程。
- 1996：Crystal Clear & XP。
- 1997：功能驱动开发（Feature-Driven Development，FDD）。

2001 年，17 位软件开发者齐聚在美国的犹他州的雪鸟滑雪胜地，讨论上述轻量级的软件开发方法，制定并发布了《敏捷软件开发宣言》，简称《敏捷宣言》，具体内容如下。

- 个体和互动　高于　流程和工具
- 工作的软件　高于　详尽的文档
- 客户合作　高于　合同谈判
- 响应变化　高于　遵循计划

虽然右项也具有价值，但我们认为左项更具有价值。

《敏捷宣言》的出现标志着项目管理方法进入了一个新的发展时期。在此之后，随着企业的不断实践，敏捷思想与项目管理框架逐步整合，形成了敏捷型项目管理框架，如图 1.7 所示。这个框架明显不同于传统的线性项目管理框架，在项目执行的过程中融入了迭代和增量的方法，以有效应对不断被调整的项目目标。敏捷项目团队具备更强的交付灵活性，更加关注客户需求的不断变化并及时调整项目的目标和交付物，以确保最大限度地满足客户不断变化的需求。敏捷型项目管理适用于客户需求频繁变化的项目，特别是项目目标不断被客户调整，但项目团队又需要确保有限的项目交付时间和交付资源的投入，并争取达到客户最大限度满意的项目。在实际工作中，很多互联网领域的企业或者互联网风格的企业为了抓住新生市场的风口期，快速抢占市场，必须先及时响应客户不成熟的项目需求，并在项目执行过程中跟随客户需求的变化持续对项目交付目标进行调整，因此往往会采用敏捷型项目管理方法。

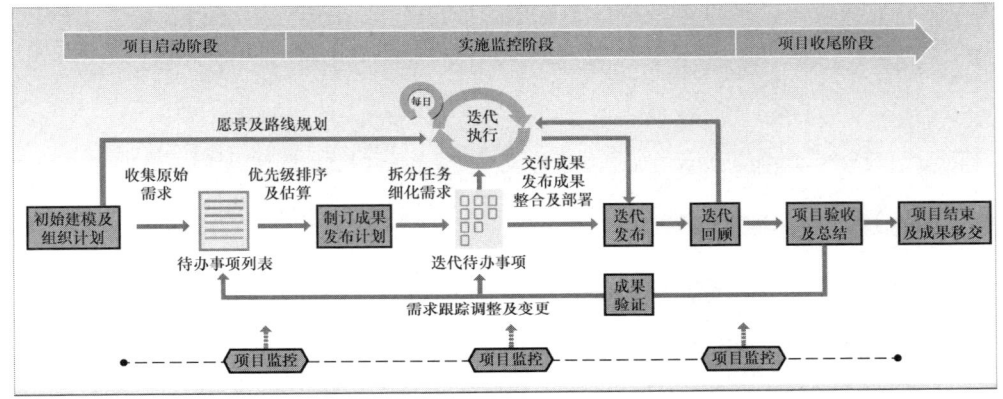

图 1.7　敏捷型项目管理框架

（来源：国标 GB/T 42892—2023 项目管理敏捷化指南）

3. 适应型项目管理

适应型管理（Adaptive Management，AM）是一种通过学习管理成果来改善生态系统管理的系统方法，它是将学习型组织、系统工程、工业生态学、社会学习及政策研究等不同领域有效地关联起来的一种方法。

适应型项目管理是项目管理方法与适应型管理方法的融合，它鼓励项目团队在项目的方向大致正确但项目的具体目标具有较强模糊性的状况下，在启动项目后，先通过一系列的小范围试错来调整方向和明晰目标，边计划、边落地、边总结经验教训并主动对项目接下来要交付的工作目标进行相应的调整，以优化实现项目最终收益的路径。

适应型项目管理的最佳实践之一是项目群管理（Program Management）。项目群管理基于组织战略目标的要求，通过策划、选择和协调一系列有相关性的项目或常规任务（可以是各种类别的，包括但不限于下一级的项目群或线性项目或敏捷型项目，也可能是持续改进工作），来实现项目群预期的成果和收益。由于项目群的目标往往具有较强的模糊性，实现过程也有非常大的不确定性，因此项目群的规划往往会采用分期规划，并把项目群管理团队策划出的多个项目分批次地组织交付，并推动每个项目的成果转化，再通过对项目成果转化后的收益持续进行测量的方式来判断项目交付路线的正确性。项目群分期交付的目的在于通过前一期的项目在交付过程中的小范围试错，帮助项目群管理团队积累经验，并及时在下一期交付中对项目

17

群交付的目标和方法及时进行优化或调整。这种规划和交付方式可以让项目群团队在方向大致正确但项目目标不清晰的状况下，通过主动交付来逐步明晰项目目标，并最大限度地降低试错成本和试错时间，而且可以避免由于项目群在目标不清的时候就组织所有项目同时开始交付所造成的资源冲突及不同项目间的依赖关系错位等问题。常见的适应型项目群管理框架如图1.8所示。

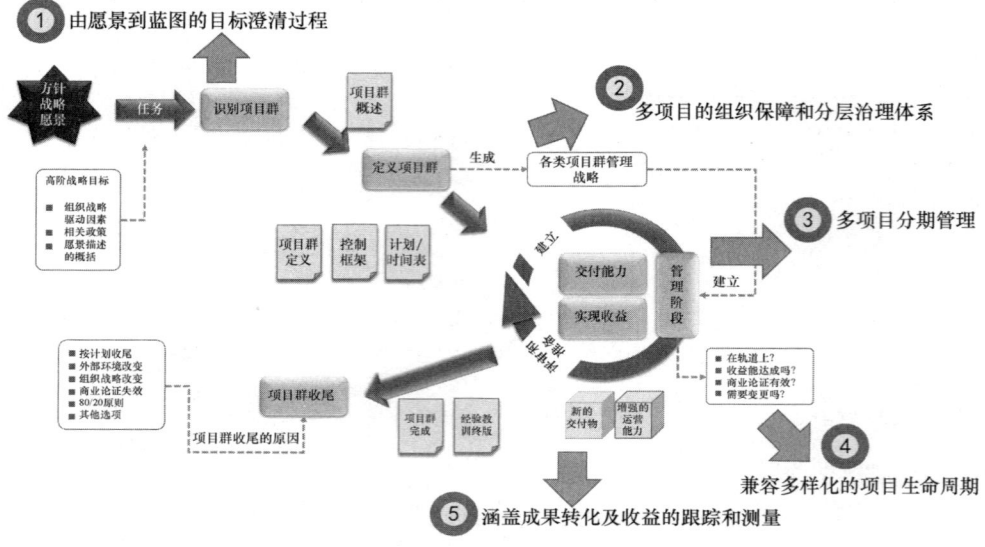

图1.8　常见的适应型项目群管理框架

本章小结

《孙子兵法·谋攻篇》中说："知彼知己，百战不殆；不知彼而知己，一胜一负；不知彼，不知己，每战必殆。"

作为一个资深的项目管理实践者，我喜欢把有挑战的项目当作自己的对手。要战胜项目的挑战，成功地实现项目的目标，除了要熟悉自己，更要熟悉项目的本质和它的五个与生俱来的特点。如果想成为一个比其他人更优秀的项目经理，就得比其他人更懂项目的本质和特点。想真正了解项目的本质和特点，仅仅背出定义是不够的，要能从中联想到自己实际工作中的项目特点，做到对号入座。最好能用自己工作中的实例来解读项目的本质和特点，这样才能加深理解，指导实践。

世界上项目管理方法有很多，但是符合中国国情和适合自己的很少。要找到适合自己的项目管理方法，只能靠自己不断地学习和实践来总结与提炼。一旦形成自己的套路，很多问题都将迎刃而解，而且自己终身受益。

第 2 章
卓越项目经理的人才画像与能力进阶的五个层次

项目经理最大的痛苦无外乎就是有责无权的现状了——承担了项目成败的责任，面临可能连领导者也完不成的挑战，却没有权力。因此，很多项目经理寄希望于通过向领导者申请或抱怨来获取权力，但成功者寥寥无几。

事实上，项目经理这个角色本来就应该是有责无权的，他只能通过借助组织的权力和资源，依赖自己高超的领导和管理技能来确保项目过程受控，推动项目目标的实现。然而，要想成为一个合格甚至优秀的项目经理很不容易，需要经历各种各样的修炼，在知识、技能、能力和经验四个不同的方面同时成长，既要做好以德服人的领导者，又要做好恪守原则的管理者；既要有企业的大局观，又要能站在项目各种不同利益相关方的角度换位思考，还能亲自应对各种突发情况。虽然修炼的过程很痛苦，但对项目经理来说是值得的，因为通过项目管理，项目经理能成为一名优秀的领导者。

2.1 理解项目经理的角色

当前在中国，项目经理这个名称太泛滥了，在很多企业，项目经理没有什么门槛，因此各行业、各部门、各种性质的工作都有很多岗位被命名为项目经理。以前我在飞思卡尔半导体（前摩托罗拉半导体）工作时，项目经理是一个非常令人羡慕的职业，因为项目经理的门槛很高，不但要具备丰富的行业经验、在多个不同的专业部门工作过、拥有卓越的人际协调能力，而且要有职能部门的管理经验，所以成为项目经理相当不容易。但是，目前我们能看到，很多工作经验很少且完全没有管理经验的年轻人纷纷成为不同部门的项目经理，资历浅、没管理经验、没权力且不知深浅的年轻项目经理在不明就里的情况下担负起企业创新和变革的重大责任，凭着激情和努力靠个人来推动项目的进展，挑战重重，过程艰辛，困惑无数。很多时候，年轻的项目经理以为自己担任了项目的领导职务，但其实，在很多企业的大部分员工心目中，项目经理就是个打杂的，只有责任没有权力（见图2.1）。

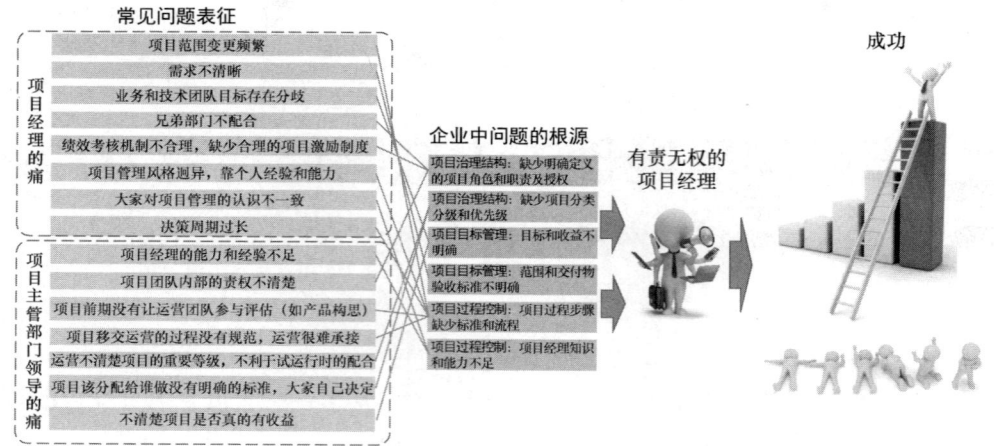

图 2.1　有责无权的项目经理

那么，项目经理是个什么样的角色呢？这是很多项目经理最大的困惑！

1. 项目经理的角色

我比较赞同如下的说法："项目经理是在项目管理委员会的约束规定下，代表项目管理委员会开展项目的日常管理的人。"从这个定义来看，项目经理应该不是领导者，更像代表领导者的发言人和组织大家开展项目工作的协调者。基于这个定义，我倾向于把项目经理的主要职责定义为："在规定的时间、成本、质量、范围、风险、收益和允许的偏差内确保产出符合要求的产品，并负责确保项目产出某项成果，使成果能实现商业论证所定义的收益。"

我通常喜欢用演员和导演的关系来比喻项目成员和项目经理。在我的心目中，项目经理应该是负责搭台子的导演。项目本身就是一个舞台，因此项目经理应根据投资人的期望明确项目目标并为大家设计一个自己的项目管理舞台，通过项目管理的规章制度、流程和模板划清舞台的边界并制定共同的游戏规则。明确定义在这个舞台上什么事可以做，什么事不可以做，大家各自的角色、职责和分工都是什么，这个过程叫作搭台子的过程。接下来作为导演的项目经理要给大家一个剧本，这个剧本叫作项目计划。在项目的执行过程中，项目经理要检查自己的演员有没有按照剧本做事情。如果演员没有按照剧本做事情，导演能惩罚的就自己惩罚。有些大牌明星惩罚不了，那就得哄着人家帮你把这场戏演好。

2. 项目经理与项目成员的关系

在很多企业里有一种非常普遍的现象，尤其是技术出身的项目经理，本来在项目中应该扮演搭台子的导演，但迫于时间压力，台子没搭好、剧本没写好就匆匆忙忙地开场了，后来在舞台上突然发现演员都不好好表演或表演的水平和自己的预期有较大差异，一气之下自己上去替演员表演了。当这个项目经理自己上去表演的时候，其他人就不演了，大家只是坐在台下观看，还会很开心地对导演的表演水平进行点评。这个时候就产生了错位，作为导演的项目经理干了很多不该自己干的事，而且很辛苦，每天加班加点；作为演员的项目成员不但不干活，还老评论项目经理这活干得不如作为项目成员的自己专业，导致项目经理寸步难行。

其实，项目经理本来就不应该上台，一旦上台后再想下台就难了，因此在很多西方项目管理方法论中都建议过，"条件许可的情况下，项目经理尽量不要作为专家参与具体交付的工作，尽量只专注于项目管理工作"，就是为了避免项目经理在导演和演员的不同角色中出现错位。如果错位已经出现，初期由于负责交付工作的专业资源不足，为了赶进度，导致项目经理已经上台了，而且出现了上述苗头，为了避免情况进一步恶化，项目经理自己要想办法尽快地回到导演的位置上，忍住，不要上台。当看到项目成员干得不如自己好的时候，也先不要积极地替他去干，最好先搞清楚这件事到底是不是该这个项目成员干，是不是还有更好的人选。如果找不到更好的人选来替代，非得这个项目成员来干，那就要尝试教他如何做得更好，而不是替他干。因为一旦项目经理替代项目成员干了本该成员干的工作之后，想再甩掉这个工作就难了。当导演和当演员的思考方式和工作方式是很不一样的，演员只需要锻炼自己的专业技能，把分配给自己的工作做好，完成自己的目标就行了。当导演很不容易，要搭台子，了解每个演员的特点，还要辅导和激励演员，帮助他们能更快、更容易地完成他们各自的任务，而不是替他们扮演本该他们自己扮演的角色。作为项目经理，一定要锻炼自己当导演的能力。

3. 项目经理"借力"的能力

"借力"是项目经理必须修炼的重要能力，就是借助别人的力量完成自己的目标的能力。借力的思想源于我国传统国学中道家的理念，在项目管理的工作中特别适用。简单地讲，就是项目经理在项目过程中遇到来自各方的挑战都不要硬碰硬，而要善于发现各方关系中的规律，疏导矛盾，借助周边的其他力量，帮助大家共同应对挑战，不要让矛头都集中在自己身上。

项目经理首先要学会的是借助项目管理委员会的力量，这是名正言顺的，而且别人很难推翻项目管理委员会的决策。如大家所知，项目经理的职责就是在项目管理委员会的指导下代表委员会开展工作，这意味着项目经理搞不定的事应该由委员会来搞定，项目经理不负责做决策，只负责组织协调，所以不应成为矛盾的焦点。而我们所说的项目管理委员会是一个代表项目中所有项目利益相关方领导的集体决策机制，是代表大家的，因此谁也不能否定委员会的决策，否则就是与大家为敌。因此项目管理委员会是项目经理最名正言顺的"靠山"，也是项目经理力量的源泉。

如果能善于借助委员会的权力和资源，所有的问题就都好解决了。因此，项目经理要推动成立项目管理委员会，有技巧地影响项目管理委员会，借助它的力量来帮助自己找方向、做决策，确保项目团队的执行力，使自己成为项目协调和平衡的核心，而不是项目中所有矛盾的焦点。

2.2 游走于领导与管理之间的项目管理模式

为了在项目过程中成为一名优秀的导演，项目经理要同时修炼领导和管理这两种不同的能力，因为项目管理模式就是一种游走于领导和管理之间的模式。首先，我们要清楚在西方的管理理念中，领导和管理的概念是不同的，出发点、思考方式、适用场景和行为的侧重也是不一样的（见图2.2）。在我的认知里，领导是一种让其他人发自内心地愿意信任和追随的能力，因为大家认为追随领导者更有前途，并不是因为他们屈从于领导者所拥有的权力或资源。而管理通常是指在已有的秩序体系下，被授权的管理者可以代表自己所在的组织检查其他人的行为是否符合组织的相关规定，并可以代表组织对被检查人员进行一定程度的惩罚或奖励。

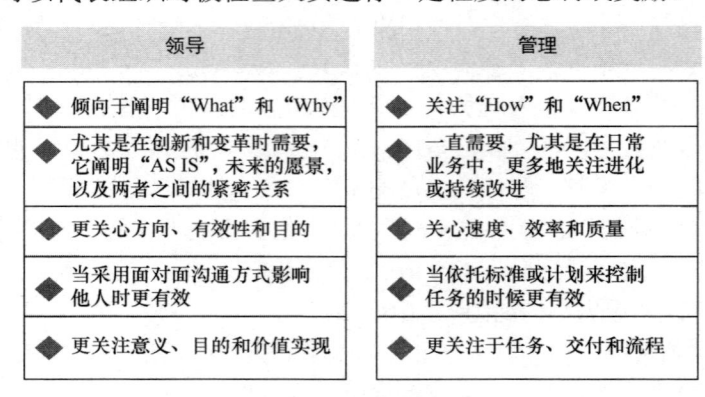

图 2.2　领导和管理的区别

因此，开展管理工作必须是有前提的！这个前提是什么呢？在管理范围内，舞台已经搭建，规章制度已经齐全，目标明确，评价指标清晰，范围内的组织成员已达成共识，即同意以既定的规章制度作为约束和指导所有人的依据，并惩罚不遵从规章制度的人。这个时候，不同层级的管理者在组织授权范围内代表组织开展管理工作就可以发挥作用了，只要能正确地解读规章制度的要求并找到组织成员符合或不符合规章制度的证据，所做出的决策就会得到大家的认同。

组织什么时候需要领导？有时候，组织需要创新或变革，但又没有现成的规章制度可以依据，必须进行大量摸索，而且过程很艰苦，可能要走一些弯路，此时就没办法依据权力来管理大家了，因为大家不信也不服气。这时带领大家只能靠领导者的个人魅力,这就是领导力的体现。因此,领导最大的魅力是可以给别人带来希望。这与管理是截然不同的,管理经常要唱黑脸,因为会为了维护集体的利益而惩罚破坏规则的人,而领导永远是唱红脸的,因为需要大家的信任,所以领导必须做到以德服人。

很多时候项目管理介于领导和管理之间。当企业规章制度还不健全,管理制度制定与实施两层皮的时候,想做好管理是很难的,因为连一个大家共同认可的依据都没有,找不到依据,权力就没法用。因此我们会看到在很多企业里,一些专业能力不强但人缘很好的项目经理往往更容易把项目做成功。当然,人缘好、项目管理专业水平高的项目经理是最容易把项目做成功的,而且大家会很愿意和他一起做项目。项目经理一定要懂管理,但在管理基础不具备的时候必须学会依靠领导力来明确项目团队共同的目标和加强团队凝聚力;当管理基础都具备以后,项目经理就不需要仅仅依靠领导力了,因为靠领导力解决问题貌似轻松实则很累,非常费脑细胞,俗称"操碎了心",可能还得占用自己业余的时间,有的可能还得自己掏钱培养感情。大家一定要记住,很多项目前期靠领导力进行推进的目的,是给自己争取时间和机会来建立系统化的管理框架和大家能共同认可的规章制度,实现管理从0到1的过程,这样才有机会建立管理的机制,像管理者一样工作。

领导者擅长的第一件事是讲原因,做每件事的时候首先给大家一个非常合理的理由,告诉大家远期的目标是什么,然后更多地强调方向、目的,让大家觉得干这件事有道理。领导者通常不教别人怎么做,教别人怎么做是管理者干的事。领导者要务虚,要描绘未来蓝图,让别人心生向往,然后把专业的事留给专业的人去做,这是领导力的一种体现。所以领导主要解决大家工作意愿的问题,而且通常采用面对面沟通的方式。通常我们认为沟通有两种较为典型的方式,对于最重要的人采用面对面沟通,因为面对面沟通是最有效的沟通方式,对于不重要的人可以采用书面沟通,如发邮件、短信或微信。

当我们觉得事情不好处理,需要争取别人支持的时候,一定要采用面对面沟通的方式。面对面沟通有很多种形式,私下吃饭、喝茶等。我国还有一个比较重要的文化特点是,很多重要的决定都不是在正式的场合做出的,正式的场合往往是用来公布这个重要决定的。所以,项目经理可以在非正式的场合与大家达成共识,然后通过一个正式的场合把这件事情公布出去。

案 例

在不同的国家和文化背景下,领导的行为是不一样的。

我曾在美国的飞思卡尔半导体(前摩托罗拉半导体)担任全球技术项目群经理,那时候我们的项目管理涉及的所有工作方式都与PMI的《PMBOK®指南》的要求完全一致,包括所有的词汇和工具,因为那时我们是在纯粹的美国文化下进行项目管理。在美国文化背景下，我们项目团队解决项目中遇到的问题和分歧的主要方式是开会和集体决策。每当项目中遇到问题时，项目经理就会尽快把所有问题的相关方拉到同一个会议上，鼓励大家坦诚地交换意见甚至"争吵"，但总会"吵"出一个结果。只要项目中的所有相关方达成共识，那么所有人就都会严格按照会议上达成的共识来分别落实执行，而不会在落实时阳奉阴违或打折扣。这是典型的美国式项目管理。

后来我从飞思卡尔半导体跳槽去了索尼爱立信的全球供应链项目管理办公室，工作地点在瑞典，这个部门里除了我，其他同事都是典型的瑞典人，工作文化是典型的瑞典文化。当刚去这个部门时，我习惯性地按照飞思卡尔半导体解决问题的方式来解决项目中的问题，不出所料，遭遇了"水土不服"。在我加入初期组织了几次项目会议之后，我的直接领导卡尔·阿克塞尔［Carl Axel，他曾担任爱立信全球客户服务负责人，也是索尼爱立信的项目负责人，索尼爱立信的管理层大多数是由他招聘的，其在职期间还兼任瑞典隆德大学（Lund University）的统计学教授，在索尼爱立信受到所有人的尊重和爱戴］就专门找我语重心长地进行了一次谈心，主要表达的一个意思是，瑞典文化与美国文化不一样，开会不能争吵，会伤和气。会议上提出的议题，只要有一个参会人员不同意，为了维护大家的和睦关系，这个议题就不再讨论了，而是转为会后私下沟通和协调，直到找到大家都能接受的方案，再组织大家开会来宣布这个决议。

因此，我体会到，瑞典人与美国人不一样，瑞典人认为最重要的事情是和谐，就是大家不能产生分歧，不能产生争执，所以所有的问题必须在私底下达成共识，没有分歧之后，再通过会议向大家宣布，这种文化与我们中国比较像。

对于挑战性较大的问题，我的经验是最好在私下场合面对面沟通，而且最好选取工作之外比较轻松的时间，如吃饭、喝茶、打球、跑步时，这些都是有助于大家放下成见达成共识的场合。在这样的场合氛围更轻松，大家更容易相互信任，更容易达成共识，气氛严肃的正式场合通常是用来宣布重要的决定的。

2.3 学会用正确的方式与领导者沟通

绝大多数项目经理特别是技术出身的项目经理不擅长与领导者沟通，不擅长向领导者借力，不擅长影响领导者做出有利于自己的决策，因此经常会陷于独自在项目中苦苦支撑的困境。为了能够让更多项目经理学会用正确的方式与领导者沟通，获得领导者对于自己项目的有力支持，我把自己的几点心得体会和大家做一下分享。

1. 沟通前弄清楚领导者关心的事情

中国有句古话叫作"知己知彼，百战不殆"，意思是说，打仗或博弈的时候，只有充分了解自己的对手，充分了解自己，才能每次都战胜对手。那么，当我们想去影响自己的领导者时，也得先充分熟悉自己的领导者，了解自己的领导者的思考逻辑，学会站在领导者的角度思考问题，才有可能影响自己的领导者。

很多技术出身的项目经理不擅长换位思考，尤其是不擅长揣摩领导者的意图，虽然也经常努力地和领导者沟通，但是得不到领导者的响应和支持。常见的现象是，当这些不擅长沟通的技术型项目经理在和领导者沟通时，他们根本不关注领导者关心什么，只是滔滔不绝地在讲自己关心的事情，包括很多技术细节问题，讲的时间还特别长，直到领导者已经很不耐烦了，自己还看不出来。除非领导者也是技术型的，否则很难得到领导者的支持。如果我们想获得领导者的支持，首先要学会通过前期的调研或情报收集，搞清楚自己想要影响的那位领导者对自己的项目持什么态度，自己做项目的动机是什么，以及期望是什么。搞清楚领导者对自己项目的期望是什么。这样我们才能在和领导者沟通前做到心中有数，提前判断自己想做的事情是否和领导者所期望的方向一致；预先想清楚自己想请领导者支持的事情是否也能支撑领导者关心的目标，提前判断领导者是否会发自内心地愿意支持自己的想法和诉求。

2. 从领导者关心的话题开始沟通

当我们想明白了领导者对项目的期望后，接下来要思考的是，我们到底要讲什么，领导者才有兴趣和我们沟通。如果这个问题没想清楚的话，可能连预约领导者的沟通时间都不一定能约得到。因此，要提前想出一个领导者也关心和感兴趣的话题，再去预约领导者的时间。

在和领导者沟通时，切忌一上来就只谈自己关心的话题，而忽略了领导者关心的话题。我觉得比较好的方式是先谈领导者关心的话题，逐渐引到我们关心的话题上，让领导者感觉，他关心的事和我们关心的事是同样一件事，有着密切的关联关系，这样，我们关心的事就变成了领导者关心的事。当然，想达到这样的效果并不容易，得提前下功夫，想明白我们关心的事和领导关心的事之间的潜在关联关系，在我们的利益诉求点和领导的利益诉求点之间找到共识点，这样才能做到在和领导沟通时可以在较短的时间内产生共鸣。

3. 学会用令人容易接受的方式来降低领导者的期望

在和领导者沟通时，单纯地附和领导者的期望和兴趣而做出过度承诺也是不可取的。作为项目经理，在接受领导者所分派的任务时，如果明知道做不到却还要拍着胸脯表达一定能做到，让领导者产生过高的期望，但在实际工作中又做不到，甚至让领导者感觉实际达成的成果与领导的期望相差甚远的话，就会让领导者感到非常失落乃至愤怒，结果就是很可能导致项目经理在领导者心中永远地失去信任。

在和领导者沟通时，一定要尝试用领导者能够接受的方式来降低其期望。当然，在降低领导者期望时一定不能很直接地否定领导者的观点，一定要首先认同领导者的观点，然后把自己的担忧提出来，我们也可以把这种对项目的担忧称为项目的风险。当我们提出可能导致领导者的期望不能达成的风险时，一定要确保可信度。通常要引用大家熟知的历史经验或大家公认的专业理论方法加强项目风险的可信度，或者作为风险判断的依据，以证明自己不是凭空猜测风险或为自己不想为项目努力付出而找借口。因此，优秀的项目经理一定是爱学习的项目经理，在平时就要不断地积累自己的项目经验教训或收集他人的项目经验教训，同时也要不断地进行相关管理或技术理论的学习，通过理论与实践相结合的方式，来提升自己的认知和实操能力。项目经理掌握的经验和知识越多，在和别人沟通时越容易通过引用经验和知识的方式来说服或影响别人的观点，在和领导者沟通时更是如此。向上管理的关键是要在与领导者建立信任关系之后，通过自己的专业知识或自己在专业领域的经验来影响领导者接受自己对当下的判断或对未来的预测。

4．描绘项目即将带来的改变

当我们希望去影响别人的时候，非常重要的一点是，一定要讲清楚即将发生的改变是什么。众所周知，项目管理承载的内容都是变化的内容，不管叫创新也好，还是叫变革也好，都是对改变的一种描述。其实，对任何人来说，未来会如何改变都是非常重要和值得关心的。对于拥抱变化的人来说，未知的改变令人期待；对于厌恶变化的人来说，未知的改变令人恐惧。因此，能够给他人讲明白即将到来的改变或可信的预估结果，是获取他人信任和支持过程中非常重要的一步。当项目经理希望得到领导者支持的时候，一定要向领导者讲明白，如果领导者支持了自己的提议，那么会给整个项目、自己及领导者带来什么样的改变。如果项目经理没有把这件事讲清楚的话，领导者就可能觉得这件事有风险或误认为这件事的结果不一定符合自己的期望，因而不会发自内心地支持这个提议。对于项目经理来说，想明白未来的变化，尤其是自己的提议对项目及各个不同利益相关方带来的各种可能的改变是很烧脑的一件事，因此很多人不愿意费脑筋去想这件事，而是希望在得到领导者的支持之后，把这件事逐渐想明白。那么，在和领导者沟通时，项目经理就没办法给领导者讲明白自己的提议给大家带来的各种可能的改变，就不容易获得领导者的支持。

5．给领导者提供选择题

还有一点需要特别注意，就是当我们给领导者做汇报的时候，一定不能只汇报问题，更要提出自己建议的解决方案。其实，每个人都喜欢做选择题，而不喜欢做问答题。选择题也分难易。最容易的是单选题，最复杂的是不定项选择题，即选出所有你认为正确的选项。只要选错一个，整道题就都错。这种题往往是错误率比较高的题，也最费脑筋，也是大家不喜欢做的。当然，更加费脑筋的是论述题，即让我们抛出自己的观点并且要通过摆事实、讲道理的方式说服其他人接受自己的观点。

当和领导者沟通时，如果汇报的都是问题，让领导者去替我们想解决方案，就等于让领导者做一道论述题。如果是领导者擅长的论述题还好，如果是领导者不擅长的，而且领导者对前期情况又不如项目经理清楚，就很难在短时间内想出特别合理的解决方案，但又不能和自己的下属说自己也想不出来，此时就会陷入尴尬的局面。又或者领导者能想出解决方案，只是也得需要花费一番功夫。如果是在领导者很忙而且这件事在领导者看来并不是特别重要的一件事，那么很可能会被领导者忘到脑后。如果项目经理经常创造这种令领导者尴尬局面或提出一些在领导者看来不是很重要却又很费功夫才能解决的问题，领导者就只能躲着项目经理了！如果项目经理希望能够更快地获得领导者的支持，就一定要帮领导者降低做决策的难度。最好的方式就是提前把能够解决自己问题的所有可选解决方案都想清楚后，再让领导者做选择题。选择题的形式最好是三选一，一个偏左的方案，一个偏右的方案，一个折中的方案，并且对比这三种方案的优缺点，以帮助领导者更容易地做出决策。这样，才能更容易地获得领导者的支持。

6．学会旁征博引

在前文中我们还提到过一点，就是在尝试影响领导者的决策时，要学会旁征博引，不能只谈自己的观点，要学会借力于客观事实或科学依据来影响别人，这是很重要的。而且我们现在讲的是向上管理，思考的是如何影响自己的领导者，因此还必须考虑领导者的面子问题。作为下属，我们一定不能总在领导者面前炫耀自己的能力和水平比领导者还高，否则领导者的面子往哪儿放。就算很多领导者有很好的包容性，也一定不能这么干。此外，用一个纯粹自己想出来的观点来影响别人不如借助大家公认的理论方法和经验教训更容易令人信服。

因此，项目经理一定要学会引经据典。在和领导者沟通时，先不要直接表达自己的观点。先和领导者分享我们所学到或看到的外部最佳实践，让领导者来帮忙判断一下，这些外部最佳实践是否适用于自己的项目。这样做既有利于证明自己的提议的合理性，又不会让领导者觉得自己没面子，是一种更容易让领导者接受的建议方式。

7．勤汇报，多请示

在获得了领导者的支持后，项目经理一定要做到"勤汇报，多请示"！大家一定要明白，领导者支持自己的提议是要承担风险的。因此项目经理在执行各项工作的过程中对领导者是透明的，以免在执行过程中出了差错，而领导者却还不知道。如果等到问题大到掩盖不住的时候才让领导者知道，那么项目经理就会失去领导者的信任，以后再想获得领导者的支持就难了。很多项目经理都会抱怨自己的领导者不授权，导致项目的推行进度很慢。然而，如果我们站在领导者的角度来看待授权这件事的话，往往首先会思考授权的风险。很多领导者心里是这样想的："如果我真的冒着风险授权给项目经理的话，项目经理能够保证执行过程可控吗？能够保证不拿我授予的权力捅娄子吗？"只有项目经理在执行过程中不断地通过汇报的方式让领导者知晓进展，领导者才能放心大胆地判断自己是否可以继续支持或授权。因此，项目经理一定要做到执行过程对领导者透明，让领导者觉得执行过程可控，不要让领导者觉得执行过程是黑匣子，不要让领导者觉得项目经理不愿意汇报真实情况。这样才能让领导者放心大胆地支持项目经理提出的各种建议。

2.4 技术骨干转型项目经理的四个难点

技术骨干或技术专家转型项目经理的时候有四个难点需要特别注意（见图2.3）。

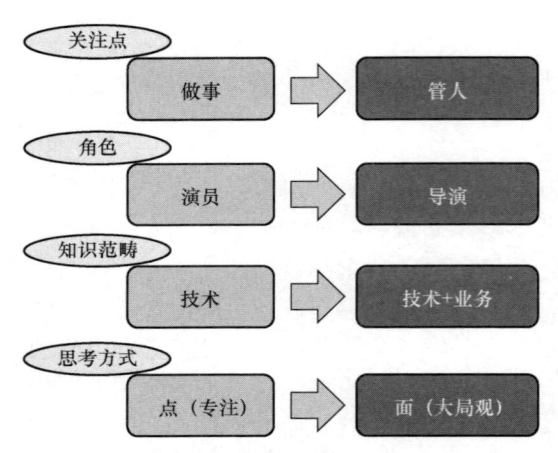

图2.3 技术骨干转型项目经理的四个难点

1. 关注点由做事转变为管人

做事和管人是有区别的。擅长"做事"的人接到一个任务时，首先思考自己如何把这件事做好，这是一种执行层面的思考方式。擅长"管人"的人接到一个任务时，首先思考能否找到一个合适的人把这件事做好，这是一种管理层面的思考方式。由"做事"转为"管人"，最大的挑战是要忍住自己亲自去做这件事的冲动，尝试指导和鼓励别人把这件事做好。这个转变对很多专业出身的项目经理来说是很大的挑战。我自己也曾经是专业技术出身，早期担任过设备工程师、开发工程师、现场服务工程师等职务，早年也是纯粹的技术思维方式。接到一个任务时，本能地先开始思考为了完成这个任务，需要完成哪些工作；这些工作之间是怎样相互关联的；如果自己干，大概用多长时间可以干完。这是一种典型的"做事"式的思考方式。然而，当作为职业的项目经理来思考这个任务时，首先要思考可以借助哪些人的力量，让他们把这些事干完；什么样的人适合干什么样的事情；如何找到需要的人；怎样通过合适的方式把他们组合在一起，激励他们把这件事做好。这个转变不容易，但是必须转。否则，项目经理经常会把项目成员的工作给干了，导致项目成员没事情做，还把项目经理累得够呛，然后双方都不满意。

2. 角色由演员转变为导演

在前文中曾提到，当演员其实是比较容易的，因为剧本是固定的，按照剧本去演就可以了。而当导演是比较难的，因为你要给别人搭台子，而项目经理恰恰是干这种事的。如果你不是项目经理，而是项目成员，自己埋头干活就够了，但作为项目经理，得去想这个台子怎么搭，即如何建立项目管理必需的计划、授权、监督、控制机制。因此，导演要系统化地思考整个过程。最大的挑战是，如何有效地整合投资方的期望、观众的期望、演员的期望，通过搭建的舞台实现自己想要的效果，创造价值。在每个项目中，项目经理真正的角色就是导演。但很多新任的项目经理很容易把自己当成演员，而且认为自己应当是演员中的主角。这就与其他演员形成了竞争和矛盾，项目成员就不能凝聚成团队，项目过程就会很坎坷。只有当项目经理甘愿走到后台，把表演的专业工作让给专业的演员，以帮助每个演员在项目过程中成为令人瞩目的亮点为目的，项目管理才能真正发挥出应有的效力。

3. 知识范畴由技术领域转变为技术领域+业务领域

很多技术或专业出身的专业人士会习惯性地只关注技术或自己的专业，认为自己一直以来在修炼的技术或深耕的专业领域才是最有价值的。但是，当专业人士需要转型为项目经理的时候必须进行跨界学习，特别要学习以客户为导向的相关内容，因为项目是典型的以客户为导向的工作模式，而客户又来源于业务。即使我们管理的是一个技术类的项目，如IT开发的项目，作为一名真正优秀的IT开发项目经理，只有比业务部门还熟悉业务，才有可能给业务部门的客户提供真正专业的解决方案，帮助他们解决问题。听起来貌似不太合理，但其实不然。因为业务人员往往只懂得自己岗位的相关业务知识，只有很少的人才有机会了解业务链条的知识，而IT项目经理是可以通过IT系统了解到整个业务的全貌的，甚至覆盖不同的层级。如果通过企业的IT系统不足以了解全貌，IT项目经理还可以通过对业务部门的访谈去充分了解业务的全貌，而除了分管业务的副总，任何一个其他岗位的业务人员都不可以这样做。

案 例

当在智联招聘集团信息技术部分管IT需求管理部时，我一直要求IT项目经理和需求分析师团队要与自己负责的业务条线一起工作，甚至要搬到他们的工作区域一段时间，就是为了能够更好地了解各种不同岗位的工作，争取做到比业务人员还熟悉流程和制度，这样才能更好地理解业务需求，才能提供更好的信息化解决方案。我一直觉得，业务部门找IT部门提供信息化解决方案，大致相当于病人去找大夫看病。病人去医院找大夫看病的时候，如果大夫还不如病人了解这类疾病的特点，那么他能看得好吗？让我们假想一下，病人去医院挂号就诊，见到大夫后主动告诉大夫他认为自己得了什么病，需要吃哪些药。如果大夫未经诊断就开了这些药给病人，是有很大风险的，万一没治好或吃了不该吃的药导致更糟糕的问题，病人肯定会回来埋怨医生："这不是你给我开的药吗？作为医生，为什么你不阻止我吃不该吃的药呢？为什么你没有告诉我该吃什么药呢？"因为在病人的潜意识里，医生的医术水平肯定比病人高，否则为什么花钱来找医生看病，直接去药店买药不就好了吗？虽然病人提出了自己的看法，但作为医生必须从专业的角度为病人提供更合理的建议。其实，项目经理就是客户的专业医生，必须比客户还要了解客户的业务流程，才能为客户提供专业、全面的解决方案，帮助客户解决问题。

为了给客户提供药到病除的解决方案，项目经理不能只收集客户提出的需求，还要关心客户的痛点是什么，思考客户为什么提出这个需求，客户的问题的根源是什么，客户提出的需求是否能解决其痛点或问题。因此，项目经理不好当，不能只懂自己的专业，还要非常熟悉自己客户的特点及其业务，只有熟悉两个跨界领域的时候，才能成为合格的项目经理。

4．思考方式由点转变为面

很多技术或专业出身的人会习惯性地专注于一个点，这种做法是对的，尤其是做技术工作的，就是要专注。例如，大家经常提工匠精神，工匠精神其实就是一件事做一辈子。以前我在奥地利工作的时候，和我同部门的都是奥地利土生土长的本地工程师，有专注于机械方面的，有专注于电路方面的，有专注于软件方面的，他们绝大多数都没有上过大学，按中国的定义属于技校毕业。他们从一开始上技术专科学校学的就是自己的专业领域，毕业后从事自己的本专业工作，准备把这一件事一直干到退休，熟能生巧。因为专注的领域较窄，更容易制造出精品，所以不需要学太广泛的知识，避免分散精力。但是，作为项目经理，刚好相反，需要不断地扩大自己的知识面，但不求精。这意味着我们必须把自己的知识领域由点扩展到线，由线扩展到面。每当项目经理遇到一个点的问题时，应该本能地从一个点联想到端到端的整条线，再联想到与事件相关的覆盖面有多大，然后再反过来思考如何解决这个点的问题。这件事与当医生有点像。优秀的医生要先成为全科医生，再成为专科医生。因为人体是一个整体，症状都是表象，有时症状出在皮肤上，但疾病的根源可能在内脏。因此医生必须对人体有一个整体的了解，之后才去解决一个点上的问题。

当项目经理也是同理。项目涉及许多不同的方面，当项目出现一个小问题时，如大家经常提到的时间不够，项目经理要把所有的可能性全都想一遍，之后才能反过来判断到底问题的根源在哪儿，才知道如何解决时间不够这个问题。这就是为什么我们在前文中提到项目经理必须有大局观，因为如果没有大局观就很难解决跨界的问题，即使只是一个点的问题。

其实，做企业管理咨询顾问也是这样的，我一直认为企业管理咨询顾问应当是企业的医生。如果企业管理咨询顾问的知识领域和从业经历比较单一，跨界工作的经验较少，即使理论丰富，实际解决企业问题的能力也不会很强。因为企业也像人一样，是一个整体。作为企业的医生，企业管理咨询顾问的知识体系必须是系统而全面的，必须先做企业的全科医生，不仅要懂一个专业领域，而且要从企业战略到运营，从运营到各个业务部门和职能部门，到各个层级的岗位，再到各种业务模式、各种流程体系、各种企业文化、企业的各个发展阶段、各种流派的方法和工具，甚至各种类型的领导风格和员工特点都要熟悉。仅仅看过还不够，最好亲自实践过，唯有如此，才可能成为在某一特定领域的企业管理咨询顾问。

2.5 基于国家标准的卓越项目经理人才画像

我国引进西方项目管理思想和方法已经超过 30 年了，项目型工作方式也已经普及，但绝大多数人对于优秀项目经理的画像仍然是非常模糊的，包括很多项目经理自己也搞不清楚自己的能力提升方向。如前文所述，东方和西方的文化差异非常大，我国和西方发达国家的管理成熟度差异也很大，这导致了也不好直接照搬西方的项目管理人才评价标准。事实证明，即使我们照搬国外的标准来选拔项目经理，在当前的环境下，大概率是胜任不了我国绝大多数企业的项目工作的。我们国家的很多项目经理并不符合美国或欧洲的项目经理人才标准，但实际上他们能在企业中把很多被称为项目的事干好，甚至有很多人从来也没学过专业的项目管理方法，也能把项目干得很好。

2022 年 10 月 12 日，国家市场监督管理总局、国家标准化管理委员会发布了 2022 年第 13 号中华人民共和国国家标准公告，批准发布了由全国项目管理标准化技术委员会组织申报的《项目管理专业人员能力评价要求》（GB/T 41831—2022）。该国家标准由微薄之力（北京）管理咨询有限公司、中国国际人才交流基金会、华为技术有限公司、新疆金风科技有限公司、中兴通讯股份有限公司、太极计算机股份有限公司、北京低碳清洁能源研究所、国家海洋标准计量中心等众多单位联合编制。此标准适用于企事业单位、机关、社团等各类组织和各行业对其从事项目管理工作的人员进行项目管理专业能力的分级评价，也可作为各省、市、区、县开展项目管理专业人才引进、培养、职称评定和任用等工作的依据。此标准的出现，终于解决了我国项目管理专业人员领域缺少大家公认的能力评价标准这一痛点。

1. 基于国家标准的项目经理能力素质画像

作为《项目管理专业人员能力评价要求》（GB/T 41831—2022）的起草组组长，此标准的发布令我感到无比的欣慰和振奋，因为它将极大地影响各类组织对优秀项目经理的识别、选拔、培养、任用和评价。此标准从立项、起草、评审、修订到发布，历时三年，受到全国各界项目管理专家、学者、企业实战大咖的鼎力支持，充分结合了西方知名项目管理方法之所长及国内近 20 年的企业实践成果，也融合了微权力下的项目管理思想，是真正符合当前阶段中国项目管理专业人员特点的项目管理评价标准。此标准的发布，将为项目管理专业人员的能力提升和职业发展提供方向，为组织精确匹配项目管理人才提供依据，为项目管理咨询和培训提供框架与指导，为相关的项目管理产品和课程设计及职业评价提供依据，对我国项目管理领域的发展、开拓具有重要意义。

2．项目管理专业人员能力评价的能力素质模型

《项目管理专业人员能力评价要求》（GB/T 41831—2022）规定了项目管理专业人员能力评价的术语和定义、能力评价的三个维度、能力划分的五个等级、每个能力等级所对应的核心能力要求、能力评价的方法、能力评价结果及应用。此外，《项目管理专业人员能力评价要求》（GB/T 41831—2022）规定了项目管理专业人员应掌握的 17 个项目管理知识领域（可参考附录 A），以及用于评价项目管理专业人员的 29 个能力素质指标的名称和定义（可参考附录 B）。基于国家标准形成的项目管理专业人员能力素质模型如图 2.4 所示。

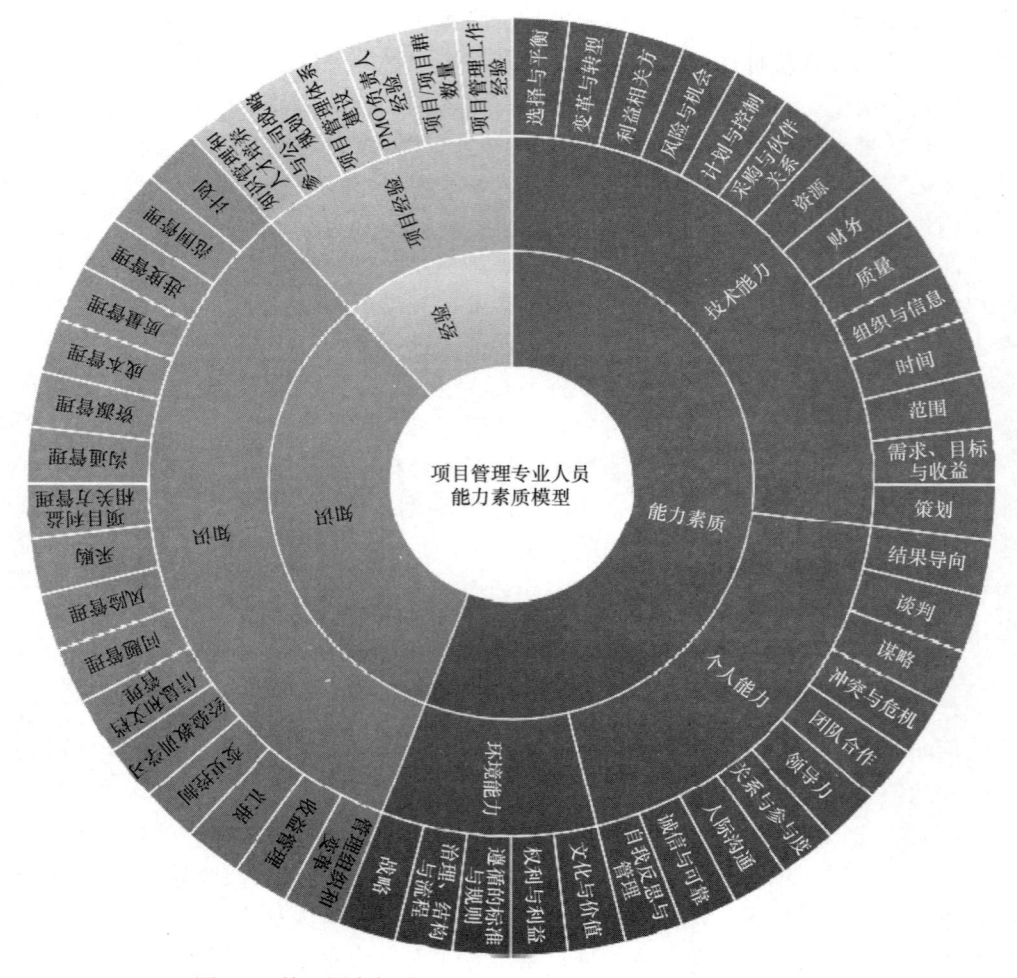

图 2.4 基于国家标准形成的项目管理专业人员能力素质模型

3. 项目管理专业人员能力评价的三个维度

在《项目管理专业人员能力评价要求》中，项目管理专业人员的能力素质画像被分成三个维度，分别是知识、能力素质和经验，如图 2.5 所示。

本标准规定：项目管理专业人员为了从事项目管理相关专业工作，在不同类型岗位和职责上应满足与项目管理相关的知识、能力素质和经验三个不同维度的要求。

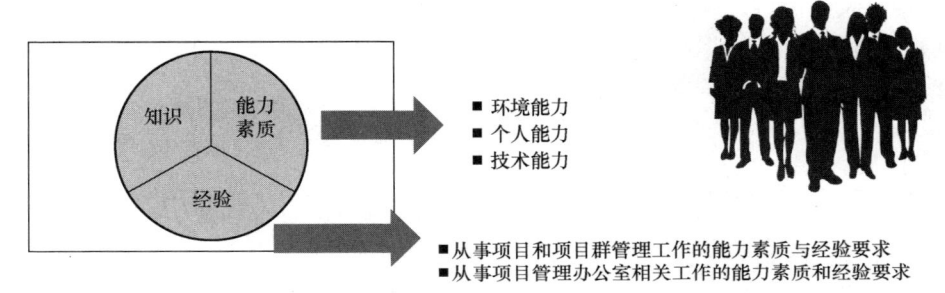

图 2.5　项目管理专业人员的能力评价维度

第一个评价维度是知识。知识可以通过学习和培训来提升，知识掌握的程度可以通过考试来验证。起草组借鉴了国际标准 ISO 21502:2020 中的要求，把项目管理专业人员需要掌握的专业知识分为计划、进度管理、成本管理、范围管理、收益管理和风险管理等 17 个不同的知识领域。

第二个评价维度是能力素质。能力素质分为三个评价维度，分别是环境能力、技术能力和个人能力。

项目管理专业人员必须具备特有的环境能力。项目管理专业人员经常在自己不熟悉且多变的项目内外部环境下工作，需要持续不断地协调组织复杂的项目利益相关方形成合力，共同应对项目中大量的不确定性并解决从未遇到过的问题。因此，项目管理专业人员快速熟悉陌生环境、熟悉陌生规则和理解陌生环境下人际关系的能力必须非常强，而且要能在不熟悉的环境下迅速地定位自己的项目目标和自己的角色，并组织相关人员形成跨职能团队和跨职能执行力。

项目管理专业人员必须具备过硬的项目管理专业技术能力，如在计划制订、进度管理、成本控制和质量管理等方面熟悉项目管理的方法和流程并能熟练运用各种常用的项目管理工具和技术。

项目管理专业人员必须具备优秀的个人能力（又称软技能）。项目管理专业人员的主要工作是跨专业、跨组织地组织协调不同的人员共同协作，并促进他们之间的沟通，这需要很强的领导力、影响力和人际沟通能力等。

第三个评价维度是经验。经验是风险识别的基础，也是快速解决问题的必备条件。项目管理专业人员相关项目经验积累的多少、经验水平的高低，会直接影响项目的绩效优劣甚至成败。

4．项目经理与项目管理办公室（PMO）人员的不同能力要求

除了上述提到的三个能力评价维度，起草组专家们经过多次研讨达成共识，从事项目管理工作的人员与从事 PMO 工作的人员在能力特点上有较大的不同。从事项目和项目群管理的人员即通常被我们称为项目经理和项目群经理的这些项目管理专业人员，需要具备带领项目团队把项目和项目群做成功的实战能力，其终极成长目标通常是实战能力超强的企业家；而从事 PMO 工作的人员更加需要不断提升自己在项目管理领域的知识和专业性，其终极成长目标通常是高级别的项目管理专家。两者的特点和发展方向有本质的不同，应该分开进行评价。

2.6 项目管理专业人员能力进阶的五个层次与职业发展路径

在《项目管理专业人员能力评价要求》中，项目管理专业人员按照能力评价维度和负责的项目级别被分为了五个等级，如图 2.6 所示，这五个等级也可以称为项目管理专业人员能力进阶的五个层次。

项目经理和PMO人员能力进阶的五个层次

本标准规定：

项目管理专业人员按照能力评价维度和负责项目类别，共设五级，分别为：项目管理专业辅助人员、初级项目管理专业人员、中级项目管理专业人员、高级项目管理专业人员、专家级项目管理专业人员。

等级	能力等级	能力分级所对应的常见工作
第一级	项目管理专业辅助人员	能够胜任专业性的项目管理辅助工作
第二级	初级项目管理专业人员	负责成功交付一般项目
第三级	中级项目管理专业人员	负责成功交付复杂项目
第四级	高级项目管理专业人员	负责成功管理和交付复杂项目和项目群。能够负责交付国际项目
第五级	专家级项目管理专业人员	负责为项目管理标准和项目管理能力建设提供指导和思想领导力。负责管理和交付复杂项目、项目群和项目组合。能够负责管理和交付国际项目

图 2.6 项目经理和 PMO 人员能力进阶的五个层次

注：一般项目、复杂项目和项目群的区分标准在不同的行业和项目类型上会有较大差异，各组应根据自身所在行业的特点结合项目的类型、人员规模、预算大小、技术复杂程度、创新程度、战略重要性、时间跨度、区域跨度和项目利益相关方的复杂程度等因素自行定义。

1．第一个层次：颠覆原有思维，成为项目管理的实践者

项目管理专业人员能力评价的第一个层次对应的是国家标准的项目管理专业辅助人员。项目管理专业辅助人员常见的职责是承担专业性的项目管理辅助工作，可以很好地协助项目经理开展日常项目管理,但还不能独自担任项目经理这个角色。这个层次是项目管理专业人员在项目管理的专业领域的起点。在这个层次上，项目

管理专业人员需要做到"认知的改变——颠覆原有思维,成为项目管理的实践者",如图 2.7 所示。

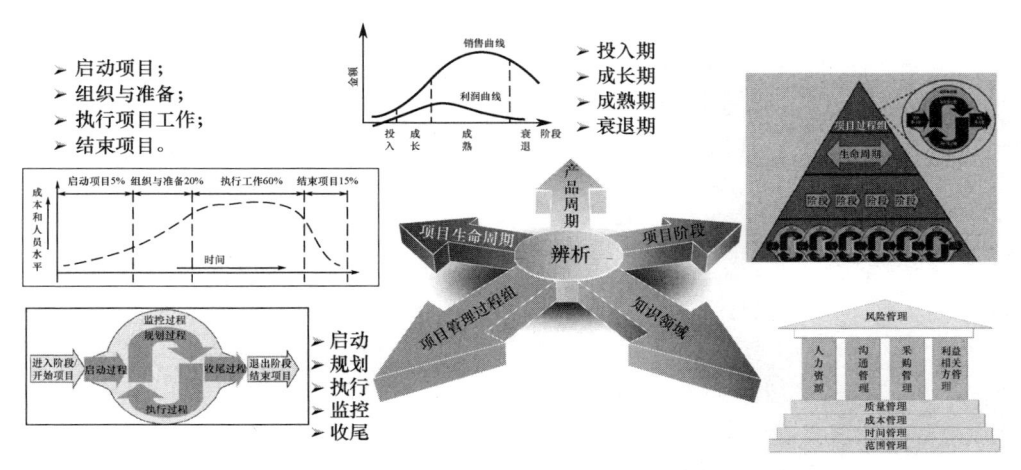

图 2.7　认知的改变——颠覆原有思维,成为项目管理的实践者

第一个层次虽然侧重于项目管理领域的入门,但在增加知识的同时,更需要转变思维。在项目管理领域,往往会通过对项目管理知识体系的集中学习、记忆和考试来帮助项目管理从业人员转变观念和建立项目管理的专业思维逻辑。从我国引入美国项目管理协会(Project Management Institute,PMI)的 PMP® 认证之后,大量成功考取 PMP® 证书的学员,虽然在回到自己的工作岗位后并不能很好地将所学的项目管理知识和工具落地,但是因为他们的思想被项目管理培训和考试转变了,所以会对专业的项目管理思想和方法非常认同,非常愿意参与推动组织级项目管理体系建设的工作。因此,在《项目管理专业人员能力评价要求》中,对项目管理专业辅助人员提出的要求是,系统性地学习项目管理知识体系,并尝试在自己所在的组织中落地所学的项目管理专业知识,从理论走向实践。

2. 第二个层次:在实战中成长,成为经验丰富的管理者

项目管理专业人员能力评价的第二个层次对应的是国家标准的初级项目管理专业人员。初级项目管理专业人员侧重于构建项目管理的实战能力。为了推动项目管理专业人员理论联系实际,起草组希望借助国际标准来推动项目管理从业人员积极主动地积累大量各种不同类型的项目管理实战经验,并借着经验积累的过程提升自身的实战能力。

想达到标准第二个等级的要求,项目管理专业人员在能力提升上的重点是把学到的各种项目管理知识、工具、技术和方法在项目管理实战中运用起来,还要逐步把各种不同的项目管理知识、工具、技术和方法在同一个项目上综合运用、有效集成,形成自己开展项目管理工作的套路。这个层次的项目管理专业人员要具备在项

35

目管理相对成熟的组织环境下，借助组织已有的项目规则、制度和流程，在自己的临时性项目里，根据项目的目标和特点，对自己所使用的项目管理方法进行定制化剪裁和灵活运用，既能把复杂的事管起来，还能把项目中不同的人也管起来。

因此，在《项目管理专业人员能力评价要求》中对初级项目管理专业人员提出了如下明确要求："应能对一般项目目标的实现负责，即以实现相对确定的目标为导向，具备良好的大局观、资源的整合能力、跨职能的团队管理能力、系统性的分析和问题解决能力，以实现目标为目的的对工作/任务进度和资源合理配置的控制能力。基于一般项目的项目目标，明确各项目利益相关方的角色和职责，借助职能管理者的力量，组织项目团队成员用科学的方法分解项目目标，形成跨职能的执行力，最终实现预期的一般项目目标。"同时对初级项目管理专业人员提出了明确的经验要求："需要具有 2 年以上的项目管理领域经验并具有作为项目负责人管理过至少 2 个一般项目并达成预期目标的经验，或者具有作为项目经理或核心成员参与过 1 次及以上的项目管理流程优化工作并达成预期目标的经验。"

3. 第三个层次：以德服人，成为富有激情的领导者

项目管理专业人员能力评价的第三个层次对应的是国家标准的中级项目管理专业人员。中级项目管理专业人员要具备一定的领导力，常担任类似大项目经理、战略项目经理、资深项目群经理或项目总监等大型项目或项目群中的重要角色。他们面对的项目场景往往具有目标模糊、跨多个专业领域、过程复杂、风险大、变化多、项目交付物创新性强、给用户带来的变革程度大和项目利益相关方关系复杂等特点。如果把前三个层次的项目管理专业人员做个比较的话，那么，项目管理专业辅助人员是具有项目管理专业知识的实践者，初级项目管理专业人员是具有丰富项目管理实战经验的管理者，而中级项目管理专业人员是要成为高情商的项目领导者。

在项目管理的领域里，管理者和领导者的定位是不同的。管理者在一个秩序井然的环境下开展管理工作，依据已达成共识的制度、流程、规范或标准，经过组织的授权，代表组织维护已被认同的秩序和规则。而领导者通常在一个尚未建立共同认可秩序的环境下，担负了统一不同项目利益相关方的方向和目标、凝聚力量、建立组织和秩序的责任。

为了项目管理专业人员能够有效应对其所面对的复杂而有挑战性的项目场景，《项目管理专业人员能力评价要求》对中级项目管理专业人员提出了如下明确要求："应能对复杂项目目标的实现负责，即以实现相对确定的目标为导向，具备良好的大局观、系统性的思考能力、多样化资源的整合能力、简化复杂问题的能力；在相对明确的规则下促成复杂项目利益相关方达成共识的能力，能应对较为复杂的项目环境，基于复杂项目的项目目标，明确各项目利益相关方的角色和职责，借助组织中高层的力量，组织大家分解复杂的项目目标，建立受控的项目环境，形成跨职能的执行力，最终实现预期的复杂项目目标。"

4. 第四个层次：不断提升大局观，成为运筹帷幄的经营者

项目管理专业人员能力评价的第四个层次对应的是国家标准的高级项目管理专业人员。高级项目管理专业人员要具备组织层面的经营性视角和能力，他们在绝大多数情况下代表公司高层，不论其本身是否拥有高层职务，都必须有大局观，需要站在组织经营的角度看问题。因此，对于项目管理专业人员来说，从第三个层次到第四个层次的转变是从领导者向经营者的视角转变。经营者要像企业家一样思考，具备战略思维；要从投资角度看问题，用科学的方式分析投资回报，思考到底哪些收益是支持战略落地真正需要的收益；需要考虑维护组织内各方之间的平衡，思考长期收益和短期收益之间的平衡，基于价值和风险综合考虑决定不同投资选项的优先次序并据此指导稀缺资源的分配。

高级项目管理专业人员要参与组织战略规划的工作并主导战略落地的过程，特别是战略解码的过程，并要牵头设计和构建承接组织战略落地的组织保障机制，成为组织的战略层和执行层之间的桥梁和纽带。此外，为了更有力地支撑"一带一路"倡议，提升我国在海外拓展的能力，我国需要更多具备在海外的多元文化下带领项目团队开展工作的大项目负责人。因此，从第四个层次开始，《项目管理专业人员能力评价要求》就提出了高级项目管理专业人员应具备开展国际项目的能力要求。其目的是鼓励和推动更多优秀的高级项目管理专业人员走出国门，在海外更加挑战的环境下既锻炼自己，又为国家"一带一路"倡议的实现做出贡献。

因此，《项目管理专业人员能力评价要求》对高级项目管理专业人员提出了如下的明确要求："应能对组织的一个具体战略目标实现负责，即以成果和收益为导向，具备战略解析的能力、收益分析和机会选择的能力、优秀的应变能力以及未知环境下的迅速定位和风险控制的能力；能应对复杂且多变的项目群环境，根据战略目标的要求，策划和选择一系列项目，借助组织高层的力量，凝聚复杂的项目利益相关方，建立统一战线，保持正确的方向并逐步把模糊的项目群目标变清晰，能带领大家在混乱中建立秩序并不断调整实现目的的路径，最终实现战略预期的成果和收益。应能对国家政策和开展项目的当地环境特点有较深刻的认识和了解，能协调国际人员，开展项目管理工作，同时展现出在国际市场上的竞争力，在多元文化的项目环境下，对项目管理的队伍起到引领作用；能独立地策划和引导国际项目。"

5. 第五个层次：唤醒自己的使命感，成为项目管理的布道者

项目管理专业人员能力评价的第五个层次对应的是国家标准的专家级项目管理专业人员。专家级项目管理专业人员是项目管理专业人员成长的终极目标，这个层次的能力水平没有上限。例如，华为公司的老板任正非经常在华为公司内部讲，他是"华为最大的项目经理"。

专家级项目管理专业人员要通过项目管理的手段激活组织和个体，让其所在的组织更加具有创新和变革的活力。要通过组织级项目管理的机制，支持组织的战略

落地，提升组织内所有项目的成功率，提升组织的敏捷性，这样才能让其所在组织可以更加敏捷地应对外部环境变化所带来的威胁与机遇。

因此，《项目管理专业人员能力评价要求》对专家级项目管理专业人员提出了如下明确要求："应能解决组织战略规划落地时在组织目标、任务和资源的统筹与平衡的问题。应能对组织总体经营目标和组织整体战略规划落地的结果负责，即以价值为导向，具备组织整体的系统性思考能力，激活和赋能整个组织的能力；能应对复杂多变的组织内外部环境，协助组织的高层级利益相关方之间建立有效的沟通；在长期目标、短期目标和有限资源之间建立最佳的平衡，并推动高层集体决策的形成和落实。应能策划和建立组织在国际上的竞争力和软实力。"

专家级项目管理专业人员不仅要提升自身专业能力，更要帮助其所在的组织提升组织级的项目管理能力，牵头组织级项目管理体系建设，通过对组织层面的项目管理规章、制度、流程和规范的建设或优化，帮助组织营造有利于开展项目工作的组织治理环境，让项目管理专业人员在其所在的组织内做到有法可依，让组织内外的项目工作变得更容易。专家级项目管理专业人员要致力于培养更多的项目管理专业人员，鼓励他们在项目管理的道路上迅速成长，才能快速壮大项目管理从业人员队伍，持续增强组织级的项目管理能力。

《项目管理专业人员能力评价要求》还对专家级项目管理专业人员提出了更高的组织回馈方面的要求，要求他们更多地带头进行案例的分享和经验教训的收集，积极主动地推动项目管理知识库的建设，主动承担培训授课的任务，带头参与企业标准、行业标准和国家标准的编写。

专家级项目管理专业人员是项目管理领域真正的领军人物，应当对我国项目管理行业的发展具有发自内心的使命感，不仅仅把从事项目管理当作一份工作或一份职业，而要把开展这项工作视为对自己所在企业、行业、国家甚至民族的贡献，把帮助企业、行业、国家和民族更加快速地提升项目管理能力作为自己的使命，以此来实现自己的人生价值。

6．基于国家标准的项目管理专业人员的职业发展路径

基于《项目管理专业人员能力评价要求》对于项目管理专业人员的五个不同等级的要求，结合国内相关等级的从业人员目前所从事的岗位和职务，我总结和提炼了如下的项目管理专业人员的职业发展路径（见图2.8），希望可以用来帮助更多从事项目管理工作的同行明确自己的职业发展路径。

作为一名项目管理从业人员，清晰地认清自己所从事的职业，明确项目管理专业人员的人才画像和职业发展路径是至关重要的。因为这样可以在职业发展或专业提升的方向上借鉴前人的经验，明确自己的长板和短板，科学地规划自己的能力提升路径，少走很多弯路。

第 2 章　卓越项目经理的人才画像与能力进阶的五个层次

规划项目经理和PMO人员的职业发展路径

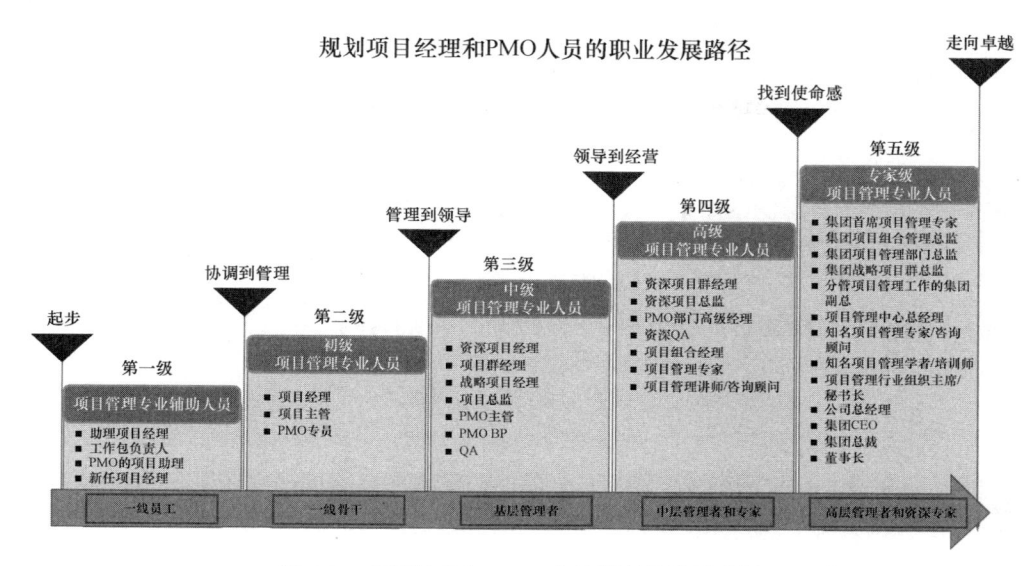

| 起步 | 协调到管理 | 管理到领导 | 领导到经营 | 找到使命感 | 走向卓越 |

第一级
项目管理专业辅助人员
- 助理项目经理
- 工作包负责人
- PMO的项目助理
- 新任项目经理

一线员工

第二级
初级
项目管理专业人员
- 项目经理
- 项目主管
- PMO专员

一线骨干

第三级
中级
项目管理专业人员
- 资深项目经理
- 项目群经理
- 战略项目经理
- 项目总监
- PMO主管
- PMO BP
- QA

基层管理者

第四级
高级
项目管理专业人员
- 资深项目群经理
- 资深项目总监
- PMO部门高级经理
- 资深QA
- 项目组合经理
- 项目总专家
- 项目管理讲师/咨询顾问

中层管理者和专家

第五级
专家级
项目管理专业人员
- 集团首席项目管理专家
- 集团项目组合管理总监
- 集团项目管理部门总监
- 集团战略项目群总监
- 分管项目管理工作的集团副总
- 项目管理中心总经理
- 知名项目管理专家/咨询顾问
- 知名项目管理学者/培训师
- 项目管理行业组织主席/秘书长
- 公司总经理
- 集团CEO
- 集团总裁
- 董事长

高层管理者和资深专家

图 2.8　项目经理和 PMO 人员的职业发展路径

本章小结

项目经理的人才画像与企业内普通的专业岗位有较大的区别。普通的职能部门管理模式属于典型的基于权力的管理模式，而项目管理模式属于典型的基于微权力的管理模式，是介于领导和管理模式之间的一种特殊的管理模式，因此对项目经理的个人能力会提出更高的要求。

《项目管理专业人员能力评价要求》（GB/T 41831—2022）是真正结合我国的组织环境特点、国家的要求、项目环境特点及人员能力特点而设计的具有中国特色的项目管理专业人员的评价依据。《项目管理专业人员能力评价要求》的发布，结束了我国长期以来单纯依赖国外项目经理资质认证的局面，从根本上解决了照搬西方方法论导致的不接中国地气的问题，更加贴合中国当前实际需求，可以为国内各类、各级项目管理从业人员指明修炼和成长的路径。

依据国家标准的要求，结合自己的实际情况，分析自己在项目管理专业能力上的优劣势，参照项目管理专业人员的五级职业发展路径，定制和实施适合自己的项目管理能力提升方案，一定可以让自己在项目管理的职业发展道路上一路畅通。

第 3 章

中国特色，微权力下的项目管理方法

在过去的 20 年里，我一方面广泛地学习和理解来自不同国家、不同行业的各种不同流派的项目管理标准、方法、工具和技术，另一方面以不同的身份和不同的角色，不断地在各种不同类型的企业里，不论是外企、国企、民企或上市公司，开展项目管理的实践和总结工作。特别是从 2019 年开始，我非常荣幸地加入全国项目管理标准化技术委员会（SAC/TC343）和 ISO 国际标准化组织的项目、项目群和项目组合管理标准化技术委员会（ISO/TC258）中担任领导职务和专家，并主持起草项目管理的 ISO 国际标准化和多项项目管理的国家标准。

在我参与项目管理国际标准化工作的过程中，我有非常多的机会接触到全球各个国家项目管理领域的顶尖专家，当然，他们大多也是全球各大知名项目管理专业协会的主席或总裁，可以和他们学习与交流他们对于项目管理的理解。

在参与项目管理国家标准化工作的过程中，我有非常多的机会接触到我国各高校的项目管理知名学者、各行业龙头企业的项目管理专家和分管领导、国内知名的项目管理培训师，以及国内头部的项目管理咨询和培训机构的负责人，既可以和他们充分交流在项目管理专业和实践上的理解，又可以组织他们一起编制具有中国特色的项目管理国家标准或团体标准。在这个过程中，我进一步扩大了对于项目管理领域的认知，并加深了对项目管理方法在国内各行各业实践情况的了解。

这进一步提升了我对于中国特色下的项目管理思想的理解，为我进一步完善微权力下的项目管理思想和方法提供了极大的帮助。特别是在 2022 年一次与电子工业出版社副总编付豫波女士的沟通交流后，我更加坚定了基于微权力下的项目管理思想进行进一步提炼，形成微权力下的项目管理方法模型的决心。

3.1 微权力下的项目管理方法模型

多年以来，我不断地对微权力下的项目管理思想进行思考、实践和完善，逐步形成了如图 3.1 所示的项目管理模型，我把它称之为微权力下的项目管理方法模型。

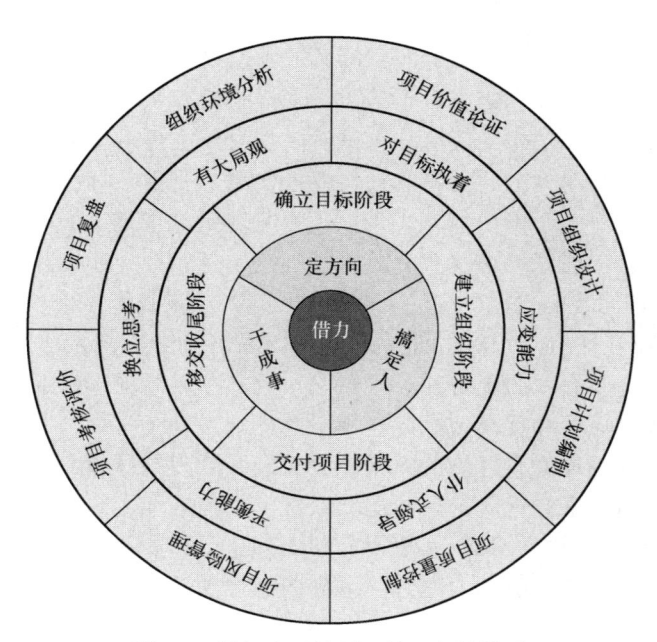

图 3.1 微权力下的项目管理方法模型

在微权力下的项目管理方法模型中,"借力"是项目管理的一个核心思想。基于"借力"的核心思想,开展项目管理时还要重点关注贯穿项目生命周期的**三项核心任务**、项目生命周期的**四个发展阶段**、项目经理的**六个人格特质**及项目经理必须掌握的**八项关键技能**,简称"**13468**"。

贯穿项目生命周期的三项核心任务分别是定方向、搞定人和干成事。

项目生命周期的四个发展阶段分别是确立目标阶段、建立组织阶段、交付项目阶段和移交收尾阶段。

项目经理的六个人格特质分别是有大局观、对目标执着、应变能力、仆人式领导、平衡能力和换位思考。

项目经理必须掌握的八项关键技能分别是组织环境分析、项目价值论证、项目组织设计、项目计划编制、项目质量控制、项目风险管理、项目考核评价和项目复盘。

3.2 一个核心思想:"借力"

在我的认知里,微权力下的项目管理的核心思想是"借力",基于一个特定的目标和任务,召集大家,把具备各种资源和能力的人组织在一起,建立一个临时性的跨职能组织,形成合力后,再依靠这个跨职能的临时性组织去实现有挑战性的任务目标。

41

在我们的生活与工作中，总会遇到一些非常有挑战性的任务，这些任务单靠我们个人的力量是无论如何也完成不了的，譬如一些带有明显突破、创新或变革特征的大事。如果我们又非常想干成这些大事，因为看到了任务实现后的巨大回报，这样我们只能想办法借助大家的力量，整合各方资源，召集各种有能力的人，为大家树立共同的目标，形成合力后来干成事。项目经理就是这个"攒局"的人。当然，在微权力下的项目管理思想中，我们的目的一定不是想把一群比我们弱的人召集起来，而是要把一群比我们自己更强的人召集到一起。如果我们能把一群比我们更强的人召集起来，形成互补的合力，那我们就能干成之前任何一方都无法独自干成的大事。

由于项目经理要完成的任务往往很特别，因此项目经理干事的逻辑跟企业中常见的职能管理者、流程经理及技术专家都不一样。

通常，职能管理遵循有经验的人带领没有经验的人的逻辑，团队或部门负责人的经验和能力应当优于自己所管理的团队或部门内的其他人。因此，职能管理者会热衷于把自己的团队做大做强，不断招募和培养自己的团队，自己直接管理的团队的人越多，自己团队的人的能力越强，这样职能管理者能承担的任务就越多，能干的事就越大。

流程也是面向跨职能或跨专业协同的任务的，与项目承载的任务不同，流程承载的跨职能或跨专业的任务一定是成熟的业务，并且在以往实现该业务的过程中已经沉淀和积累了实现该业务的最佳实践，特别是跨职能或跨专业协同的最佳实践。只要各部门或各专业派出的人按照流程规定步骤和协同关系去做这项任务，就会取得预期的协同成果。因此，各类组织会倾向于把成熟的业务流程化，因为可以避免一些人因为经验不足而犯错，避免跨部门和跨专业协同的问题，可以大幅降低成熟业务的用人能力要求，起到在成熟业务上实现降本增效的效果。流程管理注重法治，强调不论是什么样的人来干流程的工作，都必须遵循流程的要求，这样流程才能发挥作用。因此，流程经理非常注重在流程中开展工作的各方人马对于流程的敬畏感和遵从性。

技术专家往往专注于某一专业领域，并且对该专业领域有着非常深刻的理解，在从事该专业领域工作时体现出卓越的专业能力，相比其他人有着非常明显的优势。通常技术专家习惯于依靠个人卓越的专业能力来实现创新和突破，更加注重个人专业能力的提升。如果技术专家希望解决更加复杂的问题或完成更加有挑战性的任务，就需要加强自身的专业学习，并通过专业领域的实践提升个人专业能力。真正的技术专家往往不太会依赖其他人来帮助自己实现专业领域的突破。

合格的项目经理是不热衷于培养人的。项目经理的工作场景和职能经理的工作场景往往有很大不同。职能经理的工作方式通常适用于常态化工作，要有足够的时间去培养人，先把人培养起来，然后再干事，可以循序渐进。但项目经理接到的任务往往具有很强的时间紧迫性，没有时间培养人，组织能给予的资源也不足，仅靠自己的专业能力肯定不行，而这项任务对组织、对自己又特别有价值，不能放弃，因此也就不能按照常规的工作方式来完成了。只能把自己能找到的资源和高手组织到一起，用最短的时间把任务完成。在这种场景下，项目经理只能"借力"，思考如何用现成的钱、现成的专家、现有的设备设施，迅速抓住时机，完成任务，获得预期结果。

借力也有套路。首先，我们要知道需要借哪些人的力。

第一，既然要召集一群高手来帮我们干大事，就要有召集的理由和有号召力的人。所以，我们要说服有公信力和威望的大领导来帮我们站台，这就是项目中所说的项目发起人。因此，项目经理一定要学会借助发起人的号召力，如果项目没有德高望重的发起人，我们就要想办法给项目找一个有号召力的发起人。

第二，干大事还要有资源和预算。我们要知道哪些人是有资源的。有资源，才能干成事，但资源需要项目经理自己去找。因此，我们要借有资源的人的力。当然，有资源的人都是投资导向的，我们只有向他们讲明白投入资源可能获得的巨大回报，才有可能说服他们投入资源。

第三，光有号召力和资源，想干成大事，还是不够，我们还要找到和说服那些真正的技术高手或业务高手来项目中承担攻坚的重任，就是我们俗称的专家。专家干事的效率和效果和普通人是不一样的，能带着一群专家干事，还能组织不同的专家协作、共同创新和突破，需要优秀的仆人式领导力。

第四，除了上述三类人，我们还需要一大批踏踏实实、任劳任怨的项目成员。因为项目中一定会有平凡的工作、辛苦的工作和枯燥的工作，这离不开一群吃苦耐劳的项目成员。优秀的项目经理也一定会善于借助普通项目成员的力，让平凡的项目成员在项目中找到自己的兴趣点和闪光点，在项目中看到自己的价值，展现出自己不平凡的一面。

在开展项目的过程中，这四类人的力我们是一定要借的。每个人的个人能力都是有限的，而借力的范围是无限的，把借力的能力锻炼出来，我们想干成多大的事就都是有可能的。正如古希腊物理学家阿基米德家喻户晓的名言："给我一个支点，我就能撬动整个地球。"借力的本质是智慧。

3.3 三项核心任务：定方向、搞定人和干成事

项目管理是典型的目标管理，遵循以终为始的原则。为了确保项目预期的价值顺利实现，在开展项目的过程中，有三项贯穿项目始终的核心任务，即定方向、搞定人和干成事。

第一项核心任务：定方向

开展项目，特别是战略类的项目、变革类的项目、创新性强的项目、目标模糊的项目群等，项目经理和项目团队在项目一开始就花足够多的时间明确项目的方向是特别重要的。要是项目方向从一开始就错了，不论项目经理和项目成员多么辛苦付出，也不可能实现预期的成果和价值。

项目方向不是项目经理定的，是组织基于战略的考虑确定的。因为站在组织的角度来看，项目是组织的一种投资行为，通过组织在人、财、物等各类资源的先期投入，创造项目产品，推动项目的成果转化，从而实现组织预期的收益和价值，进而支撑组织的战略落地。然而，在创新和变革的场景下，组织的战略目标、项目的预期成果、项目团队的交付物以及项目成员各自的任务并不容易对齐。由于项目具有渐进明细的特点，项目团队往往在项目早期并不一定能精准地理解和描述项目目标和预期成果，而是需要在开展项目的过程中，逐步明晰甚至不断完善对于项目预期成果的理解。因此，通过业务价值论证机制，让项目领导小组、项目经理和项目团队成员在项目过程中始终论证项目的价值，是确保组织获得预期项目价值的最有效的手段。

作为项目灵魂人物的项目经理，必然责无旁贷地要承担组织大家持续开展项目价值论证工作的重要职责，确保项目方向的正确性。只有在项目方向明确和价值获得所有项目利益相关方的认可的情况下，才能激起他们积极参与和贡献项目的热情，让他们放下成见，愿意在项目范围内求同存异，形成互补的合力，迅速建立起跨项目各方的统一战线。

第二项核心任务：搞定人

如前文所述，在微权力下的项目管理思想中，项目经理不是依靠个人专业能力来实现项目预期成果的。项目经理要组织具备各种优势的人，群策群力地实现项目的预期成果和收益。因此，搞定项目利益相关方也是贯穿项目始终的一项关键任务，这也是项目经理借力思想落地的重要体现。当然，项目利益相关方是一个非常庞大的群体，而且在项目开展过程中还会不断发生变化。因此项目经理要搞定哪些人，说服他们在项目中承担什么样的角色和职责，采用什么样的方式争取他们的认可和支持，期望达成什么样的结果，由谁去落实这项任务等，这些与项目利益相关方管理相关的工作可以被视为项目经理在整个项目生命周期过程中的一项日常工作。由于项目经理是组织项目中所有人共同协作的核心，因此其自身的沟通和协调能力一定要非常强，情商要高，要会做人，否则就很难获得项目中各利益相关方的认可、信任和支持。

第三项核心任务：干成事

在项目环境中，想快速干成事，需要采用科学的工作方法，借助各种专业的项目管理工具和技术，才能让项目团队可以更加快速地实现项目目标并最大化地节约资源。

从项目确立目标的阶段开始，项目经理就需要组织项目团队对项目的目标进行澄清和定义，然后通过倒排工期的方式，确定项目的起点及关键决策关卡和重大里程碑节点，并据此对定义后的项目目标进行结构化分解，并将分解后的目标和任务以工作包为单位进行任务分派、责任界定、工期和成本的估算、各项任务之间依赖关系的梳理、项目资源的平衡并形成项目的进度计划。

项目进入执行阶段后，项目领导小组和项目经理需要基于项目确定的目标和计划，对项目开展过程进行有效监督、定期汇报、工作节奏控制、各项指标偏差分析、阶段目标评审，以及项目最终结果的量化预测，并对各种不可接受的偏离迅速形成处理的集体决议，这样才能确保项目目标的顺利实现，完成具有挑战性的任务。

由于项目经理需要掌握大量的项目管理专业方法、工具和技术，因此往往需要在担任项目经理工作前就从事过专业领域的技术工作，对专业方法、工具和技术有较强的学习、理解和运用能力，这样才能确保项目开展过程的专业性和科学性。

3.4 项目生命周期的四个发展阶段：确立目标、建立组织、交付项目和移交收尾

由于项目承载的业务不同，不同项目的生命周期的起点和终点各不相同。大体来说，从接到项目任务开始到项目团队的解散，项目生命周期可以分为确立目标、建立组织、交付项目和移交收尾四个不同的发展阶段。

1. 确立目标阶段

项目开始源于组织任务的下达，任务下达的形式各不相同，任务描述的详细程度也各不相同，但都意味着以项目为单位开展的任务开始了。这个阶段的核心目标是在跨部门动用更多资源制订项目的详细方案和计划之前，先依靠少数经验丰富的领导和专家澄清项目的目的、目标、产出、成果、收益及对公司战略的价值，初步判断项目的技术可行性，并获得组织决策层对项目资源投入的信心和批准。通常，项目管理五大过程组中的启动过程组中的主要活动都会发生在这个阶段。

基于我个人的工作习惯，确立目标阶段可包括但不限于如下的一些关键活动：

（1）接收项目任务。
（2）澄清项目目的和目标。
（3）任命项目总监和项目经理。
（4）收集过往经验教训。
（5）起草项目章程。

a）项目业务价值论证；
b）项目技术可行性论证；

c）确定项目的最终产出（也可以称为交付物或项目产品）；
d）编制高阶项目进度计划；
e）预估项目整体资源投入；
f）评估项目风险。
（6）设计项目组织结构。
（7）编制项目立项报告。

项目章程在确立目标阶段是一个非常重要的文档，正确填写项目章程可以帮助项目的各个利益相关方拉齐对于项目目标和收益的理解。项目章程示例如表3.1所示。

表 3.1 项目章程示例

项目章程			
项目名称		项目编号	
项目经理		项目发起人	
项目等级		更新日期	
背景			
业务需求和业务收益			
目标			
范围	在范围内	在范围外	
交付物	交付物内容	完成时间	
评价指标	范围		
	进度		
	成本		
主要注意事项	假设和约束	风险	
		类别	风险描述

（续表）

成功标准	1.
	2.
	3.
	4.
	5.
发起人	签名
	印刷体式签名
	日期
项目经理	签名
	印刷体式签名
	日期

2．建立组织阶段

经过组织决策层的审批后，项目总监和项目经理可以名正言顺地召集组织批准的项目核心成员来共同完成项目目标的分解、项目方案的设计、计划的编制和资源的估算等一系列规划过程的关键工作，并基于项目的需要进一步明确每位项目成员各自的角色和职责，以及他们彼此之间的关系和沟通机制。本阶段的核心目的，是要统一所有项目参与人员对于项目目标的理解，共同规划大家都认可的项目进度计划，并共同建立用于约束项目所有人的项目管理要求，以确保未来的项目过程受控。

基于我个人的工作习惯，建立组织阶段可包括但不限于如下的一些关键活动：

（1）召开项目启动会。
（2）开展工作分解，建立 WBS。
（3）基于 WBS 明确项目团队成员的分工和职责。
（4）基于 WBS 估算项目资源。
（5）基于 WBS 估算项目交付物完成的时间并细化下阶段的项目进度计划。
（6）建立项目的各项评价指标基线（含进度、成本、质量和范围）。
（7）制定项目团队需要遵循的各项管理要求，并编制项目管理计划。
（8）编制项目交付启动报告。

3. 交付项目阶段

在项目进入正式交付阶段后,每位认领了项目任务的项目团队成员都会按各自的方式去开展项目工作。项目经理一方面需要振奋项目团队的士气,使他们充满激情地工作;另一方面需要持续监督项目的进展,及时组织汇报和决策,确保项目过程始终受控。

基于我个人的工作习惯,交付项目阶段可包括但不限于如下的一些关键活动:

(1)项目进展跟踪与偏差分析。
(2)项目日常会议管理。
(3)项目阶段评审。
(4)项目定期进展汇报。
(5)项目团队建设。
(6)项目阶段成果管理。
(7)项目绩效测量。
(8)项目过程文档归档。
(9)项目经验教训收集。
(10)项目风险管理。
(11)项目问题管理。
(12)项目变更管理。

项目定期进展汇报是项目质量控制的重要手段,不论汇报周期和频次如何,项目进展汇报一定要避免陷入流水账式的汇报模式。项目进展汇报模板示例如表 3.2 所示。

表 3.2 项目进展汇报模板示例

项目进展汇报模板										
项目名称					项目编号					
项目经理					项目发起人					
项目等级					更新日期					
	交付物									
	1	2	3	4	5	6	7	8	9	10
进度										
范围										
成本										
风险										
问题										

(续表)

计划完成时间								
实际完成时间								

管理警报			
序号	需要管理层注意的情况	行动计划	负责人

报告期内的成就/亮点				
序号	成就/亮点描述	计划完成时间	实际完成时间	负责人	备注

交付物	标题/说明	交付物	标题/说明
1		6	
2		7	
3		8	
4		9	
5		10	

4．移交收尾阶段

当所有规划中的项目交付物和任务都完成后，项目总监和项目经理则需要开启项目收尾的工作了。项目收尾的目的是确保项目开展过程中所获取的知识和经验及项目过程中构建的新能力可以转化为组织能力。

基于我个人的工作习惯，移交收尾阶段可包括但不限于如下的一些关键活动：

（1）项目交付物移交。

（2）赋能后续接手团队和职责移交。

（3）项目文档归档。

（4）项目评价。

（5）项目团队成员绩效评价。

（6）项目复盘。

（7）编制项目结项报告。

（8）项目团队解散。

上述四个阶段是我对项目生命周期过程的一个整体划分，根据各行业的不同特点和项目类型的不同特点，这四个阶段的名称会有不同的叫法。譬如，在一些组织里，确立目标阶段也可能会被叫作项目准备阶段或项目启动阶段或项目定义阶段等。在一些组织里，建立组织阶段也可能被叫作项目规划阶段或项目计划阶段或项目立项阶段等。根据项目承载的不同业务类型或产品，为了方便过程控制，项目交付阶段又经常被划分成几个不同的管理阶段。移交收尾阶段也可能被称为项目结项阶段或项目关闭阶段等。

3.5 项目经理必须具备的六个人格特质

基于我多年的实践和观察，无论在哪个行业，优秀的项目经理一定具备六个人格特质（见图3.2）。

1. 有大局观

有大局观是项目经理必备的首要人格特质，要求可以站在公司的角度和战略的高度，**系统性地思考项目中的问题，考虑各种因素的相互影响，而不仅仅局限在自己的岗位或部门的角度看问题，避免本位主义思考**。

项目团队里的成员来自不同的职能部门或组织，大家有各自的利益诉求和工作方式，也会因此而产生矛盾和冲突。跨职能的项目团队中有冲突很正常，而且跨界冲突有利于颠覆式创新，这也

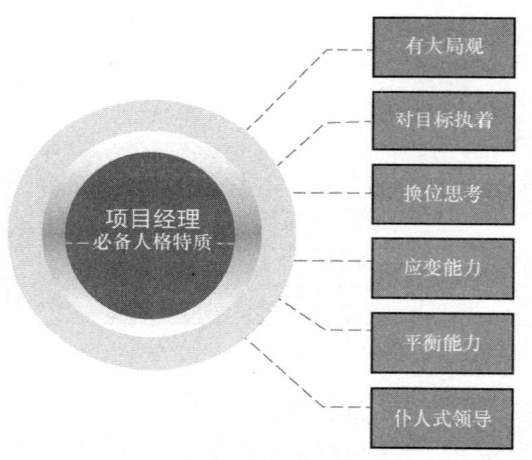

图3.2 项目经理必备的六个人格特质

是项目的目标之一。但是，项目中的冲突要受控，需要有人不断地平衡项目中冲突的各方，这是项目经理的职责。只有当项目经理站在大局的角度来协调冲突时，才可能在较短的时间内化解矛盾，达成共识。

2. 对目标执着

对目标执着是指"**在目标不清晰时会本能地明确目标，分解和传递目标给团队，并始终围绕目标开展所有工作**"。唐僧最大的优点就是对"取经"这个目标特别执着，即使一开始找不到路，即使开始时没有伙伴，即使会遇到各种妖魔鬼怪，即使自己的伙伴会打退堂鼓，但唐僧始终坚持这个目标，从来都没有动摇过，因此唐僧一定是个合格的项目经理。项目管理是一种典型的以目标为导向的管理模式，作为项目运转核心的项目经理必须具备目标导向的特质，要发自内心地对目标执着。

与各类组织中常见的过程方法（如流程管理或质量管理）不同，项目管理是典型的目标方法。专业的项目经理行动之前一定会本能地先明确目标，分解和传递目标给团队成员，定期对目标的实现情况进行评审和分析，确保所有人始终围绕各自既定的目标开展工作。采用目标方法的项目经理坚信项目团队成员在各自的领域里应当比自己更加专业，鼓励他们以结果为导向去定义实现各自目标的方式和方法，而不要拘泥于实现目标的过程形式。

3. 换位思考

换位思考是指"可以站在不同角色的角度来思考问题"。通常，大家认为项目过程中沟通不畅是一切问题的根源，其实沟通不畅只是表象。很多时候沟通不畅的原因是大家的定位不一样，目标不一致，导致大家没有办法进行坦诚的沟通。如果回到自己的团队里，沟通是没有问题的，但为什么到了项目团队里，沟通就不畅了呢？是因为大家没有站在对方的角度思考。通常要想提升沟通效果，至少要有一个人能站在对方的角度思考问题，这时候双方才知道分歧点在哪儿，解决的方式是什么。

项目经理是推动和维系项目团队内一切沟通的核心枢纽，换位思考能力对项目经理来说非常重要。原本项目中来自不同领域的利益相关方各自的目标和工作方式就不一致，导致很多问题需要有人帮助他们进行沟通和协调，如果项目经理的换位思考能力不足，就很难明白他们各自的动机和期望是什么，大家诉求点的差异是什么，也就没办法通过恰当的沟通方式帮助不同的利益相关方达成共识。而且，项目经理一定是项目中那个最积极主动沟通和促成大家达成共识的人。项目经理善于用其他人最能接受的沟通方式与其沟通，寻找双方或多方的共同利益诉求点，让大家为了共同利益而放下对彼此的成见，能够在项目中做到求同存异，围绕项目目标建立最广泛的统一战线。

4. 应变能力

应变能力是指"**在遇到突发和意外事件时，可以迅速地评估各种相关状况，做出最适合的应对行动**"。

项目是创新和变革的载体，典型特点之一就是充满不确定性，所以项目中的不确定性比一般类型的工作会多很多。因此，项目经理必须具备在不确定的环境下工作的能力，这一点西方很多项目管理成熟度比较高的企业在招聘项目经理时会明确要求，即对项目管理相关职位的潜在候选人能力要求之一是"可以承受压力，并在不确定的环境下工作"。事实证明，有很多优秀的管理人才曾经在常态化环境下取得过无数优秀的成绩，但应对突发状况的能力比较差，在不确定的项目环境下会变得手足无措。一些本来在常态化环境下并不突出的人到了不确定的项目环境下却发挥出了过人的应变能力，从而更容易成功地实现项目目标。除了在不确定的环境下依然可以保持自己对项目目标的专注以及稳定的工作能力，项目经理还需要具有较强的灵活性和变通能力，可以根据周边状况的变化，不断地选择和调整实现目标最优的方式和路径。

5. 平衡能力

在项目中，平衡能力是指"**能准确地识别不同利益相关方的动机和分歧点，并帮助他们达成共识**"。我很赞同管理大师彼得·德鲁克对管理的阐述，即管理的本质是"平衡"。项目管理是各类管理方式中对平衡能力要求最高的一种，因为项目中的不同利益相关方太多，大家的目标和利益又不一致，所以项目经理就会变成各方利益能否平衡的关键。项目经理一定要擅长平衡各方面，如平衡不同利益相关方各自的目标，平衡长期目标和短期目标，平衡业务目标和运营目标，平衡领导和员工之间的关系，平衡各种不同习惯和文化，平衡各种不同性格，平衡自己的家庭生活与工作……在项目中，有太多方面需要平衡，因此项目经理不但要保持自我平衡，还要帮助团队建立平衡机制和维持团队的平衡。

6. 仆人式领导

仆人式领导是指"**通过服务的方式，领导团队执行和影响项目高层领导决策**"。项目作为集体创新的组织形式，不论是在西方发达国家还是在我们国家，越来越多的组织都开始强调项目经理要具备仆人式领导的能力。作为项目中的外行，如果想要快速调动那些内行的专家和领导的工作积极性，提升他们的配合度，就不能简单粗暴地命令他人，甚至强迫他人执行自己的命令，因为那样更容易导致专家的内心抵触和对抗。仆人式领导强调项目经理要放低姿态，采用服务他人的态度和方式来管理团队成员和影响领导决策，事实证明，这样的领导方式更容易获得团队成员发自内心的认同和追随。

由于是组织创新和变革的载体，因此项目往往会横跨多个不同的业务领域或专业技术领域。项目经理虽然在项目某个专业领域的造诣不及项目团队成员，但一定要在知识的广度上超过任何一个项目成员，成为博学的项目经理。这就要求项目经理必须具备不断跨界学习的能力，而且持续保持跨界学习的状态，拥抱变化，热衷于学习和探索自己不熟悉的领域。这样才能让外行的项目经理更容易获得内行的项目团队成员的认可和钦佩，才能做到在项目中系统性思考，才能做好项目中的跨专业和跨领域平衡。

3.6 项目经理必须掌握的八项实战技能

项目经理是典型的复合型人才，需要具备较高的综合素质能力，需要掌握几十种硬技能和软技能。项目管理经过了在全球范围内 80 年的发展，于广泛实践中创造出了数百种的工具和技术。作为一名合格的微权力下的项目经理，我认为如下八项技能是必须掌握的。

1. 组织环境分析

如前文所述，项目是组织战略落地的载体，承载的任务一定不是常规和大家熟悉的任务，往往是组织创新、突破和变革的艰巨任务。开展项目的环境往往是不确定的、多变的，这种不确定和多变可能源于组织外部政策环境和商业环境的变化，可能源于客户需求的变化，可能源于组织自身商业模式和管理模式的改变，可能源于新理论和技术带来的冲击，可能源于组织自身战略的调整，也可能源于组织在新的地域或新的业务领域的尝试突破。不论项目的产生是由于何种变化造成的，项目经理在领到任务之后都需要花费足够多的时间和精力去理解组织外部环境的变化对组织业务模式所带来的影响，去理解组织自身的战略意图和目标，去理解组织内部环境所需的调整，识别和分析组织内外部各利益相关方的反应和动机，识别影响项目目标实现的潜在风险，并且在现有的组织政策、制度和流程中寻找可借力的依据，在众多项目利益相关方中寻找对实现项目目标最有力的支持者。

此外，项目经理需要识别开展项目的组织自身的管理成熟度，以判断专业的项目管理方法和体系在该组织中落地的难度。通常组织的管理成熟度越高，开展专业的项目管理工作越容易。如果组织已经建立了基于战略导向的组织级项目管理体系，那么项目经理在采用专业的项目管理方法带领项目团队开展工作时就会比较容易地获得项目各利益相关方的认可和支持。如果组织尚处在人治或职能化管理占主导定位的阶段，那么开展项目管理工作就会比较艰难，项目经理就需要考虑根据组织现状所能接受的程度对专业和系统化的项目管理方法进行大幅剪裁和调整，以匹配企业当前的发展阶段。

项目经理的环境分析能力越强，了解项目所处环境状况的速度越快，越能帮助自己更快速地基于战略目标理解项目的价值和组织预期的成果，更精准地识别出所有的项目关键利益相关方，并定位自身在项目中的角色，科学地设计和搭建项目组织，基于项目所处的组织环境和外部的商业环境建立可控的项目环境，确保项目的成功。

2. 项目价值论证

项目价值论证是确保项目方向和价值的核心机制，也是项目经理的必备技能。站在组织的角度来看，启动项目是组织的一项投资行为。组织的决策层之所以愿意投入人、财和物等资源在项目上，是因为看到了项目如果成功将给组织带来的价值。项目经理的任务不仅仅是在规定的时间内组织大家创建项目的产品，更重要的是组织大家创建能为组织的决策层带来预期价值的产品。但组织决策层所期望的价值是什么，开展哪些工作或创建哪些产品才能实现组织决策层所预期的价值，在项目成果转化过程中有哪些障碍和不利因素，是需要项目经理在项目早期就与项目团队共同明晰和达成共识的，并且在项目的生命周期内要不断地对项目的价值进行反复的论证和确认，以确保项目对组织的价值。

项目的价值被论证清晰并获得全体项目利益相关方的认可，有利于获得各方对项目工作发自内心的支持，也有利于建立最广泛的项目利益相关方统一战线。

近些年，无论是在全球还是在国内，有一个非常明显的趋势，就是越来越多的企业开始要求组织原有的技术型项目经理向经营型项目经理或商业化项目经理转型，希望项目经理在带领项目团队开展项目工作时不仅要关注项目的交付物，更要关注项目对组织的价值。

3．项目组织设计

如前文所述，项目不仅仅是工作或任务，也是一个临时性的跨职能组织，因此项目经理不可避免地需要在项目初期从无到有地建立这个临时性的跨职能组织并在项目生命周期过程中管理这个组织。因此，项目经理一定要懂得如何才能科学地设计并合理地建立临时性的跨职能组织。而且，在当前时期，我国的绝大多数组织普遍处于职能型或弱矩阵型的组织形态，并不具备科学的项目管理机制和项目管理文化，系统性地学习过项目管理知识的人凤毛麟角，这就造成了设计和建立有凝聚力的项目组织这项工作是非常有挑战性的，对项目经理的组织环境分析能力、项目管理的专业性和项目经理的软技能都有很高的要求。

在这种情况下，项目经理就更需要学习和掌握项目组织设计的方法、工具和技术，并通过大量实践将所学的知识转化为自己的技能，这样才能确保项目组织的科学性，有效地形成跨职能的项目团队执行力。

4．项目计划编制

项目计划编制的技能是每一个项目经理必须熟练掌握的基本技能。

科学的项目计划是指引项目中的各个成员跟随时间进度、配合协同的基础，也是衡量项目进展和预测项目目标可实现性的基础。作为以终为始的管理模式，项目计划通常采用基于项目最终目标的时间要求，倒排工期，确定项目的起点以及实现目标的路径上的关键决策关卡的方式来编制。再通过 WBS 工作分解的方式，分解项目最终交付物，定义工作包，并将工作包分派给不同的工作包负责人，理想的工作包负责人应对其所承担的工作包的工作内容具有丰富的专业经验，并可以识别完成工作包所需的各项活动，定义活动与活动之间的依赖关系，精准地估算完成其所负责的工作包所需的时间和各类资源，并采取网络图、关键路径法和关键链技术科学地制订工作包的计划。如果工作包的需求在初始阶段并不清晰或者面临较多的变化，工作包负责人也可以采用敏捷的计划形式制订工作包的计划。

5．项目质量控制

长期以来，由于质量管理侧重基于过程的方法（Process-based Approach），而项目管理侧重基于目标的方法（Objective-based Approach），导致项目质量管理工作一直不尽如人意。项目经理认为质量管理要求拖慢了项目的进度，而质量经理认为项目经理和项目团队总是试图绕过本应严格遵守的质量管理要求。

另外，很多项目在启动后，由于项目团队成员的工作方式不同，或者对项目产品的理解不同，导致各自交付的子产品和交付物的标准不统一，无法整合或整合起来无法达到预期的效果；在项目交付过程中，由于缺少规范化的管理机制，有一些项目团队成员因工作失误造成了产品缺陷或问题，却没有人能及时发现，导致严重的质量缺陷，需要用更多的时间和资源去弥补……为了避免这些问题的发生，让项目团队更顺利地实现项目目标，项目质量控制机制产生了。因此，科学有效地把项目质量控制工作做好，对项目的成败至关重要。

6．项目风险管理

作为组织创新、突破和变革的载体，项目在开展过程中一定会有很多不确定性，有威胁也有机会。如果项目经理和项目团队能够较早地识别出项目中的不确定性，对其发生的概率和对项目的目标可能造成的影响进行正确科学的评估，组织项目团队对每个风险制定有效的应对措施，指派合适的风险责任人，跟踪风险应对措施的落实效果并及时进行调整，那么项目团队就可以最大限度地降低威胁所带来的不利影响，提升机会所带来的有利影响。

然而，风险管理技能一直被我视为一项非常重要但又很难掌握的技能，因为风险管理的本质是对威胁和机会的察觉，以及对事态发展趋势的预测和推演。项目经理自身的经验和眼界在很大程度上会影响其风险管理的水平。因此，项目经理一定要重视对风险管理方法的学习，并通过不断在不同类型的项目中实践风险管理方法来提升自己的风险管理技能的熟练程度，再通过大量的项目经验教训的积累来提升自己识别风险和应对风险的能力。

7．项目考核评价

项目管理使用的是典型的目标管理方法，但光有目标是不够的，一定要求配套目标的评价指标和评价方法，基于评价指标收集数据并测算目标的达成情况。这样才可以及时掌握项目阶段的进展情况，进而对项目的最终目标进行准确的预测，并采取相应的应对措施。

基于项目目标的评价方式和项目管理计划的管理要求，项目经理应在建立组织阶段就明确提出对于项目团队的各个成员的考核要求和激励政策，并组织项目管理委员会对项目的评价、考核和激励机制进行评审和决策。决策通过后，项目经理就可以名正言顺地按照项目管理委员会的决议在项目开展过程中开展项目的评价、考核和激励工作，激活项目团队，提升项目的绩效。

项目考核评价技能是项目经理需要掌握的重要技能，也是确保项目所有成员目标一致且为了项目的成功全心投入的重要手段。

8．项目复盘

项目复盘可以帮助项目团队有效地分析和总结项目中的经验教训，是提升项目管理成功率的重要方法之一。项目复盘指项目团队共同把在项目中做过的事情，按照项目的开展过程再从头回顾一遍，目的是不断检验和校正目标，不断分析过程中的得失，便于改进，不断深化认识和总结规律。项目复盘无论是对于个人的成长、项目团队能力的进一步提升，还是对于组织的发展和组织智慧的积累，都起到了非常重要的作用。

在近些年国内转型变革的大形势之下，各类项目的挑战在不断加大，项目的成功率越来越难以保障，因此，项目复盘越来越受到各类组织的重视。作为项目灵魂人物的项目经理必须熟练掌握项目复盘的技能，这样才可以在开展项目过程中带领项目团队通过阶段复盘的方式，边实践边积累经验和调整工作方法，降低试错成本。在项目最终复盘的阶段，项目经理还可以对组织提出优化和改善项目管理机制的建议，对自己所在组织的组织级项目管理能力提升做出贡献。

本章小结

微权力下的项目管理方法是一套基于中国特色环境，融合了中西方特点的项目管理方法论，目的是教会各类项目管理从业人员在有责无权或有责微权的现实状况下，能够借助项目的高层发起人的力量，召集各路精英，整合各方资源，建立受控的临时性项目组织和基于项目的跨职能执行力，实现有挑战性的项目目标。

这套方法的核心思想是"借力"。

基于借力的核心理念，项目经理还需要围绕贯穿项目管理生命周期的三项核心任务即定方向、搞定人和干成事，建立项目生命周期的四个发展阶段即确立目标阶段、建立组织阶段，交付项目阶段和移交收尾阶段。同时，项目经理一定要具备六个人格特质，即有大局观、对目标执着、换位思考、应变能力、平衡能力和仆人式领导，并持续修炼项目经理必须掌握的八项关键技能，即组织环境分析、项目价值论证、项目组织设计、项目计划编制、项目质量控制、项目风险管理、项目考核评价和项目复盘。

由"13468"构成的微权力下的项目管理方法可以有效地帮助国内各类项目管理从业人员快速理解中国特色下的项目管理底层逻辑并基于此方法建立属于自己的项目管理套路，让所学的项目管理方法真正转化为助力自己掌控项目的项目管理能力。

第 4 章

如何建立受控的项目组织环境

对于企业而言，无论是处于确立目标阶段还是处于建立组织阶段，有一项非常必要的工作，就是建立跨职能的受控组织。但这项工作往往容易被项目经理和项目总监所忽略，从而导致以实现项目目标为目的的跨职能项目组织没有凝聚力，也没有成为真正的团队。

那么，应该如何建立受控的项目组织环境呢？根据我多年的实践经验，项目经理应首先明确项目目标，再组织大家分解目标形成下级任务，并确定合适的人选来分别承担这些任务，共同协作，并行开展这些任务。之后，项目经理还需要建立跨职能的临时性项目组织，并且项目组织要符合项目组织的标准结构，包括项目的发起人、项目总监、项目管理委员会、项目经理、工作包负责人及一线的项目成员。由于这些项目组织的成员分别来自不同的职能部门，因此项目经理一定要策划和采用正式且有仪式感的方式，让他们名正言顺地加入临时性的项目组织中，使他们发自内心地愿意加入这个临时性的跨职能项目团队，接受和认同他们在项目中的角色并配合项目目标承担他们在项目中的职责（通常会超出他们原有的岗位职责，甚至部门边界）。图 4.1 为建立受控的项目组织环境的示例。

上述建立受控的项目组织环境的工作具体来讲可以分为九个主要步骤。

4.1 明确项目的召集人（项目发起人）

一般而言，要想召集大家共同做事，借助大家的力量干成一件大事，必须有召集大家的理由。这个理由不能是为了自己个人的事，一定是为了大家共同的利益。既然是为了大家的共同利益，那么要首先解决身份问题。作为项目经理，我们的身份通常是不够的，一定得借助大领导或德高望重的人来帮我们站台，并授予我们代表他们组织大家干事的**责任**。这样，项目经理才有充分的理由去召集那些身份、地位或专业能力比自己高很多的大咖一起来参与我们负责的任务。

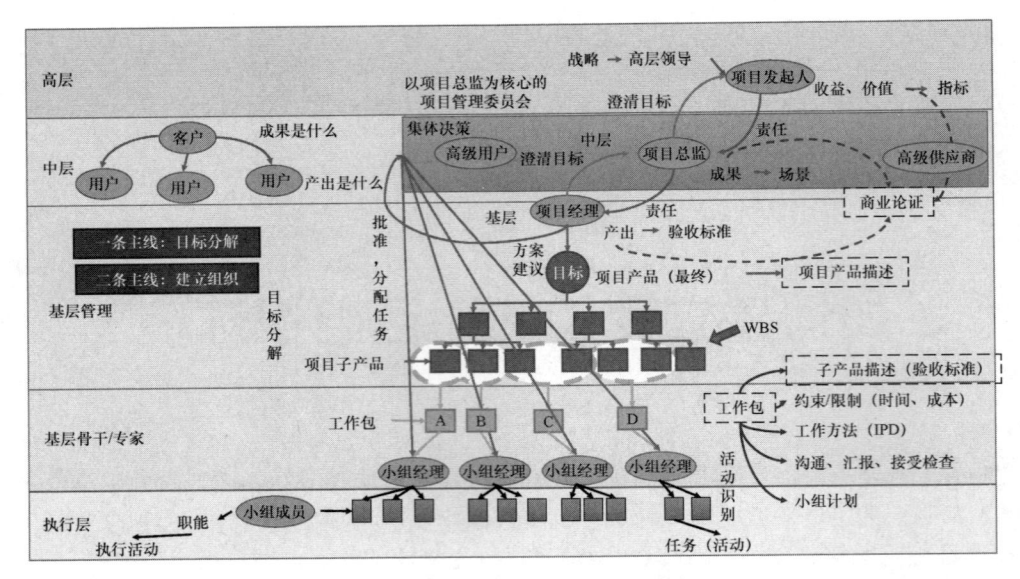

图 4.1　建立受控的项目组织环境示例

这个任务通常来源于某一级组织的战略，我们的项目是为了承接战略落地的任务。代表战略的人应该是高级别的项目召集人或发起人。发起人的级别和身份代表了这个项目的级别和重要程度。

按照项目管理的基本逻辑，如果想在企业里组织大家干一件很重要的事，那我们就需要借助企业的力量。往往通过汇报的方式，向公司高层提出建议和方案，证明自己想干的事就是公司战略中要求的事。这样就把自己想干的事变成了公司想干的事。接下来，我们就要请求企业委派一个高层领导担任发起人，以证明这是企业的诉求，由企业高层发起，而不是由项目经理个人发起，这样更容易获得大家的认可和支持。发起人的级别代表了这个项目的层级，发起人级别越高，说明这个项目的层级越高，就越容易受到大家的重视和拥护。

4.2　任命项目总监

发起人虽然级别高，也很有影响力，但他太忙了，即使他很重视这个项目，往往也没有时间参与项目的具体工作。因此，通常项目发起人一定要任命一个比自己低一个层级的领导代表自己来主导这个项目。如果发起人是企业高层的话，那么这个项目的责任领导很可能来自企业中层。在专业的项目管理方法论中，项目的责任领导通常会被称为项目总监。

项目总监要定方向、定决策，负责组织人员完成项目，对项目的成功负责。需要注意的一点是，在项目的这个阶段，项目发起人通常只会授予项目总监带领项目团队成功实现项目目标的责任，大概率不会授予相应的权力。为什么没给权力只给了责任呢？因为项目是组织创新和变革的载体，发起人由于缺乏相关的经验，不知道应该授予项目总监多大的权力，需要项目总监自己去澄清这个问题。这种做法与在企业里任命一个人担任某个常态化的岗位或职务的逻辑是完全不一样的。通常，企业任命一个人担任常态化的岗位或职务时，往往会遵循责权对等的原则，因为常态化的岗位或职务存在了多年，有经验的领导可以根据过往经验来判断用人能力要求及应当匹配的资源和权力。但很多项目，特别是高层发起的战略类项目，在发起阶段，即使是发起项目的领导者，可能也只是知道方向大致正确，而不知道具体应开展哪些工作，会用到哪些人，需要多少资源。因此，只能先挑选一个有责任心的领导者，负责把项目的实现方式给弄清楚，然后再代表组织做出提供资源的承诺。

4.3 任命项目经理

项目总监虽然承担着项目成败的责任，但其往往都是由职能部门经理或团队经理来担任的，还肩负着很多其他的日常工作，而且不一定就只负责一个项目，很可能同时负责多个项目。在这种情况下，项目总监只能把有限的时间和精力用于确保项目的方向、筹集资源和做出关键决策，而不能参与项目的日常管理，因此需要任命一个负责项目日常管理工作的责任人，这就是我们所说的项目经理。

项目经理跟项目总监是有分工的，通常项目成败的主要责任由项目总监承担，项目落实执行的责任由项目经理承担。项目总监负责根据发起人的意图明确方向、确定目标、筹集资源、协助建立项目组织管理架构，然后在项目执行过程中做出关键决策。项目经理负责根据项目发起人和项目总监确定的目标，跨职能地组织人员执行项目。

需要注意的一点是，在项目初期，项目总监授予项目经理的也只有责任，因为项目总监也不一定知道到底应该给项目经理和项目团队多少预算合适，或者需要召集哪些人员加入项目团队。因此，只能让项目经理先承担项目执行的责任，再逐步去澄清实现项目目标所需的具体人员、时间、资源、权力和风险等。

4.4 通过业务价值论证澄清项目目标

在项目经理认领了责任之后，接下来要干的第一件事应该是澄清项目目标。因为从项目发起人传达到项目总监再传达到项目经理的任务，并不一定是清晰和容易理解的。我们国家大多数企业的管理成熟度，特别是战略解码的成熟度，距离发达国家企业还有较大的差距。越是战略性强的任务、创新性强的任务，或者挑战大的任务，其目标越具有模糊性，越容易被错误理解。

因此，项目经理领到任务之后一定要用合适的方式来澄清项目目标。即使这个项目是由被任命为项目经理的人最初提出的，然后经过了企业管理层的批准，我也建议项目经理应当把自己对项目目标的理解，以书面的形式进行解读，以汇报的方式找项目总监和项目发起人来进行澄清和确认。因为发起人批准项目的关注点和理由与项目经理提议项目时的关注点和理由不一定是一样的。

我们通常会把企业分为三层：高层、中层和基层，不同层级的人的关注点和看问题的角度会有本质的差别。通常高层关心的是企业的经营发展，思考的是企业的战略和布局，站在企业整体角度看待项目对企业发展所带来的价值。中层往往关心的是项目目标实现的路径，花费资源的多少，项目目标实现后会为企业内部或外部所带来的一系列变化，以及这些变化对自己所负责的部门及其他部门和组织的影响，以及企业内外部的各种利益相关方对项目的态度和期望。代表基层视角的项目经理往往关心的是项目的具体目标和交付物的验收标准，如何在有限的时间和资源的情况下实现项目目标。由此可见，高层、中层和基层关心的内容是不一样的，但彼此又有着紧密的联系，会通过同一个项目来实现。

当项目经理接受了高层布置的任务之后，很有可能感觉任务比较虚，不知道高层到底想让自己干什么。但对于高层来说，很可能认为自己已经说得很明白了，因为已经明确地指出了企业所需要的收益和价值，需要项目经理和项目团队自己去找到实现收益和价值的方法。至于如何实现收益和价值，那是项目总监和项目经理要解决的问题。

从实操的角度来看，拉齐项目发起人、项目总监和项目经理对于目标的理解这件事，在大多数情况下得靠项目经理来解决。项目经理解决这件事的过程，就是项目业务价值论证的过程，拉齐目标的方式通常是汇报。项目目标的拉齐完成得越早，项目过程中走的弯路越少，变更次数越少，花费的时间越少，花费的资源越少。

4.5 通过 WBS 分解项目的最终目标

当项目目标和交付物明确之后，项目经理需要进一步明确项目最终交付物的组成和质量验收标准，如前文所讲，我们建议采用项目产品描述的方式来对项目最终交付物进行明确。

项目最终交付物明确之后，项目经理接下来要思考的是如何把项目的整体目标拆解成几个不同的子目标，再把这些子目标分别交给项目的几个核心成员，让他们分别完成这些子目标，然后再对这些子目标进行整合。项目目标拆解的过程一定会用到全球普及率最高的项目管理工具：工作分解结构（Work Breakdown Structure，WBS）。项目经理组织核心项目成员，通过 WBS 把项目的最终目标和交付物进行结构化的分解，把大的目标分解成小的目标，把项目最终的整体交付物（最终产品）拆成子产品。

在这个步骤中,需要注意的一点是,项目经理进行工作分解的目的是细化边界和合理地分派任务,因此,在分解的过程中需要考虑如何分解有利于项目任务的分派。

4.6 物色最适合担任工作包负责人的人选

项目管理缩短项目交期和节约项目资源有三个重要的手段。第一个手段是把原来串行的工作改成并行开展。第二个手段是找到各专业领域水平最高的专家来分别负责项目中不同的专业任务。因为相同的任务由专家来干,相比普通人,所花的时间一定更少,所用的资源也一定更少。第三个手段是促进项目成员间的相互配合关系,形成合力的效果,起到降本增效的作用。

项目经理在明确了项目的目标和任务之后,首先思考的不是如何开展专业的工作和实现专业的结果,而是把哪些专家或领导者拉到我们的项目中,以促进项目的顺利开展。因此,项目经理一定要随时随地了解其他部门、其他组织和其他人的情况,譬如哪些人擅长哪些工作,哪些专家在哪些部门或哪些组织里,如何能调动专家资源等。这些信息要靠平时的积累,而不能有了项目之后才去了解。

把项目目标进行分解后,项目经理应当物色最适合承担这些子目标或子产品的专家人选或对实现目标最有经验的人。争取让他们来担任这些项目子目标的负责人,带队完成这些子目标和交付物。

这里需要注意的一点是,项目经理给项目子目标负责人分派任务所采取的方式叫作分派工作包。学习过 WBS 的人一定知道,WBS 分解到底层就会产生工作包(Work Package)。工作包是什么?在我看来,工作包本质上来说是一个文档,这个文档承载的是一个协议——一个分派任务和双方就任务达成共识的协议。认领工作包任务的人通常叫作工作包负责人。如果项目经理把工作包分派给外部供应商,双方一定会签署商务合同或协议,明确任务、验收标准及双方的责权利。如果项目经理把工作包分派给企业内部的同事,也一定要签署一个文档,写明双方对于这项任务所达成的共识,相当于项目经理和工作包负责人签署了一个协议。

在这个被称为工作包的协议上,应当明确至少如下几项内容:
- 工作包中需要完成的交付物和验收标准;
- 工作包负责人在完成工作包时受到的约束条件,如时间、资源和工作边界等;
- 工作包负责人完成工作包所采用的工作方法;
- 工作包负责人在执行工作任务时应当与项目经理定期或不定期地进行沟通和交流,并接受监督和检查;
- 工作包负责人所提供的完成工作包的合理计划等。

上述内容的明确,有利于项目经理和工作包负责人之间建立一种相对正式的契约关系,这种契约关系可以保证双方做到各自承诺的事情。

4.7 建立以项目总监为核心的项目领导小组

当项目经理物色到那些最适合担任工作包负责人的专家或骨干之后，接下来要思考的是，如何能让专家或骨干心甘情愿地加入项目团队，并且担任我们希望他们担任的角色，承担我们需要他们承担的职责。

为了实现这一点，项目经理一定要借助领导者的力量。首先，项目经理要求助于其在项目中的直接领导即项目总监。项目经理在求助于项目总监之前，先要设计我们期望的项目组织结构，确定所需核心项目成员，知晓需要这些核心项目成员的原因。原因通常是，如果我们能够获得这些核心成员，将极大地缩短项目交期并减少项目所需的资源，可以为企业更好地实现项目发起人所预期的项目价值。项目经理所采用的沟通方式一定还是汇报。

但是，核心项目成员在职能管理线上通常不归项目总监管，因此项目总监也不一定能解决这个问题。这时候，就得求助于更高级别的项目发起人了。

在求助于项目发起人之前，项目经理必须搞清楚能真正调动自己所需的这些核心项目成员的职能领导都是哪些人，然后说服项目总监，和自己一起去求助于项目发起人。项目发起人是企业高层，比项目总监和项目经理拥有更大的权力。我们要向项目发起人解释需要项目核心成员的原因。注意，理由一定是可以更快速地实现发起人所预期的收益。然后让发起人去找到我们所需的专家或骨干的领导，把他们从各个不同的部门或组织里拉到我们的项目中，并在发起人的主导下成立跨职能项目领导小组。项目领导小组就是我们通常所说的项目管理委员会，而且是以项目总监为核心的项目管理委员会。

我们需要让项目发起人把项目成败的责任由项目总监和项目经理承担变成由项目领导小组共同承担。这样，项目领导小组中的每个领导都对项目的成败负有不可推卸的责任，也就产生了为项目出人出力的意愿。

需要注意的一点是，能够给项目领导小组中的各位领导赋予责任的不是项目经理，也不是项目总监，而是在行政级别上高于项目领导小组中所有领导的更高级别领导，即项目发起人。

4.8 项目经理通过向项目领导小组汇报获得项目所需的资源

项目中一旦有了对项目共同承担责任的项目领导小组，项目经理就可以通过组织项目领导小组开会，并且通过向项目领导小组汇报的方式来影响项目领导小组，获取自己所需的资源。

这就是为什么在《项目管理专业人员能力评价要求》（GB/T 41831—2022）和国际标准 ISO 21502 中都特别指出，"汇报"不仅是项目经理的一项工作，还是项目经理必须掌握的一项重要的能力。在国际上，汇报甚至已经成为与项目管理中的进度管理、成本管理、沟通管理等同等重要的一个专门的项目管理知识领域了。

汇报时有许多需要提前思考和注意的地方，业界也有很多与汇报相关的技能和工具，譬如：

- 汇报前的情景分析；
- PPT 的制作和展示；
- 结构化思考和形象化表达；
- 区分知识性演讲和说服性演讲；
- 结构化表达的四个原则（自上而下、结构清晰、结构简单和重点突出）；
- 沟通技巧等。

小贴士

在汇报过程中做到结构清晰非常重要，这样才能让听取汇报的人在最短的时间里捕获和认可我们要表达的观点和逻辑。

MECE 在汇报领域是被大家高度认可的一个最佳实践。它的发明人叫巴巴拉·明托，是美国知名咨询公司麦肯锡（McKinsey & Company）有史以来的第一位女性顾问，也是咨询顾问领域的一位传奇女性。巴巴拉·明托在《金字塔原理》一书中提出了 MECE（MECE 是 Mutually Exclusive Collectively Exhaustive 的首字母缩写，意思是"相互独立，完全穷尽"，这也是 MECE 的核心。）这一重要原则，它提供了一种思维和解答问题的方式。

对于一个议题，MECE 能够做到分类不重叠、不遗漏，同时可以有效把握并解决问题。将某个整体划分为不同的部分时，必须保证划分后的各个部分符合以下要求：

ME：各部分相互独立，没有重叠，有排他性。
CE：所有部分穷尽，没有遗漏。

想再次强调的一点是，我们筹建项目领导小组的目的是通过他们去获取资源。项目经理通过向项目领导小组进行汇报获取组织的资源。由于项目领导小组承担了项目成败的责任，因此他们会重视项目经理的建议，愿意给予项目经理和项目团队所需的支持。项目领导小组中的领导的级别越高，影响力越大，那么项目经理通过汇报所能获取的资源和支持也就越大。

4.9 项目经理要把自己变成项目领导小组的授权代表

除了借助项目领导小组获取资源，项目经理还有一个非常重要的诉求，就是把自己变成项目领导小组的授权代表。因为项目领导小组中的成员都是领导，没有时间参与具体工作，需要派一个人具体负责项目的日常运作。其实，在项目管理方法的定义中，项目经理这个角色应该是项目中名正言顺地代表项目领导小组开展日常管理工作的人，其工作范围包括组织项目领导小组开会，促进项目领导小组达成共识，代表项目领导小组传达和落实会议决议，传达项目领导小组的各项要求，跟进落实的情况，并且把跟进落实的情况尽快反馈给项目领导小组，再让项目领导小组给予新的指示等。

在这里要特别提出的一点是，在真正的项目管理过程中，项目经理永远都不代表他自己，项目经理是项目领导小组的授权代表。项目经理可以代表的项目领导小组中的领导越多，代表的领导小组中的领导权力越大，项目经理的影响力就会变得越大。如果项目领导小组同意授权项目经理在一定的范围内代表项目领导小组做决策，那么项目经理就拥有了一定的权力。事实上，项目经理与职能经理获取权力的途径是完全不同的。职能经理的权力来源于企业的授权，而项目经理的权力不是企业直接授予的，而是项目领导小组授予的。项目领导小组是项目经理借助项目发起人的力量筹建的，项目预算其实也是项目领导小组筹集的。

由此可见，项目经理需要依据企业授予自己的责任，完成自己给自己授权的过程，这是项目经理必须具备的重要能力。

这样的项目管理模式也会影响项目经理在项目中给工作包负责人分派任务的方式。在这样的模式下，当项目经理获得了项目领导小组的授权，并为某个工作包负责人或项目核心成员分派任务的时候，项目经理不会直接找到工作包负责人小组经理来分派任务，而是先给项目领导小组做一次汇报，汇报自己的方案。在汇报过程中，项目经理向项目领导小组说明自己建议的方案对于项目实现预期收益的价值以及自己所需的资源上的支持，当然包括人力资源和财务预算。方案一旦被项目领导小组同意，那么这个方案就不再是项目经理的一个想法，而是变成了项目领导小组的决策，并且项目经理有责任传达和落实项目领导小组的决策。接下来，项目经理可以名正言顺地找到相关的工作包负责人，传达项目领导小组的决策并代表项目领导小组为他的工作提供支持并进行监督，再定期给项目领导小组反馈工作包执行的进展。

项目经理其实更多地要把自己变成代表公司、代表项目领导小组的人。项目经理不代表自己。项目经理分派的所有工作，都是代表项目领导小组分派的。项目经理收集的所有信息，其实都是为项目领导小组和公司收集的。所以项目经理在项目中更多的是扮演一个代表项目领导小组的角色。项目管理背后就是这样的逻辑。我们只有通过这样的逻辑才有可能把各方的力量整合到一起，形成一个真正的项目组织，这是项目管理借力的逻辑。

本章小结

综上所述，在确立目标和建立组织阶段，项目经理必须借助从项目发起人那里接受的责任，用上述提到的九个步骤完成建立项目组织环境、获取资源和授权自己的过程。这也是建立一个受控的项目组织环境的必要步骤。在国内的绝大多数的企业里，被称为项目的工作，甚至很多战略类的重大项目，在立项阶段缺少必要步骤，这就导致了项目组织形同虚设，项目经理有责无权且调动项目人力资源难的现象。因此，优秀的项目经理一定要主动实践这九个步骤，并通过这九个步骤解决项目经理有责无权的问题。

方法篇：
项目经理的八项实战
技能

第 5 章

分析环境，找到借力的来源

从企业高层的角度来看，项目管理机制是企业内日常运转所需的众多管理机制中的一种。在推行项目管理方法时，一定要充分分析企业当前的发展阶段、业务形态和企业文化，避免生搬硬套导致的负面影响。基于在企业开展组织级项目管理体系建设的经验，我认为项目管理方法是在多数企业的规模和管理成熟度发展到一定阶段之后才比较适用的一种精细化管理模式。如果企业的管理成熟度太低，或者企业正处在野蛮生长期，那么导入项目管理方法的时机可能就不太成熟，如果勉强导入，那么项目管理机制落地的挑战就会非常大。

此外，在企业里应用项目管理方法时，还要充分地考虑项目管理工作与企业内其他工作之间的衔接和配合关系，如项目管理与战略规划的关系、项目管理与企业运营的关系、项目管理与流程管理的关系，以及项目管理与职能管理的关系等。只有充分地了解项目管理机制与其他管理机制之间的关系，才能更好地借助组织环境的力量，既能很好地实现项目目标，又能对其他管理机制的运转起到助力的作用，并且有力地支撑组织的战略落地和快速发展。

5.1 项目管理所处的环境——敏捷组织环境

做项目管理一定要关注企业的宏观环境，由宏观看微观，再从微观看宏观（见图 5.1）。

组织级项目管理机制可以帮助企业构建一种敏捷的能力，让企业能够根据战略方向和战略目标随时调整内部各种要素，以配合企业的快速发展。在组织级项目管理架构中，我们通常将企业的日常管理工作分为以下几种类型。

1. 战略规划类工作

战略规划类工作，为企业定发展方向和长期目标。

"战略"这个词来源于古希腊语，最初用于军事，意思是"指挥官的艺术"。指挥官水平的高低直接决定了打仗胜败的概率，当有的人善于打仗，又说不出来为什么的时候，人们通常就把这件事情归结为"指挥官的艺术"，后来这个词演变成了"战略"。水平高的指挥官的共性之一，就是他们对于战争发展前景的预测能力比一般人强很多，所以，战略更多强调的是对于长期目标定位的准确性以及实现目标的过程。

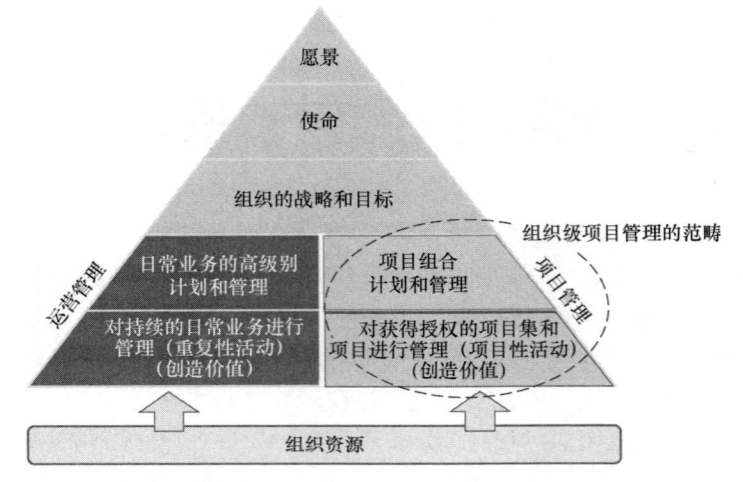

图 5.1　在敏捷环境下的企业架构（来源于 PMI 的《项目组合管理标准》）

通常谈战略的时候，一定要先确定两件事：一是现状，即"我们现在在哪儿"；二是愿景，即"我们想去哪儿"。从现状到愿景的路径就是我们所说的战略规划，因此，战略通常分几步走，不可能一步跨越。企业越大，越需要统一全体人员的方向，制定达成共识的未来愿景和长期目标，规划未来的发展路径，这样大家才能方向明确，步调一致，同心协力地推动企业的发展。

2．日常运营类工作

日常运营类工作，帮助企业维持稳定和创造收入。

战略规划只是规划，是需要落地的，否则就没有意义。战略规划落地需要两种类型的工作，一类是日常运营类工作，另一类是改变业务类工作。**日常运营类工作**在英文里叫 BAU（Business As Usual），就是像日常一样工作。日常运营类工作是使企业能够做大并形成规模的工作。日常运营机制侧重通过规范化、标准化、流程化和自动化的方式，降低开展工作时的用人能力要求及其他各项成本，使业务规模化成为可能。通过日常运营机制，企业可以把能够获得利润的业务模式和工作方式进行不断复制并降本增效，持续扩大收益。

3．改变业务类工作

改变业务类工作，帮助企业建立新的竞争优势或更科学的机制。

支撑战略规划落地的另一类重要工作，就是改变业务类工作（Change the

Business）。由于外界环境在不断变化，企业的机制和工作方式也需要随之改变，进行内部调整，以适应环境。调整的内容和目标要依据战略规划。

改变业务的机制又可以分为三个层次，即项目管理领域里所说的项目组合管理、项目群管理和项目管理。

（1）项目组合管理。改变业务机制的第一个层面，我们把它叫作项目组合管理。

项目组合管理是衔接企业战略规划和项目管理的重要工作。组合的概念来源于投资领域，如大家在炒股的时候会通过组合不同的股票来降低风险。

买股票是一种典型的投资行为，原则之一是"不能把所有的鸡蛋放在同一个篮子里"，因此，通常大家会同时持有几只不同的股票。在资金分配上，一般也不会把所有的资金平均分配到这几只股票上。通常，大家会对自己的股票做个评估，以决定哪只股票应该多投钱，哪只应该少投钱，并明确多投钱和少投钱的依据是什么。投入产出比是比较常用的评判依据，通常认为投入产出比高的股票应该多投钱，投入产出比低的股票应该少投钱。买了股票之后，大家每天关注股票，预测涨或跌的趋势，评估收益风险的大小，以决定再次买入或卖出的时机和金额。

项目组合管理过程与股票买卖过程类似，只是主体变成了企业，用企业的收入代替了家庭的收入。对于企业来说，做项目是一种投资行为，在资金有限的情况下，企业必须认真考虑、评估各个项目的特点和价值的大小，以判断该项目对于企业的投资优先级。项目的重要性、战略的定位、收益的多少都可以作为企业评估项目优先级的依据之一，根据评估结果，企业决定每年宝贵的预算和稀缺的资源到底应该优先分配到哪几个项目上，这就是企业计划预算和项目立项的过程。

立项之后，企业要监控各个项目的运行状况，就像大家买股票后关注股票涨跌情况一样，企业要观察项目到底是赚钱还是不赚钱，以及按当前趋势发展下去到底能不能产生收益，这就是我们所说的企业项目组合管理。所以站在企业的层面，项目组合管理机制要解决的是企业投资导向的问题，根据企业的战略规划决定资源的分配，确保企业的投资组合收益最大化。

（2）项目群管理。改变业务机制的第二个层面我们把它叫作项目群管理。

战略规划的作用是为企业的未来长期发展规划出一条路径，但这条路径通常需要3～5年，也有可能需要5年或10年。由于路径的时间跨度太大，会导致战略规划与员工的日常工作之间的关系比较模糊，而战略落地必须依靠做具体工作的员工来落实，这就意味着必须有人把宏观的规划分解成与大家的日常工作有关联性的事。站在企业的角度，战略规划要分数年来完成，毕竟是长期目标。首先需要解决的是项目的优先次序问题，这由项目组合管理机制来解决。根据战略方向，列出备选项目清单，再通过项目组合管理评定出项目的优先级。由于企业资源是有限的，在确保完成今年战略规划工作内容并实现收益的前提下，花费的资源越少越好，如何花费更少的资源实现既定目标，是企业要解决的第二个问题，这对于企业来说是非常必要的。很多时候我们发现，如果把一些有相关性的项目打包在一起，形成项目群，就能够用更少的资源去实现它们。有些特殊的项目成果，如果可以被几个不同的项目应用，就不用反复投入，从而降低企业整体成本。如果能把几个有依赖关系的项目之间的关系先梳理清楚，再按合理的步骤开展工作，就能避免因为项目之间没有协同而造成的资源浪费或等待或返工，还能缩短整体工期。

（3）项目管理。改变业务机制的第三个层面就是我们所说的项目管理。第一个层面解决企业资源分配。第二个层面解决怎样通过有效地整合多个有相关性的项目来实现用更少的资源完成既定的目标。到第三个层面，我们要解决什么问题？执行力。这时候，项目目标已经完全确定，接下来的重点就是在既定的目标和范围约束下，如何迅速实现既定的项目目标。

以上就是企业改变业务机制的三层结构，也称项目管理的三个层面。处在项目管理的不同层面，管理的侧重点是不同的。以后大家再谈项目管理的时候，先要判断所谈论的项目管理属于哪一层面，在不同的层面，思考的角度是不一样的。

4．日常运营类工作与改变业务类工作的循环往复

以流程制度的优化为例。流程制度是企业管理的最佳实践。我们把自己或别人以前的成功经验总结到文档上，固化下来，形成流程制度，让大家参照执行，避免走弯路或犯不该犯的错误。但是，最佳实践也不是永远适用的，因为环境一直在改变，当环境变了时，原来的最佳实践可能就不够好了。新的环境需要新的做法，这时候就得找新的最佳实践，建立新的流程制度去代替旧的流程制度，这个转变的过程一定要循序渐进。企业有人专门负责这项工作，不断去审视企业已经常态化的工作内容和机制，评估这些工作内容和机制与当前环境和未来发展趋势的适用程度，挑选不合时宜的部分，进行专项调整，这项工作的载体就是我们所说的项目。当确定了新的最佳实践之后，要把最佳实践再固化回原来的日常工作中去，这就要建立新的流程制度，让员工使用，产生新的能力，再把能力变成习惯，这种新的能力就变成了企业自身能力的一部分。

在组织级项目管理的环境下，这种运作是周而复始、永无止境的。不断地调整企业的战略方向，坚持做原来做得好的工作，同时找到不适用的部分，单独立项来寻找新的模式，确定新的模式后，再用它去替换旧的，把新的固化下来，这样不断循环，形成了企业基业长青的核心运转机制。

5.2　企业由野蛮生长走向敏捷的路径

在了解了组织级项目管理的整体环境之后，项目经理还要思考自己企业所处的发展阶段。

我国有几个很有趣的现象，在当前大部分发达国家是看不到的。

（1）在大部分发达国家，在同一时期，同一类型的企业管理成熟度是相差不大的。而在我国当前时期，可以见到各种不同成熟度的企业，彼此相差很大，却都能生存下来。

（2）在当前时期，我们可以在市面上看到来自不同国家的各种不同流派的企业管理方法，这些方法是在发达国家前 100~200 年的发展历程中，工业和经济发展的不同时期产生的，却在几乎同一时期流入我国，被各类企业争先恐后地采用了。结果是，企业发现各种西方方法论落地都很难，而且方法论之间还有冲突，方法论引入后管理成本过高，给企业带来很多困惑。

要解决这些问题我们必须先知道，西方不同的方法论出现于企业发展的不同阶段，每个阶段出现哪种方法论有其必然性（见图 5.2）。

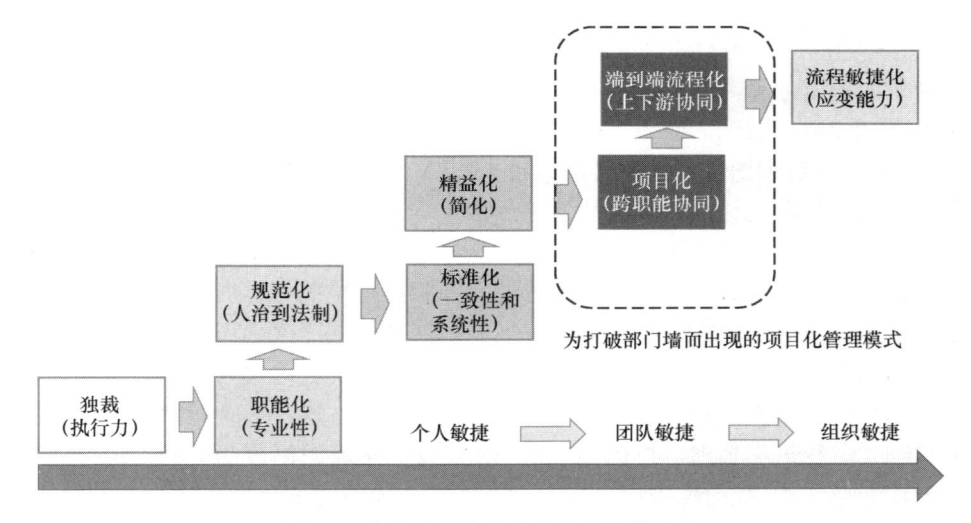

图 5.2　企业由野蛮生长走向敏捷的路径

1．独裁与产品经理出现的必然性和时机

企业从初创走向成熟，通常是从独裁阶段开始的，就是说一个行业牛人到了非常厉害的境界，自己既能解决客户的问题，又能解决交付和研发的问题，还能产生一个非常有价值的产品，恰好能弥补市场上的一个空缺，这个牛人就自然而然地带着一拨追随者创立了企业，占领了一块市场。所以很多企业起步的时候，必须得有一个非常牛的企业家带队，企业家必须靠自己解决所有商业问题，才有机会在市场上为初创企业占领一席之地。

这个牛人其实就是大家经常描绘的出色的产品经理，很多企业所期望的产品经理就是那种自己既能解决客户的问题，又能解决研发交付的问题，前后还能打通。但残酷的事实是，这部分人在企业内很难存在，一旦出现，很可能他就自己创业去了，因为他自己可以完成一个商业模式的所有环节，根本不需要依赖企业，也没有必要接受企业的约束。企业在初期主要是靠这个牛人的独裁统治生存下去的，因为只有他一个人全懂，都听他的准错不了，这样执行力和敏捷性都会很好，所以最适合初创的小企业。

2. 职能化管理出现的必然性和时机

当独裁型企业扩大到一定规模，靠一个人实在管不过来时，必然得几个人来分担管理工作，就产生了总经理下面的几个分管副总。每个分管副总通常是某一专业职能领域的专家，负责带领自己的职能团队完成既定的目标，这就是职能化的管理模式。例如，一个分管市场，一个分管研发，一个分管生产，再加上一个分管财务、人力和行政的副总，就形成了企业职能划分。职能化的工作方式有利于让员工各自聚焦自己的专业领域。工作目标聚焦，技能相同的人凑在一起相互促进，共同提升专业性，不会经常被其他类型的工作所干扰，非常有利于塑造专业人才和提升企业在各个方面的专业能力。初期的时候，企业的职能化管理以人治居多，通过师傅带徒弟的方式塑造专业能力的现象较为普遍。

3. 规范化管理出现的必然性和时机

企业规模在职能化的管理模式下进一步扩张，当分管副总各自管理的人越来越多，单靠自己管也开始力不从心，再加上企业好不容易塑造出的专业能力经常因为人员流失而受到严重影响的时候，企业就得开始推行规范化管理了。规范化管理的典型特征是每个分管的部门会在自己的部门内部推行制度化和流程化，不能只依赖于师傅带徒弟式的口口相传模式，要把部门内的最佳实践固化为便于学习和理解的管理文档，易于新人学习和监督管理。通过形成文字，逐渐把企业靠人进行管理转变为靠制度流程进行管理，把依赖个人判断转化为依赖对制度的解读，规范化管理模式就逐渐形成了。规范化管理可以帮助企业把个人能力逐步转化为企业组织能力，企业组织能力越强，对员工的个人能力要求就越低，这个时候扩大经营规模和招募员工就会越容易。

4. 标准化管理出现的必然性和时机

标准化阶段是规范化阶段的下一阶段。当进入标准化阶段的时候，很多企业的规模往往已接近集团化。在这个阶段，企业规模进一步扩大，发现各部门或各分公司之间的流程、制度或作业指导书虽然有相同或类似的名称，但具体要求不一样，这是个很严重的问题。举个例子，当有一项重要的工作必须由几个部门或分公司共同配合去完成的时候，就会出现无法配合的问题，原因是大家对工作的开展方式有着各自的理解和要求，并且互相很难妥协，结果是这项重要的工作会被拖延，这时候协同性没有了。为了解决这个问题，企业需要推行标准化，这意味着企业要把所有的人召集在一起，把各自的流程和制度拿出来讨论和比较，并就大家需要共同遵守的制度和流程达成共识，统一思想和认知，形成大家能共同遵守的标准和管理体系。新的标准在企业发布以后，都要照此执行，这样才能互相协同，否则永远是一盘散沙。

在任何企业里推行标准化都很不容易，因为没有人愿意放弃自己已经使用了多年的管理要求，去按照新要求执行。谁的标准更合理不重要，重要的是，当自己部门答应了以后按照新的管理要求执行的时候，这意味着自己部门的人要改变以往的工作方式，推翻自己多年的认知，凭空给日常工作增加了很多貌似不必要的麻烦，令大家很难接受，所以推行标准化一直是企业很大的挑战。

推行标准化最基本的套路就是引入外来的最佳实践并建立与之匹配的管理体系，形成自我持续改进机制。例如，引进和推广 ISO 国际标准及对应的 GB/T 国家标准，如 ISO 9001 的国际质量管理标准、ISO 14001 的环境管理标准和 ISO 27001 的信息安全管理标准等，或者各种公认的行业标准，如汽车行业 TS 16949 和航空制造业的 AS 9100 等行业标准。国家和企业引入和推行这些标准的目的，除了获得更多的客户订单，也帮助企业走向标准化阶段，这样企业才有机会做大做强。虽然当前我国的一些企业取得了标准的认证，但有些并没有真正地按照标准执行或执行得并不到位。然而，标准化落地只是时间问题，随着我国迈向发达国家的步伐加快，做不到标准化的企业将被逐步淘汰。

5. 精益化管理出现的必然性和时机

标准化阶段的下一个阶段是精益化管理阶段，标准化和与之配套的体系化管理模式帮助企业统一了大家的做法，但标准是一个比较粗的管理要求，属于基础性的管理文件，在企业落地时需要不断地细化、细化、再细化，才可以与员工的日常工作结合起来，成为大家日常工作的规范化手段。这时会出现一个问题，就是大家会发现企业的管理文件越来越多，完成一件事情的步骤越来越多，效率越来越低，这时大家需要学会的一件事叫作"做减法"，这是精益化管理的宗旨。与基于标准的体系化管理所要求的"眉毛胡子一把抓"不同，精益化管理的核心是要抓大放小。按体系化管理的要求，企业内所有的事情都重要，都必须有依据，否则就会有风险或质量问题，这是推行体系化管理时要为员工建立的理念。但是，在推行精益化管理时，要导入另一种理念，就是管理或执行时遵照二八原则，抓最重要的事情做，争取通过搞定企业 20%的核心工作来解决企业 80%的问题。尤其在企业的资源有限、不足以把资源平分到所有事情上的时候，一定要找到企业运营的核心价值链，才能保证不浪费企业的资源。

总而言之，企业在不断持续改进和完善的过程中，一方面要不断地完善体系化管理的全面性，另一方面要不断地在全面的体系里识别出核心的价值链和关键控制点，这样才能做到既不遗漏任何风险，又可以确保资源被有限投放到核心价值的业务和工作上。

6. 项目管理出现的必然性和时机

项目管理的出现是为了打破职能部门墙。随着职能管理的发展，人治变成了法治，形成了部门的规范，后来又借鉴外来最佳实践形成了企业统一的标准，基于戴明环（PDCA）形成了体系化管理。职能部门内的专业能力和执行力都越来越好了，但部门墙也越来越坚固了，这就造成了需要跨部门协同的工作越来越难以开展。外界环境一直在改变，企业和各类组织也在不断地面临新的机遇和挑战，因此必须不断地创新才能适应环境和保持竞争力。然而，大幅度的创新往往需要把各部门的专家聚在一起，形成临时的跨部门攻关团队，这时候，部门墙就成了创新最大的障碍。为了解决这个问题，就产生了**项目管理**。

7. 端到端流程化出现的必然性和时机

端到端流程化是持续改进衍生出来的另一个方向，也叫全流程管理。基于管理体系的流程管理比较偏向于 PDCA。虽然都叫流程管理，但是两者有本质的不同，一个是以合规性为导向的流程闭环管理，更关注流程合规性及持续改进；另一个是以客户为导向的端到端流程管理，其目的在于梳理和固化，以为客户创造价值流，建立以服务客户为核心的常态化的跨职能的协同机制，通过提升为客户交付产品的效率和效果来提升客户体验。

端到端流程化与项目化二者出现的时期很接近，因为它们其实面临着相同的挑战，就是职能部门墙。为了打破部门墙，在日常运营过程中建立各职能部门之间工作的协同性，打通以客户为导向的端到端流程，就产生了端到端流程化或全流程的概念。

端到端流程化会逐步发展为企业运营管理职能，目前国际上的最佳实践就是供应链运营管理。要做到端到端流程化，企业必须具备精益化管理的能力，做到精益化管理的前提是先做到体系化管理，做到体系化管理的前提是先做到标准化。因此，参照大部分企业的发展规律，通常当企业首先实现标准化之后，才能实现体系化，实现了体系化之后，才有可能实现精益化，进一步实现端到端流程化，直到实现整条供应链的协同化运营管理。

8. 项目管理流程化出现的必然性和时机

当项目越来越多时，项目就可以进行批量化管理了。为了提升质量和降低风险，批量化的项目管理再次走向了标准化和流程化，这就是我们所说的**项目管理流程化**。项目管理的标准化和流程化在软件开发行业被演绎到了极致，并促进了新的方法论的出现，也就是软件行业的 CMMI。CMMI 全称是 Capability Maturity Model Integration，即能力成熟度模型集成（也称软件能力成熟度集成模型）。1994 年美国国防部（United States Department of Defense）与卡内基梅隆大学（Carnegie Mellon University）下的软件工程研究中心（Software Engineering Institute）以及美国国防工业协会（National Defense Industrial Association）共同开发和研制，把所有现存实施的与即将被发展出来的各种能力成熟度模型集成到一个框架中，形成了 CMMI，以此作为评估从事软件开发工作的企业的管理成熟度的依据。CMMI 侧重的并不是项目管理，而是把批量化的项目工作流程化、标准化和体系化，更加像流程管理和质量管理，而且非常侧重于过程控制和评价，而不仅仅是对项目结果进行评价。研发和工业化的挑战是完全不同的，研发侧重创新，而工业化要解决的问题是如何把研发人员创新的产品批量化生产，如何用最简单和最廉价的方式快速复制高精尖的产品，还能确保质量。无论是在电子制造业还是在软件行业，都面临一个挑战，那就是很多质量问题在最终测试检验阶段是测不出来的，经常在用户使用了一段时间之后才会暴露出来。为了避免这种问题的出现，只能通过加强研发和生产过程的规范性来让大家少犯错误，降低风险源的数量。

案例

我曾经在半导体行业工作多年，从晶圆厂到封装测试厂，从工厂设备工程师到全球产品项目群经理，从技术到管理，从甲方到乙方再到甲方，获得了无数宝贵的经验。大学毕业后，我的第一份工作是在全球知名的半导体厂商飞思卡尔半导体，曾经的摩托罗拉半导体事业部工作，现在已经被另一家全球知名的半导体厂商 NXP 恩智浦半导体收购。

芯片里灌装的是软件，芯片会被应用到各个领域。我们当时的芯片有很大一部分用于汽车上，所以芯片新产品项目整个过程必须遵循汽车行业的标准。无论是采购、研发，还是制造的过程，都要遵循一大堆的汽车行业标准，有的是行业通用的标准，如 TS 16949，有的是客户标准，如博世公司的供应商质量标准（博世是全球知名的汽车零部件的供应商之一）。这样才能确保通过项目管理流程化的过程控制降低质量隐患的数量，降低汽车因芯片出问题造成事故和人员伤亡的概率。如果芯片是用到飞机上的，过程控制的标准则更加严格，因为一旦因芯片出现问题导致飞机事故，会有更多的人因此而丧失生命。

知名的质量改进方法六西格玛（6Sigma，6σ）管理是 20 世纪 80 年代由摩托罗拉创造出来的，而且 6σ 做得最好的就是摩托罗拉的半导体事业部。其初衷也是为了不断地改进研发和生产的过程，避免问题出现。将这些方法应用到项目管理过程中，就形成了项目管理流程化、标准化和体系化。

9．项目管理流程敏捷化出现的必然性和时机

将项目管理流程化推向极致的时候也会产生一个问题，就是流程僵化。这个问题在推行 CMMI 的软件开发行业最为明显，很多推行过 CMMI 的企业项目经理都会抱怨流程过于复杂，需要花费大量的时间来写文档，而且目标和范围调整很困难，致使目标交付时间无法达成。

举个例子来说明，假设一开始企业制定了一个项目目标，根据工作量和技术复杂

程度，时间目标定为一年半。半年后，企业发现市场环境已发生了很大的变化，客户需求也改变了，如果不能及时调整项目的目标和范围，仍然按以前的目标去执行的话，即使能按时上市，也很有可能卖不出去。这样，企业就达不到预期的收益，项目会被评价为失败。为了能够根据外界环境和需求的变化来调整项目目标和范围，以提升项目团队整体灵活性为目的的敏捷管理方法被美国一名优秀的软件架构师创造出来了。

有趣的是，据说敏捷思想起源于我国道家思想。那名优秀的美国架构师在一次偶然的机会读了老子的《道德经》，受到了启发，之后写了一篇《架构师之道》的文章，创造出了敏捷思想。在他的阐述中，敏捷是一种非常高的境界，按中国武侠小说的描述，属于"无招胜有招"的顶尖高手境界，已经可以不拘泥于套路，可以随心所欲地发挥和应对各种不确定因素。项目管理和敏捷管理都是用来应对变化的管理机制，基于不同的业务场景，可以在具体的项目工作中很好地结合使用。

不过，需要注意的一点是，个人的敏捷、小团队的敏捷与企业组织的敏捷是不同层次和不同难度的敏捷。虽然都叫作敏捷，但由于人员规范性的差异、技能的差异、人员数量规模及思想意识的统一程度会造成组织多人协同的难度不同，因此，即使遵循相同的敏捷思想，用于提升敏捷能力的组织保障机制和工作方法也有着较大的差异。随着组织敏捷能力的提升，特别是在近些年，项目管理在组织层面的不断发展，在全球范围内，越来越多的企业和各类组织都非常认可组织级项目管理机制是提升组织敏捷性、有效应对多变的外部环境的重要手段。

全球最知名的项目管理专业组织美国项目管理协会（PMI）在其2018年出版的《组织级项目管理标准》中特别提及一句话："**在经济衰退期间，投资组织级项目管理变得更为重要，因为可以降低风险，减少成本并提高成功率，这对企业和各类组织在经济危机中的生存至关重要。**"

除了项目管理流程的敏捷化，在端到端流程化的领域，特别是供应链运营管理的领域，供应链敏捷性也作为一个考察企业供应链管理能力的重要考核指标被美国运营管理协会提了出来。在当前这种全球不确定性和易变性不断增加的环境背景下，供应链运营的敏捷能力也显得越发关键。

特别提示

在项目管理领域，敏捷是在项目管理流程化做到极致的时候才出现的。它要应对的问题是，由于软件开发周期太长，项目团队无法根据需求变化灵活调整项目目标和工作节奏。在项目团队已经于之前的工作中充分理解了项目管理的理念，明确了各自的角色和职责，知道如何配合团队其他人员开展工作，并且经历了项目管理高度标准化和流程化的洗礼，可以高度协同的情况下，整个团队才可以通过进一步学习和实践，达到敏捷的境界。团队成员的专业基础、标准化的工作方式和在创新环境下的协同能力是项目团队敏捷的前提条件。如果项

> 目团队的上述能力还不具备，即使敏捷的工具和理念再好，也很难在实际项目中落地。

企业在推行项目管理方法或建立项目管理体系时，如果没有经历前面几个发展阶段，那么会要求补上。也就是说，想通过学习和实践做到敏捷的前提是已经将项目基于端到端流程的标准化要求充分落地且出现了流程僵化的端倪；想通过学习和实践做到项目基于端到端流程的标准化的前提是已经实现了项目的规范化管理，包括项目组织结构、角色、职责、业务流程、项目管理流程、阶段评审、工具和模板等的规范化。跳跃式发展基本不太可能，通过努力和正确的方式比别人用更短的时间达到更高的管理成熟度是可能的。很多企业在推行项目管理方法时会遇到巨大的挑战，而且会出现多次反复的现象，往往就是因为距离成熟的项目管理阶段还有较大的差距，如果不按部就班地走，就会跌回原点。

当我们去优化单个项目的管理工作时，不仅要优化项目管理，通常还要把项目里面的所有工作都先进行区分和明晰，划清边界，定义各自的责任主体并形成规范，然后把端到端流程梳理清楚，并组织大家共同定义项目端到端流程上各自的角色和职责，这时候项目管理才能有抓手。项目管理一定是建立在项目内的业务流程之上的，如果没有清晰的业务端到端流程，项目管理就没有落点，就找不到控制点，就管不起来。

10．企业的每个发展阶段都是难以跳过的

根据历史经验，我们可以看到，企业从野蛮生长开始，到逐步走向成熟，有着类似的成长路径，必须经历不同的发展阶段。事实证明，企业发展路径上的每个阶段都是不可或缺的、难以跳过的，只有个别优秀的企业可以做到用更短的时间完成当前阶段，走到下一个阶段。往往有些企业在发展势头特别好的时候，偶然看到了管理成熟度很高的国外优秀企业的先进经验，就希望可以直接跳跃到后面的阶段，这是非常危险的。沉痛的教训告诉我们，企业发展路径上哪个阶段被省略了，那么那个阶段所侧重的内容就可能成为企业最大的弱点，如果不及时补上，很可能会对企业造成致命的威胁。

项目管理是企业发展到一定成熟度之后才出现的，在项目管理之前，企业需要经历规范化管理阶段，为员工建立规范的工作方式，塑造专业能力；需要经历标准化管理阶段，为员工统一工作方法和建立系统化的思维；需要经历精益化管理阶段，教会员工如何在工作中找到关键的主线，化繁为简；通过项目管理的机制锻炼员工在创新或转型过程中的跨职能协同能力。这是正常次序的企业发展思路。如果一些企业在之前几个阶段工作还没有落实的情况下，就直接跳到了后面的发展阶段，如项目管理的阶段或端到端流程化阶段，那么就需要在这一时期投入更多的资源在企业管理成熟度提升上，在确保当前工作正常运转的情况下去同时完善前面几个阶段欠缺的机制和能力。

5.3 适应性组织框架下的战略管理、职能管理、流程管理与项目管理的关系

1. 新的组织概念：适应性组织

近些年，一个新的组织概念开始兴起，而且越来越受到各领域最先进的组织所重视，那就是"适应性组织"。

适应性组织（Adaptive Organization）具备通过修改其能力、组织结构和工作流程来快速调整自身，以应对市场变化、新兴技术或新经济情景带来的新挑战。

高度适应性组织往往具有如下共性特征：

- 可以很好地定义预期、目标和组织文化。适应性强的组织具有前瞻性思维，不仅能认识到变革的重要性，而且能预见变革并积极寻求变革。适应性贯穿于组织所做的一切，并已经成为组织日常业务的一部分，从首席执行官到每一位员工，都明白自己在做什么。
- 让员工更有价值。适应性组织将员工看作组织可以成功地适应外部环境变化的命脉，让组织能够"抓住机会"，进行工作和创新。
- 具有创造性。适应性组织鼓励员工发挥创造力，并将其作为商业实践。创造力是适应性的自然衍生物，因为它要求员工思想开放，愿意灵活地接受新想法。
- 拥有主动解决问题的心态。许多变革都是由组织领导的，适应性组织可以在问题出现之前就预见到问题的解决方案。

2. 战略管理、职能管理、流程管理与项目管理的关系

在适应性组织框架之下，战略管理、职能管理、流程管理与项目管理各自发挥不可替代的作用，相互配合，共同支撑企业的战略落地，如图5.3所示。

其中，战略管理主要是指战略规划和战略实施的过程。一般说来，战略管理包含四个关键要素：

- 战略分析——了解组织所处的环境和相对竞争地位。
- 战略选择——战略制定、评价和选择。
- 战略实施——采取措施发挥战略作用。
- 战略评价和调整——检验战略的有效性。

战略管理是确保企业发展方向的重要工作。在上述四个关键要素中，战略分析和战略选择通常也被称为战略规划，是企业基于对外部环境变化的感知以及对企业内部能力差距的分析而制定出的企业中长期发展路线。战略实施及战略评价和调整的过程通常也被称为战略落地，是企业解码战略、付诸实施并跟踪实施效果和进行反思调整的过程。职能管理、流程管理和项目管理都是支撑战略落地的重要工作。

第5章 分析环境，找到借力的来源

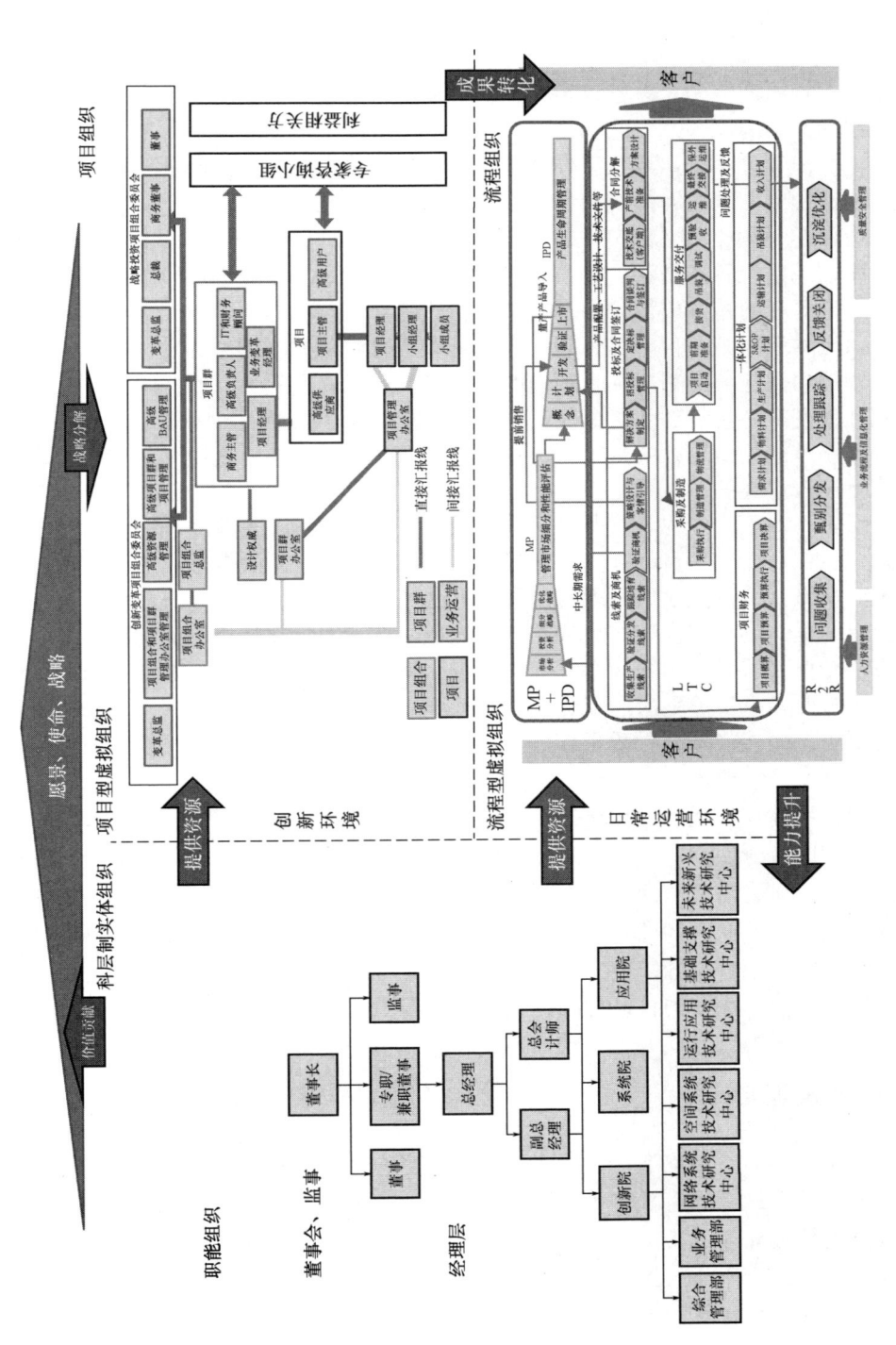

图 5.3 在适应性组织框架之下，战略管理、职能管理、流程管理与项目管理的关系

79

在适应性组织的框架下，职能管理是科层制的实体组织，通常由部门、岗位及一系列职能管理的管理机制构成。职能管理的作用是确保企业的专业能力建设工作，是企业的资源池，为企业持续培养战略所需要的具有专业能力的各类人才，同时确保组织的凝聚力。

与职能管理不同，项目管理和流程管理都是虚拟组织，没有部门和岗位，只有项目或流程中的角色并围绕角色定义职责。项目管理和流程管理在实现各自目标过程中用到的专业资源来自实体的职能部门。项目管理和流程管理的主要作用就是通过跨职能地整合各方资源，基于特定目标形成合力，为企业创造价值。因此，推动基于特定目标的跨职能协同是项目管理和流程管理共同的关注点。

虽有共性之处，但项目管理和流程管理也有明显的不同。通常，以创新为目的的跨职能协同任务会采用项目管理的组织形式和工作方式，特别是那些具有颠覆性、突破性或变革性特点的临时性任务，更加侧重结果的实现而不是过程的规范性。而流程管理承载的是过往实现某一特定目标的最佳实践，往往适用于常态化的成熟业务或持续改进类的协同性工作，更加侧重于实现目标过程中的规范性和合规性。

通常，对于企业内一项需要尽快完成的创新型任务，企业往往采用项目管理的方式，先任命一位项目经理，让项目经理组织一批高水平的专家，通过一次或多次尝试，从 0 到 1，先达成预期的结果，再通过项目复盘的方式，沉淀出实现结果的路径，并据此创建出实现结果的端到端流程。有了通过项目复盘沉淀出的端到端流程后，企业就可以不用那么多高水平的专家来干这项工作了，而是让大量的企业普通员工按照专家沉淀下来的端到端流程开展工作。这样既可以大幅降低企业的用人能力要求，又能保障交付质量和效率，而且有利于企业对创新成果的实现过程进行批量复制及持续改进。

综上所述，在适应性组织框架下，为了确保企业可以迅速适应外部的环境变化，提升组织的自身调整能力，战略管理、职能管理、流程管理和项目管理这四类机制，缺一不可，而且需要彼此配合。作为一位合格的项目经理，一定要对这四种管理机制的内涵以及彼此之间的管理边界有着非常清晰的认识，这样才能更容易地在项目早期迅速定位项目目标，快速明确自己在项目中的角色，以及如何获取自己所需的项目稀缺资源，体现项目经理的环境能力。

本章小结

在不同的组织环境下，应用项目管理方法的难度有着巨大的差别，因此项目经理需要充分了解组织的当前状态以及未来的发展趋势，这样才可以对如何选择、剪裁和应用项目管理方法做出正确的判断。本章从三个不同的视角来帮助大家理解开展项目管理工作所处的组织环境、适于生存的土壤和出现的时机。第一个视角是组织级项目管理的视角，我们需要厘清战略规划类、日常运营类和改变业务类工作这三者之间的区别和关系。第二个视角是企业在管理机制上的发展阶段的视角，我们需要判断开展项目管理工作的企业目前处在什么样的发展阶段。第三个视角是适应性组织框架的视角，我们需要理解战略管理机制、职能管理机制、流程管理机制和项目管理机制这四种不同机制在同一企业里如何发挥各自不同的作用和价值。

如前文所述，项目管理不仅是工具，还是领域，而且涉及的范围很大，覆盖所有与改变业务相关的内容，在企业中与战略规划和日常运营形成三足鼎立，互为依赖，构成平衡。在企业中，改变业务的工作机制又可以被分为项目组合管理、项目群管理和项目管理，通常我们所说的项目管理往往指的是侧重于确保项目目标实现的狭义的项目管理。

了解企业由野蛮生长到走向敏捷的路径很重要，因为项目管理不是在企业刚刚成立时就能用得上的，往往要等到企业随着规模和管理成熟度发展到一定阶段后，当部门化的职能管理与创新型的项目工作之间的矛盾激化到一定程度时，项目管理才会受到大家的重视，才是推行项目管理比较合适的时机。

项目管理机制与企业的战略管理、职能管理和流程管理机制是在统一企业里相辅相成的配合关系，缺一不可，共同建立了企业适应外部环境变化的能力。因此，成为一个合格的项目经理也需懂得战略管理、职能管理和流程管理机制的运作，这样才能解决项目管理工作与它们三者之间的衔接和配合问题，使项目管理工作的开展变得更加顺畅。

篇外篇　某研究所在项目管理上的"痛"

我曾经负责某研究所的项目管理咨询工作。图 5.4 是在对该研究所各个相关部门进行了深入访谈调研之后，对其在项目管理方面的困难和原因进行的归纳与结构化分析。

在多年的项目管理咨询和培训过程中，我不断地为不同类型的企业和项目管理从业人员诊断和解答各类问题，时间长了，就会发现大家的困难是差不多的。以该研究所为例，采用鱼骨图作为分析工具，一起来看一看项目管理的常见问题。

先看鱼头，这是大家共同认可的问题：时间不足，资源不够。这两个挑战几乎是所有参与项目管理的人共同的"痛"。

接下来，对这两个共性的问题进行分解，形成鱼的主刺。我通常按照项目中的角色进行区分。为什么按照角色分？因为大家所站角度和职责不一样的时候，看到的问题是不同的。

在这个案例中，作为职能的设计开发部门认为项目中的主要问题是进度计划的紧迫性与质量标准的符合性之间存在矛盾，如果严格依据质量体系标准就无法达成进度计划的要求，而管进度的部门和管质量的部门又互不相让，让设计开发人员在项目过程中无所适从，造成了项目的进一步延误和范围的不断改变。开发设计人员之所以会这样想，是很正常的，因为他们的主要工作是运用自己的专业能力执行项目目标中的一部分具体工作任务，如果自己的任务目标不确定，那就不知道要做什么，如果任务目标被改来改去，那工作就无法进行。

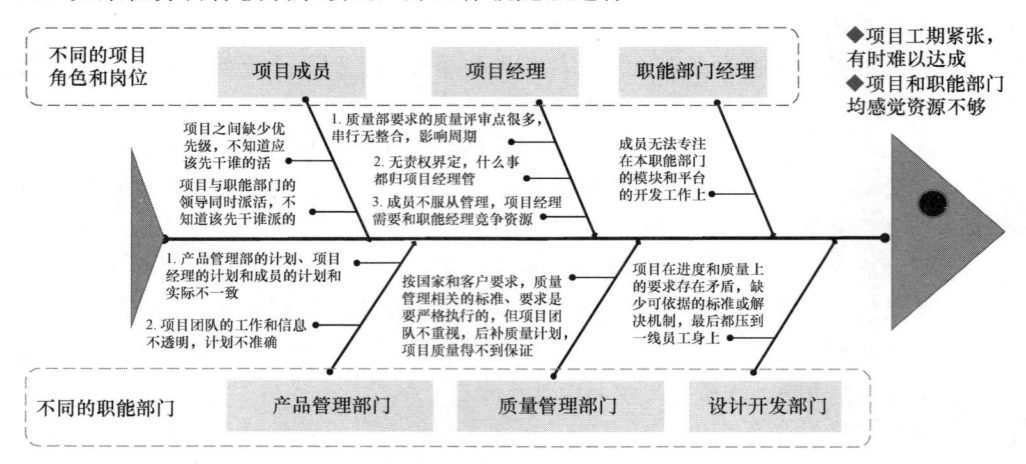

图 5.4 某研究所在项目管理上的"痛"

作为分管专业职能部门的经理（如开发、设计和测试经理等）在谈到项目时，最大的"痛"是发现自己部门培养的大部分专业人才整天都在支持不同项目，导致职能部门自己找不出时间来继续完善和提升这些专业人才的专业能力，无法进一步培养更多的专业人才，建立知识库，并把专业产品通过标准化和精细化的管理方法实现技术模块化和平台化。虽然确保了项目成功，但是影响了专业人才的培养和专业能力的提升，从企业长远的发展来看，会影响企业研发能力的提升，不利于支持未来更有挑战性的项目。

作为企业专业职能部门的领导，最主要的工作目标就是在专业领域进行知识积累和创新，将知识技术化和产品化，并为企业培养大量的专业人才。如果部门的人都出去支持临时性的项目，没有时间参与部门自己的工作，从长远来看是很不利于企业在专业领域上的能力提升的。

对项目成败负责的项目经理在谈到自己的项目时，认为最大的"痛"就是"**有责无权**"的现状导致项目成员不听指挥，各自为政，而且项目范围经常被改变，导致计划的时间很不受控。作为项目经理，最主要的工作是整合各部门的专业资源完成既定的项目目标。如果各专业资源不服从领导，项目计划就无法实施，项目目标就完不成，项目管理的工作就会失败。

负责承担开发设计以外的其他专业任务的项目成员在谈到项目时，最大的"痛"就是"**多头管理**"，尤其是在矩阵式的企业结构下，项目经理、自己的职能领导、其他相关的管理部门，甚至其他项目团队都会给项目团队成员提出各自的要求。然而，项目成员的工作时间是有限的，先完成谁的要求是很难抉择的，如果他们之间就任务目标再没有达成共识的话，项目成员就更痛苦了。

负责企业质量管理的部门在谈到项目时，最大的"痛"就是，项目团队经常不按公司的质量标准和要求开展项目工作，把公司置于质量监管的风险之中。按企业高层和客户的要求，企业的所有工作，当然也包括项目工作，必须遵从公司质量管理体系的具体要求，否则很容易产生质量问题，即使不出问题，如果在质量审核时被发现不符合项，很可能会影响企业的经营工作能否继续开展和品牌形象。但是，很多项目团队为了赶进度，表面上答应了按标准执行，实际上投机取巧，糊弄质量管理部的监督人员，把项目和公司都置于危险之中。

负责执行企业高层规划和项目目标设定的产品管理部门谈到项目时，认为最大的"痛"是"**计划不能按时完成，而且项目团队实际工作进展不透明**"。对于负责计划工作的部门来说，最担心的就是由于确定的项目计划总是不能被按时执行，没有办法向上级领导交代。而且，不清楚项目团队是如何开展工作的，每次承诺的时间点又做不到，那么以后项目目标和计划如何设定也就找不到依据了。

通过这个案例，我们会发现，参与项目的不同角色由于所处的角度不一样，关心的问题也是不一样的，而且往往他们各自的问题恰巧是其他角色造成的。这就是为什么在这种为了实现创新目标而组建的临时项目团队中，必须采用规范化的项目管理模式。由于所站的角度不同、目标不同、职责不同，不同角色之间一定会产生分歧，必须有专人去维持他们之间的平衡，帮助他们达成共识，这就是我们所说的项目管理工作，专门负责平衡项目中各种不同角色的这个人就是我们所说的项目经理。

第6章

论证价值，统一大家的方向

在工作中有个很常见的现象，就是很多领导在分派项目任务时并没有讲得特别明白，甚至分派了"只能意会，不能言传"的项目任务。这样就导致很多项目经理从项目一开始就没搞清楚领导发起项目的真正意图是什么，或者只知道个大概，并不清楚该项目对企业和项目发起人真正的价值是什么，也不清楚企业领导对项目真实的期望。这种状况很可能造成项目出现方向性错误或方向反复不定、范围模糊且经常改变，而且很可能得不到企业高层领导的大力支持。换句话说，项目经理一直和发起项目的领导的思路不一致。项目是一种典型的由战略驱动或高层领导驱动的工作模式，只有与项目高层领导的意图保持一致，才能获得领导对项目的大力支持。因此，合格的项目经理必须有很好的大局观，善于洞察领导的意图，与领导思路保持一致，可以站在企业的高度看待项目，从而确保项目对企业的收益和战略目标的支撑。尤其是当项目的发起领导在分派项目任务时没有把项目的目标和价值讲得特别清楚的时候，项目经理要有能力去澄清领导心目中对项目的模糊期望，站在企业的高度论证项目的价值和收益，确保项目的方向不会错。

6.1 论证项目是否具备投资价值的三个维度

当接到一个项目任务的时候，我们首先要思考的是："为什么会产生这样一个项目？这个项目对发起人的价值是什么？对企业的价值是什么？"发起任何一个项目一定有一个非常合理的理由，如果我们不清楚这个合理的理由，很可能从一开始就走错了方向。

项目对企业来说是一种投资行为，因为项目的前期有大量的成本投入，因此企业的任何一个项目都必须能给企业带来回报，我们把这种企业期望的回报称为"期望的业务价值"。项目负责人或项目经理只有清楚自己承接的项目的业务价值是什么，才能明确项目的方向。如何论证项目是否值得投入？通常，可以从三个不同的维度来论证，以确保项目是经过全面考虑才确定投资的，而且需要建立一个长期的业务论证机制对项目进行持续论证，以确保发起项目的理由一直存在。

论证项目价值的三个维度分别是项目是值得做的、有能力交付和有能力实现收益。

1．项目是值得做的

作为一种投资行为，项目必须是有收益的。这一点应该由掌控资源的出资方代表或项目发起人（Project Sponsor）来判断。如果是在企业内，他们往往是掌握权力和资源的高层领导。当他们决定发起一个项目时，一定已经考虑了项目的收益。作为承接项目的负责人或项目经理，必须思考发起人心中的项目收益是什么，而且要协助项目发起人明确和量化他们心中的收益，因为很可能从项目发起人那里传递过来的项目收益都是一些听起来比较虚幻的或无形的且无法衡量的收益。我们要做的就是想办法把收益进一步明确为可衡量的指标，来确认收益是否真的对企业有价值。应该由谁来判断项目收益是否真的对企业有价值呢？还得是项目发起人或项目发起人代表。因为这是一种投资行为，谁出钱就由谁来判断，哪个部门出钱哪个部门话语权就大。

2．有能力交付

项目有收益、有价值是前提条件，但还要有能力交付才行。一些企业高层很重视不断地发现有价值的商业机会或内部优化提升的机会，但企业的资源和能力有限，还有很多日常运营的工作要做，因此必须认真考虑企业的能力有多大，是否真的能在期望的时间和资源要求内交付项目。这个问题必须由负责承担具体交付任务的人来回答，准确地说，谁负责干活就由谁来回答。而且，要确保负责交付的人对自己的能力有准确的判断，贸然启动一个超出自己能力范畴的项目往往会失败，甚至可能让企业遭受致命的打击。业界有一句名言："领先一步是先进，领先三步是先烈，因此华为每次只走半步。"

3．有能力实现收益

近些年来，越来越多的企业高层领导最大的痛，并不是项目不能按时完成，而是项目成果不能转化。如果项目成果不能转化，就无法实现收益，项目投入就成了沉没成本，项目仍属于"失败"。如果前期规划项目的时候没有充分考虑收益实现的难度，没有邀请未来负责实现收益的部门或团队参与项目的论证，等项目产品出来后，负责实现收益的部门不愿意去推动成果转化或没有能力推动成果转化，就无法实现期望的收益。因此，收益能否实现应该由代表客户或用户的部门或团队来论证，必须征求他们的意见，并邀请他们在前期就参与项目工作。

这时候我们会发现项目里有三个关键的利益相关方，即代表项目投资人的项目发起方、代表项目交付能力的项目实施方和代表项目收益实现的项目成果使用方。项目的收益和价值不是他们中的任何一方能单独判断的，必须由三个代表站在各自

85

的角度来共同判断并达成共识后，这个项目才是一个真正值得企业投入的项目。我们把这个过程叫作项目投资的决策支持手段。项目业务价值的论证是所有项目的出发点，而且不能仅仅在项目开始时或项目前期判断一次，必须在项目过程中每隔一段时间论证一次，通常会在项目阶段评审时进行再次论证。如果项目的价值已经不在了或改变了，代表企业高层的项目管理委员会必须决定项目是否还要继续。

6.2 梳理从项目产出到成果到收益的路线图

论证了项目是否具备投资价值的三个维度后，接下来要思考的问题是："如果我们已经有了预期的项目产品，如何才能实现项目预期的收益呢？"为了回答这个问题，我们需要梳理并打通从"项目产出"到"项目成果"到"项目收益"再到"组织战略目标"之间的关系（见图6.1）。它共分五个步骤。

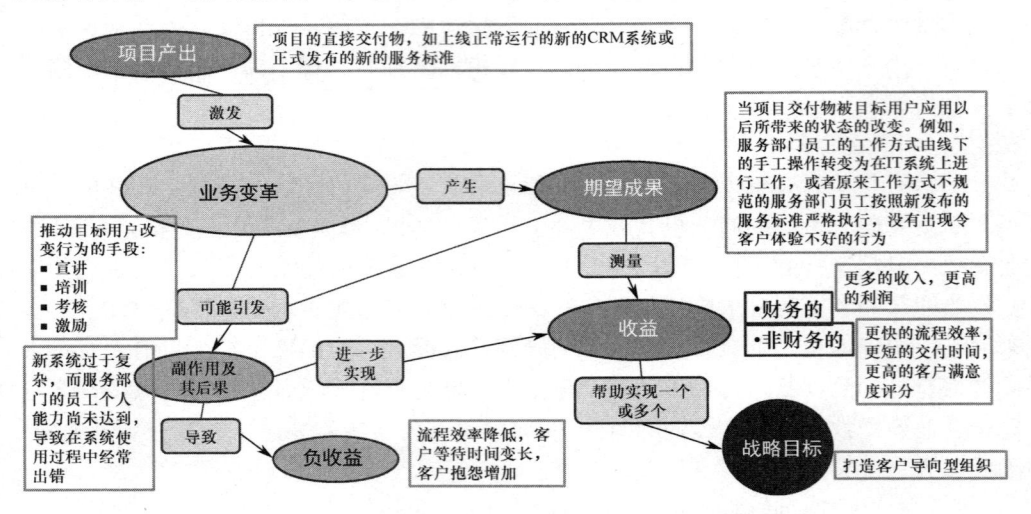

图 6.1　项目产出到成果到收益到组织战略目标路线图示例

1. 明确项目的产出

"产出"的英文为"Output"。通常，我们把项目的直接交付物叫作"产出"。产出一定是有形的，看得见、摸得着。例如，对于一个信息系统的项目来说，产出就是一个上线后正式运行的系统；对于一个流程优化的项目来说，产出就是一套经过管理层审批通过的流程文档；对于一个新款手机的项目来说，产出就是一个经过各类测试达到市场发布和量产质量标准的新款手机设计和生产方案，这也是我们通常意义上说的项目产品。大多数时候，产出通常是项目团队最直接的项目目标。因为这个目标很明确，质量标准和验收标准也就比较确定。

2. 从产出到成果

"成果"的英文为"Outcome"。它是"产出"经过转化后的结果。如上文提到，产出其实只是符合质量要求的交付物，本身并不会为企业带来收益。只有产出在获得客户或用户的认可，被客户或用户使用，导致客户或用户改变了以前的使用习惯时，才实现了通常意义上的"成果转化"。但是，推动客户或用户去使用项目产出的过程并不容易，因为大家需要一个熟悉新鲜事物的过程，而且很多人不太愿意改变以前的习惯，因此成果转化往往成为项目实现收益的关键。如果用户不使用项目的产出，用户行为就不会发生改变，预期的收益就实现不了。

因此，成果是一种状态，是项目的目标用户因为使用了项目的产出之后而被改变之后的状态。我们往往会通过一些特定的业务场景来描绘用户被改变之后的状态。那么，期望成果就是项目发起人所期望的目标用户被项目产出改变后的业务场景，如果项目发起人所期望的业务场景出现，那么就意味着项目成功了。

例如，上线了新的信息化系统，如果用户不愿意使用新的系统，而坚持以前的手工操作或使用旧的系统，那么上线信息化系统的成果就没有转化，就看不到收益。又如，流程优化项目产出的流程文档即使发布了，但企业员工不按文档中新的要求执行，新的文档落不了地，那么也看不到收益。因此，为了能推动客户或用户使用产出并为此改变自己原有的行为，企业通常会采用培训、宣传、考核和激励等方式，这就是图 6.1 中的"业务变革"，这样才能产生项目的成果。

3. 从成果到收益

"收益"的英文为"Benefit"。其实，收益才是投资项目的真正目标。但很多时候，企业并不知道项目的收益是否真的产生了，或者并不知道收益是否真的与立项时描绘的一致。因此，对企业来说，找到一种科学的方式测量收益的多少是非常必要的，否则企业就不知道把宝贵的资源投到哪些项目上对企业来说才是最有价值的。如果所做项目的是市场销售类的或降成本类的，项目的收益还相对容易测量一些，因为项目如果成功就会带来直接的财务收益。但如果所做的项目偏向于基础技术研究、战略规划、企业内部流程优化或系统建设等，收益就不好测量了。因为这些项目不会带来直接收益，需要经过内外部的应用和推广才能转化成容易测量的财务收益。

例如，很多企业的信息化系统部门一直困惑的事情就是"如何证明一个新的信息化系统项目可以给企业带来收益"，因为信息化系统项目的直接产出就是一个上线正常运行的系统。信息化系统本身不是收益，需要被企业内部的用户使用，用熟了，熟能生巧了，才能提升日常运营或流程的效率和质量，才能让企业的客户感受到更好的服务，才能带来更多的客户或让客户花更多的钱来购买企业的产品和服务，最后为企业带来更多的财务收益（见图 6.2）。因此，能够准确地识别和测量项目为企业带来的直接收益，以及识别从项目直接收益到财务收益之间的逻辑关系是很有意义的，但也是很不容易的。

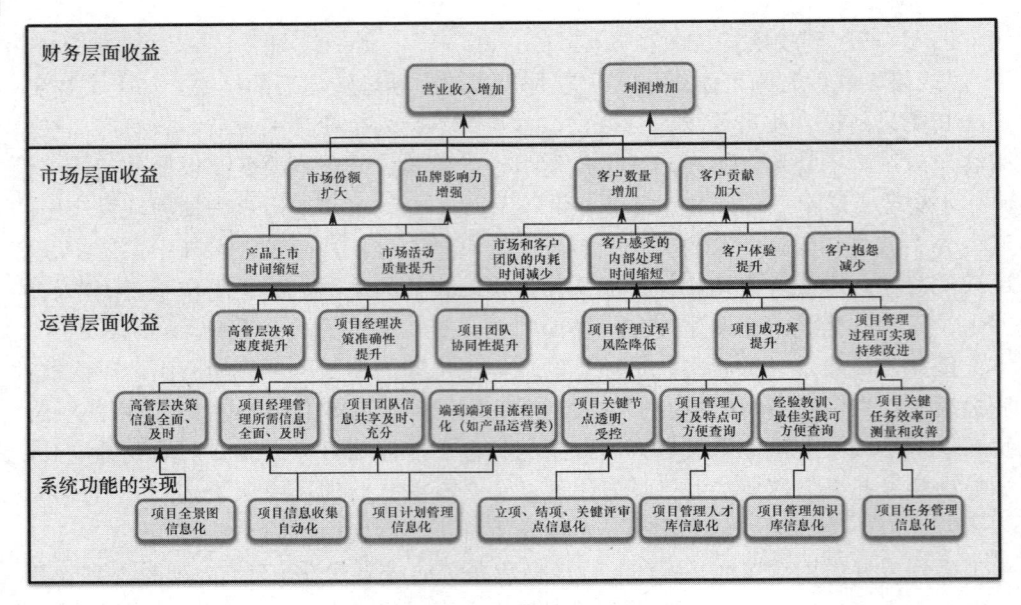

图 6.2　信息化系统项目的收益

4．从收益到战略目标

当项目收益被识别后，需要认真思考收益到底和战略目标有没有关系，或者收益到底支撑哪个战略目标，这就是我们所说的战略一致性问题，这也是需要被证明的。因为企业通常有几个不同的战略目标，而且并不是一成不变的，理论上应该每隔几年就要调整一下。站在企业的高度，必须保证项目所产生的收益能支撑当前的战略目标，不能与当前任何一个战略目标都无关，更不能与当前战略目标背道而驰。

因此，作为项目负责人，必须明确企业当前的战略规划及主要的战略目标，并明确项目目标和收益与企业战略目标之间的关系，最好还能明确项目目标对战略目标的影响程度，这样才不至于把项目的方向搞错，并有利于争取高层领导的支持。有些项目团队认为自己的项目会同时产生多种不同的收益，可以支撑企业的所有战略目标，这是不可取的。通常一个项目可以获批立项，一定是企业高层看到了这个项目可以有力地支撑某个特定的战略目标，但不可能是所有的战略目标。当项目团队认为自己的项目可以支撑所有战略目标时，恰好说明项目团队很可能并没有认清项目的真正价值和主要目标是什么。

5．从项目产出到项目负收益

所有事情都会有好与坏的两面性，项目也是一样。当看到正收益时，也一定要想到项目必然带来一定的负收益。所以我们一定要分析清楚项目的负收益到底是什么，企业能否承受负收益给企业带来的负面影响。负收益不是项目成本或项目投入，而是指项目会对项目以外、企业以内的其他工作带来的负面影响。

例如，有一些新的产品上市之后，本来的目的是占领新的空白市场或抢夺竞争对手的市场，后来发现把自己企业原有产品的市场也抢了，降低了原有产品的收益，这时就产生了负收益。

为什么要分析负收益呢？因为我们会看到很多项目的失败并不是由于项目收益不会出现，而是由于项目的负收益超出预期而导致企业高层没有耐心等待项目所描绘的正收益出现，这样企业和项目团队在这个项目上的前期努力就付诸东流了。例如，业务流程再造类的项目是公认失败率比较高的项目。因为这类项目属于企业的结构性调整，变革的范围太大，往往会覆盖全体员工，而且涉及对大家的责权利、日常工作目标和工作方式的改变，所以挑战非常大，需要很长的磨合期，之后企业员工才会逐步消化新的工作目标和工作方式，并在新的工作模式下创造出收益。在企业员工度过磨合期之前，企业内部往往一片混乱，大家不知所措，怨声载道。这也是最考验企业高层的时候，企业高层能否在混乱中保持大家对自己的信任和支持及因此带来的对变革方向的坚持，将成为业务流程再造能否成功的关键。因此，在项目立项初期帮助企业高层准确地预估项目即将带来的负收益，可以让企业高层提前做好应对准备，在项目过程中从容应对磨合期带来的各种困惑和疑虑，带领大家坚持下去，直到项目正收益的出现。

项目，尤其是创新和变革类项目，不同于企业日常的持续改进类工作。这类项目需要实现由"0 到 1"的过程，而不仅仅是由"1.1 到 1.2"或"1.2 到 1.3"的过程。因此首先要打通项目从产出到成果到收益再到战略目标的通路，才能证明项目的收益是可以实现的，项目是有价值的，这样才能帮助企业的决策团队做出正确的决策。

6.3 编写项目业务可行性分析报告

在编写项目业务可行性分析报告的时候要涵盖图 6.3 所示的内容，要特别侧重以下几个方面。

1. 报告内容提要

项目业务可行性分析报告是项目最重要的报告之一，因此一定要采用很正式的形式。由于报告通常会由几个不同部分的内容组成，因此一定要有报告内容提要或目录。

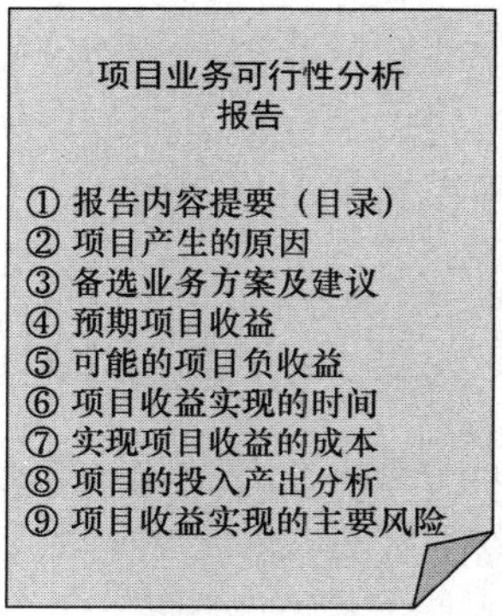

2. 项目产生的原因

项目产生的原因需要先讲清楚。要让大家了解项目是为了解决哪些问题或为了获取哪些业务机会而产生的，尤其要重点

项目业务可行性分析报告

① 报告内容提要（目录）
② 项目产生的原因
③ 备选业务方案及建议
④ 预期项目收益
⑤ 可能的项目负收益
⑥ 项目收益实现的时间
⑦ 实现项目收益的成本
⑧ 项目的投入产出分析
⑨ 项目收益实现的主要风险

图 6.3　项目业务可行性分析报告的要点示例

介绍项目的发起人是谁，这有助于引起大家对项目的重视。

3. 备选业务方案及建议

上报给企业高层或展示给大家的业务方案最好有多个，可供大家选择，因为通过比较，大家才更容易判断不同业务方案各自的优缺点，才能更快地做出决策。通常三个方案比较常见，为大家提供三选一的机会，并对不同方案的优劣势进行分析和比较，再说明自己建议的方案及理由。这样大家就会知道，项目负责人在汇报之前已经考虑过所有可能的业务方案，并且进行了充分的比较，从而会比较愿意支持项目负责人建议的方案。

4. 项目的约束和假设

在描绘收益和负收益时，需要注明项目的约束和假设。很多项目负责人分不清楚约束和假设的区别，所以在项目的可行性分析报告中会忽略这两部分内容。项目假设是制定项目目标、收益和计划的前提条件，我们把假设放在报告中的目的是帮助项目负责人免责。因为我们要向所有人说明，一旦项目外界环境发生了变化，导致了项目目标的调整或收益不能实现的结果，这个结果不应该由项目负责人来承担责任，因为原有的项目假设条件已经不再适用了，如国家政策的突然改变、企业组织结构的调整或项目发起人改变了等。项目约束是指项目中有哪些事是不能做的，不是因为项目负责人或项目团队不愿意做，而是因为按组织的规定不可以做。项目约束用来为项目团队划定项目范围边界提供依据，是项目负责人对项目团队或客户提出约束性要求的依据，也是项目负责人拒绝不合理的项目需求的依据。例如，项目过程必须符合公司质量管理体系的要求，必须符合公司风险管理体系的要求或必须符合公司内控制度的要求并接受审计等。

5. 项目的关键成功因素

在项目报告中提及项目的关键成功因素，可以更好地帮助企业的高层管理团队明确项目需要高层支持什么。例如，很多项目负责人认为，项目的最大挑战是项目资源不足或领导支持力度不够。如果希望在汇报时说服企业高层从资源或关注度上给予项目一定的倾斜，就必须向他们说明项目的关键成功因素与项目在稀缺资源的获取和高层的关注度之间的密切关系。这样才有机会引起高层重视，便于高层为项目提供所需要的资源和支持。

6.4 项目业务价值论证的生命周期

对项目业务价值的论证必须是持续的，不能仅仅在项目立项前论证一次，而应在整个项目生命周期的过程中，每隔一段时间就论证一次，以确保其有效性。在项目生命周期中的不同阶段，对项目业务价值论证的侧重点不同。通常，我们把整个项目业务价值论证的过程分为三个阶段，即开发业务价值论证阶段、维护业务价值论证阶段和收益评审阶段。在整个项目生命周期过程中，项目的业务价值论证与收益实现管理是并行且又相互影响的两个重要机制（见图6.4）。

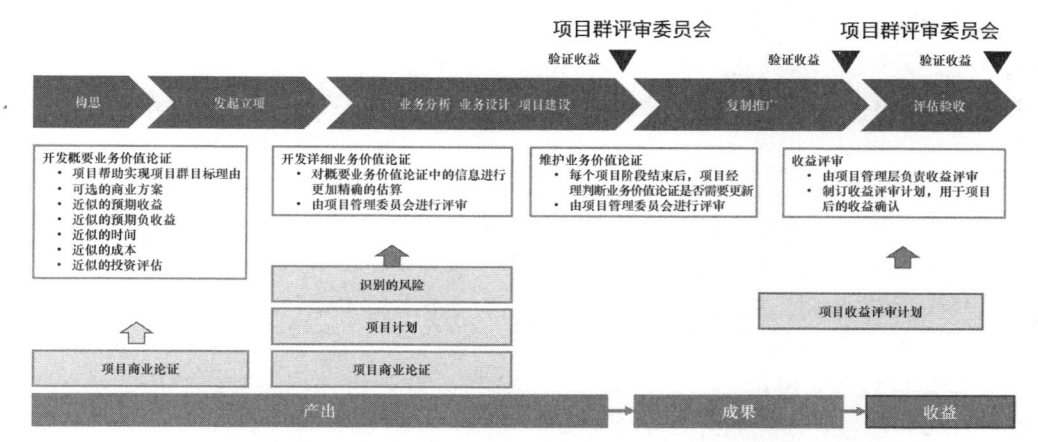

图 6.4 项目的业务价值论证与收益实现管理的模型

1. 开发业务价值论证阶段

作为项目立项评审最重要的依据之一，开发业务价值论证的工作必须在项目立项评审前完成，以确保项目立项决策团队可以拿到最真实和准确的项目价值分析报告，作为是否对项目进行大笔资源投入的依据。

开发过程通常也会分为两个阶段来实现，首先是开发概要业务价值论证的阶段。这个阶段的工作通常由项目挂名的领导和被任命的项目经理共同完成，其根据自身的经验和可以收集到的信息对项目的业务价值进行初步分析和论证。这个阶段通常不建议项目经理召集其他部门参加，主要是为了避免出现由于项目想法不成熟就召集多个部门专家参与论证而导致专家资源浪费的现象。因此，企业高层通常会委派项目挂名的领导和项目经理先自行论证如何把项目产品（产出）经过业务变更的过程转化为预期收益，然后召集项目决策团队来共同评审。一旦评审通过，就名正言顺地召集各部门的精英来参与更详细的论证和对实现过程的策划，即我们所说的开发项目业务价值论证的第二个阶段，即开发详细业务价值论证。详细业务价值论证报告一旦获得项目最高决策委员会的批准，就将成为项目的基准文件，成为项目开展过程中的指引和考核的依据。

2. 维护业务价值论证阶段

在项目执行过程中，项目经理和项目中未来负责实现项目成果和收益的角色要共同收集与项目业务价值实现相关的信息，定期汇报给项目最高决策委员会，并根据委员会的指示开展后续的工作，这就是我们所说的维护项目业务价值论证的过程。

3. 收益评审阶段

前期的项目业务价值论证其实都是基于假设和预测的，大多数项目收益都是在项目结束后逐步实现的。到那个时候，项目团队早已解散多时，没有人真正关心项目是否真的实现了预期的收益。因此，当前国内绝大多数企业由于缺少对项目收益的有效验证机制而导致企业的高层决策者并不真的知道企业大量投入的项目是否真的"产生了收益，收益是什么，收益有多少"，从而影响了企业高层对企业发展方向的判断和决策的准确性。为了避免这类问题，企业需要建立项目收益后评估机制，来验证项目收益的实现情况，作为修正或完善企业项目选择和立项评审的依据。建立收益后评估机制，首先要求项目团队在立项阶段不仅制订项目实施的计划，还要根据对收益的预测制订收益评审计划，包括项目收益的类型、收益实现的时间、测量的方法和负责评审收益的人，并在项目结束前移交给负责日常运营的某一团队，由其负责后续的测量和评审工作，及时反馈给企业最高管理层，这样才有可能真正验证项目收益的实现情况。

在项目立项阶段根据对项目前景的预测制定和评审项目业务价值论证的文档并制订项目收益评审计划，在项目实施交付阶段根据项目所处内外部环境的变化及时更新项目业务价值论证的文档，在项目结束前更新最终的项目业务价值论证文档并将项目收益评审计划移交给运营团队，由运营团队在项目产品的生命周期中进行项目收益的测量、评估，并反馈给企业高层决策者。这样就建立了项目业务价值论证的完整闭环机制，确保项目对企业的发展是有价值的，避免失败的投资。

6.5 常用的投资评估技术

常用的投资评估技术以财务指标为主，毕竟，检验企业生命力最主要的方式还是企业的财务报表。因此，对项目价值的评估也最好能关联到财务指标上，能看到项目对企业财务报表的贡献，如项目整个生命周期成本、项目净收益、项目投资回报率、项目净现值、项目投资回收期、项目收益敏感性分析等。

然而，有很多项目收益并没有体现在财务指标上，而是与客户和市场相关的业务指标或与企业内部运营相关的过程指标。例如，效率、质量、交付周期、客户体验，甚至有的可能是品牌效应。这些评价指标需要通过一定的逻辑进行推导，才能估算出项目收益对企业财务报表的影响和价值。但不论怎样，项目收益都必须能测量，并且最好可以和企业高层最关注的财务指标产生关联。

本章小结

项目是一种投资行为，企业投资项目的最终目的不在于产品，而在于收益。作为项目运转的核心，合格的项目经理不仅要有很好的执行力，还要具备充分论证项目业务价值的能力，确保项目执行的方向与企业战略规划和领导的意图保持一致，帮助企业实现预期的项目收益。因此，当项目经理接到一个项目任务时，首先要思考的不是如何实现项目的预期产品，而是要思考什么样的项目产品能为企业带来什么样的收益，如何通过项目产品实现收益，收益将支撑企业的哪个战略目标。通过绘制项目产出到成果到收益再到战略目标的路线图，可以帮助项目经理和项目团队明确项目的产出、成果和收益，梳理在实现收益的路径中的关键任务、所需资源及主要风险，这是论证项目业务价值的重要步骤。

　　能够为企业高层提供一份清晰、完善的业务价值论证报告也是项目经理的必备技能。在梳理清楚项目从产出到成果到收益的路线图后，项目经理还需要组织项目团队收集更多详细的信息来编制项目的业务可行性分析报告。通过在报告中系统化地描述和分析项目收益及其实现路径、可选的业务方案及其各自的优缺点、实现收益所需的时间、资源及主要风险等关键信息，用最简单的语言表述自己的意图，说服高层支持自己的建议。经验证明，只有站在高层的角度讲清楚自己将如何实现其所期望的收益，并给出充分的证据，才能顺利地获得高层的支持。

篇外篇　以价值为导向的项目闭环管理

　　如果站在企业家的视角来看待项目，通常会把开展项目或项目群工作视为企业的一种投资行为，把项目作为企业开展投资的载体。作为一项投资性质的工作，企业先进行了资源的投入，其目的是获得预期的投资回报，然而，投资有风险，必须在投资前对项目投资回报的大小和获得收益的风险进行充分的分析，这样才能保障投资的预期结果。

　　优秀的项目经理一定要具备大局观，能够站在企业家的视角看待自己所管理的项目对于企业战略实现的价值，这样才能在带领项目团队开展项目工作时避免出现方向性的偏离，更容易给他人讲明白项目的价值，获得项目各个利益相关方的支持。

　　构建以价值为导向的项目闭环管理如图6.5所示。

1．企业愿景

　　从经营角度看，企业愿景是企业通过数十年的不懈努力，期望最终达成的目标，也是企业最长期的目标。作为企业最终奋斗的长期目标，企业愿景往往具有一定的模糊性，且没有明确的时间限制，但是阐明了企业创立和发展的初衷，也明确了企业发展的根本方向。

2．战略目标

　　战略目标是企业中长期的目标，来源于企业的战略管理工作，往往明确了企业近3~5年需要集中主要资源开展的工作和实现的目标。每个战略目标都应该是明确和可理解的。对战略目标的描述，往往采用动宾句式，譬如在未来的几年里，企业选择投入资源进入什么样的细分市场，或者企业决定投入资源研发什么样的新产品，或者企业决定选择什么样的手段来降低运营成本。

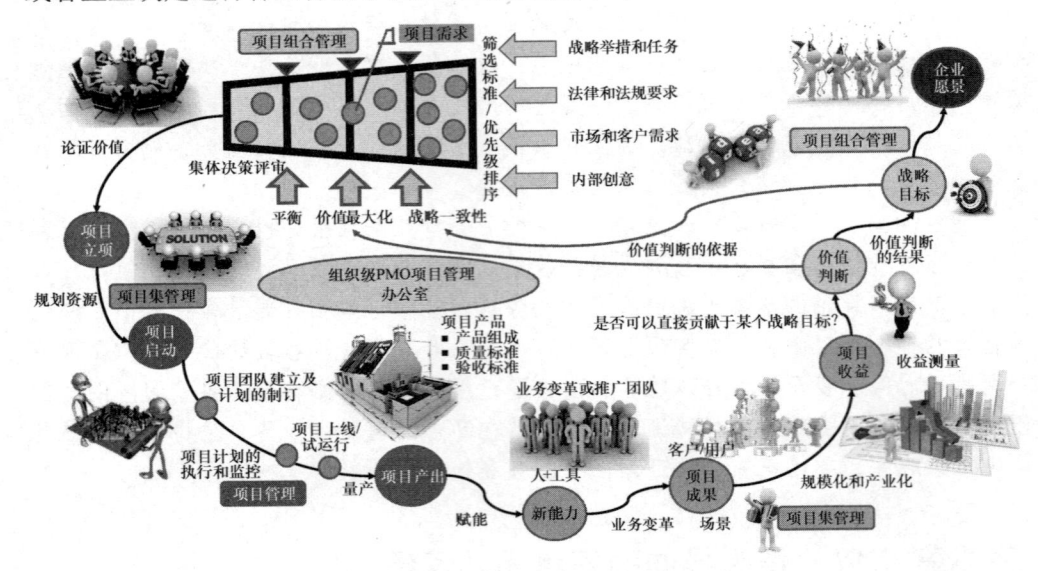

图6.5 构建以价值为导向的项目闭环管理

制定战略目标时，一定要为战略目标匹配合适的评价指标，并明确每个评价指标的名称、计算方法和数据来源，再通过该指标来设定战略目标的目标值。企业中长期战略目标的设定，是为了支撑企业长期发展所期望的最终愿景，因此，战略目标与企业愿景具有高度一致性。

3．价值判断和项目收益

从专业角度来看，收益和价值不是一回事。

从项目管理的视角来看，项目来源于组织战略，是组织战略落地的载体，与战略必须具有一致性。项目所实现的收益应是战略目标所需要的收益，且通过战略目标的评价指标来衡量其支撑程度。如果项目最终实现的收益是企业战略目标所需要的收益，那么项目对企业来说是有价值的。如果项目最终实现的收益不是企业战略所需要的收益，那么项目对企业来说就没有价值。因此，并不是所有成功的项目都对企业有价值。也许有些项目在当初立项时对企业很有价值，但是随着企业战略的改变，企业战略目标发生了变化，企业需要的收益也发生了变化，那么原来对企业有价值的项目，就可能变成了对企业没有价值的项目。企业投资项目的目的，是希望获得那些对企业战略目标的实现有直接或间接支撑的收益，也叫作项目的预期收益。

4．项目成果

项目收益来源于项目成果的转化。能给企业带来收益的人，通常被我们称为客户。确立项目的前期，一定要先洞察企业的外部环境，识别有痛点的客户，并评估由这类目标客户所构成的细分市场的容量和他们的消费习惯，以决定是否将他们确定为项目的目标客户。客户也可以分为内部客户和外部客户，有些项目不是外部商业化的项目，如数字化转型项目或企业内部的能力建设项目，这类项目通过借助外部工具或平台转变企业内部的一群人来提升企业的能力，以更好地适应企业外部环境，建立新的竞争优势。在大多数情况下，这类项目的客户就是企业内部的。因此，优秀的项目经理，特别是经营型大项目的项目经理，一定要具有业务思维，从项目早期开始，贯穿整个项目生命周期，持续地思考和判断，到底谁才是项目真正的客户和用户。

项目的目的之一是通过改变目标客户，为企业带来新的收益，即企业之前无法从这类目标客户获得的收益。那么，目标客户为企业带来新的收益的状态，通常被称为项目的期望成果。成果是一种状态，对成果的描述也就是对未来所期望的状态的描述。项目团队往往通过对项目成果转化后的业务场景描绘来帮助项目团队理解和确认项目领导小组最终所期望的项目成果。

企业投资项目的目的，就是通过转变一群被我们称为目标客户的人，把他们转变为我们期望的状态。因为在新的状态下，目标客户会为我们带来企业之前所获得不了的预期收益，并且该收益可以有力地支撑企业的某个战略目标实现。那么此项目投资就是对企业很有价值的投资。

5．新能力

如果想转变那些原来转变不了的目标客户，企业需要具备新的能力。

众所周知，生产力＝人＋工具。因此，新的能力＝具备新能力的人＋新工具。

企业想构建新的能力，首先要明确给哪些员工赋能，然后确定用什么样的工具给员工赋能，然后组织项目团队把用来给员工赋能的工具开发出来，这样就能实现对员工能力的快速提升。

当然，企业所需要的新能力可以较容易地改变客户，把客户改变到企业所期望的状态即期望成果，客户在那种状态下可以为其带来新的收益，并且一定是战略落地所需要的收益。

6．项目产出

其实，企业用来给员工赋能的工具就是项目的产出或交付物。如果这个交付物也是未来销售给客户的交付物，那么它就成为商业化的产品。一个优质的产品，应该是能解决客户痛点的产品，应该是转变客户使用习惯相对容易的产品，应该是销售给客户比较容易的产品，应该是工业规模化比较容易的产品，应该是商业投资回报比较大的产品，应该是开发起来周期不会太长且技术难度不会太大的产品，应该是承载了企业核心竞争力的产品，也应该是有助于实现企业长期愿景的产品。

为了配合战略落地的整体布局，或是为了在合适的时机改变客户，或是为了在最佳窗口期进入市场，经过充分的项目论证，项目的发起人或上级组织往往会明确项目产出必须实现的时间点，并且根据内外部客户的需求或市场的需要，再综合考虑项目成果转化的难度及对项目预期收益实现情况的影响，进一步明确项目的产出或产品的质量验收标准。如何在有限的时间和有限的资源内实现这上述项目目标，也成了项目经理的任务。

7. 项目启动

项目管理遵循以终为始的原则，有了确定的项目交付物和必须实现交付物的时间点要求，那么项目经理需要倒排工期，尽快确定项目启动的时间点，并明确项目实施过程中的管理阶段划分方式及关键决策点，也可被称作项目关卡、关口、项目门或重大里程碑节点。项目管理阶段的划分应充分考虑项目分阶段进行资源投放的管理模式，项目所承载的业务流程或技术流程的特点，并结合项目产品的技术或业务实现过程，明确项目的阶段交付物并将其作为项目阶段目标的产出进行管控。

当然，基于不同类型的项目生命周期管理和计划模式，项目阶段的名称也会有不同，如迭代或发布等。

8. 项目立项

项目启动的前一个项目关键节点应当是项目立项。项目立项后，项目经理就可以召集项目团队并花费少量的项目资源来制订项目的进度计划及其他各类计划。

传统项目管理追求"一次做对"和"一次做好"。在企业决策层批准项目立项后，为了确保项目实施过程的顺利，避免项目过程中过多试错所造成的时间浪费和资源浪费，管理层会鼓励项目经理和项目团队在实施前花费足够多的时间对项目的实施过程进行推演和风险分析，以确保最大限度地排除会影响项目目标按时实现的潜在因素。

因此，传统项目管理通常会要求项目团队避免在项目实施过程中进行变更，特别是在企业内外部环境并未发生本质变化的情况下，因项目团队自身因素所造成的项目变更。

9. 项目论证

项目立项审批的重要输入是项目论证报告。项目论证报告中既要包括项目的预期收益及对企业战略目标的价值，也要包括实现项目产出的技术可行性分析，还要包括对项目成果转化的难度评估及项目收益实现的周期和风险。

项目论证的能力是在我国当前发展时期下企业至关重要的组织能力。项目作为企业投资的载体，企业管理层能否在每个项目的论证阶段就清晰和准确地预测出该项目后续一系列的变化过程，包括计划制订的过程、计划实施的过程、基于项目产出开展赋能的过程、通过业务变革改变目标客户以实现预期成果的过程，以及预期成果出现后对项目收益的测量方式等，会极大地影响企业的战略决策和资源投放的决策，并对企业战略落地和未来发展起到重要的作用。

10. 机会筛选的管道

对企业来说，项目论证也是有成本投入的，因此，在开始项目论证之前需要经过项目机会选择的过程。对于企业来说，每年可以作为项目进行资源投入的事情非常多，在公司看来这些都是潜在的机会。有的机会源于企业的战略分解，有的机会源于企业外部的客户和市场需求，有的机会源于企业内部员工的创意和建议，有的机会源于企业外部的法律法规要求等。然而，企业的资源和时间是有限的，不可能把所有的机会都进行论证和实现，因此需要通过一系列评估标准来进行筛选，这个筛选的过程被称为管道。筛选项目机会的过程是项目组合管理的一项重要工作，筛选的主要标准包括项目的战略一致性、项目收益、投资回报率和收益实现的风险大小等，而且要考虑潜在机会之间的相互影响关系。

由此可见，战略变化是影响潜在的项目机会的重要评判依据，而由一个潜在的项目机会到项目计划，再到项目产出，再到新能力，再到项目成果，再到项目收益的实现过程，再到最终对战略目标的实现进行有效的支撑，是一个完整的闭环。这个闭环也是企业以项目为载体实现投资价值的过程，是支撑企业战略实现的关键路径。然而，目前国内绝大多数企业的闭环管理流程是不通的，因为这个端到端的价值实现闭环的各个环节在企业里是分别由不同部门来主导完成的，由于企业部门墙的存在，分别负责各个环节的主责方往往会各自为政，只关注自己所负责的那一阶段目标的完成，而忽略了前序阶段的目的和后续阶段工作开展的难度，容易造成端到端流程不通畅，价值实现过程不顺利。因此，管理机制成熟的企业一定会安排一个负责端到端整体流程的责任人，站在企业以产品为单位实现价值闭环管理的视角，把所有的环节串联在一起，才能确保企业战略所关注的价值顺利实现。

把以项目为单位的价值实现的端到端路径打通，对于企业无论是打造战略中心型组织或敏捷型组织或适应性组织来说，都是至关重要的。

第7章
分解目标，编制科学的项目计划

如果说项目经理的时间只够学习和掌握三种与项目管理相关的技能，那么制订项目计划的技能一定是其中之一。因为项目管理是一种最典型的基于目标的管理模式，"以终为始"是项目管理的出发点。想明白了终点在哪里，路怎么走，才能充满自信地出发。项目经理必备的其他两种技能是论证项目业务价值的技能和组织项目阶段评审的技能。

在项目中有几个常见的现象是非常令人痛心的。

（1）哥伦布式管理。典型的哥伦布式管理是"走的时候不知道去哪儿，到了的时候不知道自己在哪儿，回来之后不知道自己去过哪儿"。作为探险家，这是没有问题的，但是作为以目标管理为导向的项目经理来说，这会导致项目团队多走很多冤枉路，甚至可能根本就回不来了。

（2）三边法。所谓"三边"，就是在做项目的过程中"边计划、边实施、边修改"，这是一种典型的不计划先行动、随波逐流的工作方式。有人说"这叫野蛮生长"，也有人说"这不叫不做计划，这叫敏捷"，这些说法其实都是借口。因为预测未来是最辛苦和伤脑筋的，很多人只是不想在计划上费脑筋和花时间而已。事实证明，前期不多花时间做计划，在项目过程中就会遇到更多的意外和变数，就会不断地"救火"，很难回到正确的轨道上。计划赶不上变化是项目工作的典型特征，因为项目是创新和变革的载体，实施道路上充满了不确定性，因此项目计划在执行中需要调整是必然的。然而，一些项目经理告诉我："在我的项目里，总是计划赶不上变化，因此就不用做项目计划了，因为肯定会调整。"这种说法是错误的，项目计划的产生就是由于项目中变数太多，因此要提前预测和推演项目的整个过程，才能搞清楚项目的实施过程中"什么是确定的、什么是不确定的"，才能提前选择最合适的路径，想好应对措施，做到胸有成竹地面对各种突发事件。因此，越是变数多的项目越需要提前花更多的时间做好项目计划，并在项目过程中把项目计划作为自己前行的标尺，以确定自己走的路是否正确。没有计划的项目经理往往像在沙漠中找出路，由于缺少参照物，即使走偏了自己也难以察觉出来，经常原地打转而找不到终点。

7.1 项目管理计划与项目进度计划

项目计划是一个统称，通常分为项目管理计划和项目进度计划两种。

1. 项目管理计划

在项目中，**项目管理计划**是一份用来阐明项目目标、交付物及约束条件，项目管理工作将如何开展，以及项目团队成员需要遵循哪些具体管理要求的文件。它包括所有的项目子管理计划和基准，以及管理项目所需的其他信息。根据我自己的经验，项目管理计划包括但不限于下列内容：

- **项目概述**，包括项目背景、目标、范围、项目关键前提及外部依赖等。
- **项目基准**，包括项目利益相关方已达成的约定、项目阶段、交付物、验收程序及标准等。
- **项目绩效评价方式和基准**，包括对项目的评价、对项目管理的评价和对项目团队成员的评价等。
- **项目开发方法**，如敏捷型或适应型等。
- **项目进度计划**，包括工作分解结构（WBS）、关键里程碑和时间表等。
- **项目组织结构**，包括组织结构图、项目中的各类角色和职责说明、项目资源管理的具体要求及在项目中需要使用的与资源管理相关的工具和模板。
- **项目管理规范**，包括进度管理、成本管理、沟通管理、风险管理、问题管理、变更管理、交付物和文档管理、经验教训管理、质量管理和项目利益相关方管理等各项在项目中需要遵循的管理要求及使用的相关工具、表单和模板。
- **管理审查**，包括项目经理和有关项目利益相关方审查项目进展的时间点、考核绩效是否符合预期的方式，或者确定是否有必要采取预防或纠正措施的规则。

项目管理计划在项目组织中的定位和作用就如同制度文件在企业里的定位和作用，在项目组织中起到了指导项目管理团队开展项目管理工作和约束项目团队行为的作用。

2. 项目进度计划

在项目中，项目进度计划阐明了项目将如何以及何时交付项目范围中定义的产品、服务和成果，是一种用于沟通和管理相关方期望的工具，并为绩效报告提供了依据。进度计划的制订建立在活动级别上，制订进度计划是分析活动顺序、持续时间、资源需求和进度制约因素，创建进度模型，从而落实项目执行和监控的过程。项目进度计划是项目管理团队在项目开展过程中依据项目的客观成绩评估项目进展的基础，为分配项目资源和制定基于时间节奏的预算提供了依据。

随着项目工作的推进，或者随着项目管理计划的改变，或者随着预期风险的出现或消失以及新风险的确定,进度计划的制订在整个项目过程中往往需要反复进行。因此，在项目进入实施交付阶段，项目经理和项目管理团队需要随时跟踪项目的进展,根据项目所达成的实际成果,比对项目作为基准的进度计划进行偏差分析,并在偏差过大且无法纠正的情况下考虑申请项目的正式变更。

项目进度计划的展示形式往往是一份时间表,最常见的是甘特图。

7.2 项目任务书

公司高层下达的项目任务通常是项目的起点,项目任务书是项目经理了解公司高层意图的重要依据。项目任务往往多种多样,幸运的话,项目经理获得的项目任务书会来源于企业战略规划分解,有清晰的项目背景、目的、目标、期望成果及项目管理的相关要求。但有时候项目任务只是领导的一个口头要求,让项目经理费解或摸不到头脑(见图7.1)。

图7.1 项目任务书示例

在项目任务不清晰的情况下,项目经理必须先想办法明确项目产生的原因、项目的真正发起人、项目的具体目标和领导对成果与收益的期望。澄清项目任务的过程不容易,有时候,项目经理可能没有机会直接问领导,只能通过和熟悉领导的人打听或揣摩领导的意图或根据公司的整体发展趋势来分析。无论采用何种方式,项目经理都一定要想办法澄清,否则很有可能走错方向,导致不断返工和调整项目范围。

7.3 项目产品描述

为了能充分了解客户的期望,项目经理必须与客户进行充分的沟通,并尽量采用客户的语言形成书面的文档,我们把这份文档称为"项目产品描述"(引用PRINCE2对这份文档的称呼)(见图7.2)。通常,项目产品描述会成为确定项目目标和范围的依据。

制订项目计划是项目管理过程中最重要的环节之一,而且项目计划制订的最佳实践是"以终为始"。这里所说的"终"是指"交付给客户约定的项目产品,满足客户的期望"。为了能够进行以终为始式的项目计划制订，必须先明确客户心目中的项目终点是什么。这就要求我们和客户充分交流并和客户达成共识，建立项目的初步目标。有时候客户也没想明白，讲不清楚到底要的是什么。专业的项目经理此时必须能够用专业的方法引导客户想明白其所期望的项目终点并与项目团队达成共识。

```
1. 厂房及符合手机制造的环境
2. 必要的生产线和设备
3. 工厂运转所需的日常运营和生产团队
4. 计划、生产、质量、工艺和相关的管理流程
5. 计划、物料和订单管理信息系统
6. 仓储和物流的路线和服务商
……

1. 建筑工程规划、设计和建设能力
2. 生产线规划、设计和建设能力
3. 制造团队的班子设计、招募和搭建能力
4. 技术和管理流程的设计与导入能力
5. 信息化规划、设计和建设能力
……

1. ISO 9001:2015质量管理体系的要求
2. 符合索尼爱立信工厂手册的要求
3. 符合索尼爱立信CSR管理体系的要求
4. 符合在该工厂进行生产的手机项目团队对工厂的特别要求
……
```

×××项目产品描述
- 项目的名称
- 项目的目的
- 项目产品的组成部分
- 各个组成部分的来源
- 所需的开发技能
- 客户的质量期望
- 验收标准
- 容许偏差
- 验收方法
- 验收职责

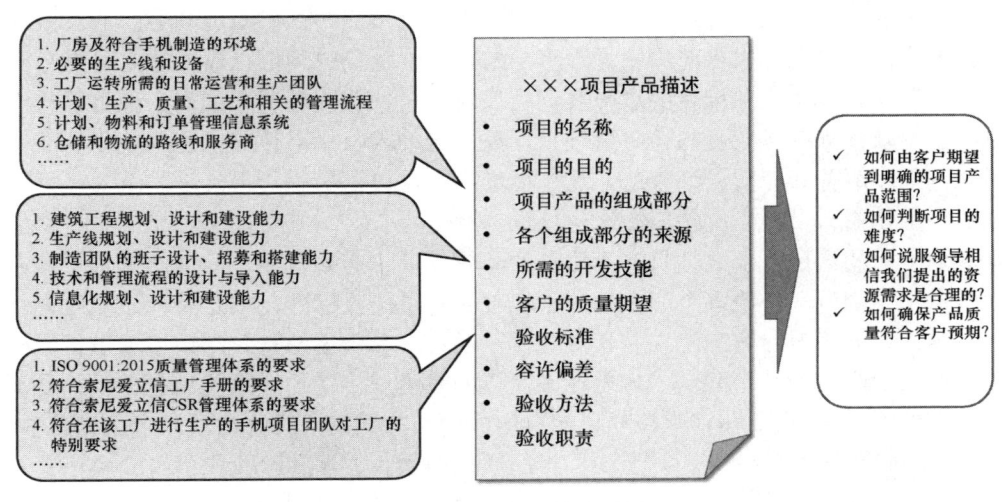

✓ 如何由客户期望到明确的项目产品范围？
✓ 如何判断项目的难度？
✓ 如何说服领导相信我们提出的资源需求是合理的？
✓ 如何确保产品质量符合客户预期？

图 7.2　项目产品描述示例

这个时候，通常就会用到项目产品描述。在项目经理接到企业分派的项目任务后，必须尽快和客户就项目目标和交付物及验收标准达成共识，并形成书面文档。在项目产品描述中，最好用客户的语言或客户可以看懂的语言重点描述如下几个要点，作为初期启动项目的重要依据。

1．项目的名称和目的

项目产品隶属于哪个项目？为什么会产生这样的项目？这两个问题需要在项目产品描述的开始进行阐述，确保该项目产品的必要性。

2．项目产品的组成部分和来源

为了确保客户和项目团队对项目产品的内容没有歧义，项目经理需要对项目产品进行初步分解，明确项目产品的几个主要的组成部分及其来源（例如，有的产品组成部分在原有产品模块基础上进行升级，有的基于原有系统平台进行二次开发，有的在原有制度文件基础上进行优化，有的必须外购等），并和客户达成共识。

3．所需的开发技能

项目一定会跨职能和专业领域，因此项目团队内一定会有来自不同专业领域的项目成员或专家。应该挑选什么样的人进入项目团队必须有合理的依据，这个依据应该也来源于项目产品描述，因为项目产品描述是客户需求和客户期望的体现。因此，项目经理在与客户沟通项目需求、定义项目产品的组成部分之后，需要进一步

定义为完成项目产品的不同组成部分，项目团队需要具备哪些开发技能的专业人士，并将此作为向管理层请求相关人员加入项目团队的有力依据。

4．客户的质量期望、验收标准、容许偏差、验收方法和验收职责

在领取了项目任务书后，项目经理一定要与最终使用者的客户代表（包括内部客户代表）进行直接和详细的沟通，确保正确定义项目产品的组成和客户的质量期望。客户的质量期望很多时候来源于客户的描述性语句或词汇，不同的人可能会有不同的理解。为了避免项目经理与客户代表对质量期望因理解不同而在项目验收阶段产生分歧，需要进一步与客户就项目产品质量的验收标准达成共识。验收标准是用来进一步解释客户质量期望的，这个标准必须是可衡量的，最好是定量的（可通过数字量化的），这样验收起来比较容易，也不容易产生分歧。如果客户的质量期望有多个方面的体现，那么项目产品质量的验收标准也必须有多个，以确保每个客户的质量期望都有一个或多个明确的验收标准。有了验收标准，项目经理还需要就验收标准的容许偏差与客户达成共识。通常，项目产品质量的验收结果很难与目标的验收标准100%相符，那么，"偏差在多少以内是可以接受的，偏差在多少以外是不可以接受的"，这需要和客户在项目初期达成明确的共识，并写在项目产品描述中，以避免验收阶段产生分歧。对于项目产品质量的验收方法和验收职责（应由什么人用什么方法来进行验收）也需要在项目初期明确，因为不同的验收方法、不同的验收人会导致不同的验收结果。

在与客户达成共识这一点上，我的经验是，最好能用客户的语言来写项目产品描述中要求的内容，这样客户才容易理解，通常客户也不会推翻自己的原话。

7.4 项目中的管理阶段与技术阶段

为了确保项目的过程受控，制订项目计划时一定要划分项目阶段，并按项目阶段进行项目评审和控制。项目阶段的划分方式在不同的行业和不同的企业会有不同，最常用的有两种，一种称为技术阶段，另一种称为管理阶段（见图7.3）。

1．技术阶段

在一个项目中通常会有多个技术或专业任务并行开展，每个技术或专业任务都会经历从启动到收尾的过程。例如，一个基于支持业务流程的 IT 开发类项目中一定会包含需求分析的任务、多个业务流程梳理和优化的任务、多个不同模块开发的任务等。这些不同的任务有时可以并行，有时必须串行，各自都有独立的生命周期，但相互之间又有联系。为了确保项目中的每个技术或专业任务有条理地开展，大家也会把它们进行阶段划分，通常会采用 Stage-Milestone 模型，即"阶段—里程碑"模型。

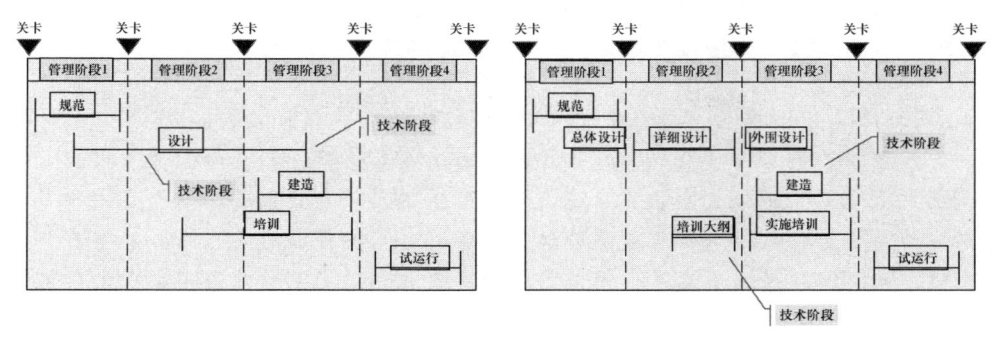

图 7.3　技术阶段与管理阶段示例

🔑 工具

"里程碑"（Milestone）这个词大家都比较熟悉，也经常在项目中使用，但很多人并不了解项目里程碑在项目中真正的作用。里程碑本来的含义是马路旁边标识公里数的石碑，目的是帮助在路上行走或开车的人确定自己走了多远。无论是开车还是走路，人们都很难做到完全匀速运动，因此一段时间之后就不知道自己究竟走了多远，必须通过一些固定的标识物才能确定实际走的路程，进而推算还剩多少路程，因此里程碑是帮助人们判断已走路程的百分比的。"项目里程碑"在项目上的作用与此相同，也是用来衡量项目工作完成百分比的。项目经理一定都有体会，在项目开展过程中，不管是技术任务还是专业任务，想去衡量不同的任务完成了多少是很困难的，因为项目中会有各种各样的技术或专业任务，在完成任务时也不是匀速的，所以不能完全按照时间的流逝来界定完成任务的比例。为了确定在项目过程中完成任务的比例，里程碑就产生了。项目经理需要和项目团队在制订项目计划时按照经验值在技术或专业任务的关键节点上定义几个里程碑，并定义里程碑代表的这一技术或专业任务已完成的百分比。例如，某项目的第一个里程碑代表完成了项目的30%，第二个里程碑代表完成了项目的60%，第三个里程碑代表完成了项目的80%，完成最终验收的里程碑代表项目已经100%完成。与项目里程碑匹配的是技术阶段，在西方管理学中，通常用"Stage"这个词，因为它代表场景或舞台的含义，意味着从前一个技术阶段到下一个技术阶段，就好像在技术或专业任务的路径上从一个场景切换到另一个场景。如方案设计阶段、项目计划编制阶段、项目开发阶段、测试阶段、上线阶段、试运行阶段和推广阶段都是在同一项目中不同的场景，在这些场景中是可以考虑设置项目里程碑的。

2. 管理阶段

与技术阶段不同，管理阶段是企业管理层为了控制项目的资源投入，避免项目一旦启动就停不下来而预先设定的项目关卡，以实现项目的分阶段评审和项目资源的分阶段投入，在项目过程中确认项目方向是否正确、项目价值是否还存在。

🔑 工具

管理阶段的常用模型叫作"Phase-Gate"模型，即"阶段—关卡"模型。Gate 的意思是门或阀，它的特点是达到特定条件后才允许打开。这一点和项目里程碑是不一样的，里程碑就像马路上的石碑，只要经过时看一下，知道在哪儿后，就可以接着往下走了，但关卡是一定要达到特定条件才可以放行的。被称为"Phase"的阶段和被称为"Stage"的阶段也是不一样的，Stage 强调场景的切换，而 Phase 强调时间的跨度。在项目的整个生命周期过程中，项目管理层要为项目每隔一段时间设置一个关卡，以保证项目不会走错方向，避免花了很多冤枉钱却达不到预期的目标。打个比方，关卡就好像我们开车时的刹车装置。开过车的朋友一定都有体会，想开车上路必须先学会刹车。不会刹车，一旦开起来却停不下来的话，就会出大事故。开展项目也是一样的，项目启动容易，停止难。有很多企业的项目被称为"黑匣子工程"，项目开展过程不透明，项目团队犯了错误自己没有意识到，其他人也发现不了，往往会造成更大的问题。因此，通过阶段—关卡模型使项目过程受控是成熟企业开展项目管理工作的普遍做法。关于阶段—关卡模型的详细信息如图 7.4 所示。

创新项目的开发推荐使用阶段—关卡模型。阶段—关卡模型的主要收益是利于制定一个目标和交付物明确的项目规划，并方便监控

阶段—关卡模型是一种项目管理技术，将活动或项目通过关卡分为阶段。在每个关卡，流程是否继续由经理或指导委员会决定。该决定基于当前可用的信息，包括商业论证、风险分析和必要资源的可用性（如资金、拥有正确能力的人员）。阶段—关卡模型也可以被称为分阶段投入或逐步投入

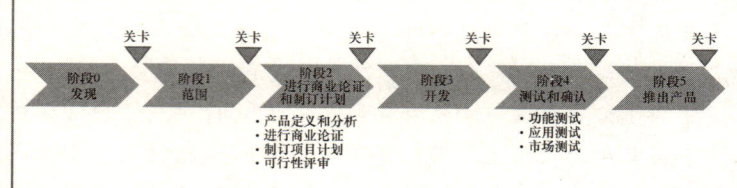

关卡　关卡　关卡　关卡　关卡　关卡

阶段0 发现 → 阶段1 范围 → 阶段2 进行商业论证和制订计划 → 阶段3 开发 → 阶段4 测试和确认 → 阶段5 推出产品

阶段2：
· 产品定义和分析
· 进行商业论证
· 制订项目计划
· 可行性评审

阶段4：
· 功能测试
· 应用测试
· 市场测试

图 7.4　阶段—关卡模型

对于阶段—关卡模型中的每个关卡，不同的项目可以根据自己的特点制定评判项目是否值得继续投入的评价标准，作为代表组织整体利益的项目管理委员会评审的依据（见图 7.5）。对于阶段—关卡模型中的每个管理阶段，项目管理委员会可以考虑从以下几个角度进行关注和控制：

- 阶段的目标和期望的结果。
- 承担的任务。
- 资源保证（人力、预算和设施）。

- 要求的里程碑，包括开始和结束的日期。
- 正式的检查，为一个项目阶段到下一个项目阶段或项目结束所取得的进展打分。
- 风险降低策略。
- 促进创新的工具和技术（创造性、战略情报、知识产权管理等）。

必须满足（是/否）	应该满足（0~10分）	
■ 战略一致性 ■ 技术可行性的理由 ■ 满足EHS的政策 ■ 回报与风险平衡后有一个积极的结果	**战略** ■ 项目与业务单元战略一致的程度 ■ 战略重要性 **产品优势** ■ 独特收益 ■ 比现有产品或竞争产品更能满足客户需求 ■ 财务价值 ■ 市场吸引力 ■ 市场规模 ■ 市场成长性 ■ 竞争态势	**协同性（平衡核心能力）** ■ 市场协同性 ■ 技术协同性 ■ 制造/流程协同性 **技术可行性** ■ 技术差距 ■ 复杂性 ■ 技术不确定性 **风险与回报** ■ 期望收益（如NPV） ■ 回报（如IRR） ■ 回收期 ■ 回报的确定性

图 7.5　阶段—关卡模型中关卡的评审依据示例

　　大家通常所说的项目立项评审，就是在项目管理过程中最重要的项目关卡之一，因此立项之前和立项之后分属于不同的管理阶段。

7.5　三层项目阶段评审模式

　　项目管理成熟度比较高的企业通常会采用三层项目阶段评审模式（见图7.6）。在这种模式下，项目团队在结束当前管理阶段进入下一个管理阶段之前，必须经过三层评审才可以通过关卡。

1. 第一层评审

　　作为最低一层级的评审，由项目经理组织所有项目成员共同评估项目的进展和项目阶段目标的达成情况，确定项目当前阶段该完成的工作是否完成，这是对任务完成程度和各项指标偏差的评审。

2. 第二层评审

　　通过项目团队内部评审后，项目经理就可以申请由质量管理委员会或技术管理委员会进行项目阶段交付物的质量评审，这次要评审项目交付物有没有达到预期的质量标准和技术标准，该评审必须由组织指派的质量专家团队或技术专家团队进行。

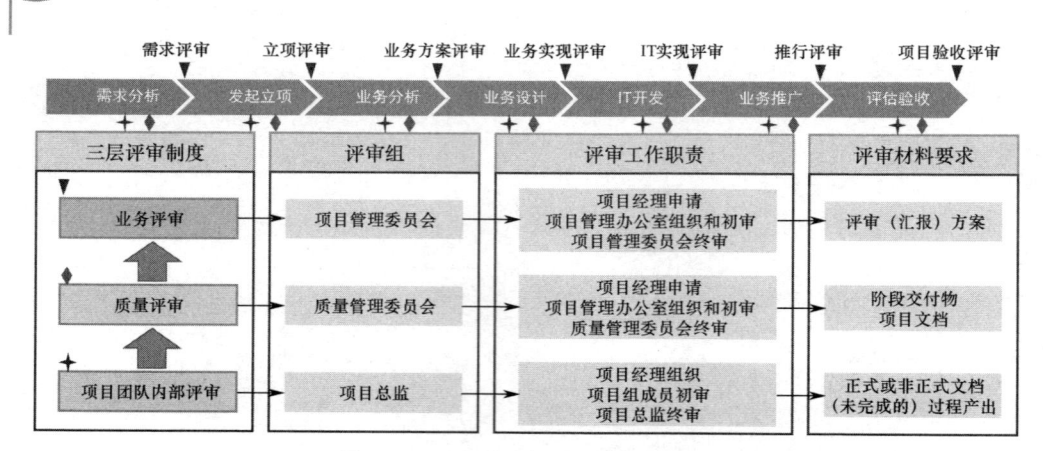

图 7.6　三层项目阶段评审框架示例

注：项目通过了下一层评审才有资格申请上一层评审

3. 第三层评审

通过质量评审后，项目经理就可以申请由代表组织管理层的项目管理委员会（代表组织内各个利益相关部门进行集体决策的领导小组）站在组织战略的高度和业务价值的角度，根据项目团队的目标达成情况、项目阶段交付物的质量水平和当前组织的状况，评估当前的项目进展是否可接受，并决定是否同意给项目团队提供开展下一个管理阶段所需的资源。

在评审过程中，一定要避免一个操作误区。为了节约时间，有些企业把项目的质量评审和业务评审合并成一个评审会议。这个时候就会出现一些问题，一些业务部门的专家或领导明明不是很懂技术，却偏要评判项目的技术和质量，有时还会提出一些额外的要求，造成项目范围的蔓延；有些技术专家明明不对项目的业务价值或项目收益实现的结果负责，却非要参与项目业务价值的评审，并且提出一些不以客户为导向的建议，导致很多错位的出现，造成了项目团队的目标和范围的混乱。在项目阶段评审时，项目的质量要求与项目上线的进度要求时常会出现冲突。由于项目团队资源有限，无法同时达到两方面的要求，只能要么保质量，要么保进度，代表不同职能的领导就会因此而产生分歧，达不成共识，造成阶段评审会议的混乱。因此，为了避免这些情况的出现，最好把基于技术的质量评审和基于业务价值的业务评审分开进行。

7.6　产品项目管理模式端到端流程框架

图 7.7 是某知名欧洲移动通信行业产品项目管理模式的阶段划分模型示例。我们可以看到，顶层是项目的管理阶段划分，有概念研究、预研和可行性研究、实施和大批量制造阶段。与项目的管理阶段相匹配，项目过程中预设了不同的业务关卡，

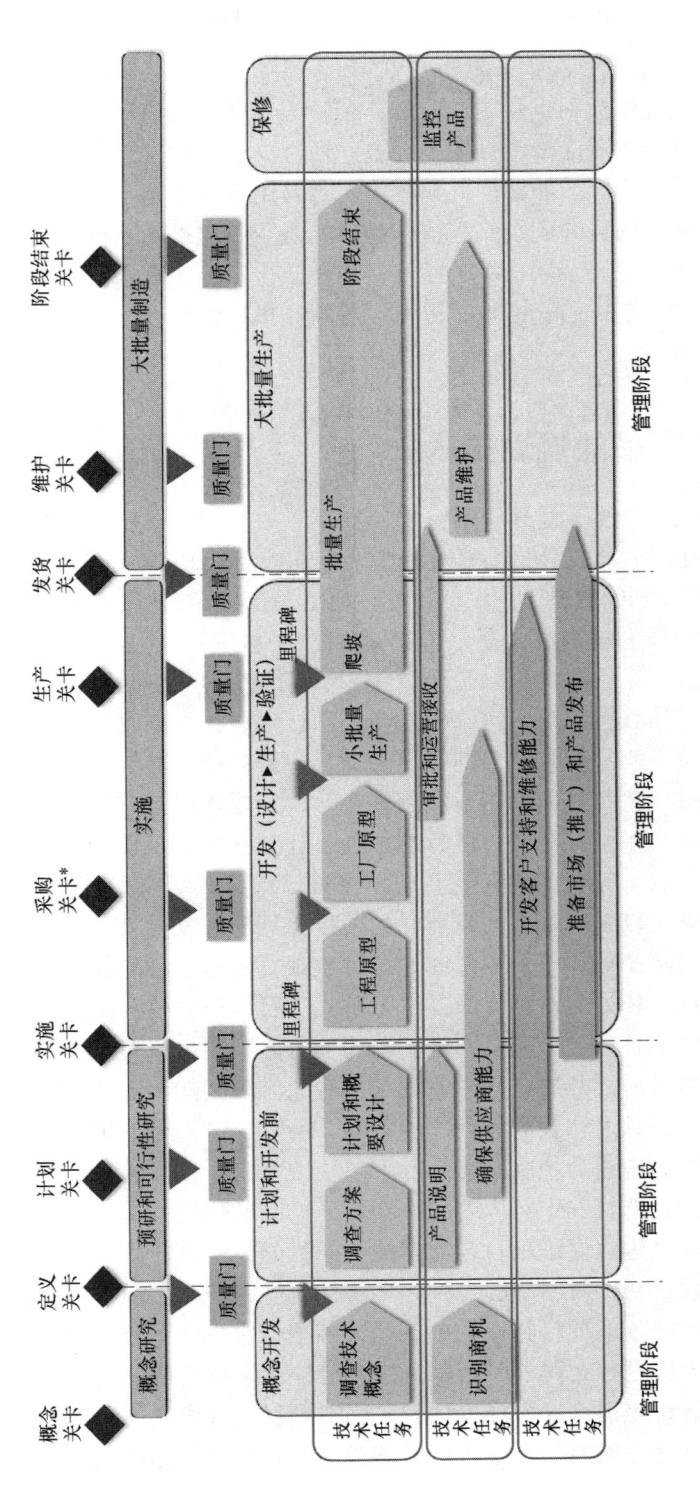

图 7.7 某知名欧洲移动通信行业产品项目管理模式的阶段划分模型示例

用来控制项目资源的投入。在管理阶段之下是项目质量关卡，它基于项目端到端流程各个环节的关键质量控制点。制订项目计划时一定要关注项目的端到端流程，因为项目问题经常出现在职能部门衔接的地方。通常一个部门自己干自己的活都不太会出问题，一旦涉及不同职能部门的衔接，就容易出现双方都不管的灰色地带，进而产生问题。因此，项目端到端流程梳理的目的是帮助项目团队打通项目从初始到目标达成的整条路径，识别项目的关键路径和核心价值链，在项目初期就识别出容易出现问题的跨职能工作的交汇点，提前设置项目里程碑或项目关卡，降低项目过程中出现问题的概率。

7.7 基于产品的规划技术

基于产品的规划技术来源于 PRINCE2，侧重于以客户为导向和以结果为导向制订项目计划来促进项目中的沟通与控制，很适合在不确定性情况较多的环境下使用。

1. 制订项目计划的目的

在基于产品的规划技术模式下，需要重新定义制订项目计划的目的，即"通过定义交付产品的方式来促进沟通与控制"（源自 PRINCE2）。这句话听起来有些拗口，但仔细想想，会觉得很有道理，因为它讲出了制订项目计划的真正意义。根据此定义，我们首先明确了制订计划的目的是促进项目中的沟通与控制。项目中沟通不畅和项目过程不受控一直都是所有项目经理最头疼的问题，也是对项目经理能力最大的考验，但往往被大多数项目经理所忽略。项目计划其实是帮助项目经理应对上述两大难题的最有力的工具。中国有句谚语："好的开始是成功的一半。"我认为当项目经理和项目团队可以共同制订一份科学的项目计划的时候，就是一个项目好的开始，也代表着项目至少成功了一半。因为这时候项目经理和所有的利益相关方已经就未来如何开展项目和如何对项目产品进行验收进行了充分的沟通并达成了共识，大家对在未来工作中各自的分工及不同利益相关方之间的依赖关系和配合方式已经胸有成竹，这为项目后续开展过程中不同项目相关方之间的沟通和协同打下了坚实的基础，确保大家愿意遵守共同的秩序和规则。所以，一份好的项目计划可以非常有效地提升项目中的沟通与控制。

从制订项目计划的目的中可以看出，在基于产品的规划技术中，我们倾向于通过定义产品的方式来达成促进项目沟通与控制的目的。定义产品干什么？其实就是要求项目团队从项目初始就明确客户到底期望什么样的产品。但很多时候，客户自己也讲不清楚，这就要求项目经理和项目团队必须与客户共同分析和定义双方都能接受的项目产品到底是什么样的，否则，很有可能由于项目团队与客户在初始阶段对项目产品的理解相差很远，而导致项目范围在项目过程中被一再改变，造成资源的浪费。按照以终为始的原则，客户可以满意地验收项目产品是项目团队所期望的项目重要成果之一。因此，项目团队在项目初始阶段与客户共同定义出双方都不会产生误解的项目产品，制订一份科学的项目计划是前提条件。

然而，定义产品很不容易！在定义产品的时候，不仅要考虑客户期望的产品性能，考虑企业的开发和交付能力，还要考虑项目产品对项目发起方的价值和意义到底是什么。当把项目发起方、客户和项目建设方（内外部供应商）的需求都了解清楚了、想明白了，而且在他们之间找到了最佳平衡点，企业才有可能定义出一个优秀的项目产品。因此，定义项目产品的过程其实也是项目经理带领项目团队寻找如何有效整合客户需求与自身供给能力的最佳解决方案的过程。很多企业都有标准的项目模板，规定了项目的结构和关键节点的交付物，貌似很科学，但使用的效果并不好。究其原因，就是因为一些项目经理只注重制订计划的过程步骤而忽略了对项目产品的定义。例如，绝大部分信息化项目基本上都可以分为方案、计划、开发、测试、上线、试运行、推广等几个阶段，不但项目阶段差不多，而且每个阶段中干的事也都差不多。但是不同类别的信息化项目，由于支持的业务类型不一样，客户所期望的项目产品是千差万别的。如果项目经理从一开始就没有特别关注客户个性化的期望，而按照自己熟悉的套路直接开始项目的开发和交付工作，就很可能出现项目团队虽然加班加点干得很辛苦但客户仍然对项目的最终产品不认可的现象。

2．基于产品的规划技术六步法

参照 PRINCE2 的规划技术框架，结合我自己的实践经验，我把基于产品的规划技术分解为六个关键步骤（见图 7.8）。

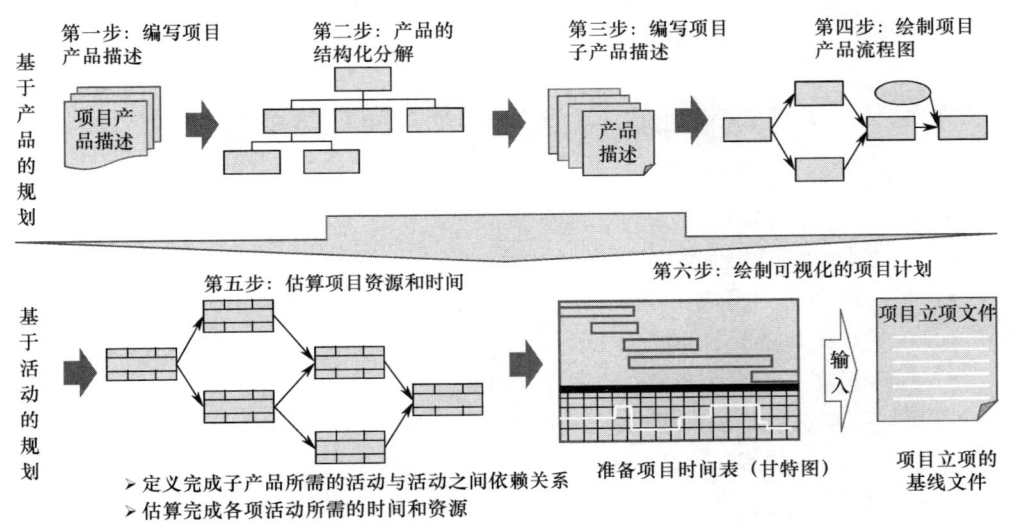

图 7.8 基于产品的规划技术过程

第一步：编写项目产品描述。

首先要编写项目产品描述。项目产品描述反映了客户对整个项目结果的质量期望和对产品的要求，是把项目所有产品看作一个整体而进行的描述（详细请见图 7.2）。

第二步：产品的结构化分解。

有了项目产品描述后，项目经理要组织项目团队对它进行结构化分解。这一步很重要，因为通常客户只关心项目的最终产品，并且关心的是整体效果。对于项目团队来说，必须把客户心目中的最终产品进行拆分，一件一件地开发出来，再整合到一起，以达到客户期望的整体效果。为了避免在对项目产品进行拆分的过程中遗漏一些部分，拆分时必须采用结构化的方式按不同的层次和类别逐层进行拆分，确保项目范围的完整性。这个把项目整体产品拆分成项目不同子产品的过程被称为产品分解的过程（见图 7.9）。

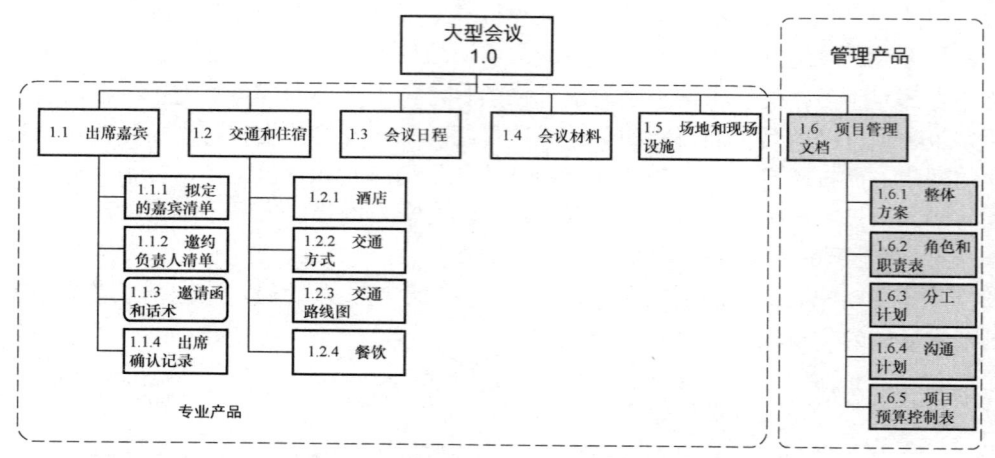

图 7.9 大型会议的产品分解（含管理产品和专业产品）示例

在产品分解的过程中，要考虑以下几个方面：

- 描述产品的物料组成。
- 反映产品的功能和结构划分。
- 由部件和文档组成。
- 树状结构化的展开形式。
- 可逐级展开的多层结构。

需要特别注意的是，产品分解结构和工作分解结构是完全不同的。工作分解注重过程步骤，因此分解出来的往往是工作，而产品分解注重结果，分解出来的必须是达到验收标准的交付物或产品（包括阶段产品）。

产品分解可以帮助项目经理和项目团队更清晰地定义项目的范围边界，而且不容易与客户产生分歧。因为产品的验收标准更容易界定，而动作的验收标准很难界定。而且，现在大多数项目都追求以客户或市场为导向，当站在客户的角度时，项目的范围不取决于项目团队干的活的多少,而取决于客户期望的所有子产品是否齐全。因此,如果我们倾向于在项目中做到以客户为导向,那么在项目管理的过程中就应该侧重于产品而不是过程,所定义的项目范围最好可以通过项目产品的集合来描述。例如,一个项目子产品的核查清单包括每个子产品的质量标准和验收标准。那么,当客户验收产品时,只要通过核查清单核对项目子产品数量及每个项目子产品符合质量标准的证据就可以了。项目子产品的核查清单同时也是核实项目范围的依据。如果发现项目中的工作对项目子产品核查清单中的产品没有贡献,那么我们正在干的活很可能是项目范围以外的了,应该考虑是否需要申请调用项目范围变更流程。

> **特别提示**
>
> 在进行项目产品分解的时候,一定不要遗漏项目的管理产品。在项目管理领域,通常会把项目产品分成两大类,一类是专业产品,另一类是管理产品。专业产品是指项目的实际交付物或实际交付物的阶段产品,就是最终客户要进行验收的东西;管理产品通常并不是客户所需要的,是为了保障项目过程顺畅和受控而产生的管理文档,如项目计划之类的项目基准类文档、项目过程中产生的各种记录类文档和项目过程中的各种报告等。站在项目管理的角度来看,这些管理产品也是项目过程中非常重要的产品,因为项目经理的主要工作就是保障项目过程顺畅、受控,成功实现项目目标。因此,项目的管理产品也是项目经理的主要工作交付物。然而,在实际项目工作过程中,尤其是在统计项目工作量时,项目经理很少会遗漏项目的专业产品,却经常会忘记统计交付的管理产品的工作量。尤其是很多技术出身的项目经理,在规划项目工作时,脑子里充斥的都是项目中的技术工作或专业工作,总觉得开会、汇报、记录这些工作不能算"正经活儿"。然而,事实证明,在项目管理实践中,耽误时间的很可能就是这些不算"正经活儿"的工作:开会太多、写文档的工作量太大,导致大家没时间从事专业的交付工作;等审批的时间太长,导致项目延期……无数经验教训告诉我们,在制订项目计划时,交付诸如项目计划、报告、记录之类的管理产品的工作量和时间一定不能忽略。

产品分解和工作分解各有利弊,综合使用效果最好。为了做到在项目中以客户为导向,我建议基于产品的规划技术方式:先采用产品分解来明确客户具体需求及为项目成员分派工作,后采用工作分解估算为了完成各个子产品及整体项目产品所需的时间和资源。

第三步:编写项目子产品描述。

我们需要对分解出来的每个子产品用文档进行详细的描述,这些文档被称为项目子产品描述。项目的产品分解用来帮助项目经理划清项目边界,而项目的子产品描述是帮助项目经理与承接项目中不同任务的负责人进行正式沟通和控制的重要管理产品。在开展项目的过程中，项目经理和承接项目具体任务的负责人经常会因为任务的分配和完成情况产生分歧和矛盾，这也是项目沟通不畅的一种表现。为了避免这个问题，需要在项目一开始就把任务讲清楚，落在白纸黑字上，并和承接具体任务的负责人达成书面共识，避免双方因为交代不清或理解不同造成不必要的问题。那么，分配任务的依据从哪里来？应该来自项目产品分解，就是我们所说的项目子产品描述。

当我们描述项目子产品时要特别注意明确以下信息：
- 子产品的目的和组成。
- 质量标准和容许偏差。
- 必须应用的质量方法和技术。
- 负责质量管理、评审和验收的角色和职责。

很多项目经理会对把项目产品分解到什么程度感到困惑。在以制订计划为目的进行项目分解时，世界上有两种不同的主流思路，一种来源于美国，另一种来源于英国，各有利弊。美国人比较喜欢把项目分解做到极致，即把项目分解到最小单元。因为美国人觉得分解的颗粒度越小，量化越容易，估算的时候精确度越高，估算结果越准确，管控起来也就越容易。但是分解的过程很痛苦，因为在管理成熟度较低的企业里很多工作都是混在一起的，想在短时间内把混成一团的工作理清楚特别不容易。

英国人则比较倾向于把工作分解到可以落实到个人身上就可以了。不论项目产品包含了多么复杂和大量的工作，只要能找出一个合适的人来负责，产品分解就可以停止了。我们可以把这个合适的人任命为项目中这个子产品的负责人，授权他全权负责这个子产品的组织、交付和协调，为他提供项目子产品描述作为重要的交付物验收标准，并依据为这个负责人设定的目标来对他进行考核。

由此可见，产品分解工作的背后其实是在努力寻找适合承担项目中不同子产品的负责人。只要能找到一个合适的人来承担项目的子产品，就可以通过目标管理和控制的方式来确保该子产品的交付和验收。参照英国管理的特点，项目经理尽量不插手项目具体任务的工作细节，给予承担项目子产品的负责人明确的目标、底线和充分的灵活度。

特别提示

在编写项目子产品描述的时候，需要特别注意的一点是，尽量用项目任务负责人能看得懂的专业语言来进行编写，确保双方不会产生理解上的分歧。所以项目经理不好当，要熟悉各种不同背景和担任不同角色的人的语言。例如，对于IT类的项目，在编写项目子产品描述的时候，相当于对客户的需求进行分

第 7 章　分解目标，编制科学的项目计划

析，就要用业务语言去表述，这样客户才看得懂；当我们与项目团队中承担具体开发任务的负责人沟通的时候，就要用开发语言进行描述，告诉他要完成什么工作；当我们与项目团队中承接运维的负责人沟通的时候，就要用运维语言对要完成的工作进行描述。这时候我们就发现，项目经理如果不懂这三种不同性质的工作语言的话，就无法和相关的负责人进行有效的沟通，因此项目经理为了完成项目需要跨界学习。

第四步：绘制项目产品流程图。

绘制项目产品流程图的目的是识别项目端到端交付的路径和明确项目中的子产品与子产品之间的依赖关系。识别项目端到端交付的路径可以帮助项目团队找到达成项目目标的最短路径，有助于节省时间和资源。那为什么还要明确子产品与子产品之间的依赖关系呢？因为每个子产品背后都有负责该子产品的负责人，他们之间不会自然而然地产生协同性。如果没有专人帮助他们梳理工作之间的依赖关系，帮助他们协调工作的先后顺序和他们之间的沟通的话，就会出现很多问题，导致项目延期和成本超支。这个专人显然就是项目经理。为了能帮助他们搞清楚相互之间的依赖关系，要首先帮助他们梳理各自负责的子产品之间的关系，而这其中所使用的就是产品流程图（见图 7.10）。

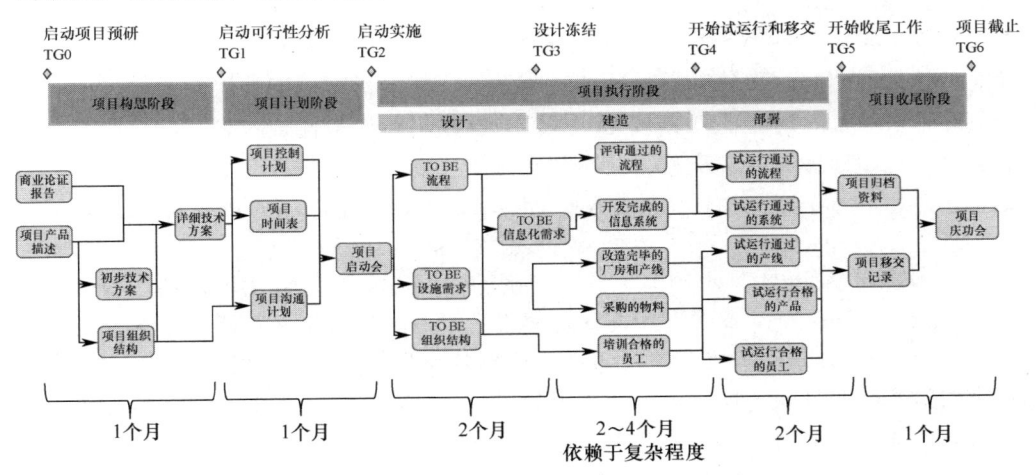

图 7.10　手机工厂流程再造项目产品流程图示例

在绘制项目产品流程图时，项目经理需要重点思考负责某个子产品的任务负责人应该等到负责哪个子产品的任务负责人给到他什么东西才可以开始自己的工作，同时他要在不晚于什么时候把他的什么输出物给到负责另一个子产品的任务负责人才可以保证项目的整体进度。虽然表面上是在梳理子产品与子产品之间的依赖关系，但实际上梳理的是负责不同工作的任务负责人之间的依赖关系。只有他们之间的依

113

赖关系清晰了，才能找到项目的关键路径，这有助于项目经理合理地分配项目的稀缺资源。项目经理在后期估算时间和资源时才能够挤出子产品任务负责人估算中的"水分"，并合理地压缩项目工期。

第五步：估算项目资源和时间。

在通过产品分解明确了项目的范围和不同的项目子产品，并通过产品流程图明确了项目端到端交付的路径及不同子产品之间的依赖关系之后，我们才可以进行项目资源和时间的估算。

通常估算有两种最常用的方式，一种是自上而下的估算方式，另一种是自下而上的估算方式。在许多企业，自上而下的估算很多时候就是拍脑袋估计一个数字出来，但其实拍脑袋也是基于个人的经验，我们称之为专家判断法。通常企业的领导会采用拍脑袋的方式估算一个项目整体时间和资源的经验值，但这个数值往往是假设项目中所有工作进行得都很顺利的一个理想值，估算的时间和资源都较少。项目中采用自下而上的估算方式也比较普遍，就是让项目团队中负责各个子产品的任务负责人分别估算完成各自子产品所需要的时间和资源，然后再由项目经理进行累加，最终得到完成项目所有工作所需要的时间和资源。由于承担具体任务的负责人会考虑完成任务的风险，为了确保按目标完成任务，通常都会放一些缓冲时间和资源到估算值里，因此自下而上的估算值往往远大于自上而下的估算值。一方面项目成员不愿挤出"水分"，另一方面领导要压缩项目工期还不给额外的资源，双方互相不认同对方的估算值，这就让项目经理非常难做。当然，最常见的解决方式就是把双方的估算值折中后，再说服双方接受。从西方的项目管理最佳实践来看，无论是企业的项目还是政府或军队的项目，通常都会采用三点估算法来进行估算。

工具技术

三点估算法起源于项目计划评审技术（Project Evaluation and Review Technique，PERT），最早是由美国海军在计划和控制北极星导弹的研制时发展起来的。计划评审技术成功地使原先估计的研制北极星潜艇的时间缩短了两年。三点估算法的特点是通过考虑估算中的不确定性和风险，提高活动持续时间估算的准确性，使用三种估算值来界定活动持续时间的近似区间。

（1）最可能时间（t_m）。基于最可能获得的资源、最可能取得的资源生产率、对资源可用时间的现实预计、资源对其他参与者的可能依赖及可能发生的各种干扰等，所得到的活动持续时间。最可能时间通常需要从相关类型项目的历史数据中获得，找到最常出现的情况。

（2）最乐观时间（t_o）。基于活动的最好情况（最理想状况，所有风险都未发生）所得到的活动持续时间。

（3）最悲观时间（t_p）。基于活动的最差情况（所有风险都发生了）所得到的活动持续时间。

PERT 分析方法对以上三种估算进行加权平均，来计算预期活动持续时间：

$$t_E = \frac{t_o + 4t_m + t_p}{6}$$

事实证明，用以上公式（甚至用这三种估算值的简单平均公式）计算出来的估算时间更加准确。所以，绝大部分管理成熟度高的企业基本上都采用这种估算法来估算项目中各个任务所需的时间和资源。

第六步：绘制可视化的项目计划。

完成项目时间和资源的估算后，项目经理要综合之前获得的所有信息制订一份科学的项目计划（含时间表）来反映项目的整个过程，以此作为开展项目时控制项目时间和资源的标尺，并作为测量时间和资源偏差的依据。谈到时间表时，不得不提及项目管理发展史上一个非常伟大的发明——甘特图，它通过一个不同的视角可以更直观地展示时间表，方便大家对偏差的识别和控制。以前的项目时间表都是一堆数据摆在那里，很难一眼看出到底有没有发生偏差，以及哪部分的偏差比较严重。应用甘特图将时间表的数据进行图形化处理后，一下子就可以看到时间的偏差及偏差的程度。

工具技术

项目管理必备工具：甘特图

甘特图（Gantt Chart）由美国工程师亨利·甘特于 1910 年开发，通过条状图来显示项目进度和其他内在关系随着时间进展的情况（见图 7.11）。

甘特图以图形或表格的形式显示活动和进度，它应包括实际日历日和持续时间（除非加班，否则不要将周末和节假日算在进度之内）。

甘特图的优点：

- 图形化，易于理解。
- 中小型项目一般不超过 30 项活动。
- 有专业软件支持，无须担心复杂计算和分析。

甘特图的局限：

- 甘特图事实上仅仅部分地反映了项目管理的三重约束（时间、成本和范围），因为它主要用于进度管理（时间）。
- 软件的不足。尽管能够通过项目管理软件描绘项目活动的内在关系，但是如果关系过多，纷繁芜杂的线图必将增加甘特图的阅读难度。
- 为了不转移阅读者的注意力，最好避免使用栅格。

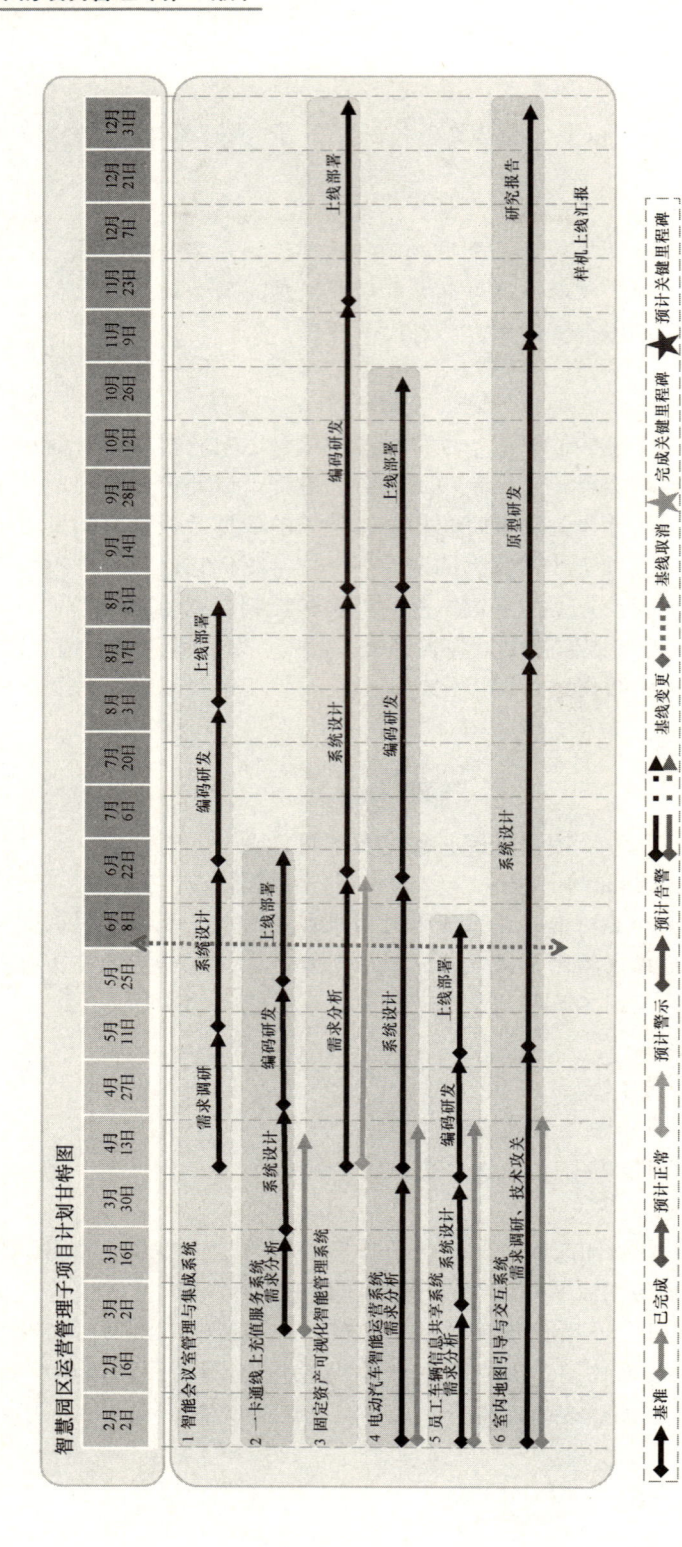

图 7.11 ××公司智慧园区运营管理子项目计划甘特图示例

另外，甘特图与我们平常使用的时间表是两种不同的任务表达方式。甘特图可以令人直观地知道有哪些任务在什么时间段要做，而时间表则提供更精确的时间段数据。两种方式各有利弊，在项目中配合使用效果最好。制作甘特图的工具有专门的软件如 GanttProject、Gantt Designer 和 Microsoft Project 等，当然你也可以在 Microsoft Excel 中手动绘制（见图 7.12）。

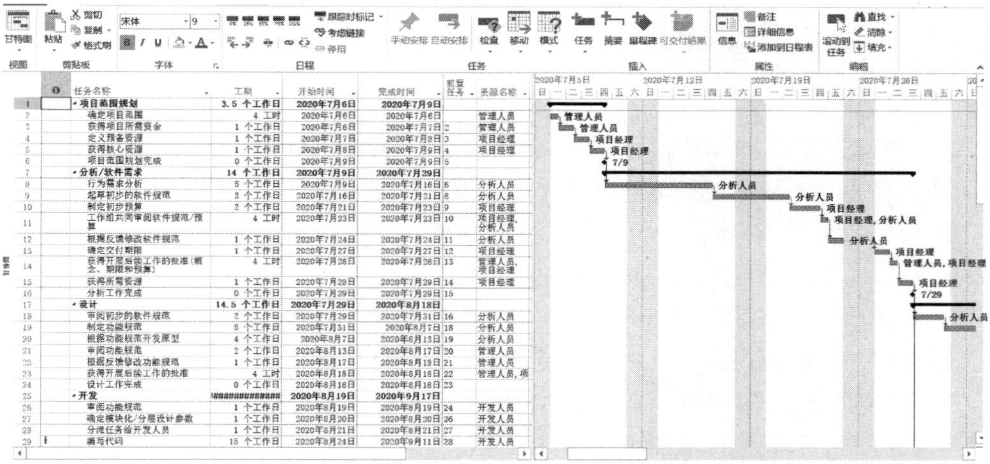

	任务名称	工期	开始时间	完成时间	前置任务	资源名称
1	项目范围规划	3.5 个工作日	2020年7月6日	2020年7月9日		
2	确定项目范围	4 工时	2020年7月6日	2020年7月6日		管理人员
3	获得项目所需资金	1 个工作日	2020年7月6日	2020年7月7日	2	管理人员
4	定义预备资源	1 个工作日	2020年7月7日	2020年7月8日	3	项目经理
5	获得核心资源	1 个工作日	2020年7月8日	2020年7月9日	4	项目经理
6	项目范围规划完成	0 个工作日	2020年7月9日	2020年7月9日	5	
7	分析/软件需求	14 个工作日	2020年7月9日	2020年7月29日		
8	行为需求分析	5 个工作日	2020年7月9日	2020年7月16日	6	分析人员
9	起草初步的软件规范	3 个工作日	2020年7月16日	2020年7月21日	8	分析人员
10	制定初步预算	2 个工作日	2020年7月21日	2020年7月23日	9	项目经理
11	工作组共同审阅软件规范/预算	4 工时	2020年7月23日	2020年7月23日	10	项目经理，分析人员
12	根据反馈修改软件规范	1 个工作日	2020年7月24日	2020年7月24日	11	分析人员
13	确定交付期限	1 个工作日	2020年7月27日	2020年7月27日	12	项目经理
14	获得开展后续工作的批准（概念、期限和预算）	4 工时	2020年7月28日	2020年7月28日	13	管理人员，项目经理
15	获得所需资源	1 个工作日	2020年7月28日	2020年7月29日	14	项目经理
16	分析工作完成	0 个工作日	2020年7月29日	2020年7月29日	15	
17	设计	14.5 个工作日	2020年7月29日	2020年8月18日		
18	审阅初步的软件规范	2 个工作日	2020年7月29日	2020年7月31日	16	分析人员
19	制定功能规范	5 个工作日	2020年7月31日	2020年8月7日	18	分析人员
20	根据功能规范开发原型	4 个工作日	2020年8月7日	2020年8月13日	19	分析人员
21	审阅功能规范	2 个工作日	2020年8月13日	2020年8月17日	20	管理人员
22	根据反馈修改功能规范	1 个工作日	2020年8月17日	2020年8月18日	21	管理人员
23	获得开展后续工作的批准	4 工时	2020年8月18日	2020年8月18日	22	管理人员，项
24	设计工作完成	0 个工作日	2020年8月18日	2020年8月18日	23	
25	开发	##############	2020年8月19日	2020年9月17日		
26	审阅功能规范	1 个工作日	2020年8月19日	2020年8月19日	24	开发人员
27	确定模块化/分层设计参数	1 个工作日	2020年8月20日	2020年8月20日	26	开发人员
28	分派任务给开发人员	1 个工作日	2020年8月21日	2020年8月21日	27	开发人员
29	编写代码	15 个工作日	2020年8月24日	2020年9月11日	28	开发人员

图 7.12　含工作分解、活动工期、活动依赖关系和资源名称的甘特图示例（Microsoft Project 版）

7.8　制订项目计划的两个阶段

通过基于产品的规划技术制订项目计划的过程可以被分为两个阶段，这两个阶段的视角不同。第一个阶段叫作基于产品的规划阶段，是站在客户的视角来看待项目计划的；第二个阶段叫作基于活动的规划阶段，是站在企业和项目组的视角来看待项目计划的。

1. 基于产品的规划阶段

在基于产品的规划阶段，项目经理和项目团队主要关注如何把客户的期望转变成文档，通过对文档进行科学的分解细化项目的范围，然后把分解后的各个任务以子产品描述的形式派给不同的任务负责人，最后定义负责不同子产品的任务负责人之间的关系，以确保他们可以在项目中协同工作。

2. 基于活动的规划阶段

在基于活动的规划阶段，项目经理要和每个负责不同子产品的任务负责人共同分解每个子产品所需要的活动、定义不同活动之间的依赖关系，以及估算完成这些子产品及相关活动所需要的时间和资源。这里需要项目经理注意的是，对于分解每个子产品的活动、定义这些活动之间的依赖关系及估算相关的时间和资源的工作应主要由负责该子产品的任务负责人来完成，并与项目经理共同评审和确认结果。从项目管理的角度，不建议项目经理过多参与或干涉任务负责人应当自己完成的工作。在此之后，项目经理应整合所有相关的信息，形成含时间表的项目计划，并把这个项目计划作为项目立项报告的一部分，成为项目的基准文件。

7.9 制订项目计划的几个心得

1. 通过任务的串行和并行设计，实现项目工期的调整

项目经理的使命之一就是通过优秀的管理技巧缩短项目的工期，节约资源。因此，作为合格的项目经理，一定要学会压缩时间表，挤出项目中不必要的"水分"，尝试带领项目团队用更短的时间完成项目目标。

在制订项目计划时一定要记得，当所有的任务都可以并行的时候，项目周期一定是最短的，但资源在同一时间的使用量是最大的；当所有的任务都只能串行的时候，资源在同一时间的使用量是最小的，但项目周期一定是最长的（见图7.13）。因此，当我们希望缩短项目周期时，在资源许可的情况下，一定要尝试让更多的任务在同一时间并行开展。然而，我们同时又要考虑承担子产品的任务负责人其实并不一定能确保在同一时间把所有的资源都100%地投入我们的项目中，尤其在矩阵型的组织结构下。当任务负责人在同一时期要参与多个项目的工作，甚至还要承担很多职能部门自己的工作时，他们一定希望拉长项目周期以确保自己可以拥有更多的缓冲和调整工作时间的灵活度。这样势必造成项目经理和承担子产品的任务负责人在估算完成任务所需时间这个问题上产生分歧。

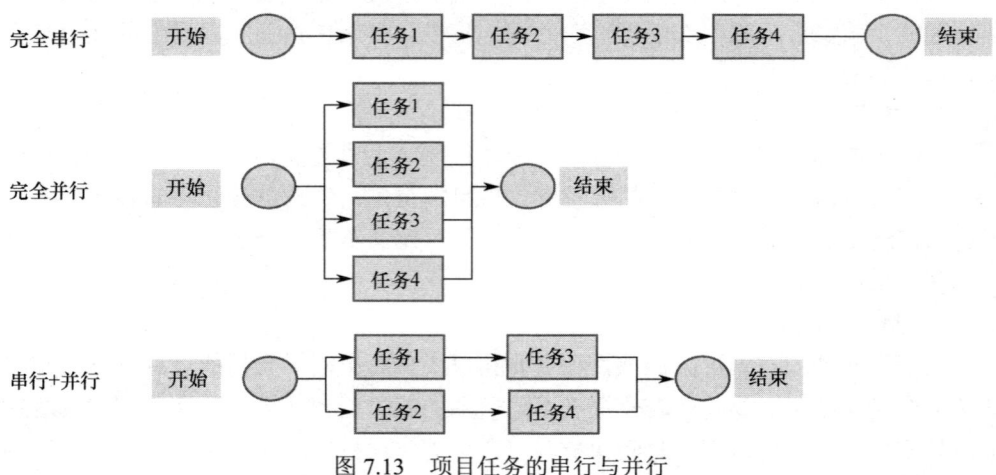

图7.13　项目任务的串行与并行

站在项目经理的角度来思考时，为了确保项目目标的达成和客户满意，有时必须缩短项目周期，因此要能识别出完成项目可能的最短时间。客户通常是不考虑项目中资源投入多少的，通常只期望在最短的时间内获得质量最好的产品。因此，当站在客户的角度制订项目计划时，可暂时先忽略资源可用性的因素，在假设资源无限多、交付团队产能无限大且配合度相当高的情况下绘制项目产品流程图。这时候，能并行交付的产品肯定就并行规划了，但凡需要串行规划的往往是因为子产品之间存在互为输入输出的依赖关系导致不可以并行。如果我们可以获得足够的资源来支持项目中的所有并行产品或任务，那么项目周期一定是最短的，因为我们已经把能并行的任务全都并行规划了。之后，再同资源负责人或任务负责人的领导讨论这个最理想状态下的时间表的可行性，根据他们可以做出的资源承诺再逐步拉长这个时间表，这样获得的时间表中的"水分"相对是较少的。

> **特别提示**
>
> 如果项目经理从一开始就让各个任务负责人在考虑了他们各自资源可用性及风险的情况下来估算项目周期，那么时间表中的"水分"一定会很多，因为他们会本能地为自己预留很多缓冲的时间。这时候，项目经理如果再想把这些缓冲挤出来是很困难的，除非项目经理比这些专业任务负责人更精通他们各自承担的任务，否则很难说服他们释放缓冲。如果项目经理从一开始就基于不考虑资源可用性的假设下把项目周期压缩到最短，再让承担专业任务的任务负责人来证明他们必须串行哪些任务和增加缓冲的必要性，这样做对项目经理来说更加有利。通过对子产品或项目任务的并行及串行设计可以在很大程度上调节项目的周期和资源，这是项目经理在制订项目计划时必须掌握的技能。

2. 区分项目子产品是内部依赖关系还是外部依赖关系

在识别项目子产品的依赖关系时，内部依赖关系和外部依赖关系是要分开标识的，尤其要标注外部依赖关系，如需要客户提供的信息或外部供应商承担的子产品或需要外部监管机构审批等。因为通常内部工作相对可控性较高，如果遇到了延期或质量的问题也相对比较好协调。但是，由于外部的合作机构或供应商的目标和利益与自己企业不同，而且可能会受到很多商业条款或政府法规的约束，导致沟通和协调的工作相对更不容易，因此要更谨慎地对待并充分考虑相关的风险。在制订项目计划时，根据相关项目的历史经验，为外部依赖的产品确定内部负责人并预留更多的缓冲是很有必要的。

3. 尝试采用滚动式规划提升项目计划的灵活性

滚动式规划是一种更加科学的规划方式，在项目过程中灵活性更大，调整起来更容易，可以有效地减少项目变更的数量，尤其对于复杂程度高、周期较长的项目更加适用。滚动式规划的前提是需要把项目计划分为三个层次，即项目整体计划、项目阶段计划和每个项目阶段内的子产品工作包计划。

（1）项目整体计划通常是高阶计划，属于宏观计划，更多地描述整个项目的周期和资源计划及项目需要被划分成几个不同的管理阶段,每个管理阶段的时间长度、所需的资源、交付的阶段产品、相关阶段产品的责任人、阶段的验收标准、评审方式等。项目整体计划通常用于给项目的领导团队、决策团队或项目管理委员会了解和管控项目，不需要太多细节，更多的是对时间和资源使用的整体控制，因此需要在项目正式实施前完全确定下来，并将此作为项目的基准。

（2）项目阶段计划最好按管理阶段滚动规划。项目具有渐进明细的特点，导致我们对未来的预测不可能特别准确，所以项目计划是永远赶不上变化的。因此一定要提前为项目计划预留出可调整的空间,调整的灵活度通常放在阶段计划这个层次。通常的做法是，当临近一个管理阶段结束的时候，再去细化下一个阶段的详细阶段计划，而不是在项目立项阶段就把每个管理阶段的详细计划都制订出来，因为预测准确性太低。然而，当临近当前管理阶段结束时，基于当前的项目进展，项目团队应该已经有足够的信息来预测下一个管理阶段的具体工作内容了。

（3）项目阶段内的子产品工作包计划最好在所属的管理阶段正式启动后，由项目经理要求相关任务负责人进行详细计划。

综上所述，项目滚动式规划的特点是在项目立项阶段确定项目的整体计划即高阶计划，将其作为基线并制订下一个管理阶段的详细计划，然后在临近当前管理阶段结束时组织项目团队共同制订下一个管理阶段的详细计划并获得项目领导小组或项目管理委员会的评审批准。每个阶段内的子产品工作包计划通常在所属管理阶段开始后由任务负责人进行编制并获得项目经理的认可。

4．在制订项目计划的过程中一定要识别风险

项目风险管理的好坏是决定项目成败的关键之一。然而，在项目实施过程中，不确定性无所不在。为了找到真正需要项目经理和项目团队关心的风险并加以有效控制，必须借助制订项目计划的过程来识别项目的目标及在项目实施路径中确定的因素和不确定的因素，然后针对不确定的因素进一步分析并制定可行的风险应对措施，从而有效地帮助项目团队规避风险，少走弯路。

本章小结

中国有句谚语："磨刀不误砍柴工。"在项目管理领域，制订项目计划的过程相当于砍柴前磨刀的过程。对于很多创新程度较大的项目来说，制订项目计划的过程比执行项目计划的过程更难，但这又是项目成败的关键。合理的项目计划可以让项目经理和项目团队少走很多弯路，规避很多问题和风险，更容易实现项目目标。

第 7 章 分解目标，编制科学的项目计划

　　基于产品的规划技术比较符合中国现状，它遵循以终为始的原则，以客户认同的项目产品描述作为制订项目计划的起点和目标，通过产品分解的方式，细化项目整体产品的内容和边界；通过编写子产品描述，帮助负责子产品交付的任务负责人或小组经理更明确交付物的验收标准；通过绘制项目产品流程图梳理不同子产品之间的依赖关系，帮助负责不同子产品的任务负责人或小组经理建立工作协同性，组织为了完成子产品所需的活动，明确活动与活动之间的依赖关系并估算完成这些活动所需的资源和时间。在此之后，由项目经理整合所有的相关信息，绘制直观可视化的项目计划（甘特图），并将其固化为项目基线，成为指导后续项目交付和测量项目偏差的依据。在制订项目计划的整个过程中，需要重点识别和评估项目计划中的不确定性即风险，并组织项目团队制定风险应对措施，降低风险对项目的负面影响，这也是制订项目计划的重要意义之一。

　　提升制订项目计划的水平很不容易，需要大量的知识积累和长期的实践，但这恰恰也是项目经理最重要的技能。

第 8 章

建立组织，打造项目利益相关方的统一战线

在PRINCE2中提到，项目管理成功的七大重要原则之一就是"明确定义的角色和职责"。在多年的项目管理实践中，我也深深地体会到了这一点的重要性。目前在许多企业还没有形成完善的项目管理机制和文化，一些企业领导和项目负责人还没有意识到项目团队的组织结构是否科学、合理将对项目的成败有关键性的影响。因此，我们经常看到很多项目由于在立项期间没有建立科学、合理的组织结构和为项目成员定义清晰的角色和职责，导致在项目实施过程中出现责权不清、沟通不畅、团队缺乏凝聚力的问题，从而造成项目的延期和资源的浪费。

多年前我在摩托罗拉和索尼爱立信担任项目经理的时候，根本不需要关心项目组织结构、角色和职责的问题。因为企业本身有成熟的项目管理机制和文化，每个人都很清楚项目管理团队的标准化结构和各自代表的角色及职责。来自不同职能部门的同事被组建成一个项目团队后，大家会迅速地找到各自在项目中的位置，并且相互配合默契，形成合力。然而，在我国的一些项目团队中，来自不同职能部门的同事看不到清晰的组织结构，找不到自己在项目中的位置，无法与其他人就自己在项目中的角色和职责达成共识，只能参照自己在原有职能部门中的角色和职责来指导自己参与项目的工作。这就造成了在项目中很多跨职能的工作没人管，直接导致项目中出现诸多救火问题和项目延期。而这些没人管的跨职能工作恰好又是以创新为导向的项目中需要重点突破的部分，也是最重要的工作。

因此，在企业里开展项目工作，尤其是在项目管理机制还不成熟的企业，在项目确立目标和建立组织的阶段，一定要花费精力设计科学的项目组织结构，为每个项目成员赋予清晰的角色和职责。这是一个为项目团队建立秩序的过程，一旦缺少了这个环节，项目过程就会变得非常混乱，甚至失控，导致项目过程艰辛无比或项目失败。

8.1 项目中的三种利益相关方

作为一名优秀的项目经理，当接到一个项目的时候，一定会本能地分析项目的关键利益相关方及他们的动机，这是在项目中建立秩序和让项目过程受控的基础。不论什么样的项目，项目中的利益相关方一般都可以分为三种，即代表项目发起人利益的项目投资方、代表项目产品使用者利益的项目使用方、代表在项目中承担具体实施交付工作的项目建设方（见图8.1）。这三种利益相关方有着各自不同的利益诉求，经常会产生冲突，在项目中需要彼此协同配合，形成三足鼎立的项目平衡，确保项目创新目标的实现。

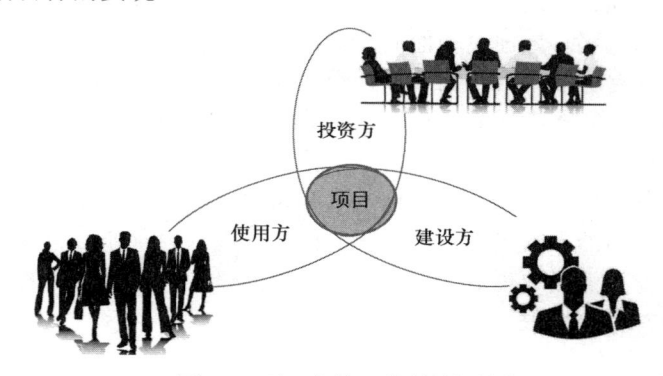

图 8.1 项目中的三种利益相关方

1．项目投资方

项目投资方也叫项目发起方或项目出资人，往往是企业的高层领导，指引企业的战略方向。他们手握资源和权力，拥有很好的企业大局观，站在企业整体的角度考虑问题。由于他们看到了项目对企业的价值，因此发起了项目并投入资源。他们负责指明项目的方向，并确保项目的投资价值。通常，项目总监、项目负责人、产品经理和项目经理等角色都代表了项目投资方，他们要对项目的整个生命周期负责，他们最关心项目的收益和价值。

2．项目使用方

项目使用方也叫项目用户或项目客户，往往是项目产品的直接使用者或使用者的代表。他们最关心项目产品是否符合他们的需求，能否解决他们的问题，也最担心项目产品的应用会带来不好的影响。项目成果能否转化完全取决于项目的使用方是否有能力和是否有意愿使用该产品；项目收益能否产生也完全取决于项目使用方是否可以通过应用项目产品，改变原有的工作或生活方式，创造出新的收益。项目经理能否在项目早期充分地收集和引导项目使用方的需求并与使用方就项目产品达成共识非常关键。否则，在项目过程中就会经常出现项目需求改变的现象。项目经理邀请项目使用方在项目过程的关键节点参与项目阶段产品的评审和验收也很重要，在项目过程中识别大家的分歧并尽量在早期达成共识，总比到项目产品差不多完成的时候或项目产品推出之后才发现项目使用方不满意要好得多。

3. 项目建设方

项目建设方也叫项目实施方或项目供应商（含内部供应商和外部供应商），他们是项目中承担具体的开发和实施工作的交付团队，通常以项目中的小组经理或项目成员的身份存在，负责交付合格的项目产品。在项目中会存在多个不同的项目交付团队，负责交付项目中的不同产品或不同的环节，他们通常以明确的目标或任务为导向，最关心的是能否在自己有限的资源和能力下顺利交付被分派的产品。对于项目经理来说，在项目初期迅速地与各个不同的项目建设方就项目的目标和各自的任务达成共识，并能够有效地调动他们的积极性参与项目工作、按期完成各自的工作是达成项目整体目标的基础。同时，代表不同职能的建设方由于关注的目标和各自的工作方式不同，在项目中共同工作时往往也会产生很多配合方面的问题。因此，项目经理要在项目立项阶段和项目的实施过程中不断地为他们创造便于沟通和协同的条件，帮助他们梳理依赖关系，让他们依据相同的标准协同开展工作。项目中承担不同产品交付任务的小组经理能否协同工作并形成合力对项目的成败至关重要，这也是项目经理存在的重要价值之一，就是帮助来自各个不同职能的项目建设团队尽快凝聚在一起，统一目标，充分协同，形成合力。

8.2 项目中的层级划分

在建设项目团队时，除了要考虑项目团队中的三种利益相关方，还要特别注意在项目团队中进行层级划分。许多企业都采用以层级分明的职能管理为主的管理模式，习惯于在等级分明的工作环境下开展工作。然而，很多企业在建立项目团队时简单地认为这是一个临时性的任务，就没有花较多的时间和精力认真地为项目团队设计组织结构，也没有为项目团队划分清晰的层级并明晰各个不同层级之间的权限差别及沟通方式，仅仅指派了一个领导或一个职级不高的项目经理来组织和协调这个非常有挑战性的团队，这就造成在项目团队中会产生很多混乱和冲突。因为大家之前已经习惯了在一个层次和分工明确的职能环境下开展工作。当在项目团队中找不到类似结构时，大家就会各自按自己的理解来定位自己的角色和职责。由于项目的创新性必然导致大家对各自在项目中的定位和职责理解不同，无法达成统一，因此会导致很多错位和冲突。为了帮助大家在项目初期可以尽快地就各自的定位和职责达成共识，减少磨合期的负面影响，在项目立项阶段就要帮助项目团队建立层级和责权分明的组织结构，并定义不同层级之间的边界和关系，这样才能尽快地把原本分散在各个职能团队的一群人整合为一个具有协同性的项目团队。

我们通常把项目团队整体分为四个层级（见图8.2），其中项目管理团队分为三个层级，就是我们俗称的项目组。由于项目通常要么是企业高层指派的，要么是某个大型的战略项目群中的一个，这就意味着在项目管理团队的最高层之上一定还有更高的决策团队，我们把这个层级称为企业高层决策委员会或项目群管理团队，在很多企业里也叫公司领导班子。通常企业高层决策委员会或项目群管理团队扮演投资方的角色，代表企业战略和整体利益，负责任命项目总监或项目负责人及设定项目的总体目标。他们通常不参与项目的日常决策和管理，但是需要确保项目的方向与企业的整体战略方向保持一致，确保对项目的投资价值，负责对超出项目管理委员会权限的事项进行决策。项目管理团队通常分为以下三个层级。

图 8.2　项目管理团队的三个层级

1. 指导层

在项目管理团队中，最高的层级是指导层，核心角色是项目管理委员会，在一些企业里也叫项目指导委员会或项目领导小组等。项目指导层是项目管理团队的最高决策机制，而且属于集体决策机制，通常由代表各个不同利益相关方的领导组成，负责指明项目的方向、关键项目成员的任命和在项目关键节点和事件上做出决策。项目指导层中一定要包括来自项目投资方、使用方和建设方的领导或其指派的代表。

通常项目管理委员会具有如下职责：
- 批准项目的所有主要计划和资源。
- 授权项目内各个管理阶段的目标和容许偏差，并对超出容许偏差的项目偏离进行决策（就是所谓的项目变更审批）。
- 参与项目管理阶段评审，批准每个阶段的结束，授权下一个阶段的开始。
- 负责与企业高层决策委员会或项目群管理团队保持密切沟通，以及与其他职能部门领导或其他项目团队的指导层进行沟通和协调。

2. 管理层

项目管理团队的第二个层级是管理层，核心角色是项目经理。这一层级处在项目组织结构的中间位置，也是整个项目日常运转的核心，负责项目日常组织协调和上传下达。作为核心角色的项目经理，通常负责在项目管理委员会设定的限制范围内对项目进行日常管理，基于时间、成本、质量、范围、风险与收益等项目管理相关的绩效目标，确保项目交付符合客户要求的产品。

3. 交付层

项目管理团队的第三个层级是交付层，交付层的核心角色是小组经理。大家需要注意的是，第三个层级的核心角色不是项目小组成员，而是小组经理。因为我们会把项目组看成一群小的专业团队的集合，那么每个在项目团队中承担子产品交付的任务负责人代表的不仅是他自己，还代表负责承担子产品交付的小组或小团队，因此他应该是项目中的一个小组经理或小团队经理。如果我们把负责项目子产品交付的任务负责人称为小组成员，那么他往往会认为他仅仅代表他自己，只关心自己能干的工作，不会为了完成自己负责的子产品而去筹措资源和人手组成交付小团队。因此，我们从一开始就要让这些负责子产品的任务负责人明确，他们是被任命的小组经理，不仅代表他自己，还管理团队的一部分，负责管理和协调专业团队和资源，不能只干自己擅长的专业或技术工作，而把组织协调子产品的工作都留给项目经理。

8.3 项目内九种关键的项目角色的制衡关系

在明确了项目团队中的三种利益相关方和项目管理团队的三个层级之后，项目组织结构的框架基本上就成形了。接下来我们需要定义项目组织结构中的各种角色和职责。通常，项目管理团队中会存在九种不同的角色（见图8.3）。

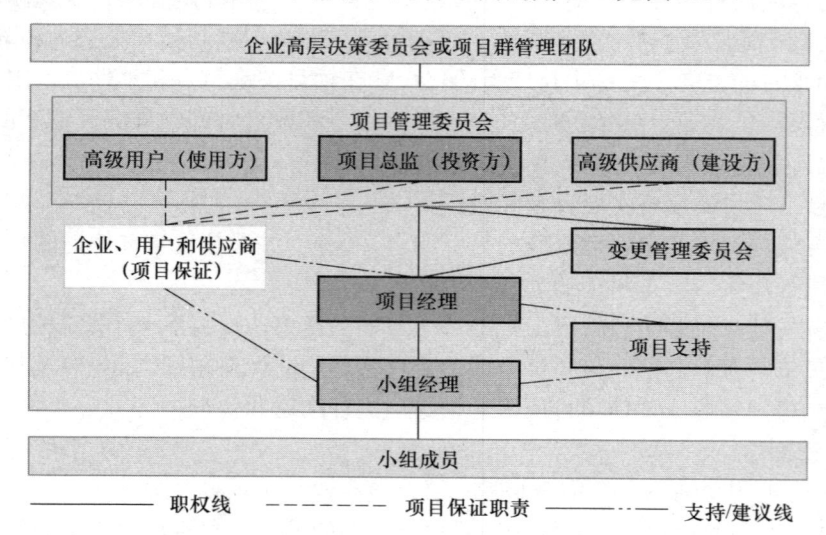

图8.3 项目管理团队中的九种关键角色

（来源：PRINCE2，2009年版）

1. 岗位与角色的区别

在传统的职能管理模式下，企业对人员的管理是基于岗位的。在岗位管理的模式下，岗位是人员管理的基本单元，企业的人力资源部门会根据开展日常工作中涉及的不同业务类型设计不同的职能部门和不同的岗位，并围绕部门和员工的岗位设定团队和员工的目标、职责及工作内容。针对不同的岗位，人力资源部门会定义不同的人员胜任力要求，赋予该岗位匹配的责权利并定义明确的考核指标和考核方式。通常，岗位管理模式更加适用于企业内部和外部环境比较稳定的时期。然而，这种传统的岗位设置存在的局限性导致岗位的设定不能与环境变化相适应，相对于今天快节奏、多变化的环境，它显得过于僵化。

目前在我国，越来越多的企业（特别是以研发作为主要工作内容，或者采用团队形式工作的企业）的组织架构通常不仅仅是纵向职能型的，也不完全是团队项目式的，而是采用纵横结合、矩阵型的组织架构。也就是说，企业组织中既有按管理层次和工作属性纵向深入的职能部门，也有根据项目或特殊工作任务的要求建立的专门团队。其成员来自各相关职能部门，项目终止后仍然回归原职能部门。这就是我们所说的矩阵型组织结构。在矩阵型组织结构下，单纯的岗位评估方式已经无法完整地反映员工的工作和业绩，不能对员工进行有效的管理。所以企业里经常会出现一些令人困惑的现象：一方面岗位工作说明书越来越厚，工作职责规定得越来越清晰；另一方面工作环境不断变化、新的职责不断出现，岗位说明书既无法穷尽所有职责，也不能分清将职责落实到哪个岗位、哪个人，于是新的职责往往成为无人管理的真空地带，到最后，花费大力气撰写的岗位说明书被束之高阁。

为了解决类似的问题，西方采取了岗位与角色相结合的方式来进行矩阵型组织结构下的员工管理。员工实际表现以岗位为基础，通过多重角色活动来体现其业绩。其中，对应于岗位职责的为基本角色，之外的为动态角色。根据临时的需要，如新的流程或新的项目，设计与之匹配的新的角色和职责，并根据不同岗位的员工所具备的能力，授予其新的角色和职责。当既有岗位的员工在完成临时角色任务后，将回到原有岗位继续履行其岗位职责；在执行临时任务时，保留其在职能部门的岗位。在这样的模式之下，员工可以拥有多个不同的角色，在不同的任务中具有不同的权力和职责。对扮演不同角色的员工及其贡献度评价也不仅仅局限于其岗位，还会结合其在各种临时性任务中所扮演的角色、职责及相应的考核结果。这种方式能够使企业的组织结构变得更加灵活和敏捷，可以更好地依据外界环境的变化和战略方向的改变快速地做出相应的调整，并对现有的人力资源进行重新配置，以支持战略落地。而且，由于企业为员工提供了更多参与不同类型的临时性工作的机会，这也有利于更好地发挥员工的能力，帮助员工更快速、更全面地成长。

2. 九种关键角色介绍

在项目的九种角色中，有四种角色在项目管理团队的指导层。这四种角色分别是项目总监、高级用户、高级供应商和项目管理委员会。在项目的管理层也有四种角色，最核心的角色是项目经理，此外还有代表不同利益相关方的项目保证、项目支持和变更管理委员会。在项目的交付层，核心的角色是小组经理，而且通常小组经理不止一个。

（1）项目总监往往是项目管理团队中第一个被任命的角色，通常由具备一定职级、拥有一定资源和权力的某位领导来担任。项目总监通常由企业高层决策委员会或项目群管理团队直接任命，代表项目投资方，对项目的成败负最主要的责任。站在企业的角度，确保项目对企业的价值、确保投资的合理性是项目总监的职责。项目总监最重要的任务是协调上层关系，把握企业高层的意图，确保项目的方向，把控项目的资源投放，组织和协调代表不同利益相关方的领导就项目的目标达成共识，并在项目的各个关键节点上促成领导的集体决议。项目总监要在项目初期帮助项目经理搭建项目的组织结构和建立项目中的秩序，以确保项目在实施前打下坚实的基础，并在项目实施的过程中监督和指导项目经理的工作，以确保项目达到预期的目标。

（2）项目经理这个角色通常由项目总监任命，在项目的整个生命周期中配合项目总监进行项目的日常组织、协调和管理。项目经理通常是项目管理团队中第二个被任命的角色，也是项目日常运转的核心。在项目管理团队里，与项目总监一样，项目经理也是代表项目投资方的，一定要站在企业的角度思考问题，从确保投资价值的角度协调和组织项目团队。为了确保项目总监和项目经理能够在项目过程中充分地协同和配合，通常建议项目总监任命自己团队中的人担任项目经理。如前文所述，项目经理是整个项目可以顺利运转的核心，既要起到承上启下的作用，又要协助项目总监维持项目中的各种平衡。项目经理通常在项目中不单独做决策，但是要在项目的整个生命周期中不断地通过汇报和建议的方式来帮助项目总监与项目管理委员会在第一时间获得最关键、最准确的信息，协助他们做出对项目最有利的决策。同时，项目经理还要根据项目管理委员会的决策，为承担项目子产品交付的小组经理分配工作包和任务，调动他们的工作积极性，监督他们的日常工作进展，捕获项目中的问题和风险，协助小组经理处理问题，平衡他们之间的关系，帮助他们更好地协同工作，确保项目阶段目标和整体目标的顺利达成。

（3）高级用户这个角色代表了项目使用方。这个角色会完全从客户和用户的角度出发，保证项目的最终产品能被客户和用户顺利地使用，满足他们的需求和期望。担任这个角色的人应该是某位领导，至少也是领导的代表，因为他要在项目管理委员会中与其他领导为了客户和用户的利益据理力争，因此具备足够的职级是很重要的。

案 例

在我国很多企业中，等级观念比较重，这与我国的文化背景有关。而在美国企业中，相对比较容易跨级别沟通和协调。我在飞思卡尔半导体担任全球新产品项目经理的时候负责的都是国际项目，项目产品面向全球市场，项目团队成员来自全球各个国家，只要开会就是跨几个国家的会议。那时我还不到 30 岁，是当时事业部里最年轻的项目经理，项目成员的年龄普遍比我大，甚至比我大十几岁或几十岁。但作为项目经理，我可以随时找任何一个级别的人去面对面沟通，很直接地提出我的问题和建议，而且通常对方都会很配合，与我本身的职级和年龄都没有关系，只是就事论事地探讨如何能让项目更顺利地实现目标。我的体会是，重要的问题、敏感的问题或寻求别人的帮助，一定要当面沟通、登门拜访。如果对方与你不在同一个城市或同一个国家，至少要打电话沟通，这样才能显示出对对方的尊重，有利于达成自己的目的。通常邮件沟通效果很差，而且容易引起误会。

为了保证项目团队中的成员在项目过程中能够很好地沟通，项目经理要在项目一开始就帮助大家明确项目中的层级结构，帮助大家就同层级和跨层级的沟通方式达成共识，这样才能避免错位沟通造成的诸多问题。例如，企业把一个职能部门领导分派到一个项目团队作为专家来协助项目经理，即使他在项目团队中的身份是项目成员，但如果他仍然不忘记自己在企业中的领导身份，那么项目经理与该领导的协作就会变得很麻烦。当产生分歧的时候，到底是项目经理该听领导的呢，还是作为项目成员的领导听项目经理的呢？为了避免这种问题的出现，最好在建立项目组织结构时就把领导与领导放在一层、经理与经理放在一层、员工与员工放在一层，与企业在职能管理组织结构中的层级划分保持一致，这样大家就都觉得舒服，沟通起来也会顺畅许多。

（4）高级供应商这个角色是一个或多个代表项目建设方的领导角色。在项目交付期间，一定会有很多来自不同职能或不同组织的专业团队分别或共同完成不同子产品的交付任务，每个专业团队都必须有层级够高的领导直接或间接参与到项目管理委员会中，确保自己的专业团队的利益得到保障。同时，高级供应商也必须提供充足的资源来交付项目产品，确保项目产品按时完成，并达到立项时承诺的质量标准。当项目变更请求出现时，高级供应商要参与对变更影响的评估，确保项目的质量和交期。在一些项目中，一部分产品开发或交付工作是由企业外部供应商提供的，但在项目管理委员会中不太适合出现外部供应商的领导来参与项目方向性和商业性的讨论与决策，这时候可采用一些变通的方式来实现外部高级供应商的参与。例如，委任企业内部的人代表外部高级供应商听取项目经理汇报和参与项目管理委员会的决策，也可以考虑把项目管理委员会中需要外部高级供应商参与的部分独立出来，在单独的会议上讨论和决策。

（5）项目管理委员会这个角色其实是一个代表各种利益相关方领导的集体决策机制。这是项目管理团队中一个至关重要的角色，是项目中各利益相关方的目标能否统一、各种矛盾和冲突能否快速解决的关键，也是项目经理最大的靠山和影响力的来源。项目管理委员会的主要职责是确保项目的方向正确，确保资源投入的合理，指导和监督项目经理与项目团队，在关键点上做出最符合企业利益的决策。作为项目经理，能否协助项目总监为自己的项目建立有效运转的项目管理委员会对项目的执行和受控至关重要。

（6）变更管理委员会这个角色产生的原因是在项目中总会有很多变更请求出现，有些合理，有些不合理；有些变更项目经理能够组织项目团队自行进行评估和决定，但还有很多变更是超出项目经理权限的，必须经项目管理委员会中代表三种利益相关方的领导集体决策后才可以决定。然而，项目管理委员会的诸位领导通常都特别忙，时间非常宝贵，凑在一起开会不容易。因此，为了分担项目管理委员会在变更审批上的负担，通常建议由项目管理委员会授权一个变更评审团队替他们评审在一定授权范围以内的变更请求。如果变更请求造成的影响超出了变更管理委员会被授权的范围，那么再升级到项目管理委员会进行变更评审。

最佳实践

> 在西方很多大型企业里，由于项目数量众多，单独为每个项目成立变更管理委员会的管理成本太大，因此就把同类型的项目变更管理委员会角色进行合并，让多个同类型的项目共用同一个项目变更管理委员会，建立变更评审专家库，聘任不同领域的专家，根据不同项目的特点邀请不同专家出席评审会议。这样既能节约管理成本，又有利于提升项目变更管理委员会的专业性。

项目经理是可以作为评审委员出现在变更管理委员会的，但是不建议项目经理自己代替变更管理委员会。为了确保决议的合理性和公正性，变更管理委员会必须是集体决策机制。如果项目经理把自己变成评审所有项目变更的唯一人选，就会把项目中的所有矛头都引到项目经理身上，使项目经理成为所有矛盾的交火点，压力和责任也就都集中到了项目经理一个人身上，项目的平衡和协调工作会变得非常难。为了避免这种现象的出现，一定要让评审项目变更的集体决策机制发挥其应有的作用，让可以代表企业和项目各个利益相关方的变更管理委员会来公正地评估变更带来的收益和影响，决定是否同意这个变更。

我们在前文中提到过，项目经理推进项目和化解项目矛盾的一种方式是借力，项目管理委员会和变更管理委员会就是项目经理借力的两个主要依靠。第一，项目经理一定要学会借助项目管理委员会的力量来推动项目各个利益相关方统一目标和在关键节点上达成共识，并产生执行力。第二，项目经理要学会借助变更管理委员会的力量来公正地评估变更的价值和影响，推动有价值的变更，阻止不合理的变更。项目经理一定要记住，在有众多利益相关方的项目工作中，只有代表项目团队的集体决策才是最容易令所有人接受的,而项目经理的使命其实就是帮助项目中的各个利益相关方促成集体决策的达成并推动其落地实施。

(7)项目支持这个角色是一个重要的支持性角色,在很多项目中也称项目助理或行政助理。在项目的开展过程中,会有很多琐碎的事务性工作,虽然不是项目中的主要工作,却又很耽误时间,如管理项目文档、预定会议室、采购物品、做会议纪要和跟进会议决策、预订酒店和机票、报销差旅费、组织团建活动等。作为项目支持,其最重要的工作是承担配置管理员或文档管理员的职责,通过有效的项目文档管理来确保项目中各方的信息一直保持透明和协同,确保大家的日常沟通顺畅,并保留所有记录以备今后查询。这是一个很重要的角色,而且在项目中是不可或缺的。在项目的日常工作中,项目支持要在项目中与项目经理充分配合,共同为项目团队创造和谐、高效的项目环境,并确保项目信息透明和沟通顺畅。在一些小的项目中,由于不具备条件单独设置项目支持岗位,这个角色通常由项目经理兼任。

(8)项目保证是一个比较复杂的角色。通常,项目中每个利益相关方的领导为了确保自己在第一时间获得准确的项目信息,不会仅仅依赖项目经理这一个渠道获取项目的信息,往往会再任命一个或多个被称为项目保证的角色。因此,项目管理团队中三种不同利益相关方(投资方、使用方和建设方)的多个领导都会各自任命属于自己利益相关方的项目保证。项目保证在项目中主要负责代表委任自己的利益相关方领导监督项目经理的日常工作,确保项目经理不会做出对自己这方不利的事情。除监督项目经理,项目保证通常还会承担专家的角色,站在自己这方,指导项目团队开展工作,解决问题。这个角色的复杂之处在于,大多数时候,这个角色并不一定是一个被明确任命的岗位或职务,这意味着大多数项目经理一直都不知道到底哪些人在代表哪些利益相关方的项目保证在项目中监督自己,因此项目保证属于项目中的隐藏角色,是各利益相关方领导布置在项目中的一条暗线,他们对项目的平衡和受控起到了相当重要的作用。

特别提示

有的时候,大家会混淆项目保证(Project Assurance)和质量保证(Quality Assurance)。质量保证的主要工作是代表企业监督整个项目团队的行为和做法是否与企业的管理要求相符合,属于审计的角色。为了确保质量保证可以公正地监督和指导项目团队,虽然质量保证也要经常和项目团队一起工作,但是从身份上讲,这个角色不能隶属于项目团队,特别是不能被项目管理委员会所约束,必须被独立在项目团队以外。项目保证主要是被各个利益相关方领导派来监督项目经理的,因此只要独立于项目经理就可以了,它是项目管理团队的一部分。另外,通常质量保证是公开的角色,而项目保证是隐藏的角色。

在实际的项目中，比较常见的做法是：代表项目投资方的项目总监通常不会任命自己的直接下属担任项目经理，往往会任命下属的下属担任项目经理，然后让自己的直接下属即项目经理在职能条线上的直接领导作为项目保证来指导和监督项目经理，而且不一定让项目经理的直接领导出现在项目组织结构图中。代表项目使用方的高级用户通常也不会把自己的直接下属任命为用户代表，而是把下属的下属任命为用户代表，而让自己的直接下属即用户代表在职能条线上的直接领导指导用户代表的工作，从侧面监督项目经理并要求其向自己汇报。代表项目建设方的高级供应商通常也不会任命自己的直接下属来担任小组经理，往往会任命直接下属的下属来担任项目中承担子产品交付任务的小组经理，并让自己的直接下属即小组经理在职能条线上的领导来指导小组经理工作，监督项目经理并向自己汇报项目的进展、问题和风险。

因此，项目中通常会有多个项目保证的角色，分别由代表不同利益相关方的领导指派，确保各自的利益最大化。对于项目经理来说，一定不要忽视各方派遣的项目保证，并且要尽早地识别出承担项目保证角色的人。通过项目保证向各个利益相关方的领导传递正向的信息，避免出现误会，或者借助项目保证向各利益相关方的领导寻求支持和帮助。通过项目保证平衡各个利益相关方，让项目的开展过程更加平稳、受控，确保项目的成功和各个利益相关方的满意。

（9）小组经理是唯一代表项目交付层的角色，也叫项目工作包负责人或项目核心成员等。他们是项目中承担具体交付工作的关键人物，通常是来自不同专业部门的专家或基层团队负责人。他们更关注分配给自己的任务是否合理，是否与自己和自己所带领的专业交付团队的能力匹配，同时希望在交付项目子产品的过程中可以得到其他项目成员的积极配合。小组经理通常具有很强的目标导向意识，因此，项目经理给小组经理的子产品描述和工作包任务一定要非常清晰准确，确保小组经理不会因理解偏差而耽误工期或达不到质量标准。小组经理是项目管理团队中至关重要的角色，作为项目经理，除了一定要获得项目管理委员会的领导的支持，另一个重要的任务就是要搞定项目中的小组经理，充分调动小组经理的主观能动性，并帮助在不同小组经理之间建立顺畅的沟通渠道和协同机制。在项目中，小组经理是为完成某一项目子产品或工作包的负责人，他不能仅仅代表他自己，应根据任务的要求，制订小组计划，自行协调相关的交付资源，克服困难，完成交付任务。如果小组经理代表的是某一专业的职能部门，那就意味着该小组经理有责任通过协调职能部门的各种资源完成项目管理委员会和项目经理分派的任务，按期交付合格的项目子产品。

3. 九种角色的关系

综上所述，整个项目管理团队的核心角色包括项目管理委员会、项目总监、高级用户、高级供应商、项目经理、变更管理委员会、项目支持、项目保证和小组经理等，这九种角色共同支撑起了项目组织结构的运转，缺一不可。然而，这九种角色并不意味至少必须有九个人才可以建立项目管理团队，很多角色在实际的项目组织结构中根据项目的特点和人力资源的多少是可以进行整合的。但是，有的角色是绝不可以合并的。

（1）不可以合并的角色：项目总监和项目经理这两个角色是不可以合并的，因为项目总监是指明方向和决定资源投入的决策者，同时负责监督项目经理。作为被监督的项目经理，自然不能和监督自己的人合并为同一种角色。而且，从实践经验来看，最好不要把项目领导和负责项目日常协调的项目经理合并成一种角色，否则，不是领导没有时间参与项目日常工作导致项目失控，就是项目经理因缺少大局观导致项目跑偏或高层领导不满意。作为监督项目经理的项目保证也绝对不能和项目经理合并，否则监督就失效了。

（2）可以合并的角色：在小型项目中，项目经理和小组经理是可以合并的，这也意味着项目经理需要承担一部分具体的实施交付工作。但是项目经理一定不能是唯一的小组经理，否则项目的跨职能性就不存在了，任务就变成了一个职能部门自己的工作，也就不能被叫作项目了。

根据我的观察，在任何一个真正的项目中，这九种角色都是客观存在的，只是很多时候大家没有分得那么清楚或项目经理自己没有察觉到一些角色的存在。作为项目经理，能够迅速地根据项目的特点把项目的相关人员与项目管理团队九种角色对号入座，会对项目经理进行项目利益相关方分析有极大的帮助。另外，如果项目经理可以根据九种角色的特点在项目立项阶段就帮助项目成员定位各自在项目中的角色和职责，把原本目标和利益不一致的项目成员迅速凝聚为一个具有执行力的项目团队，这也是在项目中建立秩序的基础。

8.4 项目管理委员会——项目经理权力的来源

如果企业本来就有项目管理委员会，那最好，如果没有，无论是项目总监还是项目经理，一定要在项目初期推动建立项目管理委员会。因为项目管理委员会是项目经理的依靠，如果没有项目管理委员会指导项目经理并帮助其推动项目，有责无权的项目经理就真的只能依靠自己了。

建立项目管理委员会的目的："让项目管理委员会对项目的成功负责，具体来说，就是由项目管理委员会做出项目的关键决策并对项目方向进行总体把控，把项目的日常管理和协调委托给项目经理。"

由此可以看到，建立项目管理委员会后，就可以顺理成章地把项目成败的责任转移到项目管理委员会身上，而让项目经理扮演传达项目管理委员会的决议和协助项目管理委员会工作的角色。这不是推卸责任的做法，事实上，在原本的项目管理理念中，作为创新型的工作，由于之前谁也没有经验，因此只有集体决策才是最有把握的，故而代表整个项目团队各个利益相关方的项目管理委员会是最适合为项目做出关键决策的。在很多项目中，项目经理在各个利益相关方的领导未达成共识的情况下，就独自为项目关键事件做决策的做法反而是欠妥的。在项目管理委员会的集体决策机制下，项目经理的使命是代表项目管理委员会监督和指导项目团队成员开展项目工作，收集项目中的各种关键信息，进行提炼后汇报给项目管理委员会，并促成项目管理委员会中的各个利益相关方就项目方向和目标，项目中的变更、问题和风险，或者项目关键节点的验收等各种关键事项达成共识。从另一个角度来看，当项目管理委员会中的所有领导就某个关键事项达成共识后，项目经理再去推动项目成员执行就会变得容易很多，而且更名正言顺。因此，如果有责无权的项目经理希望能够推动项目团队向着自己期望的方向和目标快速前进，就一定要培养"可以在项目的整个生命周期中不断地通过影响项目管理委员的集体决策来确保项目团队的工作方向和执行力"的能力。

8.5 打造项目利益相关方的统一战线

项目利益相关方（Stakeholder）是指对项目的任何方面感兴趣，或能施加影响，或受到影响，或认为自己会受影响的个体、群体或组织。

随着项目管理的发展，越来越多的项目经理意识到项目利益相关方管理的重要性。无论项目计划制订得有多好，如果搞不定关键的项目利益相关方，导致一个或几个项目利益相关方不积极配合甚至阻碍项目经理或项目团队的工作，那么项目目标就很难顺利实现。在通常情况下，项目中的利益相关方会非常多。由于项目经理的时间和精力有限，不可能对所有的项目利益相关方都一视同仁，因此一定要对重要程度不同的项目利益相关方采取不同的策略。根据我多年的经验，最好把所有的项目利益相关方先分成两大类，即核心项目利益相关方和非核心项目利益相关方。

核心项目利益相关方往往指那些参与项目时间较长、贡献和影响都很大的相关方，通常包括项目的客户、项目的核心成员、项目的发起方领导及主要涉及部门的领导等。成立项目组织，把核心项目利益相关方变成一个团队，统一思想，统一目标，建立指导和约束大家在项目中工作的秩序是对待核心项目利益相关方的策略。

非核心项目利益相关方往往指那些虽然参与项目时间不是很长，但也会对项目目标的实现造成短期或长期的影响的相关方，往往是项目的外围成员。非核心项目利益相关方中也会有很多位高权重、影响大的人，或者数量众多、集体影响力很大的团队。因此，为了确保项目的顺利开展，非核心项目利益相关方也需要项目经理投入时间和精力来关注和维护。打造项目利益相关方的统一战线，求同存异，团结一切可以团结的人，是对待非核心项目利益相关方的策略。

第 8 章　建立组织，打造项目利益相关方的统一战线

打造项目利益相关方统一战线，是因为很多项目利益相关方很可能比项目经理甚至整个项目团队都拥有更强大的资源和力量。只有积极地寻找与这些利益相关方的共同利益和目标及共赢的策略，阶段性地与其建立同盟关系，才有可能阶段性地获得他们对项目工作的支持，至少不去阻碍项目工作。项目利益相关方统一战线里联合的相关方越多，力量就越大，抗干扰能力就越强，实现项目的目标就会越容易。切记，不要忽视任何一个项目利益相关方的存在，要让每个项目利益相关方时时刻刻地感受到自己一直被项目经理重视和关注，获得项目参与感。

打造和维护项目利益相关方统一战线的过程是一个闭环的管理过程，通常分为六个步骤，如图 8.4 所示。

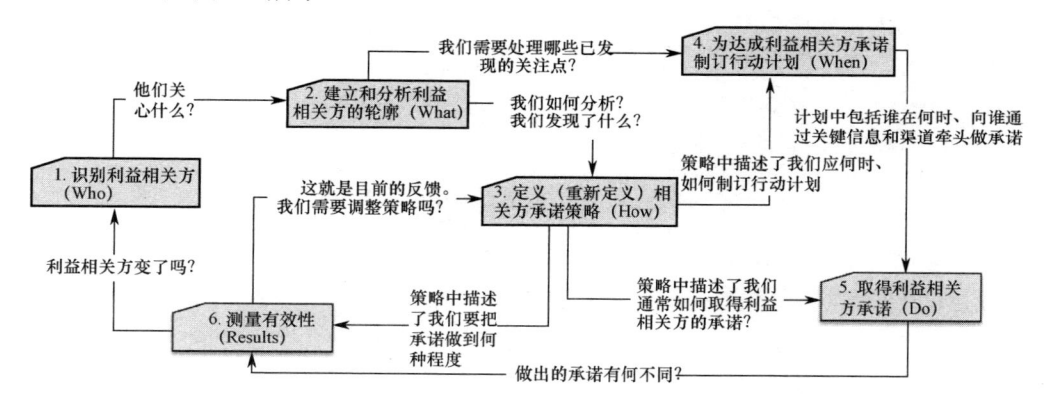

图 8.4　打造和维护项目利益相关方统一战线的闭环管理流程

第一步，识别项目利益相关方。这一步要在项目一确立下来就开始，也是项目经理的起步工作之一。因为项目经理要尽快搞清楚自己承接的项目到底和哪些人有关系，这些人对项目是什么态度，避免自己在搞不清状况的情况下就贸然推进项目，陷入困境。在这个步骤中，项目经理需要组织参与项目的人根据过往项目的经验教训，采用头脑风暴的形式尽可能多地去识别出所有与项目相关的人，制定项目利益相关方的清单，并初步判断他们对待项目的态度和动机。识别项目利益相关方时要系统化地全面考虑：项目的上级管理组织，公司的各级领导，各类客户和用户，在项目中承担工作的各类人员及他们的领导，项目相关的监督机构或监理机构，与项目所处的项目环境、企业环境或商业环境相关各类组织或群体等。

第二步，建立和分析项目利益相关方的轮廓。在项目经理认真开展了识别项目利益相关方的工作之后，往往会获得一个长长的项目利益相关方清单，但项目经理很难有足够的时间去应对每个项目利益相关方。因此，项目经理需要对所有项目利益相关方进行分类和分级。项目利益相关方分类的目的是降低项目利益相关方的应对成本，同一类别的项目利益相关方可以采取相同的应对策略。项目利益相关方分级的目的是按照项目利益相关方的重要性进行优先级排列，以确保把项目经理有限

的时间和精力优先花费在那些优先级高的人身上，而不要浪费在那些对项目来说不是很重要的人身上。在项目利益相关方分级的过程中，可以借助项目利益相关方矩阵来帮助项目团队科学地进行项目利益相关方的分析和分级，如图8.5所示。

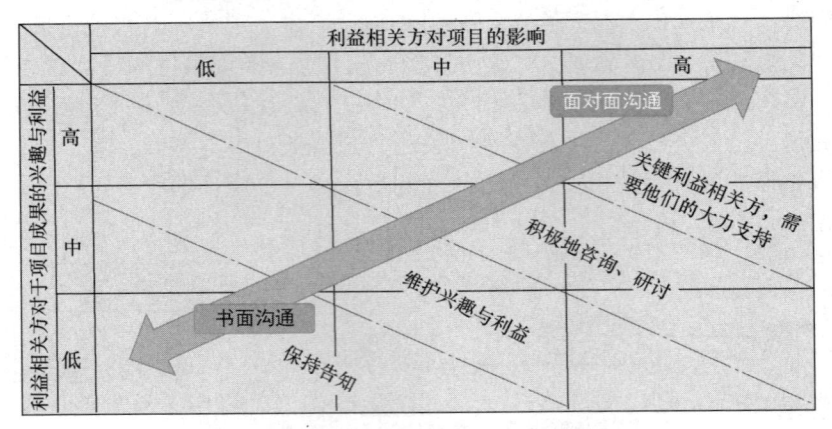

图8.5 项目利益相关方矩阵

项目利益相关方矩阵有两个评价维度，其中横坐标的评价维度为"利益相关方对项目的影响"，自左向右分为低、中、高三个等级；纵坐标的评价维度为"利益相关方对于项目成果的兴趣与利益"，自下向上也分为低、中、高三个等级。这两个维度共同构成了一个九象限的矩阵区域，在这个区域中，右上角的区域为最重要的利益相关方所在区域，因为该区域所处的位置刚好是利益相关方对项目的影响的高等级评价和利益相关方对于项目成果的兴趣与利益的高等级评价的重合区域。左下角的区域为最不重要的利益相关方所在区域，因为该区域所处的位置刚好是利益相关方对项目的影响的低等级评价和项目利益相关方对于成果的兴趣与利益的低等级评价的重合区域。

在对项目利益相关方做分析和评价时，要注意把个人、团体和组织作为不同的项目利益相关方来看待。譬如，在一个工程项目中，客户方的采购经理作为个体，可以看成一个项目利益相关方，他所在的采购部门就要被看成另一个项目利益相关方。如果这个采购经理也是采购部门的负责人的话，那么当这个采购经理代表采购部门的利益时，他所代表的项目利益相关方与他代表自己利益时的利益相关方应被定义为两个不同的利益相关方，这意味着这个采购经理将扮演两种角色。而且，这个采购经理所在的客户公司又属于另一个不同的利益相关方，代表的是客户公司的利益。

在做项目利益相关方分析时，我们需要对每个项目利益相关方分别从"利益相关方对项目的影响"和"利益相关方对于项目成果的兴趣与利益"这两个维度根据各自维度的三个等级来做评价，并将评价结果填入九象限中，然后根据不同利益相关方在九象限中所处的位置来定义他们的重要程度，如图8.6所示。

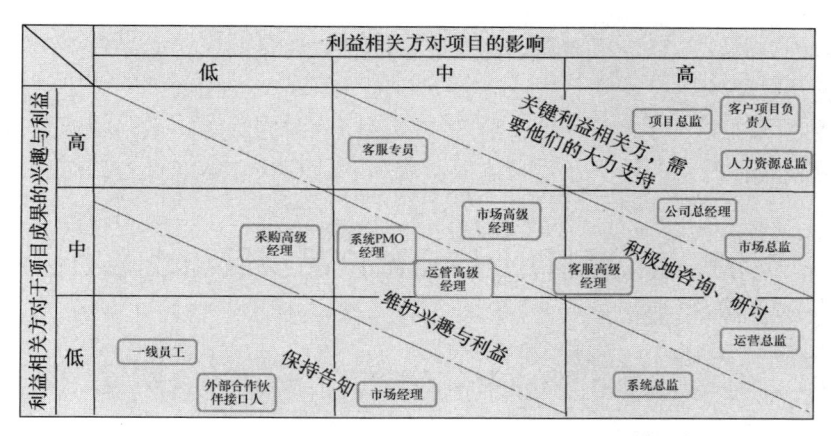

图 8.6 项目利益相关方矩阵分析结果示例

根据利益相关方的重要程度不同，对其采取不同的沟通策略。从原则上来讲，越是重要的项目利益相关方，越要采取面对面沟通的方式。因为面对面沟通属于典型的双向沟通方式，不仅可以传递信息，还可以表达情感，进行互动，沟通最为充分，也是对被沟通方最为尊重的一种沟通方式，往往容易取得较好的沟通效果，不容易产生误会。这种沟通方式的缺点是沟通成本高，要根据对方的情况精心准备，而且沟通过程费心、费力、费时间。那么，对于不重要的项目利益相关方来说，倾向于采取书面沟通的方式，因为书面沟通的成本最低，譬如群发邮件、发布公告等方式都可以在同一时间将信息传递给很多人。然而，这种沟通方式属于单向沟通，虽然效率高，但是缺少及时的互动，对于被沟通方来说，有时会显得不够尊重，甚至容易由于书面表达的技巧问题造成双方的误会。因此，对于那些不重要的项目利益相关方来说，才可以采用书面沟通方式。

第三步，定义（重新定义）相关方承诺策略。在第三步中，项目经理需要组织项目团队根据项目利益相关方的分析结果，差异化地、有针对性地设计和制定与不同项目利益相关方的联盟策略，以获得相关项目利益相关方的承诺作为目标。在制定策略时，一定要充分了解和考虑不同项目利益相关方对于项目的动机和利益诉求点，并且努力找到与项目利益相关方的共同利益诉求点及双赢方案。

第四步，为达成项目利益相关方承诺制订行动计划。项目经理需要组织项目团队共同制订为达成项目利益相关方承诺所需要开展的行动计划，并把行动落实到项目团队的各个责任人身上。在行动计划中，要具体到谁在何时通过什么样的渠道、采用什么样的形式、做出了什么样的承诺。

第五步，取得项目利益相关方承诺。项目经理需要组织和监督项目团队以取得相关项目利益相关方的承诺为目标，按照行动计划的内容切实执行，并给予相关责任人足够的资源支持。

第六步，测量有效性。在项目团队开展或落实以取得项目利益相关方承诺为目标的行动计划时，项目经理要密切关注行动的有效性和效果。如果效果不好，项目经理需要及时组织项目团队分析原因并调整工作策略和计划。打造项目利益相关方统一战线是以结果为导向的，项目经理和项目团队共同制定的策略和计划需要根据实施的效果随时调整，以确保项目团队和项目利益相关方达成通力合作的共识。

8.6 案例：某金融行业产品部产品项目和战略项目的组织结构演变

图 8.7 及图 8.8 分别展示了某金融行业产品部产品项目及战略项目的组织结构演变。

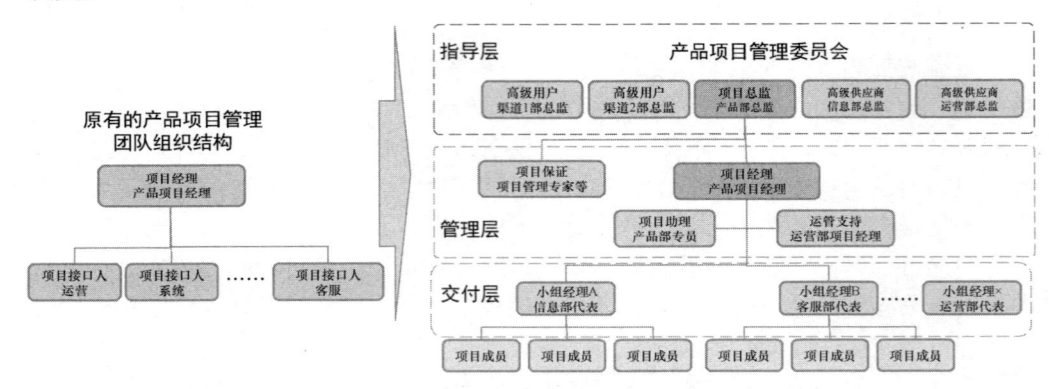

图 8.7 某金融行业产品部产品项目的组织结构演变

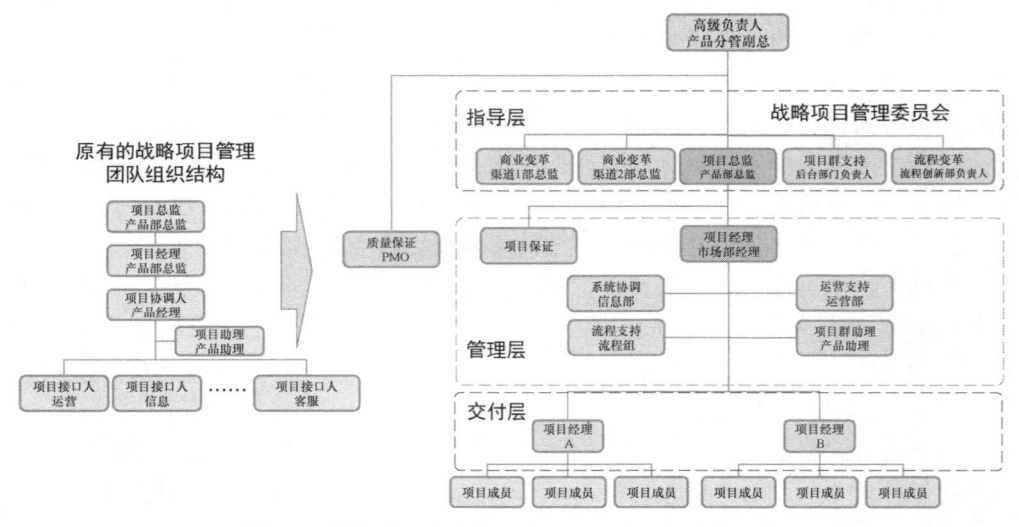

图 8.8 某金融行业产品部战略项目的组织结构演变

本章小结

清晰的项目组织结构和明确定义的角色及职责是项目中各个利益相关方能就项目目标和分工达成共识的基础。因此，项目总监和项目经理一定要特别重视项目组织结构的搭建和维护，帮助项目成员尽快度过磨合期，将他们整合成一个目标统一、团结协作、步调一致、具有执行力的项目团队，并在整个项目的生命周期过程中确保项目团队的这种凝聚力和协同性。

在设计和搭建项目组织结构的时候，一定要明确项目中的三种利益相关方，即项目的投资方、使用方和建设方；设计四层次的组织结构，即企业的高级决策层、指导层、管理层和交付层；明确项目管理团队中的九种关键角色并赋予每种角色在项目中清晰的职责。项目管理委员会是项目管理团队中不可缺失的角色，是指引项目方向的关键，是集体决策的平台，也是项目经理权力的来源，因此一定要推动项目管理委员会的建立，确保项目的组织结构稳定、项目的方向正确和决策机制高效准确。

对于项目核心团队以外的那些项目利益相关方，项目经理一定要采用合适的方式获得他们对项目目标和工作的认可，打造以实现共同的项目目标为目的的项目利益相关方统一战线，这样才能保障项目计划的平稳实施及项目目标的顺利实现。

篇外篇　用项目管理的底层逻辑解读《西游记》

我国的四大名著之一《西游记》非常符合项目管理的各项原则和整个过程，属于项目管理的典范。特别是唐僧师徒去西天取经的过程，临时性、独特性、不确定性、跨职能性和变革性这五个项目特点完全具备，并有明确的项目交付物和清晰的项目组织结构。下面，我将《西游记》中的各种角色与项目管理中的各种概念对号入座，帮助大家更好地理解项目管理的概念。对应关系不一定特别经得起推敲，请不要太过于较真，主要是为了方便大家理解。

一、项目的目的

通常项目经理接到项目之后，首先要确定项目的目的。项目的目的通常是指项目发起方或项目投资方对于项目的预期。在西天取经这个项目中，代表项目发起方的发起人是谁呢？我认为应该是如来佛。

项目发起人是有能力发起项目、从无到有搭建起项目舞台的人。项目发起人一定要德高望重，而且能够罩得住项目的所有利益相关方。《西游记》中都有哪些项目利益相关方呢？仙界、妖界和人界，没错，《西游记》的跨职能性体现在跨三界上。此外，这个项目中还有两个不同的信仰流派即道教和佛教。在《西游记》中，能罩得住上述这些不同项目利益相关方并且把西天取经这个项目促成的人，非如来佛莫属。

那么如来佛促成项目的目的是什么呢？从他的身份和岗位来判断，如来佛的身份是佛教代表，他的职责是弘扬佛法。因此，可以推断出，他作为项目发起人促成项目的目的应该是弘扬佛法，**项目的目的是"普渡众生"**。

二、项目的目标

在专业的项目管理中，项目的目标是项目的结束点，也就是标志着项目工作结束的事件。项目的目标需要符合 SMART 原则，即明确性、可衡量性、可实现性、相关性和时限性。

那么，西天取经这个项目的目标是什么呢？按照项目管理的理解，应该是**唐僧回到东土大唐后把经书交给唐太宗**。按专业的说法，叫作"移交"。经书移交工作完成后，西天取经的项目就结束了，以后再发生的事就不属于取经这个项目的范畴了。

三、项目的产出或交付物

西天取经这个项目的产出或交付物应该是什么呢？通常大家都会认为是取回来的经书。但我觉得不是，因为按照项目管理的要求，项目交付物应该是在项目过程中被创造出来的，而且应具有独特性或创新性的特征。然而，经书的内容和形式在西天取经前和取经后并没有发生任何变化，而且经书也不是在西天取经的项目过程中被创造出来的。

我认为这个**项目的产出**应该是西天取经的**故事**，就是唐僧师徒历经九九八十一难取回真经的故事。这样的理解颠覆了大多数人的认知，至于理由，请参照我对项目成果的分析。

四、项目的成果

西天取经这个项目的成果是什么呢？如前文所讲，成果是一种状态，是项目的目标用户因为使用了项目的产出而被改变之后的状态。我们往往会通过一些特定的业务场景来描绘用户被改变之后的状态。成果就是项目发起人所期望的目标用户被项目产出改变后的业务场景，如果项目发起人所期望的业务场景出现，那么就意味着项目成功了。

那么，西天取经这个项目的发起人所期望的项目成果是什么呢？为了回答这个问题，要先判断这个项目的目标用户是谁。按照我对《西游记》的理解，为了达到弘扬佛法的目的，需要说服唐朝老百姓放弃道教改信佛教，从历史来看，在隋唐朝时期，老百姓信奉佛教和道教的人都不少。因此，西天取经这个项目的目标用户应该是唐朝老百姓。如来佛的目的是要扩大佛教在唐朝的影响，他所期望的项目成果即改变后的场景，应该是唐朝老百姓由信奉道教纷纷改成信奉佛教。

那么，下一个问题出现了，如何能让老百姓改变多年的信仰呢？给每个老百姓发一本经书能达到这个目的吗？应该不行。试想，作为最普通但数量级又很大的唐朝老百姓，大家是看懂了经书之后才信奉佛教呢，还是信奉了佛教之后才去看经书呢？

我觉得应该是信奉了佛教才会去花大量的时间去看经书。因为经书深奥难懂，而且在唐朝初期，能够识字的老百姓肯定凤毛麟角，即使识字，大概率也看不懂经书。因此，即使给每个老百姓发一本经书，肯定也没人看，更谈不上传播了。而西天取经的故事就不一样了，故事通俗易懂，情节跌宕起伏，角色和人物生动形象，因此特别吸引人，而且容易被大家口口相传。相比晦涩难懂的经书，西天取经的故事更容易被老百姓所理解和广泛传播。而且，老百姓听完这个故事，就会很自然地体会到佛家的种种厉害之处，萌发希望更多了解佛教和追随佛教的念头，更容易达成如来佛期望的成果。

五、项目的团队组成

1．项目经理

《西游记》中的项目经理是谁呢？唐僧，对吧！ 为什么要让唐僧当项目经理？

（1）唐僧是经过唐王正式授权的，而且仪式很隆重。他不论到哪儿，都会先表明身份"贫僧从东土大唐而来"。这是非常重要的做法，项目经理也必须这样做，这叫师出有名。不过，师出有名的前提是要有任命的过程。遗憾的是，我们看到太多的项目经理师出无名，或者发起项目的职能领导层级不够高，或者没有在公开场合进行任命，导致项目经理总是向其他人解释为什么自己是项目经理。因此企业必须对项目经理有一个正式任命的过程，负责承担任命工作的领导一定是企业里非常有身份和地位的大领导，最好还能有个仪式及白纸黑字的任命文件。

（2）唐僧很擅长维护项目的上层关系。项目的上级领导即如来佛和观音对唐僧非常信任和支持，这也是他被任命为项目经理的重要原因之一。作为项目经理，必须取得项目的直接领导及领导的领导的充分信任，这是项目成功的基础条件。

（3）唐僧有很好的领导力。唐僧大部分时间不参与具体工作，只负责念经。打妖怪的事他也不参与，而且唐僧从来没有想过要去提升打妖怪的技能，因为他清楚这不是他的事。但是唐僧很擅长一件事，就是坚定大家去取经的信念。在取经这件事上，唐僧是团队里信念最坚定的。如果没有唐僧一再坚持，其他人早就各回各家了。唐僧做到了一点：即使谁都不去，他也坚持要去，而且最后让大家都不好意思不保护他去西天取经。唐僧用自己坚定的信念感染了其他项目成员，带动大家不论艰难险阻都要保护他去实现其坚定的目标，这就是我们所说的领导力。而且在项目团队的管理上，唐僧对几个徒弟一直一视同仁，不断地平衡大家之间的关系。唐僧不是靠权力进行管理的。唐僧其实仅有一点点权力（微权力），就是约束孙悟空的紧箍咒。但只有在孙悟空过于不服管教的时候，才不得已用一下。其他时候都是靠"以德服人"，坚持不懈地通过给别人讲道理来影响大家的理念。虽然有时会显得很絮叨，但这也是领导力的体现。

2．工作包负责人

西天取经这个项目的工作包负责人或者说前文中提到小组经理是谁呢？是唐僧的几个徒弟吗？从专业的项目管理角度来看，我觉得不是他们几。要想知道工作包负责人是谁，我们要先看西天取经这个项目都有哪些工作包。按照我们在前文中的分析，西天取经这个项目的产出或交付物是西天取经的故事而不是经书，如果我们把西天取经的故事进行工作分解，那么就会分解出 81 个工作包（九九八十一难，每一难都是一个相对独立的故事），那么负责这一难的妖怪头领或神仙就成了这一工作包的负责人，他们的下属就成了工作包下一级的项目成员。

3．项目支持

那么，唐僧的几个徒弟在西天取经这个项目中的角色是什么呢？在我看来，他们扮演的角色是项目支持。

西天取经这个项目的项目支持不止一人，可以视为一个临时性的项目管理办公室。这个提供项目支持的项目管理办公室包括三个明面上的项目成员和一个隐藏的项目成员，就是唐僧的三个徒弟和白龙马。三个明面上的项目成员各有所长，分别负责三种不同的工作，而且这三个角色设计得很科学。大家将来搭建项目管理办公室时也可以参考。

（1）大徒弟孙悟空天生武力强大而且好斗，因此负责进攻。所有的项目团队中都必须有一个非常擅长进攻的项目成员，而且一般这种人的个性都很强，不服输，不好管理。专业领域的专家往往都是这类角色。但是，没有这种人在项目团队里负责破冰和建立功劳，项目组的价值就体现不出来。

（2）二徒弟猪八戒也很重要，他负责调节团队的气氛，在出现矛盾时负责打小报告及和稀泥。这类项目成员也是很有必要的，项目团队中一定不能都是很严肃的专业人士，也得有润滑剂。

（3）三徒弟沙僧是干苦力的，任劳任怨，不争名利，负责所有"苦劳"的事情。项目中大部分工作都是枯燥的，缺少了任劳任怨的成员，项目的目标就实现不了。这种人往往和善于创建功劳的人截然相反，为了能让他们和平共处，就要有人在这个过程中去平衡他们的关系。

（4）在这个项目团队中还有一个角色，就是白龙马。白龙马本来是龙宫太子，但为什么要以马的形象来参与项目呢？是为了成为一张底牌，为了能更好地保护唐僧，不把全部实力都暴露在敌人面前，不到万不得已是不能出手的。因此项目团队中也要有隐藏角色，平常不参与项目工作，真到关键时刻才动用。而且这些项目成员还有一个共同的特征，就是本来都很有背景，都曾是各霸一方的牛人，但又都犯过大错，留下了把柄在观音和唐僧手里。这些项目成员不但能力强，而且可控。

4．项目发起人和项目总监

如前文所讲，这个项目的发起人是如来佛，那么这个项目的项目总监是谁呢？我觉得应该是观音。与如来佛和唐僧一样，观音也隶属于佛教，属于管理层，在职能汇报线上向如来佛汇报。在唐僧团队取经过程中，观音给予了取经团队持续的关注和大力的支持，比较符合项目总监的角色。

六、总结

如前文所讲，西天取经是为了宣扬佛法。让唐朝的老百姓放弃对中国传统道教的信奉是很不容易的，因此必须创造一个令大家传颂的神话故事，而且要真实可信。为了打造这个可以令人转变信仰的故事，才策划了西天取经这件事，为了确保故事的质量和作用，一定要让取经这件事充满挑战，困难重重。负责取经的团队一定要历经千辛万苦，秉承坚定的信念，克服各种诱惑和困难，最终才把经书取回来。这样才更加显得珍贵和有价值。这样才有可能成为一个被大家广为传颂的故事。

光把经书取回来还不够，还要培养虔诚的佛教信徒和传播者。唐僧和四个徒弟，尤其是四个徒弟，本都是犯了不可饶恕的错误的戴罪之人，经过取经的过程，不但洗清了自己的罪孽，升华了思想，还成为众人仰慕的佛！他们用事实证明了佛教的价值，成为人们效仿的榜样。在项目过程中，不仅要实现项目的目标和发起人期望的收益，还要培养项目团队成员，这样项目才更有价值。

第 9 章

控制质量，确保项目利益相关方满意

在了解项目的质量管理之前，首先要明白质量国际标准化组织颁布的 ISO 9000《质量管理体系基础和术语》中对质量的定义："一组固有特性满足要求的程度。"从这个定义中我们可以看到，质量其实是对固有特性的"程度"的描述，这个程度到底应该多少合适，通常取决于提要求的人的期望，我们称为客户的质量期望。通常，项目中所关心的质量由三类组成，第一类是项目产品的质量，第二类是项目管理的质量，第三类是持续改进的质量。

（1）针对第一类项目产品的质量，以确保项目最终交付物为目的，侧重于通过系统化的机制明确项目产品或项目子产品的质量标准、验收标准，确保项目团队所交付的项目产品符合立项时确定的质量要求。

（2）针对第二类项目管理的质量，以确保项目管理过程受控为目的，侧重于通过系统化的机制确保项目管理机制的规范性和受控性。在企业里会经常见到一些项目，虽然过程的规范性很差，但是结果很好。这时候，我们通常会认为，要么这个项目的成功具有一定的偶然性，要么这家企业项目质量管理的机制不够科学。如果属于前者，很可能虽然这一次的结果很好，但下一次的结果可能就很差，项目的绩效不稳定。站在企业的角度，这是不可接受的，因为企业每年都要同时发起大量的项目，有一两个项目成功对企业来说意义不大，所有的项目都成功才是企业的目标。因此，为了提升项目成功的概率，必须复制和推广成功项目的最佳实践，对项目管理的质量进行统一的要求和评价，让更多的项目走向成功。

（3）针对第三类持续改进的质量，是为了帮助项目团队在开展项目的过程中不断地学习和成长，不断地提升项目管理机制的科学性和有效性，真正做到遵循吸取经验教训这一项目管理原则。由于项目是创新和变革的载体，具有不确定的特点，因此在项目中遇到各种意料之外的事情是再正常不过的了。遇到问题不可怕，怕的是踩过的坑下次遇到还会掉进去，更有甚者，总是重复掉进相同的坑里。因此，项目团队必须具备持续改进的能力，确保犯过的错不会再犯，这样才能更快地实现项目的目标，并在项目过程中保持学习的心态，不断成长。

从质量管理的目标来看，作为项目中的质量管理，不能单纯地以最大限度地满足客户的要求或让客户满意为导向。因为项目是一种投资行为，必须考虑投入和产出的匹配性，我们称之为以确保项目的业务价值为导向。某些项目团队在项目过程中由于过度满足客户要求造成项目成本超支，导致项目原本的业务价值变小甚至消失，变成失败的项目。通常，正确的做法是在开展项目的过程中，在确保项目业务价值的前提下，在投入产出所允许的范围内，最大限度地满足客户的要求，确保客户满意。

作为一名优秀的项目经理，在项目确立目标的阶段，一定要学会管理客户的期望值，在项目初期就把客户的期望值控制在一个合理的范围内，至少是项目团队可以实现的范围内，这样才有可能兑现对客户的承诺。有些项目团队，在项目的初期，对客户过度承诺了项目的产品和效果，把客户的期望值提升得过高，超出了项目团队的预算许可或项目团队的能力，导致项目团队无论如何努力都无法兑现承诺。当客户看到项目产出的实际产品与自己的期望不符时，就会产生巨大的心理落差，觉得受到了欺骗，非常愤怒，导致项目经理和项目团队骑虎难下。因此，在项目的开始和项目的整个过程中管理好客户的质量期望是项目取得成功的必要前提。

9.1 项目质量管理的关键路径

质量管理的范畴很大，会涉及项目的方方面面，项目经理很难有足够多的时间持续关注项目中的所有方面。依据管理的二八原则，要把更多的时间和精力集中在关键的20%的工作上。在项目的质量管理工作上，就是要懂得聚焦项目质量管理的关键路径。沿着项目从开始到结束的生命周期，分布着很多关键质量控制点。当把这些关键质量控制点按时间顺序连接在一起后，就形成了一条项目质量管理的关键路径（见图9.1）。为了确保关键路径上的关键质量控制点不失控，项目团队必须安排不同的角色在整个项目生命周期过程中对这些关键控制点进行有效管理和评审，确保项目的质量受控。无数次的经验教训证明，绝大部分在项目中出现的质量问题，一定是由于在项目质量管理关键路径上的某个环节没有做好。因此，把这个路径上的所有关键质量控制点管理好是项目质量受控的最低要求，也是底线。

1. 客户质量期望

客户质量期望是第一个关键控制点，这里的客户不仅指项目的外部客户和最终用户，还包括所有会用到项目产品的利益相关方，如生产部门、运营部门、质量部门、客服部门、销售部门和运维部门等。获取客户质量期望的过程通常被大家称为项目需求分析。项目需求分析有几种常用的方式，包括访谈、问卷调研、头脑风暴和思维导图等。在开展需求分析的过程中，可以将这几种常用的方式结合使用，以达到最佳的效果。

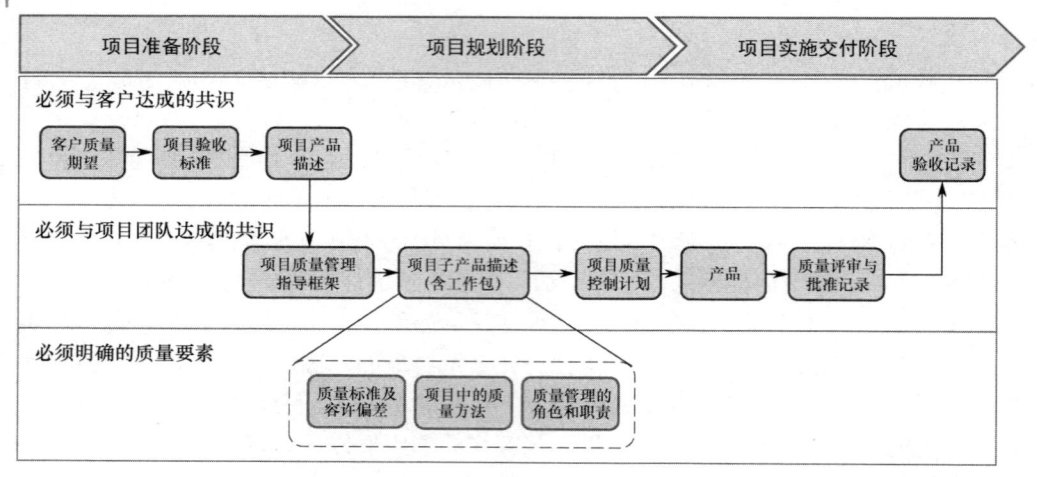

图 9.1　项目质量管理的关键路径

（1）访谈是最简单、最直接、最常用的获取需求的方式，几乎适用于所有类型的项目。这种面对面沟通方式互动性、灵活性强，可以根据主题和对象调整思路和侧重点，引导受访者敞开心扉，甚至帮助受访者厘清思路，获得受访者最真实的需求。然而，这种方式的缺点是会占用大量的时间，而且容易受到地域的限制，成本较高，通常只适用于获取最重要的项目利益相关方或客户代表的需求。由于访谈的对象很重要，而且这种方式的成本很高，因此在访谈前一定要精心地选择最具代表性的受访者，并且做好充分的准备，充分利用访谈的过程引导受访者围绕自己关心的话题表达需求和期望，并做好详细的记录。访谈也是需求定性分析的一种，适用于通过对关键的代表性人物的访谈来获取需求的全景图及对需求的侧重点。访谈过程及重点如图 9.2 所示。

图 9.2　访谈过程及重点

（2）问卷调研是常用的调研手段，项目团队通过设计书面问题，向为数众多的受访者快速地收集信息。如果受访者众多，需要快速完成调研，并想要使用统计分析方法，就适宜采用问卷调研。问卷调研也叫定量分析，当项目团队通过定性的访谈获取了项目需求的关键信息后，需要在更大的范围内进一步验证所获取的需求信息的准确性，此时就可以采用这一方式。在设计调研问卷时，通常采用选择题或判

第 9 章 控制质量，确保项目利益相关方满意

断题的方式。一方面做选择题和判断题占用大家的时间较少，容易被接受；另一方面把大家的回答圈定在限定的范围内比较聚焦，也好统计结果。

🔑 工具

项目管理调研问卷示例

以某央企为了提升项目管理机制所做的调研为例。图 9.3 是其调研问卷。调研问卷的结果一般会以数据的形式汇总。为了方便人们直观地看到调研结果，通常以图表的形式展现（见图 9.4）。值得注意的一点是，调研的时候不能仅仅调研用户的需求，也要调研用户当前的问题和困难是什么，以及用户提出需求的原因是什么。这样才能更好地和用户共同分析真正的需求，避免产生误解，或者避免用户提出来的需求根本就解决不了其自身的痛点。

项目管理调研问卷

填写日期：　　　　　　　年　月　日　　　　　　填写人员：
姓名：　　　　　　　　　所属部门：　　　　　　岗位名称：

调研说明：
经公司高层领导研究决定，开展项目管理培训，协助公司进行所有项目管理相关工作的改善。为了更好地了解各个部门和项目组在项目管理方面的现状与困难，以便订订更具针对性和有效性的改善方案，决定通过定性访谈和定量分析相结合的方式进行项目管理的问题收集和差距分析。此次调研问卷的目标是了解项目管理的现状，最大限度地收集各个项目团队在项目开展过程中遇到的困难和问题，以及对项目管理改善的期望。感谢您的支持与配合！

调研问题：

第一部分

1. 您所管理的项目包含哪几部分工作内容？
   A. 市场规划　　B. 产品组合　　C. 需求分析　　D. 系统开发　　E. 新功能的测试上线
   F. 宣传推广　　G. 产品的生命周期维护　　H. 如有其他未包含的内容请明确写出＿＿＿＿

2. 以上部分工作内容效率最低的是哪部分？您认为效率低的原因是什么？（可选一个或多个，如选多个，请注明哪个是主要原因）
   A. 需求不清晰　　B. 项目目标不清晰　　C. 兄弟部门不配合　　D. 决策周期过长
   E. 没有明确的决策人　F. 项目资源不充足　　G. 项目计划不准确　　H. 项目范围变更频繁
   I. 技术力量不足　　J. 缺少相关的规范化流程　　K. 领导不重视

3. 您的项目能否按时上线？如不能按时上线，可能是哪些原因造成的？（可选一个或多个，如选多个，请注明哪个是主要原因）
   A. 需求不清晰　　B. 项目目标不清晰　　C. 兄弟部门不配合　　D. 决策周期过长
   E. 没有明确的决策人　F. 项目资源不充足　　G. 项目计划不准确　　H. 项目范围变更频繁
   I. 技术力量不足　　J. 缺少相关的规范化流程　　K. 领导不重视

4. 客户对我们的项目交付质量是否满意？如不满意，可能是哪些原因造成的？
   A. 客户期望不明确　　B. 技术原因，客户期望做不到　C. 时间太紧，客户期望无法全部实现
   D. 交付物的质量标准不明确　　E. 项目交付物质量不可控　　F. 缺少项目的质量管控流程
   G. 如果还有其他原因，请明确注明：

图 9.3　某央企提升项目管理机制需求调研问卷示例（部分）

5. 项目成本是否会超出预算？如有超出，可能是哪些原因造成的？
   A. 项目启动时交付物不明确　　B. 客户造成的项目范围变更　　C. 内部成员造成的项目范围变更
   D. 周期过长　　　　　　　　　E. 缺少成本可控制流程　　　　F. 缺少变更控制流程
   G. 缺少变更审批的决策人　　　H. 如果还有其他原因，请明确注明：
   _____
6. 您的项目中跨职能部门的流程是否顺畅？如不顺畅，衔接哪两个部门的流程经常出现问题？
   _____

图 9.3　某央企提升项目管理机制需求调研问卷示例（部分）（续）

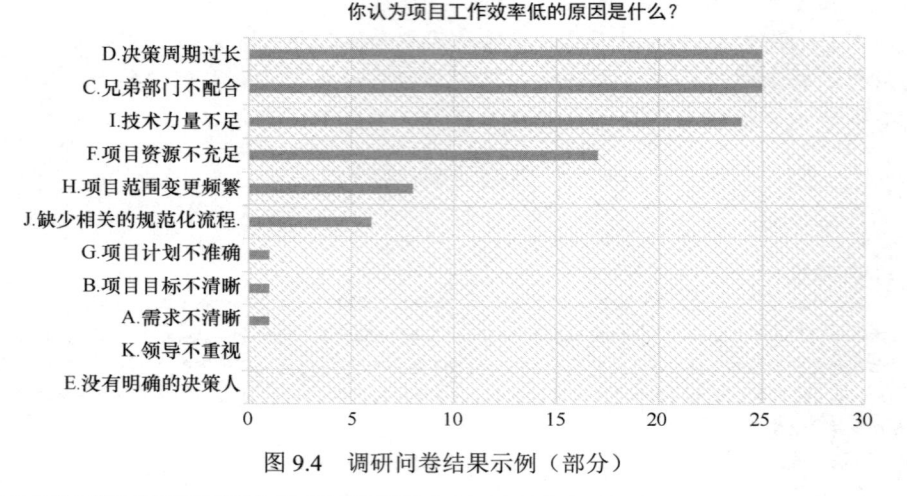

你认为项目工作效率低的原因是什么？

D.决策周期过长
C.兄弟部门不配合
I.技术力量不足
F.项目资源不充足
H.项目范围变更频繁
J.缺少相关的规范化流程
G.项目计划不准确
B.项目目标不清晰
A.需求不清晰
K.领导不重视
E.没有明确的决策人

0　　5　　10　　15　　20　　25　　30

图 9.4　调研问卷结果示例（部分）

（3）头脑风暴也叫脑力激荡法（Brainstorming），是一种为激发创造力、强化思考力而设计出来的方法。参与者围在一起，将脑中和研讨主题有关的见解提出来，然后再将大家的见解重新分类整理。在整个过程中，无论提出的意见和见解多么可笑、荒谬，其他人都不得打断和批评，从中产生新的观点和解决方案。在项目的需求分析过程中，由于分别进行访谈时可能会有遗漏，把关键需求相关方凑到一起，采用头脑风暴的形式，可以让大家相互启发，厘清思路，有助于获得更加系统化的需求和更加真实的需求。

（4）思维导图（见图9.5）是近些年比较流行的分析需求的工具，也叫心智图或脑图，利用图像来表达思维。这个工具由英国的托尼·布赞于20世纪70年代发明，受到大家的广泛欢迎，经常被用于创造性思维的工作过程中。在项目需求分析的过程中，项目团队可以使用思维导图帮助客户和自己厘清思路及不同需求之间的关系。

客户的质量期望或项目需求通常会有很多，而且不同的客户或利益相关方需求各不相同，有时还会有分歧和矛盾。因此，在收集和整理客户的质量期望或需求时要用到 MoSCoW 的优先排序技术。

第 9 章 控制质量，确保项目利益相关方满意

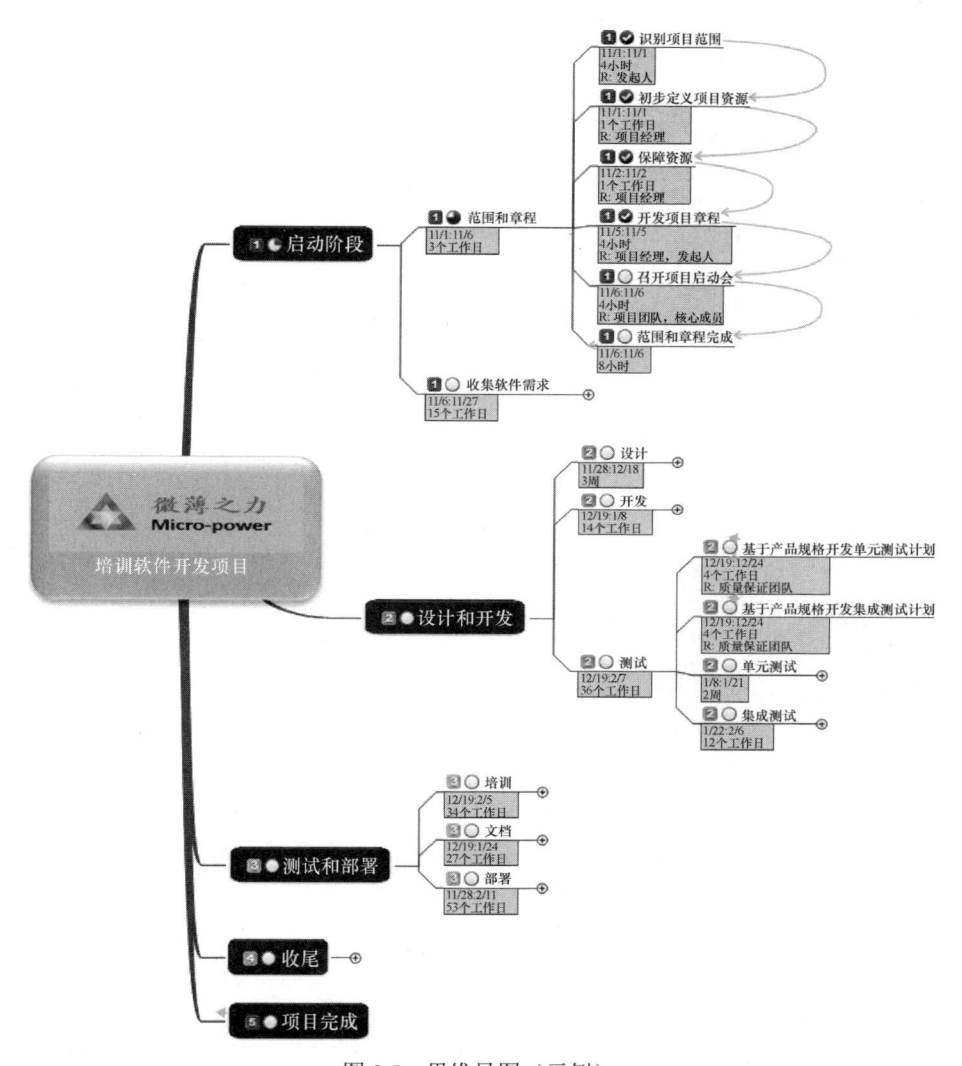

图 9.5 思维导图（示例）

🔑 工具

MoSCoW 优先排序技术

MoSCoW 是一项排列优先级的技术，用来与项目利益相关方或客户就其不同需求的重要程度达成共识。MoSCoW 是缩写，字母所代表的含义如下：

- Must have（必须有），是指使项目成功的关键任务，是必须被完成的需求。
- Should have（应该有），这些并不是绝对的关键需求，但没有它们，产品看起来就会"不完整"。

149

- Could have（可以有），这些需求是"观望的"，并且根据时间、范围和预算有50%的机会发布。
- Won't have（不会有），这些需求很不确定、价值未知，或者因为它们太"奇怪"而不易被理解。这部分需求是项目团队可以不予理会的。

2．项目验收标准

第二个关键控制点是项目验收标准。客户的质量期望很多时候是描绘性的，不同的人会产生不同的理解，在验收时容易产生分歧，因此最好在一开始就与客户对可测量的项目验收标准达成明确的共识。通常偏技术类的项目的验收标准相对明确一些，偏管理类或客户体验类的项目的验收标准则通常很"虚"，不同的人理解不一样。因此必须明确可测量的验收标准，否则项目是否达到预期目标就很难确定。

3．项目产品描述

第三个关键控制点就是我们在讲基于产品的规划技术时特别强调过的项目产品描述。在明确了客户的质量期望和项目的验收标准之后，必须把客户期望和验收标准及其他与客户达成共识的目标性要求写在正式的文档上，并再次要求客户确认，这个文档就是项目产品描述。项目需求分析是一个经常会出问题的环节，大多数时候都是因为项目团队的理解与客户的质量期望存在差异。为了避免这类问题，要先把这个过程正式化，当这个过程被正式化了之后，双方才会非常认真地对待这件事，减少出错的概率。因此，我们需要把双方就项目质量期望达成的共识记录下来，形成正式的文档。这样一方面有助于大家通过文字的形式更准确地确认需求，另一方面也可以对双方产生约束力，有利于项目后期的变更控制。

4．项目质量管理指导框架

第四个关键控制点是项目质量管理指导框架。这时候，项目团队已经和客户就项目产品描述达成共识，项目的目标也已经清晰，接下来要关注的是如何让项目过程受控。要让过程受控，项目团队必须根据企业的质量管理战略规划、相关的质量管理标准、管理体系要求，结合项目自身的特点和客户的质量期望进行科学剪裁，设计出符合自己项目的质量管理指导框架，明确管辖的范围，依据的标准和要求，关键的控制点，采用的质量工具、技术和方法，以及质量角色和职责，这样就为项目经理和项目团队在整个项目生命周期过程中开展质量管理工作搭建了一个科学的平台，所有相关的人在开展质量活动时也就有了明确可行的依据，项目的质量管理工作才有可能真正落地。

在项目初期，科学地构建项目质量管理指导框架是很有用的，但许多项目团队都缺少这个步骤，导致出现两种情况。

（1）项目团队感觉质量管理体系的要求过于复杂，不适用于项目。如果完全按质量体系的要求，根本不可能按约定的工期完成项目，因此决定先干活后补文件，形成质量管理与实施两层皮，让项目的质量管理机制形同虚设，失去了价值。

（2）项目团队完全依据企业质量管理体系的要求进行项目质量管理。这时，项目团队会发现有很多不匹配、不协调的地方。这种现象再正常不过了，因为质量管理体系是个大而全的系统化管理机制，覆盖的是整个企业的工作内容。一个项目即使再大，也不可能覆盖企业的所有内容，所以必然有很多质量管理体系的要求在项目工作中找不到对应点。从质量管理体系自身的要求来看，并不要求在项目工作中体现质量管理体系的所有要求，只要求所有在项目中开展的工作必须符合质量管理体系相关的要求。这就意味着，所有的项目团队都应该在项目初期就明确项目中到底有哪些工作内容需要接受质量管理体系的约束，并结合自己的实际情况将企业的质量管理体系进行一次剪裁，以确保和项目特点匹配。如果没有这个剪裁的动作，就会导致质量管理的要求过于复杂，管理成本过高，拖慢了项目进度，成了项目团队的负担而不是帮手。

> **特别提示**
>
> 企业的质量管理体系应该是项目经理的帮手而不是负担。质量管理体系的背后是业界公认的质量标准，通常也是客户认可的质量标准，既能代表企业高层的要求，又能代表客户的质量期望，是最难以推翻的依据。项目经理应该认真学习质量管理体系的真正含义，理解它的真正价值，学会解读质量管理标准中与自己项目相关的条款。这样就可以借助质量管理体系和标准的力量帮助自己抵挡不利于企业或客户的项目变更或与质量相关的不合理要求。我们之前讲过，项目经理最重要的技能是要学会借力，质量管理体系也是项目经理可以借助的力量源泉之一。但前提是项目经理要先充分了解质量管理体系的真正价值，才能知道如何借助它的力量。

5．项目子产品描述

第五个关键质量控制点是项目子产品描述。项目子产品描述是项目经理给承担子产品交付任务的小组经理分配工作时的重要文档，也是避免项目经理和小组经理针对项目子产品的质量标准产生误解和分歧的管理工具，因此必须加以严格控制。在项目子产品描述中，要特别注意明确阐述三个关键的质量要素，即质量标准及容许偏差、项目中的质量方法和质量管理的角色和职责。

（1）作为项目经理，必须在给小组经理的子产品描述中规定子产品需要达到的质量标准及容许偏差。这里需要特别注意的一点是，在设定任何质量标准的时候，必须带容许偏差，即质量标准上下浮动多少是可接受的。如果没有容许偏差，在验收的时候就可能产生分歧。以项目工期为例，假设项目经理和小组经理把一个项目子产品的完成时间定为一个月，却没有约定容许偏差，那么就会造成潜在的分歧。可能在项目经理的概念里，工期在一个月的基础上上下浮动 3 天是可以接受的，而小组经理则认为工期在一个月的基础上上下浮动 10 天是可以接受的。如果子产品的交付时间是一个月零 5 天，这时分歧就产生了。

（2）项目经理需要在项目子产品描述中为小组经理规定明确的质量方法。这就意味着要告诉小组经理，针对提供的项目子产品，小组经理和子产品交付团队需要用什么样的质量方法来确保子产品的质量可靠，既要包括子产品交付过程的质量控制方法，也要包括子产品自身的产品质量的检查和评估方法。尤其是对于通过外部供应商提供的子产品，在子产品描述中更要明确规定交付团队所要遵循的质量标准，建立的质量体系需要具备哪些质量检查、评估和评审机制等。通过这样的方式，才有可能让子产品的质量受控。

（3）在项目子产品描述中明确质量管理的相关角色和职责也很重要。即使有了适合的质量标准，如果没有专人负责执行和监督管理，大家一忙起来就都想不起来管理项目质量了，缺少了执行力，再好的质量标准也发挥不了作用。

6. 项目质量控制计划

第六个关键控制点是项目质量控制计划。对于交付过程质量的控制要从制订项目质量控制计划开始，这个计划汇总了所有必须开展的质量活动，包括开展质量活动的目的、内容、时间和责任人。仅仅有质量控制计划是不够的，还要提前准备项目质量活动的记录表单，也叫质量登记单，用来记录和追溯各类质量活动，无论是质量检查还是评审的结果。开展质量管理活动时要特别注重两类文档，一类是标准，用来判断观察到的结果是否符合质量要求；另一类是记录，用来追溯质量过程。记录从本质上来说是开展工作的痕迹。由于质量缺陷具有传递的特性，会沿着产品实现的路径从上游向下游进行传递，因此很多时候质量缺陷被发现的地方并不一定是造成质量缺陷的地方。这时候，就必须能沿着产品实现的路径进行反向追溯才有可能找到造成质量缺陷的根源。如果缺少了开展工作的记录，那么就无据可查，很难找到问题的根源。

最佳实践

在实际工作中，有一种常用的最佳实践，就是在项目立项阶段把项目质量控制计划和质量活动的记录表单整合成一份文档，这样就可以根据质量控制计划进行质量活动的评价和结果记录（见图 9.6）。

第9章 控制质量，确保项目利益相关方满意

项目质量控制计划

NO	阶段	过程	作业内容	依据标准	职责	输出	计划时间	完成时间	确认结果	备注
1		项目启动会	DQA 和 DQA 经理参加项目启动会，了解项目输入要求和客户特殊要求（包括流程、质量标准方面），以及 PM 计划和任务安排	××标准××条款	PM	产品定义	××××年××月××日	××××年××月××日		
2		新标准、新流程归档	监督设计部门提出新功能、新部件检测方法和标准。经 DQA 确认交 DCC 归档发布	××标准××条款	DQA	新功能、新部件检测方法和标准	××××年××月××日	××××年××月××日		
3			如果客户有特殊的流程要求或质量标准要求，与客户协商确定，将确定的标准、流程或质量协议交文控归档发布	××标准××条款	DQA	与客户协商确定的质量标准、质量协议	××××年××月××日	××××年××月××日		
4	DP	ID 设计及评审	ID 设计公司完成 ID 设计时，PM 组织质量部、采购部、工程部等部门进行评审，制作 ID 设计评审表	××标准××条款	PM	ID 设计评审表	××××年××月××日	××××年××月××日		
5		客户认可	项目总监签 ID 设计图（效果图、分解图、配色方案）交客户评审，并请客户签字（客户评审结果 OK、NG 都明确签字）	××标准××条款	项目总监	签核的 ID 设计图	××××年××月××日	××××年××月××日		
6		DP 阶段评审	DQA 依据评审结果进行判定，当本阶段判定 FAIL，PM 根据实际情况，组织项目改进，如因特殊原因项目在改进的同时需进入下一阶段时，由 PM 进行风险评估，制订改进计划，并提出特采申请	××标准××条款	PM	DP 阶段评审报告	××××年××月××日	××××年××月××日		
7	DR	结构设计及评审	结构评审 1. 评审结论的一致性，保证没有差异项遗留 2. 根据结构 Checklist 评审	××标准××条款	ME	2D 和 3D 评审报告 结构 Checklist	××××年××月××日	××××年××月××日		
8			模厂开模评审（可实现性）	××标准××条款	ME	模厂评审报告	××××年××月××日	××××年××月××日		
9			投模前 3D/2D 图要归档	××标准××条款	ME	2D、3D 图	××××年××月××日	××××年××月××日		
10		硬件设计及评审	硬件评审（布线和摆件） 1. 评审结论的一致性，保证没有差异项遗留 2. 是否根据硬件 Checklist 评审	××标准××条款	HW	硬件 Checklist PCB 布线图原理图评审堆叠评审	××××年××月××日	××××年××月××日		

图 9.6 新产品项目质量控制计划（示例）

7．产品

第七个关键控制点是产品，质量控制的工作不能仅仅集中于会议评审和文件管理，还要确保项目团队确实产出了与计划相符的产品。

8．质量评审与批准记录

第八个关键控制点是质量评审与批准记录。项目产品在经过测试和评审之后的结果是否可以接受，一定要首先经过项目团队内部授权的人批准才行。为了确保这个环节不失控，一定要保存质量评审和批准记录，包括测试的结果、评审的意见、评审的时间、参与评审的成员的姓名和职务、批准的时间、批准人的姓名和职位等。

9．产品验收记录

第九个关键控制点是产品验收记录。项目最终产品的验收工作由客户或由客户授权的人来完成。验收的过程一定要保留记录，证实项目团队与客户在什么时候就产品的验收达成了什么样的共识，以备将来有需要时查询。如果产品验收记录上没有客户或客户代表的签字，或者没有验收记录，那么项目的收尾就缺少了依据。

项目质量管理的关键路径主要由这九个关键控制点构成。当然，质量管理的其他要素还有很多。根据企业自身的特点或客户的要求，项目经理和项目团队应当对项目增加相应的关键控制点。这九个质量关键控制点是项目质量管理最基本的要求，是项目质量管理受控的基础，在项目质量管理过程中必须进行严格管控。

9.2 项目质量控制方法

在项目进入交付执行过程中后，项目经理需要带领项目团队持续地开展质量控制工作，确保项目质量始终在预期范围之内。

1．项目质量控制方法的分类

开展项目质量控制工作，通常有两种主要的方法，一种是评估方法，另一种是过程方法（见图9.7）。

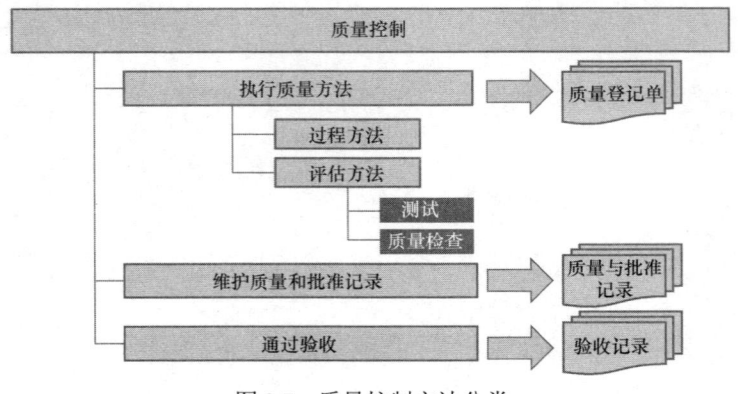

图9.7 质量控制方法分类

（1）评估方法通常指大家比较熟悉的物料检查、产品测试和成品抽检等，主要目的是按照约定的质量标准评估项目的阶段产品或最终产品的符合性，降低质量缺陷的数量，避免不合格产品的出现。

（2）过程方法是质量管理特别强调的工作方法，但是非质量出身的项目经理往往对这种方法不太熟悉。让我们依据 ISO 9001:2015《质量管理体系 要求》中给出的描述来看看过程方法是什么：

- "所有组织应该用过程来达成它们的目标。"
- 过程：用于将输入转化为预期结果的一组相互关联或相互作用的活动。

注意：输入和输出可以是有形的（如材料、部件或设备），也可以是无形的（如数据、信息或知识）。过程方法包括建立组织的过程，使这些过程作为集成的和完整的体系来运行。

- 管理体系集成过程和措施，以满足目标。
- 过程确定相互关联的活动及检查（项目），以便交付预期的输出。
- 需要时，可以对详细的策划和控制予以规定和文件化，这取决于组织的环境。

2．过程方法的介绍

让我们再通过对过程方法的描述，进一步加深对过程方法的理解。

"过程管理方法具有与传统管理方法不同的哲理，其基本思想是：从横向视角把企业看作一个由产品研发、生产、销售、采购、计划管理、质量管理、成本管理、客户管理和人事管理等业务过程按一定方式组成的过程网络系统；根据企业经营目标，优化设计业务过程，确定业务过程之间的联结方式或组合方式；以业务过程为中心，制订资源配置方案和组织机构设计方案，制订解决企业信息流、物流、资金流和工作流管理问题的方案；综合应用信息技术、网络技术、计划与控制技术和智能技术等解决过程管理问题。"

在项目管理领域，尤其是项目质量管理领域，大家比较推崇过程方法。过程方法主要侧重于通过提升项目过程的规范性减少犯错误的机会，其实是源于风险规避的套路。项目中的过程方法会有以下两种不同的表现形式。

第一种形式是大家比较熟悉的系统化管理机制，如项目管理体系、标准化体系或应用于项目的质量管理体系等，目的在于通过对项目过程进行系统化和标准化管理，让大家共同按照已有的最佳实践按部就班地开展项目工作，减少大家由于经验不足或依赖个人自由发挥时造成的问题。

第二种形式就是信息化和自动化，简单地讲就是用机器和信息系统取代人的工作。因为"人"是最大的不确定因素，人为失误造成的项目质量缺陷往往在项目总体质量缺陷数量中占绝大部分的比例。与人相比，机器和信息系统更加靠谱，出错很少，因此信息化和自动化的手段可以较大幅度地减少质量缺陷，还可以提升效率。

155

> **最佳实践**
>
> 在日本的工业领域有一种很著名的"防呆"机制，也叫作"POKA-YOKE"或"Mistake-proofing"，中文译为防呆法或愚巧法。这种方法是一种预防矫正的行为约束手段，运用避免产生错误的限制方法，让操作者不需要花费精力，也不需要经验与专业知识即可无误地完成正确的操作。这种方法来源于日本围棋与将棋的术语，后来被运用在工业管理上，尤其是在汽车和电子行业中，如丰田汽车和索尼电子，之后传播至全世界。大家知道，很多机器设备上都有阀门或开关，如果管理不善，就会经常因为误操作造成事故。例如，一个工程师正修理机器，这时候又来了另一个工程师或操作工，因为没有注意到有人在修理机器就把机器运转的开关打开了，结果机器突然启动，伤了正在维修机器的人，造成重大事故。为了避免类似的事故，企业采用了设备管理中的防呆机制，用特定的锁把机器的电源开关锁起来，每个锁的钥匙通常只有一把。如果一位设备工程师需要修理或维护机器，那么他首先需要为待修机器设立明确的维修状态标识，然后把机器开关旋转到特定的位置上，再用一把特制的开关锁把机器的开关给锁上，自己把开关锁唯一的钥匙带走，这样其他人想打开开关也是打不开的。自动化和信息化也可以提供非常有效的过程方法手段。例如，在制造业生产领域非常著名的制造执行系统（Manufacturing Execution Systems, MES），就是把生产车间的计划系统与各个执行单元的机器设备通过信息化平台集成和整合在一起。除了大幅提升生产效率和降低沟通成本，其优点之一是可以把生产区域的操作工出现误操作的概率降得更低。因为信息系统平台会自动进行控制，如果前面一道工序没有完成或未达到既定的质量标准的话，后面一道工序是没有办法被操作工启动的。在新产品项目的样品试制或试运行阶段，由于很多一线操作工不熟悉新产品的工艺流程，经常会出现误操作，通过 MES 可以有效地防止类似问题的出现。

在实际的项目质量控制工作中，把过程方法和评估方法有效结合使用，可以更好地确保项目的质量。通过控制项目的开展过程可以降低犯错误的概率，通过主动进行测试和质量检查来确保项目的质量。

9.3 质量评审技术

在项目质量控制的过程中，质量评审是其中最重要的活动，通常采用会议的形式，邀请相关的专家评委共同评审项目的阶段产品或最终产品是否符合预期的质量标准，以此作为项目团队批准产品的重要依据。质量评审会并不容易组织，因为参会的不是领导就是专家，而且大家很喜欢自由发表对项目的看法。质量评审会本来

第 9 章 控制质量，确保项目利益相关方满意

是邀请专家来帮忙把关的，是帮助项目团队评审项目产品是否符合质量要求的会议。如果会议没有控制好，有时不但没有达到评审项目产品、助力项目目标快速实现的目的，反而造成了项目范围变更和蔓延，产生适得其反的效果。PRINCE2 对质量评审技术的定义是："质量评审技术是其中一种评估方法，以文件评审的形式，评估产品与质量标准的一致性。"

质量评审不是在产品开发或生产现场进行实物测试和评审，而是组织评审委员以会议的形式，通过评估记录了产品测试结果的文件，来判断这个结果是否可以接受。这种方式的好处是，可以邀请更多项目利益相关方代表共同参与对项目产品的评审和验收，有利于项目产品得到更多人的认可，也有利于项目最终的产品验收和成果推广。

1．质量评审中的角色

在质量评审中有四个关键的角色（见图 9.8）。

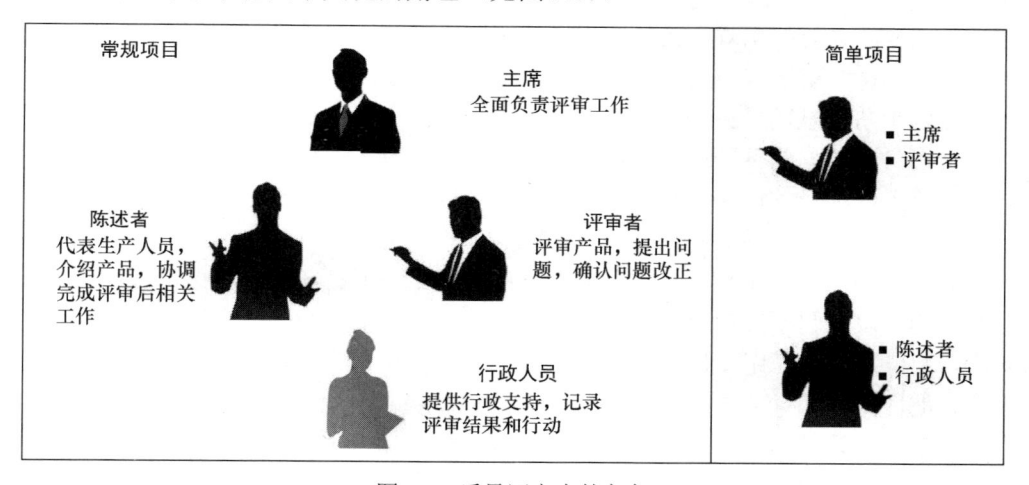

图 9.8　质量评审中的角色

（1）主席。任何时候开会必须有一个主席，如果没有主席来控制会议过程，大家很可能讲着讲着就跑题了，导致会议混乱，不能按时结束，甚至一直都没有机会讨论本该讨论的话题。因此，开会的时候必须有一个人负责控制整个会议，这个人就是会议主席。

（2）陈述者，就是做汇报的人。担任陈述者这个角色的通常是负责交付项目子产品的小组经理或关键任务负责人，负责举出材料和证据说明自己负责的子产品或工作包已经达到了预期的质量标准或遇到了什么样的问题。陈述者通常要准备充分的材料和报告，在会议上进行充分展示和讲解，尝试说服评审者支持自己的观点。作为合格的陈述者，在开会之前必须提前收集所需要展示的信息和数据，并进行整理和提炼，形成直观、明了的汇报报告，一定不能等到开会时现场再想该说什么，

157

耽误大家的时间。

（3）评审者，就是被大家称为评审委员会的领导或专家。他们负责代表项目的各个不同利益相关方，共同评审项目陈述者递交的项目材料，给出自己的意见。

> **特别提示**
>
> 一定要防止评审者在质量评审会上扩大项目的范围。对于质量评审这种类型的会议，评审委员应该只做符合性评价，这意味着只评价项目的产品是否符合项目立项时确定的质量要求，而不能对小组经理提出比项目立项时约定的更高的要求或额外的要求，造成项目变更。因此，项目经理和项目团队在组织质量评审会议前最好能给评审委员明确的评价标准，而不要让评审委员自由发挥。

（4）行政人员。在质量评审的时候，还得有人记录会议的决定，这就是我们所说的会议行政人员，这个角色是个服务支持型的角色。开会的目的不仅是讨论和交流，更重要的是要把所有达成的共识和决定记录下来，变成行动计划，并安排适合的人跟进。这些事情也会由行政人员这个角色来负责。

这四个角色是质量评审会的必备角色，缺一不可，但是有的角色是可以合并到同一个人身上的。项目经理在会议上不做陈述者的时候，也可以担任会议主席。在同一会议上，项目的评审者和陈述者一定不可以由同一人同时担任。

2. 质量评审会的召开

一个好的质量评审会是经过精心设计的，通常我们把质量评审会的过程分为三个不同的阶段，包括评审会前的准备阶段、评审会中的评审阶段和评审会后的跟进阶段。科学地设计和组织质量评审会非常重要。但在现实中，经常会出现会议不能聚焦主题，大家随意或过多发散性地讨论，经常卷入一些问题的细节中等情况，导致开会多、效果差。为了避免这种现象，建议做好如下工作（见图9.9）。

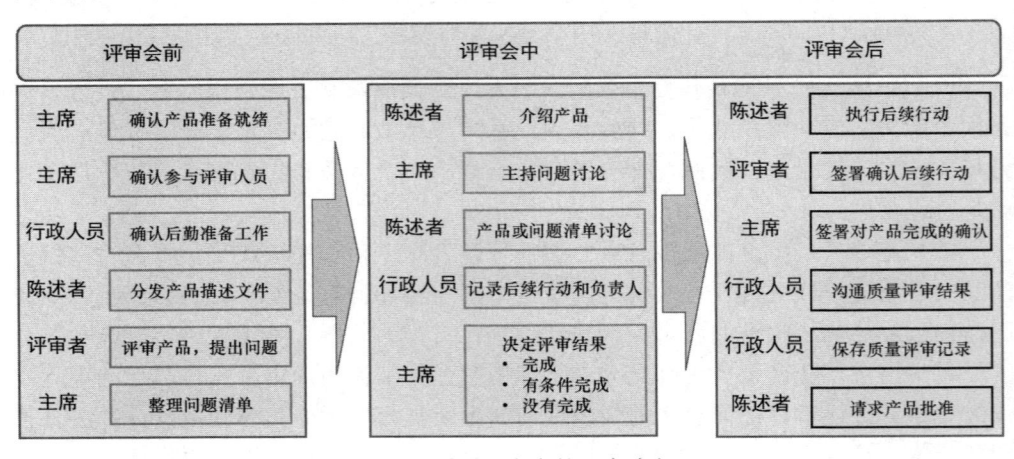

评审会前		评审会中		评审会后	
主席	确认产品准备就绪	陈述者	介绍产品	陈述者	执行后续行动
主席	确认参与评审人员	主席	主持问题讨论	评审者	签署确认后续行动
行政人员	确认后勤准备工作	陈述者	产品或问题清单讨论	主席	签署对产品完成的确认
陈述者	分发产品描述文件	行政人员	记录后续行动和负责人	行政人员	沟通质量评审结果
评审者	评审产品，提出问题	主席	决定评审结果 • 完成 • 有条件完成 • 没有完成	行政人员	保存质量评审记录
主席	整理问题清单			陈述者	请求产品批准

图9.9 质量评审会的三个阶段

(1) 评审会前的准备阶段。
- 由主席和行政人员做好行政安排工作。
- 由主席检查产品是否准备就绪、达到参与评审的条件，并确认哪些评审者可参加评审。
- 由陈述者向评审委员会分发产品和有关产品描述的相关文件，使评审者有充足的时间准备。
- 由评审者提前评审产品与相关产品描述中质量标准的一致性，并在评审前向主席和陈述者递交一份问题清单。
- 由主席在评审会前将汇总的问题清单统一交给陈述者。

(2) 评审会中的评审阶段。
- 由主席介绍参会人员。
- 由陈述者简要介绍产品，包括产品的目的、产品的客户、客户需求产品的原因及产品的用途。
- 由主席邀请每位评审者提出关于产品的主要问题，并组织评审委员会就这些问题达成共识，安排行政人员记录后续需要采取的行动和相关负责人。
- 由行政人员通过复述后续行动的方式再次和参会人员确认后续行动和相关负责人，确保大家都明确了自己的任务和职责。
- 由主席组织评审委员共同形成针对每个产品的最终决定。通常的决定分为三种：
  — 完成（产品符合目的，如所要求的那样）。
  — 有条件完成（在完成后续行动后，产品就符合目的了）。
  — 没有完成（产品需要另一次质量评审）。
- 由主席结束评审，并把评审结果通知到各个利益相关方。

(3) 评审会后的跟进阶段。
- 由陈述者执行在会议上决定的后续行动。
- 由评审委员会的各位评审专家评估后续行动的执行结果。
- 当所有的后续行动都已完成，由主席签署对产品完成的确认。
- 由行政人员与项目相关的小组经理和支持人员沟通质量评审的结果并保存质量评审记录。

特别提示

质量评审技术注意事项

（1）主席必须独立于评审的产品。也就是说，要评审的项目不属于主席，裁判员和运动员不可以是同一个人。

（2）评审者的产品质量检查工作必须在评审会之前完成。为了节省会议时间和大家的时间，不能等到开会时再去澄清很多本来在开会前就可以澄清的信息。最好让所有参与评审的委员在开会之前就看到所有的相关信息，并且确保大家手上的信息一致且都是最新的。

（3）在评审会上只识别缺陷，不需要讨论缺陷的解决方案。讨论解决方案需要较多的信息和较长的时间，不适合在评审会上进行，应该作为后续行动计划放到会后单独讨论。

（4）质量评审会上所有的讨论要有明确的主题和目的，避免开放式讨论，且只讨论被评审的产品是否符合产品描述的要求，一定不要尝试去改变原产品描述中定义的产品范围或质量标准，甚至为该产品制定一个更高的目标，否则就会造成项目范围蔓延或镀金的现象。

（5）对事不对人，这是开展质量活动的原则。质量评审只以事实、标准为基础，以项目立项时确定的产品描述为依据，在评审时不得夹杂个人情绪或猜测。

9.4 项目质量管理的卫道士——项目质量保证

项目质量保证（Quality Assurance，QA）是大家经常在项目中见到的一个角色，他经常监督大家的工作。项目质量保证是一个对项目管理非常重要的角色，肩负了在组织内部建立和维护项目管理机制和质量管理体系的双重职能。项目质量保证通常不隶属于项目管理团队，因为他要负责监督整个项目管理团队，也包括项目管理委员会，因此必须被独立在项目管理团队之外，既要参与项目工作，还要有直接的渠道单独向企业的高层汇报。由于项目质量保证有监督和审查的职责，很多时候需要主动挑出大家做得不符合企业要求的问题，并汇报给领导，故而经常得罪人，也常被大家误解。成为一个优秀的项目质量保证很不容易，因为他至少要扮演三种不同的角色，即老师、警察和医生（见图9.10）。

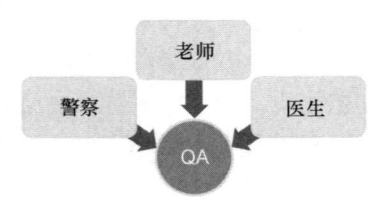

项目QA的职责：过程指导、过程评审、产品审计、过程改进、过程度量

图9.10 项目质量保证的职责

（1）作为老师，项目质量保证需要具备非常好的学习和培训他人的能力，因为不但要对项目管理机制、质量管理体系及公司内的各种规章制度非常熟悉，还要肩负培训和推广这些要求，以及推广项目管理和质量管理文化的重任。因此，优秀的

项目质量保证需要把自己培养成优秀的老师。

（2）作为警察，项目质量保证要负责监督项目管理团队是否真的严格执行了企业项目管理和质量管理的要求，确保项目管理和质量管理的相关要求在项目实际工作中落地，在过程管理中最大限度地确保项目成功。

（3）作为医生，项目质量保证要不断地收集项目中的相关数据，测量项目的绩效，分析项目各种绩效偏差背后的根本原因，并协助项目管理团队设计改进方案。

同时担任这样三种不同的角色是很有挑战性的，因为这些角色之间的差异是很大的，工作的方式、需要的技能不同，连对待他人的态度也是完全不同的，因此要经常切换自己的角色，调整和保持良好的心态。优秀的项目质量保证需要具备如下素质：

- 真正相信过程改进。只有发自内心地相信才能感染别人。
- 自我激励。即便身处逆境，也能克服不良情绪振作起来。
- 不畏惧失败。任何工作在第一次做时都不可能完美。
- 引导和激励其他人。只有几个人的改变不代表整个组织的成功。
- 分清工作轻重缓急，条理清晰。平衡工作的长期目标和短期利益。
- 不断充电。不断学习、思考、实践、再学习。
- 开心地工作。

本章小结

对项目经理来说，项目质量管理是确保项目实现预期目标和各利益相关方满意的关键；对企业来说，项目质量管理是确保项目成功，同时也是提升项目管理规范性的关键。作为优秀的项目经理，要通过不断学习和实践，学会正确地借助企业质量管理体系的力量，结合项目自身的特点，制定适合自己项目的质量管理框架和策略；认清项目内质量缺陷传递的路径和关键控制节点，制订适宜的项目质量控制计划，在项目过程中开展质量控制工作。在确保项目价值的前提下，最大限度地满足客户的期望。

第10章
管理风险，学会有效地应对不确定性

我一直觉得项目的风险管理是项目管理中最难掌握的技能，因为它体现的是项目经理和项目团队的预测能力和事前应对的水平。然而，在实际的项目中，风险管理往往被大家忽视，或者形同虚设，并没有真正发挥其应有的作用和价值。做好风险管理很不容易，因为要根据项目的目标、客户的习惯、产品的特点、类似项目的历史经验、项目交付团队的能力和自身组织的环境及文化等多方面因素来识别项目过程中的不确定性是什么、不确定性在何时发生，分析不确定性到底会对项目目标造成什么样的影响，以及可以采取哪些措施来应对这种不确定性。如果风险管理做得好，项目团队可以提前规避很多问题的发生或在问题发生前就已经做好了充分的准备；如果风险管理做得不好，项目经理和项目团队就会在项目过程中不断地忙于救火，还不一定能实现项目的目标。提前思考未来可能会发生的各种情况并预先分析各种可能的应对手段其实是很辛苦的脑力活动，因此很多人往往喜欢偷懒，等事到临头了再应对，但这也是卓越的项目经理和普通的项目经理之间最大的差异之一。预测未来这件事虽然辛苦，但同时也是最锻炼人的过程，不但可以帮助项目经理和项目团队以最快的速度提升能力，而且由于在项目中走的弯路比别人少，项目绩效一定比其他人好得多，会令领导、客户和同事刮目相看。

10.1 项目风险管理没有效果的三个主要原因

很多企业和项目团队并不是没有开展项目风险管理工作，而是虽然开展了项目风险管理工作，但并没有取得很好的效果。根据我自己的经验，项目风险管理没有效果往往是由以下三个原因造成的。

第一个原因，漫无目的地识别风险。

很多项目经理在组织项目团队识别风险时，并没有提前设计识别风险的逻辑，而是简单地把大家组织在一起头脑风暴，靠大家轮流发言和相互启发来识别风险。

头脑风暴是一个非常好的工具，但是作为头脑风暴的主持人，一定要能很好地去引导大家的思路，让大家按照不同的类别有序地、有逻辑地去识别项目风险。譬如，可以引导大家先把项目风险按不同维度分类，再按不同的类别识别，这样既能聚焦关键类别的风险，又不容易遗漏。项目风险分类的维度很多，常见的有按照项目的系统要素分类（环境风险、系统结构风险、行为主体风险等），按照项目管理的过程和要素分类（战略风险、计划风险、决策风险、技术风险等），按照风险对于目标的影响分类（成本风险、工期风险、质量风险、客户满意度风险等）及按照不同的项目利益相关方分类（客户风险、供应商风险、项目领导风险、项目成员风险等）等。

第二个原因，讲不清楚风险是什么。

在一些项目中，虽然把项目的某个风险识别出来了，但是不能给其他人讲清楚，或者识别出项目风险的人自己也不是很明白，只是了解风险的表象，并没有深究风险的本质。我们在前文中也有提到，很多项目经理经常泛泛地指出在项目中面临资源不足、时间不够、人员不配合、范围经常变更、客户需求经常发生变化、供应商不能按时交付，或者项目团队成员工作能力不强等风险。如果项目经理对于项目风险的解读仅仅停留在这个程度，那么就很难找到有效的应对措施或获得他人对项目的额外支持。作为一名称职的项目经理，在去跟别人提项目中的风险的时候，永远不能泛泛地讲资源不足、时间不够、人员不配合、项目范围总是变更或需求总是变化。正是因为项目中有这些风险存在，才恰恰需要项目经理这个角色来应对它们。合格的项目经理一定要把捕获的风险进行结构化分解，在分解的过程中弄清楚风险的本质和来龙去脉，这样才有可能真正了解风险，然后再用有条理的方式讲给其他项目利益相关方，获得他们的有力支持。

第三个原因，风险的应对措施落实不到人。

很多项目经理花费了大量的时间和精力组织项目团队成员共同识别出了很多项目风险，并且有针对性地制定了科学的应对措施，但由于没有能够把这些应对措施分派到合适的责任人身上而导致了实施效果不尽如人意。

上述的三个原因在各类企业实际项目工作中非常普遍，造成了很多企业项目绩效不能令人满意的现象。只有通过有效的项目管理方法，真正把项目风险管理的工作做到位，做扎实，做到关键点上，才能让项目风险管理方法在实际项目中发挥应有的作用。

10.2 风险 ≠ 不确定的事件

管理风险的前提是了解风险。什么是风险？英国内阁办公室《风险管理指南》中给出的定义是："风险是不确定的一个或一系列事件，一旦发生，将对目标的实现产生影响。"

> **特别提示**
>
> 风险一定是不确定的事件，然而，并不是所有不确定的事件都叫风险，只有对项目目标的实现产生影响的不确定的事件才叫风险。因为不确定的事件范围太大了，企业不可能都管，只能先关注与项目目标相关的不确定的事件。这一点，我以前在做全面风险管理体系的项目的时候特别有体会。那时我曾经帮助一个大型的国有制造业企业建立全面风险管理体系，从总公司到分公司分别梳理风险、制定风险应对措施、建立风险管控机制和体系。在这个过程中，我最大的体会是，如果让大家去识别风险，大家能识别出特别多的风险，因为日常许多工作都具有不确定性，企业内所有的事，只要后面加上一个问号，都可以成为风险。因此，在组织大家识别风险的时候，一旦让大家发散性地找风险，根本不用担心找不到风险，而是担心找出来的风险太多。找出的风险多本来不是坏事，问题是大家找出来的很多风险都是别人的风险，既不归自己管，别人也不认同。这种风险的责任人不好界定，是不是真正的风险也不好确定。另外，大家找出来了很多发生概率很低或影响不大的风险，如果管，会占用企业较多的资源；如果不管，确实又有发生的可能性。企业的资源是有限的，不可能全都投到管理不确定的事件上，尤其是一些对企业的主要目标影响不大的风险。因此，企业只能挑最重要的风险来进行管理。

对项目来说，项目经理和项目团队只需关心对项目目标有影响的风险，所以从项目一开始就要明确项目的目标是什么。项目的产出、成果、收益都属于项目的目标，而且这三个目标都很重要。因此，当我们识别风险的时候，对项目产品造成影响的风险要关注，对成果的转化造成影响的风险也要关注，对收益的实现造成影响的风险更要关注。

通常，风险可以被分成两类：一类叫威胁，指那些对目标有消极影响的不确定的事件；另一类叫机会，指那些对目标有积极影响的不确定的事件（见图10.1）。当我们识别风险的时候，不能只想威胁，还得想机会，而且很多时候，善于发现机会比善于发现威胁更重要。也就是说，在开展项目的时候，项目经理和项目团队不但要随时捕获对项目有威胁的事，还要挖掘潜在的机会，努力产生一些计划外的亮点，为项目创造更大的收益。大多数时候，抓住一个机会比规避一个不好的影响更容易获得大家的称赞。而且，大家一定要记住，一个成功的项目一定是一个有亮点的项目，如果项目经理和项目团队仅仅实现了项目的原有目标，那是项目经理的本职工作，只有在项目过程中抓住了额外的机会，在完成原有目标的基础上还创造出不同凡响的亮点，才能令人刮目相看。

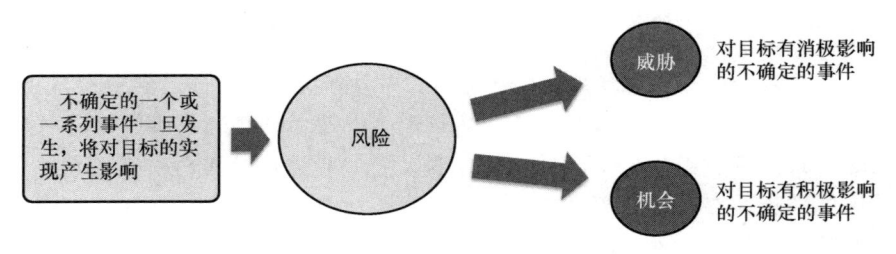

图 10.1　风险的分类

10.3　用三段论描述风险

把风险描述清楚是一件不容易的事。在很多项目中，我们看到大家都只是泛泛地谈风险，如资源不足、时间不够、人员不配合、供应商不能按时交付产品等，其实这些风险几乎在所有项目中都必然存在，根本不需要再次提出来，因为这就是成立项目团队和任命项目经理的原因。成立项目团队的目的就是希望在有限的时间内利用有限的资源，组织一群原本互相不配合的人去完成一个有挑战性的目标。因此，我们在项目中不能仅仅泛泛地谈风险，必须把风险描述成一个有前因后果的具体事件，从而引起大家的关注和重视。

要把风险描述清楚，得从企业的风险偏好讲起，因为不同的企业由于自身的环境和文化不同，对风险的认知和接受程度也是不同的。因此，我们至少要先想明白，在我们所处的行业、企业，什么样的风险才会引起大家的共鸣和关注。

1．风险偏好

风险偏好的意思是"组织对承受风险的独特态度决定了它认为的可承受风险的程度"。根据企业对风险的承受能力的不同，我们把企业分为风险追逐者、风险厌恶者和风险中立者。

案　例

我国现阶段的国有银行基本属于风险厌恶者，内部有非常严格的财务审批流程、合规管理体系、质量管理体系、风险管理体系和内控体系等，通过复杂的流程和各个不同角度的监控，全方位对员工的工作和行为进行管理，避免大家犯任何错误，避免承受任何风险。这样做也有不利的一面，尤其是当前我国处于向市场化转型的时期，在很大程度上拖慢了企业抢占市场的速度。我有一个长期合作的国有银行客户，近几年来，这家银行的信用卡中心已经成为国内公认的数一数二的信用卡中心，其信用卡业务也是这家银行盈利情况最好的业务。信用卡中心的市场部在这个过程里功不可没，一直在强力地带动整个信用卡中心走市场化道路，不断地根据客户的需求推出各类令人瞩目的新产品。然而，这是个很不容易的过程，每当市场经理或产品经理根据市场需求构思出一个新的产品时，后台合规部门、质量部门、内控部门、财务部门就纷纷站出来，提示市场经理这个新产品有各种各样的风险，如果不能规避这些风险，就不能推出这个新产品。因此，市场经理要花费大量的精力和时间向内部的相关部门证明这些风险其实并没有那么严重。这样做导致新产品上市的时间往往会比较长，有时甚至耽误了最佳的上市时机。然而，这样做的好处是，确保了所有产品都经过严格的推敲和论证才被投放到市场上，确保了决策的准确性。

国内有一些互联网企业，尤其是新生的互联网企业则是典型的风险追逐者。这类互联网企业基本的运营模式就是前期赔钱赚吆喝，先给投资人描绘一个美好的故事，拉风险投资，筹到钱后就高薪组建团队，大量做营销，用各种手段打破市场在该领域原有的平衡，通过更低的价格和更方便客户的方式抢占市场和抢客户，持续不断地砸钱，不盈利也没关系。当客户数量足够大的时候，就可以描绘出一个更美好的前景，再拉风险投资，再拿着投资人的钱做营销，发工资、发奖金。投资人也很聪明，只要这家公司被包装得够好，能被卖给下一个投资人，自己的钱就赚回来了，实在卖不出去了，就逼着公司上市，让股民接盘。

从项目风险管理的角度，我们必须首先搞清楚企业的风险偏好是怎样的，什么样的风险可接受、什么样的风险不可接受，以决定在项目风险识别和控制的时候要特别注意哪些风险以及可以忽略哪些风险。

有些项目经理因为不熟悉企业的风险偏好，有时提出了一些自己认为很重要但企业领导认为不重要的风险，结果得不到领导的支持和重视；反而，有时自己看起来不太重要的风险，领导却非常重视，一旦自己没有提前准备好充分的风险应对措施，就会受到批评。因此，对于需要关注哪些风险，项目经理和项目团队一定要结合企业的风险偏好来考虑。

2. 风险描述三段论

通常可以用三段论的方式来描述风险，即风险原因、风险事件和风险影响，并且要梳理清楚这三者之间的逻辑关系（见图10.2）。第一，要讲清楚风险原因，也叫风险源，是什么导致了风险的出现；第二，要描绘清楚风险一旦发生，它的表现形式是什么，这就是我们所说的风险事件，这个事件会发生在什么时间、什么地点、项目的哪个环节上，发生的概率有多大；第三，要讲清楚这个风险事件会对谁造成什么样的影响，程度有多严重。这就是我们所说的三段论，也是帮我们厘清风险前因后果的一种简单方式。

（1）当描述**风险原因**的时候，有两点需要特别注意。

第一点，不仅要描述造成风险的根源是什么，而且要说明导致风险根源的责任

第 10 章　管理风险，学会有效地应对不确定性

人是谁。因为如果只是就事论事地讲风险的原因，通常很难引起相关人的关注，而当我们把风险的原因和潜在的责任人关联在一起的时候，必然会引起该责任人或他所代表的利益相关方的关注，有助于促使他们协助项目团队寻找可行的风险应对措施。

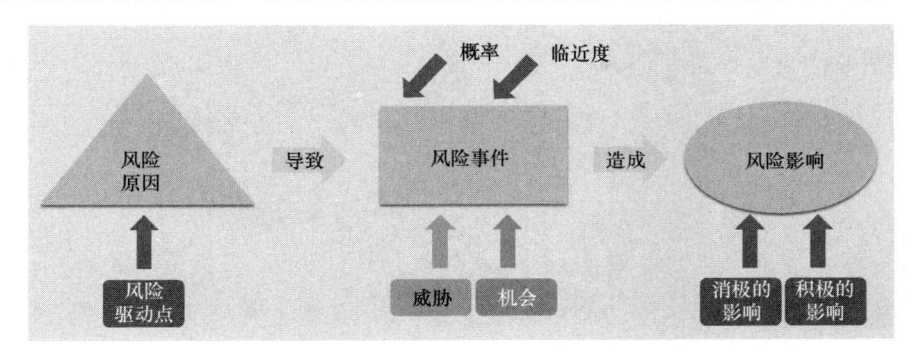

图 10.2　描述风险的三段论

第二点，在讨论项目风险原因的时候，有一个原则性要求，就是这个风险原因必须得在企业内部找。因为企业的外部因素往往难以控制，而识别风险的目的是能够更好地采取应对措施，所以必须更加关注内部可控的因素来避免外部的干扰。

案 例

很多项目团队都会把外包方不能按时交付项目子产品作为风险的原因，从项目风险管理的角度来看，这样做是不可取的。我们不能把风险的真正根源归结到外包方身上，因为外包方不是企业的人，和企业的利益是不一致的，他们有自己的动机和习惯，有自己工作的优先级和目标，很少基于项目目标考虑。对企业的项目来说，这个风险真正的原因可能有两个：第一，负责选择外包方的部门没有能力找到既符合要求又可靠的外包方；第二，负责管外包方的部门没有真正把外包方管理好。这样就把一个外部不可控的风险因素转变成企业内部甚至是项目内部的风险因素了。

有些项目团队把项目计划和范围经常改变的原因归结为客户需求经常改变，这样这个风险貌似就不可控了。其实，这个风险真正的原因应该是项目团队中负责客户需求的人没有在项目立项阶段了解客户的真正意图或者没有能力正确引导客户的需求。如果我们的经验足够丰富、专业能力足够强，比客户更明白其真实的痛点和意图，那我们就可以引导客户按我们所期望的方向开展项目，而不会经常出现被动变更的现象。

（2）当我们描述**风险事件**的时候，首先要明确的是，这个风险是威胁还是机会，发生的概率有多大，什么时候会发生。对于风险来说，发生概率的大小是相当重要

的因素，如果风险发生的概率大，即使影响不是很大，大家也会非常关心，如预订不到会议室的风险；如果风险发生的概率很小，即使影响非常大，大家通常也不太会关心，如地震、战争等。因此，如果项目经理希望自己提出的风险能够引起大家的重视，获得领导的支持和大家的帮助，就不要忘记提及风险发生的概率，而且要把风险发生的概率描述得非常高。例如，有的项目经理在汇报项目的时候会提及项目所需的某种专业项目资源不足的风险是20%，这很难引起大家的重视；如果这个风险发生的概率是80%，则情况就完全不一样了。

其次，在描述风险事件时，描述风险发生的临近度也很重要，因为大家都很忙，会本能地先关注近期会发生的事，把远期发生的事放一放。例如，如果项目经理在汇报项目时，汇报了一个非常重要的风险，虽然这个风险一旦发生会给企业带来非常大的损失，但是要10~15年之后才可能发生，那有多少在座的听众会真正关心这个风险呢？根据我的经验，绝大部分人只关心在自己任期内会发生的风险。如果项目经理不提及风险发生的临近度，或者听取汇报的人发现这个风险不在自己的任期内，那么他们很有可能就不关心这个风险了。

> **特别提示**
>
> 大家一定要记住，企业内大部分员工只关心影响自己绩效考核的事件，如果项目经理希望自己提出的风险能引起某个关键利益相关方的重视和支持，那就必须让这个利益相关方明白风险事件会在他的任期之内发生，可能会影响他的利益，而且发生的概率比较大。

（3）当我们描述**风险影响**的时候，要明确风险会直接影响项目的哪个目标，是项目的产品工期、成果转化，还是收益实现。影响的项目目标不同，被影响的利益相关方就不同。明确被风险事件所影响的项目目标有利于获得与该目标相关的利益相关方的关注和帮助。如果我们谈的是对项目产品交付的工期、交付质量或交付成本方面的影响，那么就容易引起项目建设方的关注；如果我们谈的是对项目成果能否顺利转化、产品能否顺利推广的影响，那么就容易引起项目使用方的关注；如果我们把项目风险所造成的影响与项目收益关联上，那么就容易引起项目管理委员会和企业相关领导的关注；如果我们把项目风险造成的影响与企业的战略落地关联上，那么就容易引起企业高层领导的关注。

> **特别提示**
>
> 很多项目经理在描述项目风险影响的时候会犯一个错误。当风险影响被项目经理描述完之后，如果听取汇报的人发现受影响的只有项目经理，那么这个风险跟他就没太大关系，他也不太会关心这个风险。例如，很多项目经理喜欢把风险影响描述为"项目工期延迟，人员不配合，项目整体资源不足，客户对

项目产品不满意或预算超支",听起来貌似是对风险影响合理的描述,但仔细想想,这些不就是项目经理被考核的指标吗?如果这些状况真的发生了,不恰恰说明项目经理的工作没做好吗?那么,当大家听取了项目经理这样的汇报之后,首先想到的一定是必须通过监督项目经理,让项目经理更加努力地工作,来避免这些问题的出现。对于项目经理来说,如果汇报风险的结果是让更多的领导或项目成员来监督自己的工作,那还不如不汇报。风险汇报的问题出在哪儿呢?其实出在项目经理没有把风险影响进一步分解,分解到对更具体的事件的影响上,如对项目子产品或任务的影响。因为项目经理的职责就是整合项目中的所有资源,关注项目中所有的事,进行整体组织和协调,而把专业的工作留给项目中的专项任务负责人。如果项目整体出现了问题,要么是项目管理委员会的方向或决策出了问题,要么是项目经理的组织协调工作出了问题。因此,如果风险影响的是整个项目,那么大家往往会认为项目经理的工作没做好,如果风险影响的是项目中的某个具体事项,那么该事项的负责人一定会特别关注这个风险,积极地协助项目经理避免风险的发生或想办法降低风险对自己造成的负面影响,以免自己在项目中的正常工作和绩效受到影响。

因此,在描述项目风险影响的时候,一定要描述清楚,除了项目经理,还有哪些利益相关方会受到直接的影响,那么受影响的利益相关方就会关注这个风险并给予支持和帮助;如果受影响的是整个企业,那么很多项目利益相关方都会特别关注这个风险,并给予积极的支持和帮助。

掌握项目风险三段论的描述方法,是项目经理管理风险的基础,也是必备技能。然而在现实中,能用三段论把项目风险描述清楚的项目经理或项目成员少之又少,这也是项目风险一直管理不好的重要原因。因此,提升项目风险管理水平,一定要从正确描述风险开始。

10.4　风险管理全景图

风险管理是一个专业性很强的领域,涉及的知识和内容非常庞杂,有很多不同的流派和分支。作为项目经理,你并不需要掌握那么复杂的风险管理技巧,但至少得学会进行风险管理的基本步骤。虽然风险管理的流派很多,不过风险管理步骤大同小异。我个人的体会是,英国内阁办公室的《风险管理指南》是一个很适合管理项目风险的方法论,它把风险管理分为风险识别、风险评估、风险计划和风险实施四个步骤,并且强调了贯穿整个风险管理过程的"沟通"机制(见图10.3)。

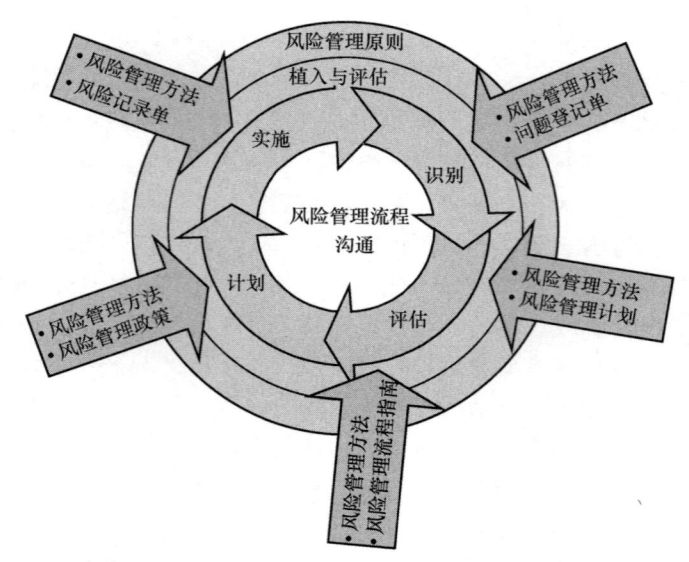

图 10.3　风险管理全景图（英国内阁办公室《风险管理指南》2010 版）

10.5　风险管理的第一个步骤：风险识别

风险识别分为识别环境和识别风险两部分。

1. 识别环境

在识别环境这个步骤中，项目经理和项目团队要了解清楚两大类信息：第一类信息是项目团队外部要求的信息。项目经理首先要了解企业内有哪些与风险管理相关的要求。由于项目是在企业的整体风险管理框架或体系之下运行的，因此必须遵循企业风险管理的整体要求。如果项目是企业某个项目群的子项目，项目经理还要获取项目群对项目风险管理的要求或策略；如果企业内有 PMO，而且 PMO 有风险管理相关的流程和制度，项目经理就需要充分了解 PMO 在项目管理流程制度上的要求，尽量借鉴或遵循相关的要求；如果同行业有项目风险管理的实践经验，项目经理和项目团队也要学习和汲取他人的实践经验，让自己少走弯路。

第二类信息是项目自身特点的信息。不同类型的项目的风险是不同的，这意味着风险管理的侧重点也不同。项目经理和项目团队需要充分了解自身项目的特点，如项目产品的复杂程度、创新性，项目团队和项目客户的特点等，这些都会导致项目出现不确定性。

识别环境的目的是帮助项目经理和项目团队为项目风险管理工作划清管理边界，确定风险管理的范围和侧重，根据这些信息制定项目风险管理的整体指导性文件，也叫作项目风险管理指导策略，用来指导项目经理和项目团队在整个项目生命周期中开展风险管理活动（见图10.4）。通常，项目风险管理的指导策略包括项目风险管理所需要遵循的原则和标准、风险管理的步骤、规定使用的工具和技术、沟通和汇报的时间与方式、需要保留的记录和相关的角色与职责等。

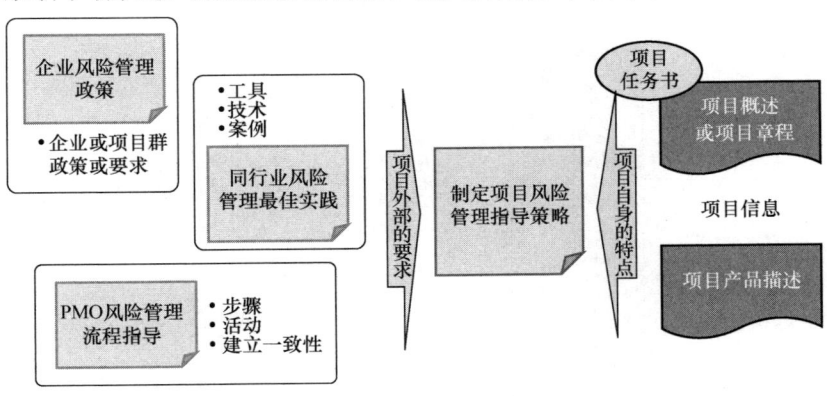

图10.4 项目风险管理指导策略的制定

2. 识别风险

识别风险的目的是在已经划定的边界范围之内，把所有的威胁或机会一个一个找出来，整理在一张表格上，列成风险记录单（或者叫风险清单），如图10.5所示。

通常，识别项目风险这件事情不建议由项目经理自己一个人做，最好采用头脑风暴法，组织项目团队成员及可以邀请到的专家一起集思广益。在组织大家一起做这件事情的时候，一定要预先把风险识别的边界画出来，如果条件具备的话，最好能为大家提供一个风险提示清单（在项目中有可能产生风险的领域或事项的清单），起到抛砖引玉的作用。

为了能够系统性地识别项目风险而不造成遗漏，需要按照一定的逻辑和分类来识别。通常来说，项目风险识别可以沿着三条主线来识别（见图10.6）。

第一条主线，按照项目计划的工作路径识别。

制订项目计划的时候往往是识别风险的最佳时期。因为制订项目计划的目的也是规避风险。制订项目计划的过程是项目经理在组织项目团队开始实施项目之前，先组织大家搞清楚项目的目标具体是什么，实现目标的路径是什么，方法是什么，过程是什么。整个项目团队无论是采取沿着项目正向实现目标路径的方式，还是采取基于项目目标反向推到项目起点的方式，都会在完善项目计划的过程中，识别出项目在未来开展过程中所存在着大量的不确定性。那么，这些被识别出的不确定性就需要作为项目风险被记录下来。

第二条主线，按照项目产品分解的结构识别。

在项目团队沿着工作的路径识别风险时，会识别出很多具体工作内容或活动层面的不确定性。作为典型的目标管理型工作，除了实现过程的风险，我们还要关心

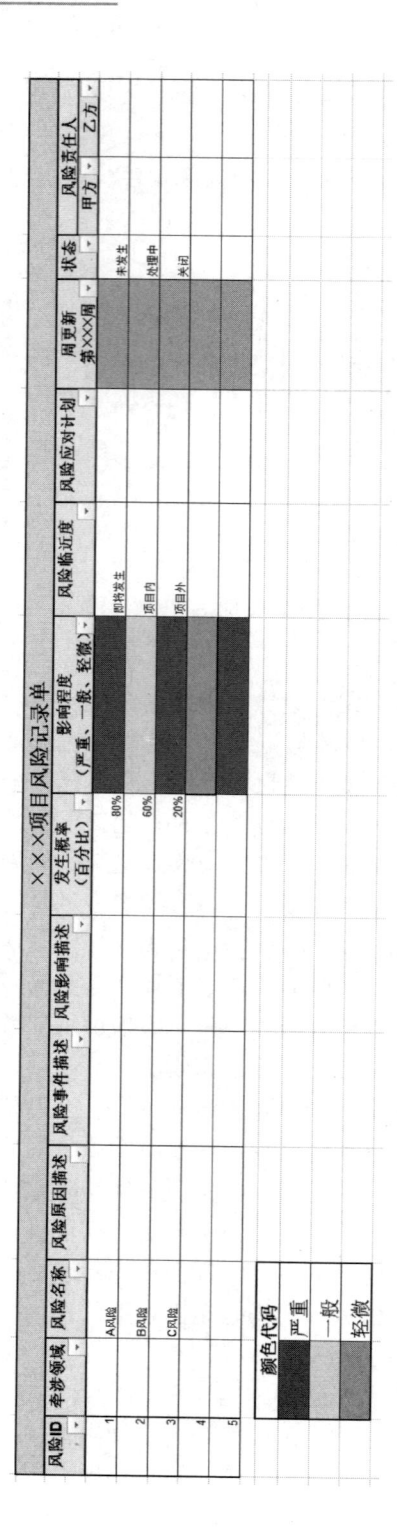

风险ID	牵涉领域	风险名称	风险原因描述	风险事件描述	风险影响描述	发生概率（百分比）	影响程度（严重、一般、轻微）	风险临近度	风险应对计划	周更新	状态	风险方	风险责任人
1		A风险				80%		即将发生		第×××周	未发生	甲方	乙方
2		B风险				60%		项目内			处理中		
3		C风险				20%		项目外			关闭		
4													
5													

颜色代码		
严重	一般	轻微

图 10.5 项目风险记录单（示例）

第 10 章　管理风险，学会有效地应对不确定性

项目结果的风险即项目目标本身的风险。当项目经理接到项目任务书的时候，项目目标不一定是非常清晰的，很多时候还需要项目经理组织项目团队成员把项目目标进一步讨论清楚。项目目标定义了项目团队最终要交付的结果，也有可能是产品，也有可能是收益。如果项目目标是项目产品，我们要把产品进行分解，化整为零。首先定义我们的项目最重要的产品是什么，这个产品由哪几部分组成，每个组成部分又将从何而来？再往下面逐层分解，每个组成部分由哪些元素构成，可能会用到哪些技术？譬如，一个装备研发类的项目，最终的产品会是一个系统性的装备，所以首先要定义装备的主系统，主系统会被分解为子系统，子系统会被分解为模块，模块会被分解为零部件和技术。在这个分解产品的过程中，我们也会发现在整个产品的结构中，有些部分是我们很有把握的，有些部分是有少许不确定性的，有些部分可能需要"从 0 到 1"进行创新。那么，这些被识别出的不确定性就需要作为项目风险被记录下来。

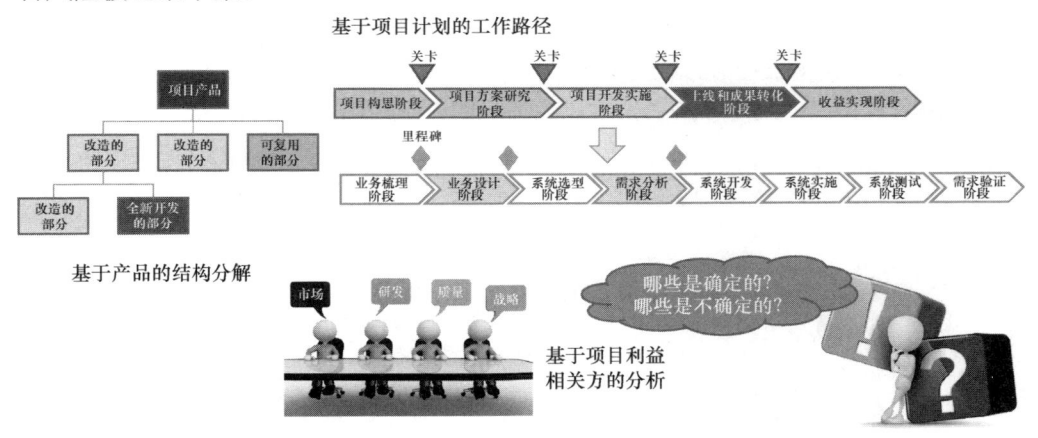

图 10.6　项目风险识别的三条主线

第三条主线，根据项目利益相关方所承担的角色和职责识别。

在开展项目过程中，项目的风险主要来源于两方面：一方面是技术上的风险，另一方面是人员的风险。技术风险的大小主要取决于我们对于未来即将实现的产品及我们所要采用的技术本身的一种熟悉程度和掌控程度。人员风险的大小取决于我们对项目这类临时性工作的组织管理能力。

项目的利益相关方不好管理是必然的，因为项目是创新的载体和组织保障机制。而且项目所承载的创新，大多不是持续改进类的创新，而是偏向于颠覆式的创新，这类创新往往来源于跨界冲突，也就是不同利益相关方之间的冲突。而成功的项目管理一定是通过有效的管理机制让这个跨界创新的过程一直保持在一个受控的状态，既可以通过持续冲突和碰撞来创新，又不至于因冲突失控而导致我们所不希望看到的不良后果。为了确保项目受控的环境，在项目初期，对所有的项目利益相

173

关方进行充分分析，预测不同项目利益相关方未来可能的行为并据此提前建立项目受控机制是每个项目经理必须做的。

10.6 风险管理的第二个步骤：风险评估

风险管理的第二个步骤是风险评估，这个步骤又可以分为两个小步骤，即风险估算和风险评价。

1. 风险估算

风险被识别出来之后，接下来要评估风险记录单中的每个风险，我们把这个过程叫作风险估算。在风险估算的过程中，我们需要仔细分析风险记录单中每个风险发生的概率和造成的影响，并尽量做到量化（见图 10.7）。当我们评估风险概率和风险影响的时候，一定要对所有的风险进行优先级划分，确定哪些风险是要优先处理的，哪些风险可以先放一放。如前文所讲，由于企业和项目的资源有限，并不是所有的风险都要处理，更没有办法同时处理所有的风险，因此，要进行风险的优先级排列。在进行风险优先级排列时，还要考虑风险临近度，确保优先处理即将发生的风险。

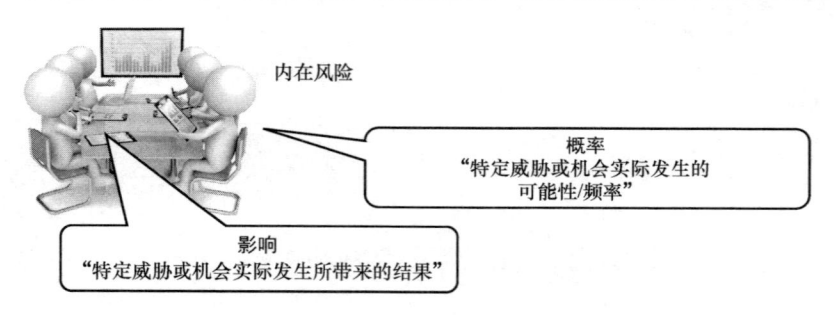

内在风险

概率
"特定威胁或机会实际发生的可能性/频率"

影响
"特定威胁或机会实际发生所带来的结果"

考虑的因素：成本、时间、质量、范围、收益

图 10.7　风险估算考虑的因素

2. 风险评价

对于项目经理和项目管理委员会来说，既要关注项目中的单个风险，也要关注项目中所有的风险累加在一起之后对项目造成的总体影响，即项目的总体风险水平，通常用项目风险的预期货币价值衡量。项目风险的预期货币价值等于项目中所有风险的预期货币价值（每个风险影响的货币价值×该风险发生的可能性的百分比）之和。

之所以采用预期货币价值的方式来评估项目的整体风险水平，是因为项目中会有各种各样的风险，每个风险造成的影响是不一样的，有的可能会影响时间，有的可能会影响收益，有的可能会影响质量，不同类别的风险放在一起既不好比较，也不好叠加。因此，按照通用的做法，项目团队要努力把所有风险的影响都进行货币量化即核算成钱。而且，当我们把风险的影响核算成钱以后，也更容易引起企业高

层领导的重视，因为与企业财务报表直接关联，高层更容易理解。

对于每个项目，项目经理一定要能准确地估算其货币价值是多少，不能仅仅描绘它的收益，还要关心项目中多少收益是有风险的。例如，在没有估算风险的情况下，某个项目预计可以赚 1 000 万元。在计算了项目的预期货币价值以后，很有可能发现该项目虽然可能会赚 1 000 万元，但存在赔 2 000 万元的风险，这时候大家就得掂量这个项目要不要做了。项目与股票类似，都属于投资行为，在投入任何项目之前，必须认真地分析风险，平衡风险和收益之后再做出决定。

在项目中，有一些风险的影响是无形的，如对品牌的影响，将这类影响核算成预期货币价值有一定难度，但也是可以估算的。其实，品牌也是有品牌价值的，品牌价值的大小决定了企业盈利的多少。如果项目的收益是提升企业品牌，那就要先估算对品牌价值提升的程度，再根据自己企业的历史经验或类似品牌的历史经验来类比估算品牌提升可能为企业增加的营业收入。

10.7　风险管理的第三个步骤：风险计划

1. 风险的应对策略

分析和选择风险的应对策略是风险计划的前提。把风险找出来的目的不仅是给大家预警，更重要的是分析和选择风险应对策略，最大限度地降低风险对于项目目标的消极影响，提升积极影响（见图 10.8）。

通常我们把风险应对策略分成两类：一类是威胁的应对策略，另一类是机会的应对策略。

（1）威胁的应对策略。以下应对策略从几个不同的角度来应对威胁，各有利弊。

威胁的应对策略	机会的应对策略
规避	利用
降低 后备和应急计划 转移	强化
接受	拒绝
共享	

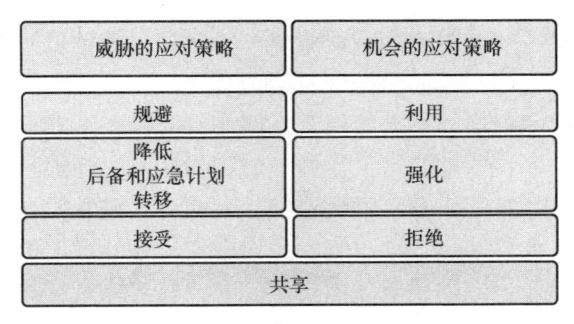

图 10.8　风险应对策略

- 规避：根据风险的原因想办法应对。例如，我们之前提到的外包方不能按时交付项目子产品的风险。这个风险产生的原因是负责选择外包方的部门没有能力找到更靠谱的外包方，导致项目团队不能按时收到外包方交付的项目子产品，造成项目延期。按照规避的策略，可以采取的措施包括：不用外包方，由自己企业的人来替代外包方在项目中的工作；更换负责选择外包方的部门或责任人，让有能力找到更靠谱的外包方的人来承担选择外包方的工作。

- 降低：从风险事件出发，分析如何降低风险事件发生的概率或降低风险事件造成的消极影响。在前面外包方的风险事件中，可以考虑通过对外包方进行培训来提升其能力，或者在外包方实施过程中由我方经验丰富的项目成员对外包方进行更严格的监控，以及与外包方建立多维度的沟通机制等不同的措施来降低风险事件发生的概率及风险的影响。
- 后备和应急计划：从风险的结果出发，重在提前准备好风险事件发生后的应对手段。在前面外包方的风险事件中，通常的后备手段包括准备另一外包方作为备份，或者提前找好可替代品等。
- 转移：从风险结果出发，重在把风险带来的影响转嫁到其他利益相关方身上。转移的标准做法通常有两种：一种是买保险，也叫保险转移；另一种是合同转移。在前面外包方的风险事件中，可以通过与外包方签订带有惩罚条款的商务合同来转移风险的消极影响，在合同中规定，如果由于外包方提供的产品不合格造成项目中的任何时间损失，都由外包方负责承担。
- 接受：顾名思义，就是没有什么具体的应对措施。在评估风险之后，如果认为风险影响不大，则可以考虑接受风险。
- 共享：也是从风险的结果出发，如果某个风险由项目团队独自应对比较困难，可以考虑与其他项目外部利益相关方共同应对。例如，在前面外包方的风险事件中，可以考虑联合其他几个项目团队共同选择和管理外包方，这样把握更大，而且平摊到每个项目团队上的投入相对会少很多，如果风险事件发生了，也可以大家共同面对、共同分担、共同解决。

（2）机会的应对策略。机会是对项目目标有积极影响的不确定性，在项目中时常会碰到，如果处理得当，有助于项目团队更快、更好地实现项目目标，甚至扩大收益或增加额外的收益。例如，外包方不能按时交付项目子产品这件事也可能是个机会，因为通常供应商的品牌和能力不强的时候，往往价格会比较低。所以这里的机会是，虽然负责选择外包方的部门没有能力找到更靠谱的外包方，但项目团队有可能以此作为理由进一步说服外包方降价，使项目的总体成本进一步降低。利用、强化、拒绝和共享适用于机会的应对策略，各有利弊。

- 利用。当在项目中发现有积极影响的不确定性时，大多数人会愿意抓住这个机会，尽量把这个不确定的机会变成确定的收益，这就是我们所说的利用。在外包方这个例子中，虽然我们已经知道这家外包方的交付不太可靠，但是因为有可能以此作为理由说服外包方进一步降低价格，因此，项目团队也可以利用这个机会来降低成本，提高项目收益。
- 强化。在外包方这个例子中，当发现这是一个有可能降低成本的机会的时候，也可以考虑如何扩大这个机会的收益。例如，可以考虑把更多本来计划委托给其他外包方的工作也都委托给这家交付时间不太靠谱但价格相对便宜的外包方，然后与这家外包方进一步进行商务谈判，压低总外包费用，降低项目整体成本。

- 拒绝。有时候虽然可以看到对项目目标有利的机会，但鉴于种种原因，可能会放弃这个机会，这就是拒绝。拒绝通常是项目团队考虑了项目整体的机会成本，平衡了投入、收益、风险和机会成本等不同因素后综合的结果。当然，在外包方这个例子中，即使可以看到降低成本的机会，但为了确保项目按时交付，还是决定放弃进一步压低价格的机会，以免本来就不靠谱的外包方变得更加不靠谱。
- 共享。机会也是可以和他人共享的。在外包方的例子中，可以选择和其他项目团队共享这个机会，把其他项目团队的工作也委托给这家外包方，然后联合其他项目团队共同和外包方进行商务谈判，给外包方施加压力，降低外包费用，几个参与的项目团队共同节省项目成本。

2．风险应对策略的选择

通常，项目经理和项目团队在分析和思考风险应对策略的时候，应该本着全方位思考或系统化思考的原则，把所有可能的应对策略都考虑到，然后比较不同应对策略之间的优缺点，最终挑选一个或几个最适合的应对策略并制订实施计划。

在比较和选择应对策略时，通常应从以下几个角度来考虑：
- 对项目计划的影响。
- 对项目业务价值的影响。
- 是否会带来新的风险。
- 投入与收益的最佳比例。

10.8 风险管理的第四个步骤：风险实施

1．授权

每个风险应对措施都必须落实到人，而且必须至少落实到两个角色身上：一个角色叫风险负责人，通常是手握资源和权力的领导；另一个角色叫风险执行人，通常是一个职级不高但是有足够的时间和精力实施应对措施的项目成员。需要注意的是，针对同一个风险，负责人和执行人最好不是同一个人，因为负责人负责提供所需资源、做决策并监督执行人实施风险应对措施，而监督和被监督这两个角色不应该被集成到同一个人身上，否则会出现问题。例如，如果项目团队授权了一位手握资源和权力的领导同时担任风险负责人和执行人，由于该领导非常忙碌，再加上这个风险在该领导心目中不是特别重要，该领导很可能抽不出宝贵的时间来实施风险应对措施；如果项目团队授权了一位职级不高但有较多时间参与项目的项目成员同时担任风险负责人和风险执行人，即使该项目成员有非常强烈的意愿实施风险应对措施，但限于缺少资源和权力，很可能无法推动风险应对措施的落地。经验证明，只有把风险应对措施落实到一个有资源、有权力的领导和一个有时间干活的项目成员身上时，风险应对措施才更容易落地。

在落实风险应对措施的责任人时，如何选择合适的人来承接风险应对措施也要慎重，并且需要项目团队的全体人员达成共识，这样才能确保风险应对措施切实落地。通常情况下，风险应对措施需要组织项目团队开会来共同分派或自己认领。在分派的过程中，一定要注意避免如下错误（见图10.9）。

图 10.9 风险应对措施分派时的常见错误

（1）不要把项目的风险应对措施全都分派给项目经理。

对于项目的成败，项目经理一定是主要的负责人，也是第一负责人。可以这么讲，所有由于项目风险管理不当造成的问题，理论上都是项目经理的问题。所以即使风险应对措施不落实给项目经理，项目经理也一定会责无旁贷地关心风险应对措施的落实情况。当在项目中分派风险应对措施时，项目经理最好不要把所有的风险责任人的角色和职责都放在自己身上。项目中的风险是需要项目的所有相关方共同分担的，而不能全由项目经理一个人独自承担，即使项目经理能力再强，也不可能具备独自解决所有项目风险的能力。项目经理所要扮演的角色，是积极主动地组织所有的项目成员和项目利益相关方共同出力，互相配合，分别承担适合自己的风险应对措施，相互协助和支持，共同应对项目风险。

（2）风险应对措施的分派对象不应该是"大家"，而应该是一个唯一的责任人，当然，其他人可以作为资源来协助这个唯一的风险责任人。

其实，在任何一种管理机制下，责任人都应该是唯一的，两个人都不合适，三个人就更不可取。事实告诉我们，一旦把某件事的责任落实到两个或三个人身上甚至更多人身上，就很可能出现事情没人管的现象，因为每个人都以为其他人会负责。而且一旦事情出现问题，会很难确定责任人，因为责任人是大家。很多人对大家的事和自己的事的重视程度是完全不一样的，再加上很多企业都有法不责众的潜规则，这就导致很多人都不拿大家的事当回事。

（3）不能"光拣软柿子捏"，把风险应对措施分派给无权左右自己的项目成员。

这一点在前文中也特别提到过，在很多企业的项目工作上很常见的一种现象是，大家都不愿实施的风险应对措施往往会在集体会议上分派给地位最卑微、最没话语权的人。但他并不一定是最适合承担这项任务的人，而且也不一定很情愿，只是没有反抗的能力而已。但是，作为项目经理，需要站在项目的整体角度考虑问题，必须尽最大的努力让最适合的人来承担相应的职责，只有这样，才能确保最佳效果，因此，要避免不合理的集体分派。

（4）不能简单粗暴地把项目的风险应对措施分派给缺席会议的人。

还有一种现象也很常见，谁没来开会，就把风险应对措施分派给谁，因为他没有在场，所以默认他同意。但实际上没有来开会不代表他同意，很可能他内心是不同意的。大家趁他不在场，没有辩解的机会，就直接分派给了他，他也不一定接受，也就很可能导致被分派的风险应对措施无法落地实施，影响了整个项目的结果。

2．监督

项目经理需要在实施风险应对措施的过程中监督落实的效果。通常，项目经理需要重点关注以下几点：

- 风险应对措施是否被实施。
- 实施风险应对措施之后是不是有效果。
- 在实施风险应对措施的过程中是不是带来了新的风险。

3．控制

如果项目经理发现计划的风险应对措施没有达到预期效果，就需要尽快采取纠正行动。

10.9 贯穿项目风险管理的沟通和汇报机制

在项目管理的理念里，项目风险管理的成功离不开项目全体成员的密切协作和共同努力。为了确保项目团队在风险管理工作上的高效协作，项目的沟通和汇报机制中一定要包括风险管理的内容。

按照沟通和汇报的触发方式不同，项目的沟通和汇报机制可以分为两大类，一类是按时间触发的沟通和汇报，另一类是按事件触发的沟通和汇报。

1．按时间触发的沟通和汇报

按时间触发的沟通和汇报指在预先设置的阶段区间内发生的沟通和汇报活动，如项目的周报、月报和季报等。风险管理的沟通和汇报一定要与按时间触发的沟通和汇报机制相结合。因此，通常在项目团队周报、月报及各类定期的项目进展报告模板中，一定会有一部分内容是用来汇报整个项目当前的风险管理状态的，包括前期已识别的项目风险的状态，新识别了哪些风险以及这些新识别的风险的概率、影响、临近度、应对措施和责任人。

2. 按事件触发的沟通和汇报

按事件触发的沟通和汇报指在某一特定事件发生时所触发的沟通和汇报活动，如项目的立项申请、阶段工作的结束、变更请求的出现、重大问题的出现、重大风险的识别等。按事件触发的沟通和汇报机制往往会与项目组织的分层授权机制相结合，项目经理和项目团队需要按照项目组织在分层授权机制上的要求，根据事件的影响和重要程度逐级上报至合适的决策层。项目风险作为一类典型的特别事件，其沟通和汇报也需要遵循逐级上报的要求。在项目实际工作中，项目经理和项目团队应该在风险环境识别的步骤中确认项目组织需要遵循的风险管理政策和具体要求，然后在风险估算和评价的步骤中确定项目中所遇到的不同风险事件的风险等级及项目整体的风险水平，再根据风险管理政策的要求准备汇报材料，依据汇报流程逐级汇报项目的风险和建议的应对措施，并根据决议迅速实施和评估实施效果。

在沟通和汇报风险的工作过程中，一定要遵循风险描述三段论的方式来沟通和记录每个识别出的风险，确保风险描述的科学合理性。这是风险可以被大家重视和有效应对的基础。

总而言之，在项目风险管理的整个生命周期过程中，项目管理团队与项目外部的利益相关方之间建立及时、有效的沟通和汇报机制是至关重要的。项目经理是组织项目中所有利益相关方共同识别风险、评估风险、制定应对措施和实施风险应对措施的第一责任人，但风险管理工作是项目团队所有人的共同责任。只有确保围绕风险管理的项目沟通和汇报机制科学有效，才能实现项目风险管理的预期效果。

本章小结

在项目中开展风险管理包括识别、评估、计划和实施这四个基本步骤，缺一不可。作为合格的项目经理，在接到项目任务的那一刻起，就应开始策划建立项目的风险管理机制；在项目进入实施交付阶段前，一定要确保项目风险管理机制已经就位；在整个项目的实施过程中，始终通过有效的风险管理机制组织整个项目团队共同识别、评估和控制项目中的各种不确定性，努力把项目过程中的不确定变为确定，减少项目中的意外事件，努力做到通过事前预防替代事后救火，减少不确定性造成的消极影响，扩大不确定性造成的积极影响，确保项目成功。

风险管理是项目经理修炼的终极目标，也是项目管理中最难的环节。优秀的项目经理一定都是善于在项目中通过事前预防替代事后救火的项目风险管理的高手。

第 11 章

量化指标，实现基于项目的考核和评价

项目管理办公室（PMO）负责人、企业管理部门和人力资源管理部门等比较困扰的一个问题就是，如何对项目进行考评？如果没有评价项目成功的标准，也就没有项目绩效考核的依据，项目管理者在项目管理工作中就找不到抓手，即使能看到项目工作中的很多问题，也很难推动这些问题的改善。项目评价是衡量项目绩效和推动项目工作不断完善的必要条件，因此，无论是项目经理还是企业的管理部门，都应当充分了解项目的各种评价方式，学会根据项目的特点识别自己项目的评价指标，找到推动项目的抓手，建立适合自己项目的评价机制。

11.1 项目成功的三个层次

什么样的项目才是成功的项目？其实，这是一个很不好回答的问题，因为不同类型的项目会有不同的成功标准，不同的利益相关方站在不同的角度，也会有各自对项目成功与否的认知。按我自己的理解，可以把项目的成功归纳为三个不同的层次，即项目经理个人的成功、项目团队的成功和集体的成功（见图 11.1）。每个层次的成功都很重要，当然，最牛的一定是三个层次的成功都达成。

1. **项目成功的第一个层次：项目经理个人的成功**

评价项目成功的第一个层次，主要侧重于评价项目经理和项目团队的**执行力**。项目管理是基于目标的管理模式，因此如果能够准确地达成设定的目标，并确保项目过程符合企业和国家的所有相关规定，那么就可以认为项目的基本目标已经达成。大多数企业会首选把时间、成本、范围、质量这四个项目管理最核心的指标设定为项目成功与否的评价指标，因此项目的成功标准变成了俗话说的"多快好省"（产出多、速度快、质量好、省钱）。

2. **项目成功的第二个层次：项目团队的成功**

评价项目成功的第二个层次，主要侧重于对**项目利益相关方的平衡和项目团队**

的成长方面。我们经常会看到，在项目经理的强力推动下，一些项目设定的"多快好省"的目标顺利达到了，但项目经理为了赶进度和省钱，强势地把很多客户或项目利益相关方合理的要求拒绝了，而实际上有些变更是非常有必要的。虽然项目按时完成了，也符合质量要求，但是由于在项目的实施过程中拒绝了客户或其他项目利益相关方的一些合理要求，得罪了很多人，导致大家都很不满意。虽然从项目绩效考核的角度来说没有任何问题，但是从人际关系的角度来说，项目经理的人缘会越来越差，甚至一些项目团队成员也有很多抱怨。这样的项目就没有达到第二个层次的成功标准。

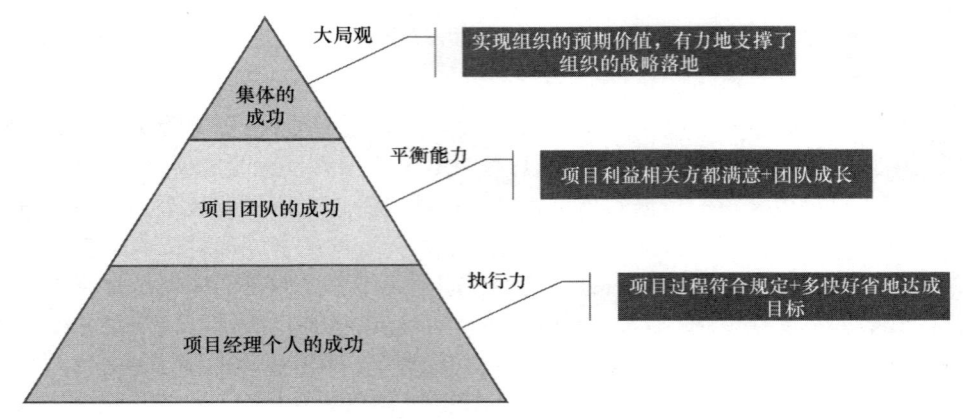

图 11.1　项目成功的三个层次

因此，确保项目关键利益相关方满意，也是项目很重要的评价标准。尤其是企业中一些战略类的项目，往往在一开始的时候缺少清晰的项目目标，只能把愿景先作为项目的目标，然后在项目开展的过程中逐步明晰项目的具体目标和产品，这时候，项目经理能否统一不同项目利益相关方在项目中的方向、识别和采纳各方给出的积极意见、有效地平衡不同利益相关方之间的关系、最终做到让大家都满意，这才是战略类项目最重要的成功标准。

在项目成功的第二个层次上，还有一个很重要的评价点就是项目团队的成长。站在企业的角度，最重要的资产是人才，投资项目不仅是为了获得项目产品以及通过项目产品所实现的项目收益，更重要的是要借助项目的实施过程，培养出一批可以帮助企业更好地适应未来环境的优秀人才。因此，一个成功的项目会为企业培养出一批优秀的人才。如果一个项目完成之后，项目团队的很多骨干成员因为在项目过程中受了打击或委屈纷纷选择离开企业或所属的部门，那这个项目一定是个失败的项目。

3．项目成功的第三个层次：集体的成功

在项目成功的第三个层次，评价侧重于评价该项目是否为企业的未来发展创造

了价值，是否对企业的**战略落地**起到了有力的支撑作用，是项目经理和项目团队的大局观的体现。在企业里，我们有时会看到一类项目，虽说多快好省的项目目标达到了，项目过程符合要求，大多数项目利益相关方也比较满意，但站在企业高层的角度，看不到这个项目对企业未来发展的明显价值，甚至有可能与企业当前的战略方向相悖。在我国许多企业中常常可以看到，项目做到一半的时候，企业的战略方向或高层领导发生了重大调整，导致项目的原有方向和目标已经无法匹配当前的企业战略，然而，项目经理和项目团队并没有发起相应的项目变更，调整项目的方向，仍然按照项目原来的目标，把项目实施完了。为什么会有这种状况出现呢？因为项目目标大幅度调整的时候，会大幅度增加项目经理和项目团队的工作量，而且会对项目目标的实现带来较大风险，不如按原有项目目标和计划继续执行更容易，既不会增加项目团队的工作量，又容易达成项目目标，还可以顺利领取项目奖金。这种做法导致企业的利益被牺牲了，即使项目的目标都能实现，但很可能对企业来说变成了鸡肋项目，并没有实际价值，白白地浪费了宝贵的资源。

作为优秀的项目经理，一定要有很好的大局观，站在企业战略的高度思考项目的价值和意义，通过项目帮助企业实现战略落地。

> **特别提示**
>
> 项目成功的这三个层次并不一定是递进的，有的项目经理执行力好，作风硬，擅长做到第一层次的成功；有的项目经理平衡性好，擅长处理人际关系，能做到第二层次的成功；有的项目经理大局观好，经常站在战略和全局高度思考项目的方向，能做到第三层次的成功。有时候，项目成功的这三个层次在一些项目中可能会有冲突。例如，如果项目根据战略方向做出调整，可能项目目标就没办法如期实现了；或者，如果能如期实现项目目标，势必会让项目团队工作得非常辛苦，甚至令大家不满。这些现象都是很常见的，不过这也是项目经理要修炼的。做到项目成功的一个层次并不难，同时做到两个层次已经很难了，最难的是把这三个层次同时做到，这也是卓越的项目经理与普通项目经理的区别，是广大的项目经理努力的方向，是企业选拔优秀项目管理人才的重要标准和依据。

11.2　项目评价≠项目经理评价

1. 项目评价的分类

与项目相关的评价通常可以分为三类，即项目评价、项目经理评价和项目成员评价（见图11.2）。项目评价和项目经理评价通常一定要分开，因为很多项目经理有责无权，因此，一个项目的成败不仅仅取决于项目经理，在一些战略类的项目上，项目经理甚至起不到主要作用，项目总监和企业高层领导为主的项目管理委员会或企业高层决策团队才是决定项目成败的关键。因此，在微权力的项目管理环境下，我们会看到在很多企业里，有一些项目进展得非常好，并不是因为项目经理很强，只是因为企业领导很重视这个项目，甚至在替代项目经理主导和管理项目。而有些项目，虽然项目经理本身能力非常强，但由于高层领导为该项目设定了挑战性非常大的目标，即使项目经理和项目团队竭尽全力，仍然无法按期实现项目的目标。

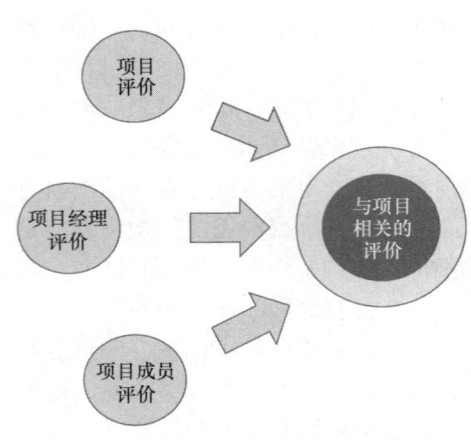

图 11.2　与项目相关的三类评价

2．项目评价的三个维度

绩效考核和项目评价是有区别的。

绩效考核是指企业在既定的战略目标下，运用特定的标准和指标，对员工的工作行为及取得的工作业绩进行评价，并运用评价的结果对员工将来的工作行为和工作业绩产生正面引导的过程和方法。

通常，绩效考核是针对人的，在项目管理中，绩效考核通常指项目经理绩效考核，也叫项目经理评价。要评价项目经理的绩效，其中一个重要的依据是项目经理所负责管理的项目工作成功与否，因此，我们得先评价项目做得好不好，因此项目评价是项目经理绩效评价的重要输入之一，如果无法公正地评价项目工作的绩效，那么评价项目经理绩效也就缺少了依据。

在项目评价中，首先要有评价的依据，这是考核项目工作绩效的前提条件，如果没有依据，就没有办法判断这项工作做得对不对或够不够好。这个评价的依据必须由项目经理、项目团队和所有关键的项目利益相关方达成共识，通常包括项目目标、项目团队需要遵循的制度和流程、关键利益相关方的主观感受，如客户的感受和领导的感受等。

因此，我们要对项目的三个维度分别做出评价，再整合成一个分值，就是项目的总体评价结果。项目评价的三个主要维度是目标达成率、过程符合性和利益相关方满意度（见图11.3）。其中，目标达成率、过程符合性是我们在前文中提到的项目成功的第一个层次，利益相关方满意度是项目成功的第二个层次。我们没有把项目成功的第三个层次放进通常的项目评价中，因为做到项目成功的第三个层次不仅依靠项目经理和项目团队，在很大程度上还取决于负责参与项目方向决策的企业领导，而且项目成功的第三个层次的评价依据和评价方式要涉及项目群管理和项目组合管理的工作，超出了通常意义上的项目管理的范畴。

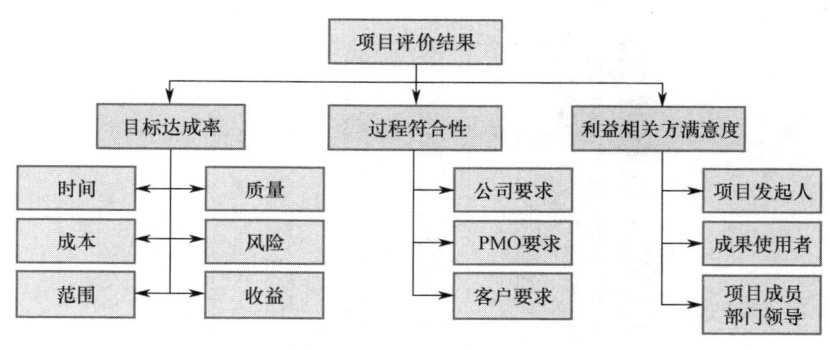

第 11 章　量化指标，实现基于项目的考核和评价

图 11.3　项目评价的维度

11.3　项目评价的维度——目标达成率

目标达成率是项目最直接的评价维度，测量起来相对容易，也是在项目中最常见的，通常由时间、成本、范围、质量、风险、收益这六个项目管理评价指标组成。

1. 时间

时间的评价依据是写在立项文档中的，所以通常企业一定会要求项目经理和项目团队在立项报告中承诺项目的交付时间，经过企业高层决策团队审批后，这个承诺的项目时间就变成了评价项目时间目标是否达成的依据。

项目时间的达成率不光指项目最终完成时间的达成率，也可以把项目最终完成的时间目标分解到项目的不同管理阶段，这样就产生了项目阶段完成时间的目标。在评价的方式上，通常采取的是偏差分析，意思是说，只评价项目的实际完成时间与写在项目立项报告上的完成时间是否相符。如果是在允许的偏差范围之内，就叫符合，如果不在允许的偏差范围之内就叫不符合。因此，能进行项目时间评价的前提是在项目立项报告中已经明确了项目的整体时间目标、各阶段时间目标和相关的容许偏差。

为什么要评价项目的阶段时间达成率呢？为了降低风险，避免项目达不成整体时间目标。如果在项目的阶段目标评价时已经发现偏离现象，那么就要及时采取纠正性行动，争取让项目尽快回到正确的轨道上，避免项目最终时间目标达不成。现在有太多项目都是交钥匙工程，项目过程不透明、不可控，即使项目过程中出现了问题，其他人也没办法知道，往往等到项目接近原定的目标时间时，大家才发现项目早已发生了重大偏离，想纠正也为时已晚。为了避免这种现象的出现，就必须加强对项目阶段时间目标达成率的管理（见图 11.4）。

2. 成本

成本是项目目标符合性评价的重要指标。成本和预算是不一样的概念，大家首先得搞清楚在项目中预算和成本的区别。项目成本，通常指项目消耗和占用资源的数量与价格的总和，或者由项目经理和项目团队共同估算完成项目中的每个子产品

微权力下的项目管理（第3版）

状态颜色代码=> 未启动 未按计划进行 按计划进行 完成

此文档的目的是对项目的所有管理阶段实现时间控制。

项目子产品名称	项目子产品描述	责任人		项目时间								状态标注/注解
		甲方	乙方	准备阶段		方案和计划阶段		实施完成		上线和成果验收		
				计划时间	完成时间	计划时间	完成时间	计划时间	完成时间	计划时间	完成时间	
业务流程												
计划管理流程												
生产管理流程												
IT系统												
计划管理系统												
生产系统												
人员												
管理人员												
一线操作人员												
基础设施												
厂房												
生产线												

图 11.4 某工厂建设项目时间控制表示例

186

要花费多少资源和钱，然后把所有要花费的资源和钱累加到一起，就形成了项目的总体成本。当这个预估的总体成本经过企业预算管理流程的正式审批，获得了企业决策层的认可，那么它就成为项目预算，是项目考核的依据。

为了能进行精细化的项目成本控制，项目的成本要进行分解，通常有两个常用的分解维度：一个是成本，如材料采购费用、人力成本费用、设备折旧费用、设施租用费用等；另一个是阶段，如设计阶段成本、开发阶段成本、实施成本等（见图 11.5）。

总表

人员费用	工时（人·天）	工时(人·月)	备注
逻辑及Power			
Layout			
BIOS			
BMC			
机箱			
电源			
板卡测试			
系统测试			
PE			
辅助人员			
合计			

主板

Team	EVT												DVT								PVT		合计
	逻辑设计		Layout		样品生产		Debug		测试		设计更改		样品制作		Debug		测试		设计修改				
	天数	%	天数	%	天数	%	天数	%	天数	%	天数	%	天数	%	天数	%	天数	%	天数	%	天数	%	
逻辑及Power																							
Layout																							
BIOS																							
BMC																							
测试																							
PE																							
辅助人员																							

预算一览表 | 机箱费用 | 样机费用 | 人员费用 | 差旅费用 | 测试费用 | 培训费用 | 外包费用

图 11.5　某产品项目成本分类和控制表示例

在很多项目中，为了能够准确地估算成本，项目团队会先进行项目工作分解，采用工作分解结构的方式，把项目工作分解为较小的单元，再分别进行每个小单元的成本估算，之后整体累加。这样做的优点是不容易产生遗漏。但是由于不同工作单元的负责人在估算时为了降低达不成目标的风险，往往多估算一些成本作为自己工作的缓冲（Buffer），而且这些缓冲可能与其他项目工作预留的缓冲重复，导致项目中预估的成本较多。因此，在实际项目工作过程中，预估的项目总体成本往往会被领导砍掉一部分，就是为了去掉一些预估的水分。

与时间评价的逻辑类似，项目成本评价也通常采取偏差分析的方式，只评价项目的实际花费成本与写在项目立项报告上的目标成本（也就是项目预算）是否相符。因此，能进行项目成本评价的前提是在项目立项报告中已经明确了项目的整体成本目标（预算）、各阶段成本目标、各类别分项成本目标和相关的容许偏差。

3. 范围

对很多项目管理者来说，项目范围的评价指标不如时间和成本好界定，因为时间和成本都比较容易找到公认的量化指标作为评价方式。我们在前面的章节中曾经提到过基于产品的规划技术，其中有个重要的环节叫作产品分解，其实，产品分解就是用来确定项目范围和边界的（见图11.6）。

我们在前面的章节曾经提到过 MoSCoW 优先排序技术，在进行产品分解和划定项目范围时可以用到，把所有需要完成的项目产品划分为必须有、应该有、可以有和不会有四个不同的类别。这样做的好处是，便于项目经理与不同的利益相关方共同确认项目范围内的这些子产品的优先次序，可以确保重要的项目子产品被投入更多的项目资源和关注度，被优先完成。合格的项目经理一定要养成把项目范围内的子产品与客户及关键的利益相关方做优先级确认的习惯，因为项目的时间和资源是很有限的，一定要确保稀缺的资源和有限的时间要被优先投入重要的子产品上，如果出现时间或资源不足的状况，可以与客户或领导协商，牺牲不重要的子产品的交付时间或资源。作为优秀的项目经理，在做任何事情的时候，都要时刻把握项目管理的二八原则，永远先抓最重要的工作做。

4. 质量

质量评价指标的依据是，在项目立项阶段项目经理与客户就项目的专业产品达成的质量标准。在评价质量指标的时候，与时间和成本指标类似，通常只评价与立项报告的符合性。对质量的评审必须经过内部项目质量评审委员会的评审和客户或使用者验收两个步骤，确保产品质量既能满足内部质量标准，又能符合客户的质量期望。因此，能进行项目质量评价的前提是在项目立项报告中已经明确了项目产品的质量标准、容许偏差、验收方法和验收职责。

5. 风险

风险评价指标通常采用项目风险的预期货币价值来进行评价。在前面的章节里，我们已经介绍过。在实际的项目中，可以在项目的立项阶段为项目风险的预期货币价值设定一个目标，如把某个项目的风险预期货币价值设定在项目预算的15%以内，如果项目风险发生所造成的货币影响累加之后仍然在项目整体预算的15%以内，那么就符合目标的要求，如果超出，就没有达到目标。

当然，由于在一些项目中项目风险的预期货币价值很难估算，也有很多项目会把项目的评价指标设定为对关键风险的控制水平，而不是对所有风险的预期货币价值的控制水平。如果项目团队把在项目立项阶段识别出的关键风险所造成的影响控制在预期目标以内，如把风险对项目工期、成本或范围的影响控制在预期目标以内，也就达到了风险评价指标的要求。

第11章 量化指标，实现基于项目的考核和评价

模块	序号	预算项	子项	数量	单位	相关工作内容以及产出描述	备注
培训	1	项目管理培训	待定	2	培训人天	项目管理内训	
	2	其他认证类培训	PMP或PRINCE2认证培训	10	人次	外派认证培训	
	3	模块汇总：		12	培训人天		
咨询	1	项目分类分级	现状信息调研	2	咨询人天		
			项目分类分级方案提出和研讨	2	咨询人天	项目分类分级方案	
			项目分类分级标准优化和定稿	2	咨询人天	项目分类分级方案	
	2	PM培养体系设计	PM分类分级	2	咨询人天	PM能力指标库	
			PM能力指标库	2	咨询人天	PM人才库管理制度	
			PM人才库设计	2	咨询人天	PM经理能力评价标准	
			PM评价模型	2	咨询人天	PM经理能力评价标准	
			PM培养路径设计	2	咨询人天	项目过程文档管理制度	
	3	项目知识库管理制度设计	项目过程文档管理设计	2	咨询人天	项目汇报制度	不含知识库管理系统
			项目汇报机制设计	4	咨询人天	项目归档及非归档文档管理制度	
			项目归档管理（知识库）设计	3	咨询人天	阶段工作成果输出包、汇报PPT	
	4	阶段工作成果汇报	阶段成果汇报	4	咨询人天	项目团队绩效考核方案	
	5	项目团队绩效和激励设计	项目团队绩效考核方案设计	4	咨询人天	项目团队激励方案	
			项目团队激励方案设计	4	咨询人天		
	6	试点及项目流程标准化	试点跟进及流程标准化	8	咨询人天	试点项目的标准化项目管理流程与相应的工作模板	
			试点总结评价	2	咨询人天		
			流程标准化研讨、定稿	4	咨询人天		
		模块汇总：		53	咨询人天		

图 11.6 某国企组织级项目管理咨询项目范围示例

189

6. 收益

对收益的测量和评价，一直是很多企业比较头疼的问题。根据我自己的经验，很多企业收益不好测量和评价的主要原因是项目团队在项目立项阶段就没把收益定义清楚。如果在项目立项阶段，项目团队没有明确地定义收益的具体形式、成果转化的路径、收益测量的方式、收益实现的时间表、负责测量收益的角色和职责的话，那么到了项目后期，收益就很难评价。

那么，什么是收益呢？按照英国内阁办公室对成功的项目群管理（Managing Successfully Programme，MSP）的定义："收益是一种由成果引致的可衡量的改善，这种结果被一个或多个利益相关方视为一种优势，对组织目标的实现有贡献。"从这个定义中，我们可以清晰地认识到，收益必须具有如下特点：

- 可衡量。
- 有竞争优势。
- 对组织的目标有贡献。

因此，当项目团队在定义收益的时候，一定要回答如下三个问题：

- 如何测量收益？
- 项目的成果会为企业带来什么样的竞争优势？
- 收益如何支持组织的战略目标？

当我们定义收益的时候，还要考虑收益分类的问题。收益的分类有多种不同的维度。我自己做项目的时候，比较喜欢结合美国管理大师罗伯特·卡普兰（Robert Kaplan）博士发明的平衡计分卡（Balanced Score Card，BSC）方法，把收益按照其在企业内所处的不同层面进行划分和定义（见图11.7）。

财务层面	提高资金的获利能力	增加收入
		增加利润
		减少风险
客户层面	增加可获利客户的数量和比重	提升客户体验
		扩大市场份额
		增加客户获利能力
内部运营层面	提高经营效率，促进经营成效	提高流程效率
		提升产品质量
		提升服务质量
学习和成长层面	保障组织健康成长	完善组织机制
		提升员工能力和士气
		优化信息系统

图11.7 结合平衡计分卡的收益分类示例

这样对收益进行分类有个好处，比较容易把收益与企业原有的指标体系相关联，看到收益究竟对企业哪个层面的目标有贡献，如何支撑企业的战略。

我们还可以把收益分为有形收益和无形收益两类。有形收益指那些可以被明确量化的收益，如财务收益、客户数量、市场份额、交付速度、库存数量等。有形收益通常测量起来比较容易，但是对很多项目来说，能够把收益定义成有形的、可量化的收益也是蛮有挑战的。无形收益指那些可以预期但是很难具体化的收益，如提升企业形象、增加利益相关方的好感等。无形收益测量起来很困难，通常需要采用间接的测量方式，如通过与其有因果关系的有形收益提供实现的证据。

大部分项目的收益往往是在项目结束后才开始实现的，通常到那个时候，项目团队已经解散了，因此实现项目收益的后评价需要依靠机制，就是在前面章节中曾经提到的收益后评价机制，确保在项目结束进入项目收益实现的阶段时，有被指定的团队或责任人负责根据在项目立项阶段定义的收益类型和制订的收益评审计划跟踪整个项目产品生命周期过程中的收益实现情况，并把结果反馈给企业级的项目管理办公室和战略规划部门，这样才能确保企业可以根据项目收益的实现情况及时调整企业战略规划的方向并获得对项目进行资源投入的依据，确保不跑偏。

项目的收益后评价职责在很多企业中通常由企业级的项目管理办公室或财务部门来承担，或者由项目管理办公室和财务部门共同承担。因为大多数项目的收益最终都被核算到企业的财务收益上才更容易与企业战略相关联，而财务部门是最适合收集和分析财务收益的部门。在项目收益后评价的过程中，往往需要跨职能协调很多不同部门，涉及大量的跨职能组织和协调工作，这些收益又来源于前期的项目成果，因此常态化的项目管理办公室最适合牵头来组织和协调大家测量项目收益。

图 11.8 是某软件公司项目评价表示列。

11.4 项目评价的维度——过程符合性

1. 项目过程符合性评价的目的

站在企业和项目管理者的角度，对项目过程符合性的评价和考核非常重要。目前我国大多数企业都正在或即将经历转型变革期，在这个时期，企业中会产生大量的项目。而且包括很多战略类项目。然而企业很难找到与之数量匹配的合格项目经理，只能要求企业内拥有丰富专业经验的领导或骨干转型当项目经理，或者从企业外部招募还不太熟悉企业情况的项目经理。项目过程符合性评价是通过对企业内的项目过程提出规范性的要求，并建立监督和控制机制，确保项目团队依据企业对项目的管理要求开展项目，避免项目失控。

评价项		目标	实际	权重	得分计算方法	得分	加权分数＝得分×权重	评价人员签字/日期
必选目标评价	成本偏差率			15%	成本偏差＝（预算－实际）成本／预算×100%。如成本偏差率≥－5%，得分为 100 分。成本偏差率＜－5%，得分＝[1+（成本偏差率+5%）×1.5]×100			
	进度符合度			35%（10%）	验收延迟天数＝实际验收时间－应验收时间（以任务书中的验收时间为准）。任务书中验收时间，需要以客户书面（含邮件）确认客户满意度调查中进度项得分不低于满分的 60%的，仍按计划验收时间考核。签字确认。其中，如客户无投诉或客户满意度调查中进度项得分不低于满分的 60%的，仍按计划验收时间考核。验收延迟天数≤计划验收时间历时天数的 5%的，得分为 100 分；验收延迟天数＞计划验收时间历时天数×100。历时天数的 5%的，得分＝（1－验收延迟天数／计划验收时间历时天数）×100。注：天数以工作日计算			
	有效工作量偏差			10%	工作量偏差＝（有效工作量－实际工作量）／有效工作量×100%。工作量偏差率≥－15%，得分为 100 分；工作量偏差率＜－15%，得分＝（1－工作量偏差率）×100，最少得分为 0			
其他质量目标评价	平均发现缺陷数			20%（5%）	平均发现缺陷数＝验收前发现缺陷数／代码行数／目标值×100。所有 BUG 必须分析产生何种原因造成，由哪个阶段的问题引起。（需求阶段、设计阶段、实现阶段）平均发现缺陷数小于目标值，得分为 100 分。			
	测试BUG分析率			5%	所有 BUG 必须分析产生何种原因造成，由哪个阶段的问题引起。（需求阶段、设计阶段、实现阶段）需求变更、需求分析差异（实现阶段）、业务处理缺陷（实现阶段）、数据处理缺陷（实现阶段）测试BUG分析率＝已完成分析的BUG数／总BUG数×100%。得分＝测试BUG分析率×100			
	测试覆盖例覆盖率			5%	测试覆盖率得分＝测试应用覆盖个数／需求功能总个数×100			
	缺陷修复率			5%	三级以上 BUG 修复率≥二级以上 BUG 修复个数／三级以上 BUG 总数，得分＝三级以上 BUG 修复率×90；四级及以下 BUG 修复率为加分项，四级以下 BUG 修复数量达到 2 个／万行或 10 个／百功能点时，开始计分，达到或超过 25 个／万行或 100 个／百功能点时，得 10 分			
客户满意情况评价	客户满意情况			5%	根据客户经理、项目经理、QA围绕客户对项目满意程度的调研确定分值			
项目部评价	综合评价			5%	根据项目的行业战略性、质量、售前支持、人才培养等情况综合评价			
	里程碑计划有效性			5%	里程碑延期10个工作日未发现改变评审、改正不及时等方面进行评价，不符合项未纠正的，每一项扣5分			
	质量意识			5%	根据对QA发现的不符合项的及时纠正情况，改正不及时"5个工作日"，每一项扣3分，每一项扣1.5分			
项目管理部评价	根据定义的工作活动规范性评价			30%（10%）	详见过程反产品评价表			
	根据定义的工作及产品质量评价			10%				
质量管理部评价	项目数据完整性、及时性			5%	根据项目档案、项目管理系统中工作量和其他项目数据填写的内容完整性、正确性、及时性进行评价（质量管理部近期将制定该指标评价的量化标准）			
合计：								

图 11.8 某软件公司项目评价表示例

2．项目过程符合性评价的依据

企业对项目过程的规范性要求通常包括三个方面，即企业的通用要求、企业项目管理办公室针对项目管理的要求和客户的特殊要求。

（1）企业的通用要求通常由企管部门或质量管理部门提出和监控，往往来源于国家监管要求、行业标准、企业内部管控要求，这些要求是企业对内部所有工作的最基本要求，属于底线性质，是必须遵守的。

（2）企业项目管理办公室针对项目管理的要求来源于企业在项目管理方面引进的外来先进项目管理方法和在企业内部收集的经验教训与最佳实践，由企业项目管理办公室进行整合并转化为企业对项目管理的统一规定。它们往往是为企业内的项目量身定制的，用于指导和规范企业内的项目管理过程，提升项目的成功率，同时在项目过程中收集关键的过程文档信息和最佳实践，形成项目档案和企业知识库，以便各个项目的信息可以在企业内共享。作为项目经理和项目团队，遵循项目管理办公室的要求，配合项目管理办公室的工作也是必需的。

（3）有些企业会对供应商的项目过程提出规范性要求，确保项目质量，降低项目风险，并通过审核和抽查的方式确保其供应商遵守自己的项目管理要求。因此，作为项目经理和项目团队，为了确保项目合同可以持续，确保项目产品能够顺利通过客户的验收，确保客户满意，就必须严格遵守客户提出的各项项目管理要求，并且要首先做到自查没有问题，才可能顺利通过客户的审核或抽查。

3．项目过程符合性评价的方式

项目过程符合性评价方式比较常见的有两种：一种是对项目文档归档的考评，通常由考核部门检查和评价项目团队是否在规定的时点交付了规定的文档，并且确保了文档的质量符合要求。另一种就是审核。根据 ISO 9000 对于审核的定义，审核是指为获得审核证据并对其进行客观评价，以确定满足审核准则的程度所进行的系统的、独立的并形成文件的过程。审核可分成三类：第三方审核、第二方审核和第一方审核。第三方审核也叫认证审核，是由国家认可的专业审核机构对企业进行的审核。通过第三方审核是企业保持认证资质的必要条件，如 ISO 9001 质量管理体系审核、ISO 27001 信息安全管理体系审核等。第二方审核也叫客户审核，一般是由客户或代表客户的机构对企业进行的审核，确保客户对企业的要求被很好地执行。第一方审核就是企业内审，是企业自己组织内审员根据企业的内部要求，对企业的工作进行的审核，确保企业自己的制度和要求被很好地执行。

图 11.9 为某软件公司项目过程符合性评价表示例。

过程	过程活动	工作产品	活动权重	产品权重	活动评价 - 活动及时性得分	活动评价 - 活动规范性得分	活动评价 - 备注	活动评价 - 评分说明	产品评价 - 产品及时性得分	产品评价 - 产品质量得分	产品评价 - 备注	产品评价 - 评分说明
项目立项	立项策划	项目质量目标		1								
		任务书	2	4								
		预算表		2								
	立项审批	估算记录(立项)	1	2								
	项目启动	任务书(审批通过)	1	1								
		项目启动会议纪要										
项目策划	项目估算	估算记录(策划)	2	1							根据估算进行预算调整	
		预算表		2								
	计划编写	项目计划	1	2								
	计划评审	同行评审记录	2	1.5							评审记录是否完整、评审问题是否反馈及时关闭	
项目监控	过程跟踪	项目问题跟踪表	1	5							此项应参照项目周期内工作产品的普遍情况进行评价	
		项目度量数据										
		项目例会会报告										
		项目阶段总结报告										
		项目会议记录										
	过程分析	项目计划(更新)	1	1								
	过程绩效预测	过程绩效预测表										
	计划评审	同行评审记录	1	2							评审记录是否完整、评审问题是否反馈及时关闭	
项目结项	项目总结	项目总结报告	2	1								
		项目关闭单		1.5								
	项目贡献	过程改进建议	1	1.5								
	评价	项目评价结果	2	1.5								
风险管理	风险识别	项目风险跟踪表	2	1.5								
	风险跟踪	项目风险跟踪表		1								
需求管理	需求变更控制	需求变更申请表	2	1							评审记录是否完整、评审问题是否反馈及时关闭	
		需求管理报告		0								
	需求版本控制	同行评审记录		1								
		产品										
		项目计划	1									

图 11.9 某软件公司项目过程符合性评价表示例

11.5 项目评价的维度——利益相关方满意度

对项目来说,利益相关方的满意度非常重要,有时甚至比项目目标的符合性评价更重要。通常,我们认为项目的关键利益相关方有三类,即项目发起人、项目客户和项目成员的部门领导。

1．项目发起人满意度

项目发起人是发起项目的源头,一个项目是否成功,一定要看是否达到了项目发起人的期望。对项目发起人满意度的评价,通常由项目管理办公室或分管项目的部门代表在项目结束之后,通过访谈或问卷调研的方式来获取,作为评价项目的重要依据之一。图 11.10 为某研发机构项目发起人对项目评价的打分表示例。

评价维度		项目定位	项目收益	项目资源
评价要素		战略匹配度评价	各维度收益最大化	各方面资源平衡性
评价标准	打分标准 8~10 分	项目目标与中心战略目标高度契合,通过项目目标的实现,支撑战略落地	项目的经济收益、创新性、成果中全部或某一项成绩取得了最优	项目的各方面资源,包括人、财、物等的规划、调配、使用情况达到最优
	4~7 分	项目目标与中心战略目标基本契合,可以支撑战略落地	项目的经济收益、创新性、成果中部分项成绩取得了良好	项目的各方面资源的规划、调配、使用情况良好
	0~3 分	与中心战略方向冲突,不能支撑中心战略	项目的经济收益、创新性、成果全部成绩不佳	项目的各方面资源的规划、调配、使用情况不佳

图 11.10　某研发机构项目发起人对项目评价的打分表示例

2．客户满意度

客户满意度非常重要。客户是使用者的代表,如果客户不满意,项目产品就不能通过验收,项目成果很难转化,项目收益也无法实现。这里的客户不仅指企业外部客户,还包括企业内部客户。

对客户满意度的评价,通常由项目管理办公室或企业内最了解客户的部门通过访谈或问卷调研的方式来获取信息,作为评价的重要依据。

3．项目成员的部门领导满意度

项目成员的部门领导对项目的评价也很重要。由于他们要对自己分派到项目中的项目成员负责,对自己部门承接的项目子产品的交付工作负责,因此他们一定会经常参与项目的工作,包括在关键节点项目评审的决策,指导项目成员工作,监督项目经理和自己派遣的项目成员等。他们会站在交付团队的角度给出自己对项目的客观评价。听取他们对项目的评价可以了解在项目交付过程中走了哪些弯路,是否有更好的交付方式。从另一个角度来看,听取项目成员的部门领导对项目的评价,有利于加深项目管理部门与这些专业部门或专业团队之间沟通和相互理解，以便在后续的工作中更好地协同工作。

11.6 项目经理的绩效评价

项目经理的绩效评价可以从两个角度来看。一个是针对某个项目的项目经理的项目绩效评价，另一个是项目经理的岗位绩效评价。

1. 项目经理的项目绩效评价

项目经理的项目绩效评价通常可以从项目经理在该项目上的工作行为指标和工作业绩指标两个维度来评价，再进行加权平均后得出项目经理在该项目上的绩效评价。图11.11为某软件公司派驻客户公司现场的项目经理绩效评价表示例。

2. 项目经理的岗位绩效评价

通常，项目经理的岗位绩效评价往往以年度为单位开展，很多企业是在每年的年初，由负责给项目经理做评价的角色收集相关的信息，评定上一年度中项目经理的绩效表现。项目经理的岗位绩效评价通常来源于三部分内容的输入：第一部分是项目评价，第二部分是项目经理的成长性，第三部分是项目经理工作量（见图11.12）。绩效评价是一种推动手段，按管理大师彼得·德鲁克的观点："你希望员工做什么，就考核他什么。"通常企业在项目中评价这三部分内容的目的就是推动项目经理朝这三个方面努力。

（1）项目评价。

把项目评价结果作为项目经理岗位绩效评价的输入的目的是推动项目经理关注项目的成败，争取把项目做成功。一个角色的工作绩效评价应首先取决于其承担的主要工作，对于项目经理来说，通过有效地组织、协调和管理工作，确保项目的成功就是其最重要的工作任务，因此项目成功与否的评价结果必然是考核项目经理的最重要的输入。

（2）项目经理的成长性。

把项目经理的成长性评价作为项目经理岗位绩效评价的输入的目的是督促项目经理在实施项目的过程中不断地学习和成长。项目经理是企业非常重要的人力资源，企业迫切希望项目经理在项目实战中积累更多的经验，学到更多的知识，并通过项目实践把自己的技能练得更娴熟，使自己的能力得到快速提升，这样才有能力承接更有挑战性的项目，带领项目团队实现项目目标，助力企业战略落地。

第 11 章 量化指标，实现基于项目的考核和评价

指标类别	各指标涉及的项目	权重(%)	效果及目标设定	评分规则及标准	数据来源	评分（百分制）
工作行为指标	日常考勤	10%	遵守公司或客户方的考勤管理制度	1. 迟到或早退1次扣5分，一个考核期内迟到或早退超过5次，该项得分为0分 2. 请假与加班（客户方或部门经理审批之后的、能够核算工作量的有效加班）相互抵扣之后，一个考核期内：假期在2天以内（含2天），不扣分；假期超过2天以上者，每增加1天，扣10分；累计达到5天，扣50分；6天或以上，该项考核得0分 3. 每旷工1小时，扣10分；一个考核期内，累计旷工6小时以上，该项考核得分为0分	客户/部门经理	
	工作态度	20%	严格遵守公司、客户、部门、项目的规章制度或规范，对分配的任务高度认真负责，乐意接受额外的工作任务和必要的加班，并积极主动承担相应的工作任务和责任	1. 不遵守公司规章制度、部门及项目规范，每违反一次扣5分 2. 不遵守客户公司规章制度或规范，每违反一次扣5分 3. 对直接负责人安排的工作或指出的问题不予理会或阳奉阴违，消极抵触，每出现一次扣20分 4. 工作时间经常打私人电话、上网、用聊天软件从事与工作无关的活动等，每出现一次扣10分	客户/部门经理	
工作业绩指标	工作标准	50%	提前保质保量完成负责的工作，按时提交工作日报	评分来自项目管理部对项目过程或结果的考核得分 1. 每月5日之前提交项目进度计划中以月度为节点的滚动细化的工作内容，未按时提交扣10分 2. 每周周一之前按时分配并确认项目组成员本周的工作任务（使用周报模板），并将任务分配情况邮件发送大家并抄送部门经理，不能按时提交，每出现一次，扣10分 3. 按时提交周报，提交时间延迟超过一天，每出现一次扣5分，未提交周报，出现一次扣10分 4. 每月26日之前提交月度工作报告，同时确认项目成员每月工作完成百分比。提交时间延迟超过一天，每出现一次扣5分；未提交出现一次扣10分 5. 每月确认项目月度任务是否完成，如未按时完成，出现一次扣10分，未完成任务超过20%，出现一次扣20分 6. 做好项目利益相关方的沟通和协调工作，做好项目重大问题及项目风险的及时汇报，如因此而引发系统严重缺陷和项目重大事故，出现一次扣20分	项目管理部（权重50%） 部门经理（50%）	
	客户满意度	20%	能够通过与客户方正常的沟通和工作层面的合作，得到客户方的认可	1. 与客户项目经理、成员等项目利益相关方配合有问题，客户每反馈或投诉一次扣10分 2. 因工作或其他原因，收到客户书面或者邮件提出的投诉或者批评，每出现一次扣20分	客户/项目经理	

图 11.11 某软件公司派驻客户公司现场的项目经理绩效评价表示例

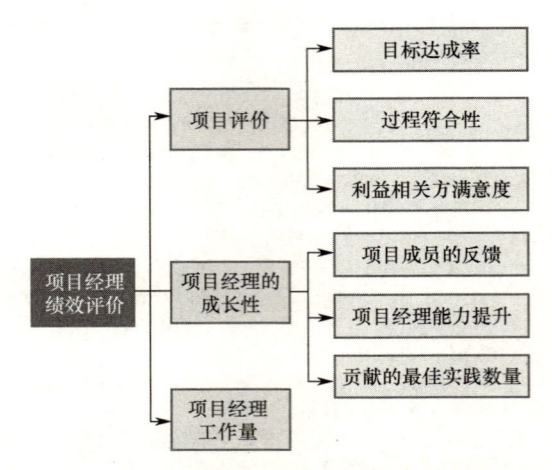

图 11.12　项目经理的岗位绩效评价分解结构

项目经理的成长性如何评价呢？可以通过收集项目成员的反馈，如由项目经理的领导或项目管理办公室采用访谈或问卷调研的方式邀请一些合适的项目成员对项目经理的能力和成长性进行评价。项目成员尤其是项目中的核心成员，由于他们与项目经理共同经历了项目的整个过程，因此对项目经理的能力和特点最为熟悉，更容易看到项目经理的优点、缺点和成长性。具备条件的企业也可以通过项目经理能力测评工具来测量项目经理的能力，尤其看开展项目前后是否有了显著的提升，将其作为项目经理成长性的输入。还有一种方式就是将项目经理在项目过程中贡献的最佳实践数量作为依据。通常，项目经理贡献的最佳实践数量越多，说明项目经理在开展项目的过程中收获越大，成长也越快。

（3）项目经理工作量。

把项目经理工作量评价作为项目经理岗位绩效评价的输入的目的是推动项目经理同时承担更多的项目工作。从另一个角度来说，这也是一种公平性的体现。同时承担 3~5 个项目的项目经理与只承担 1 个项目的项目经理所需要投入的工作量和投入的精力是完全不一样的。但是由于不同类型项目的复杂程度会有较大差异，因此不能单纯按照项目经理所承接的项目数量来核定项目经理的工作量。比较常见的方式是先把企业内的所有项目按其创新程度、复杂程度和工作量大小进行分级，然后按项目经理所承担项目的级别和数量来核定项目经理的工作量。例如，在一些企业，项目经理承接一个复杂的战略级别项目的工作量等同于承接三个普通项目的工作量。

图 11.13 是某美资企业产品项目经理年度绩效评价表示例。

第 11 章 量化指标，实现基于项目的考核和评价

比重60%: 项目成功		
描述	目标	实际
准时交付（每个里程碑目标日期当月交付）	25%	
基于计划的风险管理	5%	
项目质量评审结果	25%	
需求变动/变更管理	5%	
进度提前加分	2%	

比重20%: 项目经理成长性		
描述	目标	实际
项目团队反馈	10%	
项目经理能力成长	5%	
最佳实践案例平均数量（提交1~2个最佳实践案例给项目管理办公室）	5%	

比重20%: 项目经理工作量					
描述	新员工或 L1级别员工	L2级别 员工	L3级别 员工	L4级别 员工
2个项目	20%	NA	NA	NA
3个项目	25%	20%	15%	NA
4个项目	30%	25%	20%*	20%*
5个项目	N/A	30%	25%*	25%*
6个项目	N/A	NA	30%*	30%*

*区别是项目复杂程度——L4级员工最少2个突破项目

图 11.13 某美资企业产品项目经理年度绩效评价表示例

199

11.7 项目成员的绩效评价

在开展项目工作时，项目经理的主要定位是通过自己的组织和协调带领整个项目团队齐心合力完成项目的目标。因此，项目经理要善于在承接了自己的项目目标和绩效指标后，把自己的项目目标和绩效指标分解到项目成员的工作上，给项目成员设定各自的工作目标和评价指标，并与项目成员就其工作目标和评价指标达成共识，获得项目成员的认可，然后组织项目成员共同实现整体的项目目标和指标。图 11.14 为项目成员的绩效评价指标示例。

指标类别	各指标涉及的项目	权重(%)	效果及目标设定	评分规则及标准	数据来源	评分(百分制)
工作态度指标	日常考勤	20%	遵守公司或客户方的考勤管理制度	1. 迟到或早退 1 次扣 5 分，一个考核期内迟到或早退超过 6 次，该项得分为 0 分 2. 请假与加班（客户方或部门经理审批之后的、能够核算工作量的有效加班）相互抵扣之后，一个考核期内：假期在 2 天以内（含 2 天），不扣分；假期超过 2 天以上者，每增加 1 天，扣 10 分；累计达到 5 天，扣 50 分；6 天或以上，该项考核得 0 分 3. 每旷工 1 小时，扣 10 分；一个考核期内，累计旷工 6 小时以上，该项得分为零分	项目经理	
	工作态度	20%	严格遵守公司、客户、部门、项目的规章制度或规范，对分配的任务高度认真负责，乐意接受额外的工作任务和必要的加班，并积极主动承担相应的工作任务和责任	1. 不遵守公司规章制度、部门及项目规范，每违反一次扣 5 分 2. 不遵守客户公司规章制度或规范，每违反一次扣 5 分 3. 工作时间经常打私人电话，一个考核期扣 10 分 4. 上与工作无关的网页、用聊天软件从事与工作无关的活动或者利用工作时间进行私人聊天的，发现一次，扣 10 分 5. 对直接负责人安排的工作或指出的问题，不予理会或阳奉阴违、消极抵触，每出现一次扣 20 分	项目经理	
工作业绩指标	工作质量	50%	提前保质保量完成负责的工作，按时提交工作日报	1. 不按时提交工作日报或周报，提交时间延误超过一天，每出现一次扣 5 分；未提交日报或周报，出现一次扣 10 分 2. 每周制订工作计划，每周与项目经理确认应负责的工作任务形成周计划，每出现一次未按时提交周计划，扣 10 分 3. 每周确认所负责工作进度，每出现一次未按时完成工作，扣 20 分。当发生未完成任务时，后续不影响下周工作的前提下，延期 2 个工作日内完成了相应工作扣 5 分 4. 完成的工作存在质量缺陷或其他严重问题，每出现一次，扣 10 分	项目经理	
	客户满意度	10%	能够通过与客户方正常的沟通和工作层面的合作，得到客户方的认可	1. 与客户项目利益相关方合作有问题，每反馈或投诉一次扣 10 分 2. 因工作或其他原因，收到客户书面或者邮件提出的投诉或者批评，每出现一次扣 20 分	项目经理	

图 11.14 项目成员的绩效评价指标示例

本章小结

无论是项目经理还是企业的项目管理部门，能否根据项目特点找到项目的抓手，科学地定义项目评价的依据和评价指标是在项目过程中控制项目方向和进展的关键。

制定科学的项目评价指标，首先要定义项目的成功标准在哪个层次上，并与各个关键利益相关方就此达成共识，统一大家的方向和目标。然后要定义评价项目的维度，找到相关的依据并选择恰当的评价方法。由于项目经理是项目能否成功的关键因素，因此也一定要定义公正地评价项目经理绩效的方式。

当在项目立项阶段为项目定义了清晰的项目评价指标，并获得所有项目关键相关方的认可之后，我们在后续的项目实施过程中，就可以做到依据项目的评价指标，将项目的实际成果与计划成果定期进行比较，监控项目指标偏差的大小，控制不可接受的偏离，确保项目的受控性，提升项目的成功率。

第 12 章

总结复盘，将项目经历转化为自己的能力

项目是组织创新和变革的载体，具有较强的不确定性，导致项目团队在开展项目的过程中往往会走很多弯路。因此，吸取经验教训一直是项目管理中最重要的原则之一。

12.1 什么是项目复盘

复盘这个词汇来源于围棋术语，每次博弈结束以后，双方棋手把刚才的对决再重复一遍。在复盘过程中双方进行双向交流，对每一步的成败得失进行分析，即当时为什么"走"这一步，是如何设计的，如果不这样走，还可以怎么走，怎样走才是最佳方案。

复盘可以有效地加深对这盘对决的印象，也可以找出双方攻守的漏洞，是提高自己水平的好方法。在复盘的过程中，双方的思维不断碰撞，不断激发出新的方案、新的思路。

项目复盘可以帮助项目团队有效地分析和总结项目中的经验教训，是提升项目管理成功率的重要方法之一。**项目复盘指把在项目中做过的事情，按照项目的开展过程再从头过一遍**。目的是不断检验和校正目标，不断分析过程中的得失，从过去的经验、实际工作中进行学习，不断深化认识和总结规律，进而进行有针对性的改进，提升能力。项目复盘对于组织的发展和组织智慧的积累起到了非常重要的作用。

12.2 为什么要开展项目复盘

如前文所述，项目是开展任务的载体，以实现预期结果为导向，先确定任务的最终目标，再倒排工期，确定任务的起点和开展过程的关键决策点，并基于项目最

终交付物的分解来估算实现各个组成部分所需资源和时间，最终确定项目的整体工期和预算。而复盘的本质就是要考察"当初所定目标"和"现在的结果"之间的差异，然后根据差异分析原因，寻找解决方案，并开展后续行动。因此，复盘特别适用于以结果为导向的项目管理工作。

项目作为组织创新和变革的载体，项目团队往往会在目标模糊、技术挑战大、同类项目经验缺乏、过程不确定性较强且项目利益相关方配合度较差的情况下开展项目工作，并经常遭遇计划赶不上变化的场景。因此，项目团队能否在项目过程中不断总结经验教训，持续改善项目中的工作方法并调整实现项目目标的路径对于提升项目绩效是至关重要的。通常，在开展项目管理工作过程中，项目团队也会定期总结工作，但是，如果能够用复盘的方法代替原有的项目总结，将可以进一步提升项目的绩效和组织的能力。因为，相比传统的总结方法，复盘方法不仅仅对已发生的各项结果进行梳理、分析和归纳，更加侧重于在未来再次开展同类工作时如何改进和优化，组织项目团队集思广益，共同探索未来开展工作的新思路和新方法。

12.3 业界可借鉴的复盘方法

目前被大家广泛学习和借鉴的复盘方法包括事后回顾和联想，两种方法有异曲同工之妙。

1. 事后回顾

事后回顾（After Action Review，AAR）是知识管理经验复盘实践中应用得较为广泛的方法之一，来源于美国陆军。

2. 联想复盘

联想公司非常重视复盘，并且基于复盘的机理和长期的实践，于2011年提出了一套符合自身特色的复盘操作步骤：回顾目标、评估结果、分析原因、总结经验（见图12.1）。这与AAR的做法基本一致。

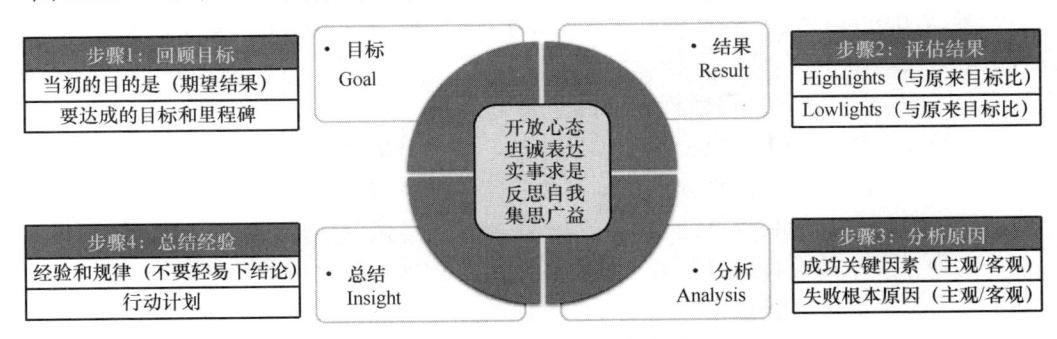

步骤1：回顾目标	• 目标 Goal	• 结果 Result	步骤2：评估结果
当初的目的是（期望结果）			Highlights（与原来目标比）
要达成的目标和里程碑			Lowlights（与原来目标比）

开放心态
坦诚表达
实事求是
反思自我
集思广益

步骤4：总结经验	• 总结 Insight	• 分析 Analysis	步骤3：分析原因
经验和规律（不要轻易下结论）			成功关键因素（主观/客观）
行动计划			失败根本原因（主观/客观）

图12.1 联想复盘的四个步骤

步骤 1：回顾目标，团队需要回答如下几个问题：
- 当初行动的意图或目的是什么？
- 想要达到的目标是什么？
- 预先制订的计划是什么？
- 事先设想要发生的事情是什么？

步骤 2：评估结果，团队需要回答如下几个问题：
- 实际发生了什么事？
- 是在什么情况下发生的？
- 是怎么发生的？

步骤 3：分析原因，团队需要回答如下几个问题：
- 实际情况与预期有无差异？
- 如果有，为什么会发生这些差异？哪些因素导致我们没有达到预期目标？失败的根本原因是什么？
- 如果成功，关键因素是什么？

步骤 4：总结经验，团队需要回答如下几个问题：
- 我们从过程中学到了什么？
- 如果有人要进行同样的行动，我会给他什么建议？
- 接下来我们该做什么？哪些是我们可直接行动的？哪些是其他层级才能处理的？是否要向上呈报？

12.4 微权力下的项目复盘

项目复盘需要结合项目的生命周期特点、过程组和项目管理的管理主题，因此需要在传统复盘方法上进行改造和优化。

在借鉴了 AAR 和联想复盘方法之后，我结合微权力下的项目管理方法，形成了一套适用于项目管理的复盘方法，我把它称为微权力下的项目复盘，如图 12.2 所示。

1. 第一步：回顾项目目标和项目基准

项目复盘需要基于项目目标和项目基准，并沿着项目的生命周期进行回顾。

项目管理遵循按阶段划分的原则，按照常见的方式，项目的生命周期通常可分为启动、规划、执行和收尾四个不同管理阶段。为了确保项目过程受控，项目目标也分为项目最终目标和项目阶段目标。项目最终目标通常包括项目的最终交付物和基于项目目标的项目评价指标。项目的阶段目标通常包括阶段主要任务，阶段交付物、阶段评价指标及阶段评审的具体要求。项目的最终目标信息和阶段目标信息通常应被包括在项目的立项报告、项目管理计划、进度计划或其他项目的基线文件中。

第 12 章　总结复盘，将项目经历转化为自己的能力

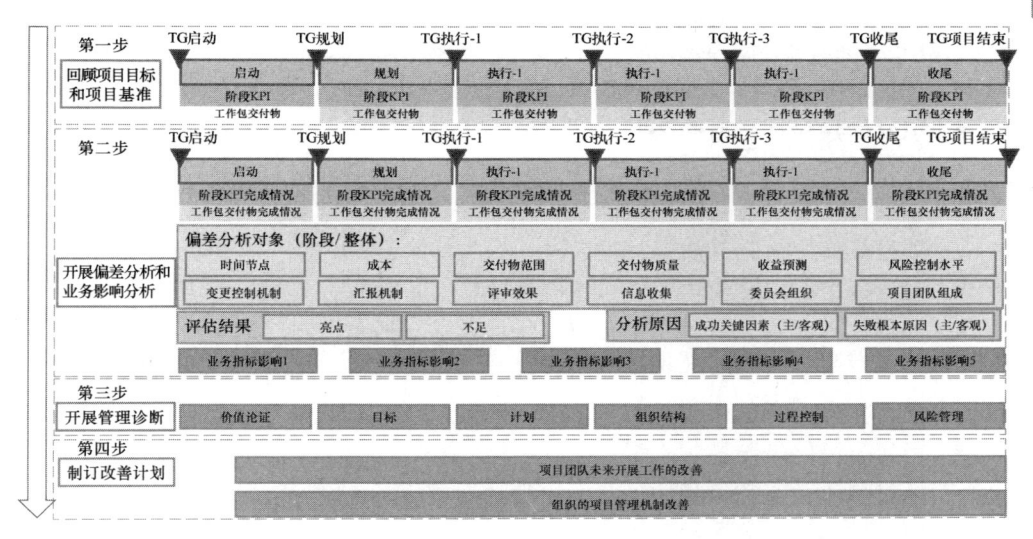

图 12.2　微权力下的项目复盘

项目团队开展复盘的第一步，就是要把项目在确立目标和建立组织的时期所确定的项目最终目标和阶段目标的内容进行回顾，重新审视一下当初确立的目标是什么及当初的考虑是什么。需要注意的一点是，在这一步，项目团队需要回顾的是项目最初确立的目标，而不是项目过程中变更后的目标。可参考如图 12.3 所示的框架进行项目目标和项目基准的回顾。

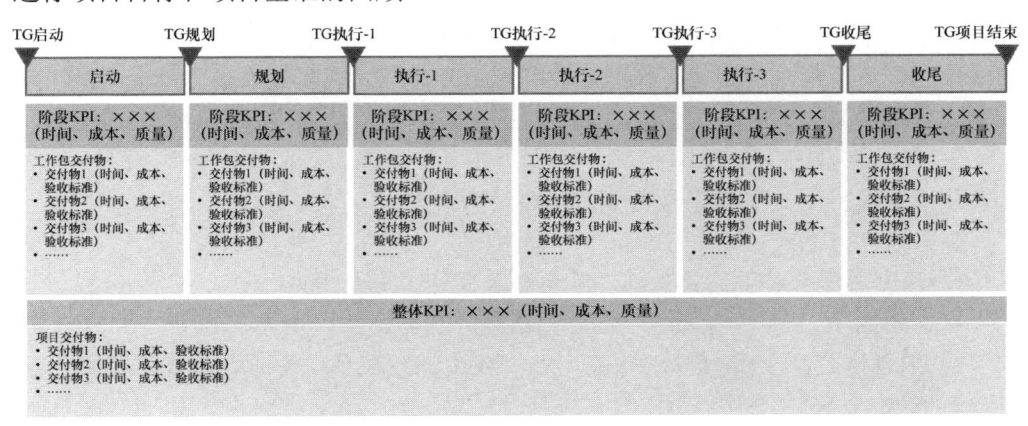

图 12.3　项目目标和项目基准回顾框架

2. 第二步：开展偏差分析与业务影响分析

有了项目目标和项目基准，项目团队需要基于项目的最终目标和阶段目标沿着项目的生命周期回顾项目实际达成的结果，进行偏差分析。偏差分析的对象应包括项目的业务目标、管理目标以及项目团队的组成。项目的业务目标依据项目所承载

205

的业务和技术各不相同。项目的管理目标通常包括但不限于：
- 项目最终目标达成的时间。
- 项目阶段目标达成的时间。
- 项目最终交付物的范围。
- 项目每个阶段交付物的范围。
- 项目最终交付物的质量标准。
- 项目每个阶段交付物的质量标准。
- 项目整体成本（财务支出、工时统计及运营成本分摊等）。
- 项目阶段成本（财务支出、工时统计及运营成本分摊等）。
- 项目生命周期的风险控制水平。
- 项目阶段的风险控制水平。
- 项目阶段关卡和里程碑评审的次数与效果。
- 项目过程汇报的次数和效果。
- 项目周报和月报的频次和质量。
- 项目变更的次数。
- 项目领导小组的组成和职责（含项目总监及其他领导小组成员）。
- 项目核心团队的组成和职责（含项目经理和工作包负责人）。

针对偏差较大的项目最终目标项或阶段目标项，项目团队应分析和讨论该偏差对于项目预期成果和收益所带来的正面和负面的影响。需要注意的一点是，项目开展过程中如果产生了变更，项目团队也要重点分析一下项目变更对于项目最初预期的成果和收益所带来的影响。在进行业务影响分析时，既要考虑偏差对于项目预期成果和收益带来的影响，也要考虑偏差对于企业战略或其他项目目标带来的影响。

3. **第三步：开展管理诊断**

接下来项目团队需要探究造成偏差的关键原因。

（1）研究方法：
- 深度思考哪些因素带来成功或失败，并逐一记录下来。
- 将因素按主观、客观两个维度进行区分归类。
- 描述格式：主语+谓语+效果，如"我主动挖掘单位客户，使新客户来访量增加了15%"。
- 针对主观和客观因素进行分类汇总，运用"5个为什么"提问法挖掘提炼关键因素。

（2）注意点：
- 分析成功因素时，多列举客观因素，精选真正的优势去推广。
- 分析失败因素时，多从自身找原因，包括目标的设定是否合理，否则原因分析将围绕着错误的目标展开。

（3）项目管理因素分类方式。项目复盘的一个重要目的是要找到项目实际开展过程中所用到的项目管理方法的亮点和不足，所以，我通常会依据微权力下的项目管理方法涉及的常用管理机制来对项目成功和失败因素进行归集和分类，如图12.4所示。

价值论证	目标	计划	组织结构	过程控制	风险管理
• 没有明确的项目产出 • 交付团队没有能力交付项目的产出 • 没有明确的项目成果 • 负责收益实现的部门没有能力或不愿意去推动成果转化 • 项目收益没有可衡量的测量指标 • 项目收益对企业没有什么价值 • 战略目标改变，导致项目收益对企业没有价值	• 项目经理思路与领导不一致，导致项目目标调整 • 在项目初始阶段，项目团队没有与客户共同定义双方都不会产生误解的项目产品 • 定义的项目产品超出项目交付团队的能力 • 定义产品时没有定义验收标准 • 项目目标没有定义可衡量的指标	• 产品没有按结构化分解，子产品有遗漏，导致项目延期 • 产品分解过程中忽略了管理产品的分解，导致项目延期 • 项目经理与子产品负责人没有达成书面共识，双方因交代不清而理解不同造成不必要的问题 • 没有梳理清楚子产品间的关系，导致子产品负责人不清楚彼此间的依赖关系 • 项目核心稀缺资源不足或没有	• 在项目立项期间，没有建立科学、结构化的项目组织结构和为项目成员定义清晰的角色与职责，导致项目中出现各种责权不清、沟通不好和因素无法凝聚的问题，从而造成项目的延期和资源的浪费 • 没有分析项目的关键利益相关方及他们的动机 • 没有找到项目真正的发起人，项目走错方向 • 项目经理没有在项目早期充分地集聚和引导项目使用方的需求，并与使用方就项目产品达成共识 • 项目经理没有邀请项目使用方在项目过程的关键节点参与项目阶段产品的评审和验收 • 项目经理没有在项目初期与各个不同的项目建设方就项目的目标和各自的任务达成共识，并有效地推动他们积极参与项目工作、按期完成各自的工作 • 项目中承担不同交付任务的小组经理不能协同工作并形成合力 • 在项目立项阶段，没有帮助项目团队建立层级和责权分明的组织结构，并定义不同层级的边界和关系	• 周期汇报 • 节点评审 • 变更控制	• 没有把风险描绘清楚，没有把风险描述成一个有前因后果的具体事件，不能引起大家的关注和重视 • 没有了解企业的风险偏好，识别的风险没有引起大家的共鸣和关注 • 描述风险原因时，描绘的外因不可控 • 识别的风险发生概率太低，没有引起大家的重视 • 风险发生的临近度超出听取汇报人的任期，没有引起重视 • 描述风险影响时，没有明确这个风险会直接影响项目的哪个目标，没有引起重视 • 没有系统地识别风险，造成遗漏 • 风险没有做优先级划分 • 风险应对策略不当 • 风险应对措施不落地 • 执行风险应对后，产生次生风险

图12.4 开展管理诊断过程中的项目管理问题分类示例

4．第四步：制订改善计划

项目复盘的最终目的是改善，避免未来再犯同样的错误，并寻找更好的工作方法。因此，在项目复盘的第四步，项目经理要组织项目团队通过多种方式来探索和制订改善计划。为了能够让项目团队受到充分的启发并制订出科学有效的改善计划，可以考虑开展如下活动：

- 组织项目管理方法论培训，增加项目管理的知识。
- 组织针对特定问题的项目管理实战工作坊，提升项目管理的能力。
- 组织大家对相关管理类书籍的学习，拓展思路。
- 通过头脑风暴集思广益。
- 通过对相关领域的专家访谈和交流获得最佳实践。
- 通过对标先进企业寻找最佳实践。
- 组织项目团队参加相关主题的论坛和大会，拓展视野。
- 通过悬赏机制，吸引更大范围的人员参与。

改善计划既应包括对于项目团队未来开展工作的改善建议，也应包括对于项目团队所在企业的项目管理相关机制的改善建议。当然，项目团队对于企业机制的改善建议，应通过合适的渠道如项目管理办公室或上级领导给到可以落实改善建议的相关责任部门和责任人。

本章小结

综上所述，项目作为组织创新和变革的载体，有较多的不确定性。因此，在项目团队实现项目目标的过程中，更加需要不断地通过阶段性总结和复盘来获取经验教训，分析改善手段，避免重复犯错，寻找更优的工作方法，这样才能更加从容地实现项目预期目标，甚至超出预期地实现项目目标。在项目所有任务完成后或者项目中止后，项目经理和项目团队需要花足够多的时间复盘项目的整个过程，提炼经验教训，将其沉淀为企业的知识资产，并共同策划项目团队未来的改善措施，并对企业与项目管理相关的机制提出有效的改善建议。只有这样，才能有效助力项目经理和项目团队成员的个人成长以及企业的快速发展。

进阶篇：
从个人走向组织

第 13 章

赋能他人，让更多人理解项目管理的做法和价值

我国明代著名思想家王阳明曾告诫后人："知而不行，只是未知。"项目管理是一门实践的学问，只有通过不断实践再实践，才能真正掌握项目管理的精髓，不再纸上谈兵。本书中提到的微权力下的项目管理六步法，其实是项目管理的六项最重要的技能，是核心，是基础，也是广大的项目经理需要通过不断实践才能真正掌握的。

培训其他人，传播项目管理思想，尝试给其他不懂项目管理的人讲明白项目管理，辅导他们尝试通过项目管理的方法提升自己的工作绩效，也是项目经理的一项必要修炼。而且，很多人是在给别人讲项目管理时把自己给讲得更明白了。因此，尝试成为项目管理领域的一位导师或教练，是帮助项目经理成长的捷径。

13.1 实践再实践，做到知行合一

在前文中给大家介绍了以"借力"为核心思想的微权力下的项目管理方法模型，强调了作为项目经理必须始终如一关注的三项核心任务、项目的四个发展阶段、项目经理的六项人格特质以及必须具备的八项实战技能。

（1）掌握分析环境的技能，帮助项目经理快速适应环境，找到借力的来源。

（2）掌握论证项目业务价值的技能，帮助项目经理正确把握项目的方向。

（3）掌握制订科学的项目计划的技能，帮助项目经理明晰实现项目目标的最佳路径。

（4）掌握建立项目组织结构的技能，帮助项目经理把一群原本目标和利益不一致的人凝聚成目标一致、各司其职的团队。

（5）掌握管控项目质量的技能，帮助项目经理确保项目关键利益相关方的满意度。

（6）掌握项目风险管理的技能，帮助项目经理识别项目实施路径中的不确定性，提前做好应对准备，提高项目的成功率。

（7）掌握制定项目评价指标的技能，帮助项目经理在项目中找到抓手，让项目的过程受控。

（8）掌握总结复盘的技能，帮助项目经理将项目经历转化为自己的能力。

学会借力，始终围绕项目管理的三项核心任务，在项目生命周期的四个发展阶段中，熟练运用这八项实战技能是项目经理能够在不确定环境下顺利开展项目的基础，可以帮助项目经理顺利地为自己的项目搭建受控的舞台，是项目经理由一个一直在项目中奋力救火的演员转型成擅长策划和布局的导演的必经之路。

掌握项目管理知识之后，不断地实践再实践，避免纸上谈兵，向着知行合一的方向努力，是项目经理成长的唯一路径。

13.2　学会通过培训在企业内传播项目管理思想和文化

如果想成为一名优秀的项目经理，就得练习当老师或教练。为什么？因为在我国当前阶段，有人有知识，但缺少实践；有人有实践，但缺少系统化的知识。真正能在我国特有的文化背景下做到理论联系实际的合格项目经理非常稀缺，我一直认为在中国当项目经理最大的痛苦并不是项目经理不懂项目管理，而是企业内的项目成员和项目成员的领导不太懂项目管理，导致项目经理的项目管理方法在实际项目中落不了地。除非项目经理能给大家讲明白项目管理对大家的好处，让大家信服，否则大家可能不愿配合项目经理的工作，即使大领导出面强压，也会阳奉阴违，让项目管理发挥不出应有的价值。因此，项目经理必须练习当大家的老师，借各种场合培训大家，给大家讲解项目管理的好处，传播项目管理的思想，创造机会让大家体验项目管理对大家的价值。

在企业里培训自己的同事，尤其是自己的项目成员和项目成员的领导时，必须做到接地气，即结合自己企业的特殊性和项目的特殊性，用大家熟悉的企业语言，针对大家的痛点进行讲解。这种以实战为导向的企业内部培训，讲的知识点不是越多越好，而是够用即可。而且知识点越少，越容易讲透，并被大家所接受，但这些知识点一定要讲在大家的痛点上，这样大家才有感觉，才愿意尝试接受项目管理的方法。

培训的目的在于让项目的关键利益相关方包括客户、投资方和建设方的核心人员就项目管理的开展方式达成共识，共同制定让大家都必须遵守的游戏规则，从而使大家形成协同，使项目过程受控，让项目管理方法真正落地。

关于项目管理培训的内容，可以聚焦在以下几个方面（见图13.1）。

- 项目管理知识
- 项目管理技能
- 项目管理经验
- 项目管理标杆和最佳实践

图 13.1　项目管理培训内容的侧重

1．项目管理知识

项目管理知识培训以传播知识为宗旨，在前文中提到过的美国项目管理协会的《项目管理知识体系指南》，很适合在企业内传播项目管理思想和文化，为大家拓展视野，改变大家的原有认知，消除抵触情绪。项目管理知识培训通常采用宣讲的方式，由于这类培训覆盖面非常大，学员人数多，而且大家的经验和水平参差不齐，因此不要讲得太深，通俗易懂最好。项目管理知识培训侧重于解决大家对项目管理的认知问题。

2．项目管理技能

项目管理技能培训与项目管理知识培训不同，目的在于教会学员一套开展项目管理的方法或套路，给大家一套比较容易落地的方法，让大家回到各自的岗位上尝试理论联系实践。由于项目管理技能培训通常侧重于学员的应用和实践，因此宜用研讨的方式或工作坊的方式。培训时需要结合和模拟企业的具体工作场景，暴露实际环境中的项目问题，并通过研讨的方式寻找解决方案。老师在这类培训中通常要扮演引导者的角色，比较像教练，既要设计场景，组织大家研讨，启发大家的思路，还要能回答大家的困惑，点评大家的回答。项目管理技能培训旨在帮助学员解决实践方面的问题，需要老师拥有较多的实践经验，对老师的要求比较高。

3．项目管理经验

项目管理经验培训旨在在企业内部分享经验教训，让大家互相借鉴，少走弯路，通常以分享会的形式来实施。老师在分享会中主要扮演主持人的角色，组织和协调参会者，抛砖引玉，鼓励参会者互相分享。

4．项目管理标杆和最佳实践

大家往往更希望听到与自己企业或产品特点类似的标杆企业的项目管理最佳实践，因为借鉴起来更容易。经常组织项目团队成员共同学习同类企业在项目管理方面的最佳实践可以很好地启发大家思考如何借助项目管理方法提升自己的工作效果。在形式上，通常可以考虑邀请熟悉标杆企业项目管理最佳实践的项目管理专家来给大家做分享式的培训，并解答大家的相关问题。

13.3　不断地修炼自己的平衡能力

在项目管理模式下，项目经理通常是整个项目运转的平衡点，负责维持项目中各个不同方面之间的平衡。因此，如前文所述，项目经理一定要修炼的能力之一就是平衡性。有趣的是，这一点特别符合中国传统的中庸文化，不论是儒家还是道家

第 13 章　赋能他人，让更多人理解项目管理的做法和价值

的思想，都特别强调平衡的重要性。事实上，即使在很多外企，最优秀的项目经理也会被人称为太极高手，擅长化解矛盾、以柔克刚和平衡各种利益相关方之间的关系。

对于微权力的项目经理来说，为了确保项目的顺利实施，从接到项目的那一刻起，就要开始维持各方的平衡（见图 13.2）。

- 领导层与员工层的平衡
- 项目铁三角的平衡
- 不同利益相关方之间的平衡
- 长期目标与短期目标的平衡
- 项目成员不同性格之间的平衡
- ……

图 13.2　项目中的平衡

（1）负责指导项目方向的领导和负责具体执行任务的项目成员由于在企业中所处的位置不同、目标不同，往往会在项目中的一些具体事项上产生分歧，如项目预算的数量、项目工期的长短、项目授权的程度等。这时候，就需要项目经理不断地在他们各自的诉求中斡旋，尽快找到双方都能接受的平衡点，避免因此耽误项目的进展。

（2）大家熟悉的项目的铁三角，即项目的时间、成本、范围这几个项目评价指标之间也是相互制约的。由于项目具有不确定性，在项目的生命周期中，会有各种不确定性事件出现，经常会造成铁三角之间的某个指标受到影响，这个时候就需要项目经理从项目整体角度考虑，思考如何重新分配项目资源，尽快让项目铁三角回到平衡的状态。

（3）项目中不同的利益相关方由于各自的定位和目标不同，往往会产生冲突。例如，客户总是希望在有限的项目工期和预算内让项目团队更多地满足自己多变的需求，而项目交付团队则希望在项目预算和工期不变的情况下尽量不要调整或扩大项目的范围，以免影响项目交付。客户与项目交付团队的矛盾是注定的，如果缺少了项目经理来平衡他们的关系，那么矛盾就会愈演愈烈。因此，不断地通过平衡他们之间的利益诉求，确保项目出资人期望的项目价值是项目经理不可推卸的责任。

（4）同一项目中也会存在长期目标和短期目标，而且都需要投入资源，如何把有限的项目资源合理地在项目的长期目标和短期目标之间进行调配，也在考验项目经理的平衡能力。

（5）作为组织创新和变革的载体，项目团队中往往集合了具有不同特点的专家，不同专家的观点不同、性格不同，经常会因此产生争执，甚至造成僵局，这时候又是考验项目经理平衡能力的时候了。项目经理需要采用以柔克刚的方式促成不同观点的专家尽快达成共识，确保项目目标顺利实现。

213

除了以上五种常见情况，项目中还有更多需要项目经理进行平衡的人或事，如果处理不好，就会造成项目混乱，直接影响项目目标的实现。

美国管理大师彼得·德鲁克曾经说过："管理的本质是平衡。"在我看来，项目管理恰好又是各类管理工作中最考验平衡能力的，而项目经理又是项目管理工作中平衡的核心。因此，项目经理是否具备很好的平衡能力，将直接关系到项目的成败。作为项目经理，只有通过实践，持续不断地提升自己的平衡能力，才能从容应对项目中的各种冲突和矛盾，维持项目的平衡，确保项目始终受控并顺利实现项目目标。

本章小结

项目经理不仅要学好项目管理知识，掌握项目管理的各种实战技能，通过不断实践再实践，早日做到灵活运用各种项目管理方法，同时还肩负着传播项目管理思想和理念的使命，帮助企业打造项目管理文化，让项目管理在企业中发挥出应有的作用，成为企业创新和转型最有力的帮手。

第 14 章

项目管理办公室的定位和使命

近几年可以看到一个相当明显的变化,在我国有越来越多的企业已经开始尝试建立自己的项目管理办公室(PMO),并尝试以 PMO 为核心建立组织级项目管理的机制和体系。这种现象意味着,我国已经由仅仅关注单项目管理阶段开始进入组织级项目管理的发展阶段,项目管理不再是项目经理自己关心的事情,而已经变成了整个组织或企业关心的重点。正如项目的运转离不开项目经理一样,组织级项目管理机制的运转离不开 PMO。然而,绝大多数企业的 PMO 建设和发展并不是一帆风顺的,由于得不到大家的认同,或者无法证明 PMO 存在的价值,导致 PMO 在企业里先建再拆、再建再拆的现象比比皆是。很多 PMO 负责人或 PMO 经理为了自己的信念,每天在水深火热中坚持推动组织向项目化转变。作为过来人,为了让更多参与 PMO 工作的人少走弯路,不再困惑,我将在这一章中分享自己的一些心得体会。

14.1 PMO 出现的时机

做事的时机很重要,对企业来说,建立 PMO 的时机也很重要。建得早了,发挥不出作用,白白增加了管理成本,还扰乱了原有的企业运转体系;建得晚了,很可能导致企业发展出现停滞,甚至走下坡路。因此,在企业建立 PMO 也要把握合适的时机。

当企业还处于以日常运营为主的发展阶段,以项目为单位的创新工作还比较少的时候,是不需要建立 PMO 的,因为靠企业一把手自己就能把这些项目管起来。在企业最高领导的推动下,集合企业的优势资源,即使没有专业的项目经理或 PMO 来参与管理,这些项目通常也可以实现预期目标。但当企业内越来越多的工作都开始用项目的方式进行管理的时候,企业内项目的数量会逐年倍增,甚至达到成百上千个。这时候,光靠企业一把手自己一个人不可能管得过来,即使加上那些懂项目管理的副总级别的领导，也还是管不过来。而且，企业同时开展这么多项目，找不到那么多合格的项目经理，只能大家按各自的套路管自己的项目，再加上企业自身文化很可能还停留在人治或职能管理的阶段，项目的成功率必然大幅下降，导致企业战略规划无法落地，影响企业的发展速度。此外，在企业中，项目经理经常会为了自己的项目争抢企业的稀缺资源，比较强势的项目经理可能每次都能把优秀的资源抢到自己的项目上，比较弱势的项目经理则抢不到，导致一些项目从一开始就注定会失败。

站在企业的角度，这是很严重的问题。从大局来看，所有企业正式立项的项目都是有价值的，任何一个项目的失败都可能影响整体战略或规划的落地，因此必须有人站在企业大局的角度去平衡项目之间的资源分配，避免项目之间的恶性竞争，确保所有的项目都能成功。这时大家会发现，在企业原有的组织架构里，很难找到一个合适的部门来公正地负责这件事，此时 PMO 出现的时机就成熟了。当前国内很多企业由于缺少组织级项目管理机制和 PMO，普遍会出现如图 14.1 所示的痛点，在这时开始建立 PMO，更容易获得大家的认同。

14.2　PMO 幕后的老板是谁

企业刚开始建立 PMO 时，PMO 的负责人往往会对这个部门的角色和使命非常困惑。通常，大家会认为 PMO 应该是一个管控部门，因为国内能见得到的西方项目管理理论都是这么写的，大多数项目管理培训课上老师也是这么教的，即 PMO 代表领导去监督和管控所有项目的职能部门。但实际情况是，各部门根本不听 PMO 的管控，而且 PMO 还不能惩罚大家，却要背负各种项目失败的责任，变成了一个有责无权的部门，这令 PMO 的成员非常痛苦（其实这个现状与我国项目经理的状态是比较相似的）。尤其是处于转型变革期的企业，PMO 往往负责推动和保障企业内所有最具挑战性的战略项目，但并不掌握调动职能部门资源的权力，还要在众多的利益相关方之间周旋，这非常考验 PMO 负责人的能力。

那么，PMO 的角色和定位到底是什么呢？咱们先从名字上分析，PMO 是 Project Management Office 的首字母缩写，它的最后一个单词是 Office，翻译过来就是办公室。西方企业的办公室和中国企业的办公室的职能是差不多的，通常负责协助很多大领导开展和落实行政或事务性工作，包括承办、参谋、管理和协调等职责。简单地讲，就是给大领导打杂的一个部门，如总经理办公室、企业管理办公室、综合管理办公室和科研管理办公室等。虽说是打杂，但这个角色很重要，因为企业的大领导往往身兼数职，时间非常宝贵，为了能够更有效地利用大领导的时间，必须给大领导配备助理团队，分担那些相对简单但耗费大量时间的工作，这就是办公室产生的原因。项目管理办公室，顾名思义，就是为了分担大领导与项目相关的工作而产

第 14 章　项目管理办公室的定位和使命

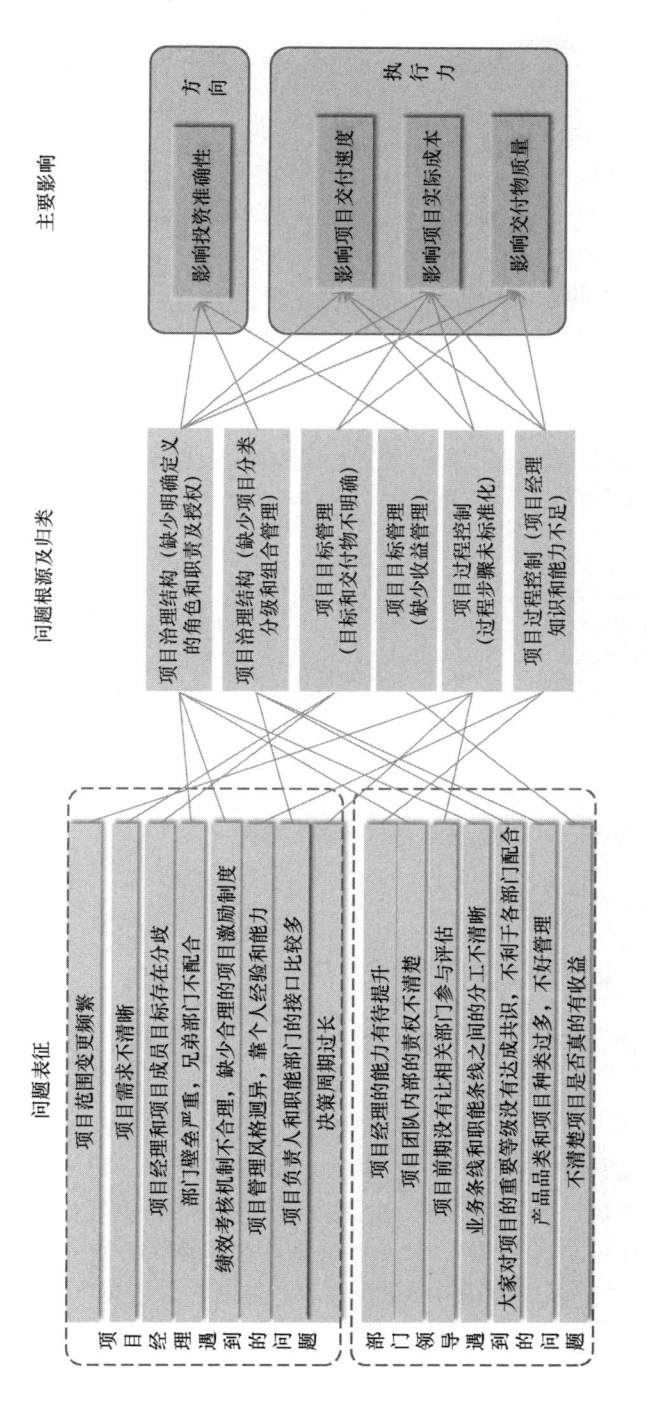

图 14.1　组织级项目管理机制缺失造成的痛点

生的办公室。很多时候因为企业内成立的跨职能部门协同的项目太多，总经理实在管理不过来了，必须有专人帮着他进行监督和协调。但把这项工作放到企业内任何一个原有的职能部门内又都不太适合，因为没有办法保证这个职能部门会站在很公正的角度、站在公司大局的角度去平衡项目之间的关系，因此只能单独成立一个PMO，负责代表总经理、董事长、CEO去监督和统筹协调所有跨职能部门的项目。这就是大多数企业PMO产生的原因，是从给大领导打杂开始的。因此，企业的大领导往往是发起PMO的真正幕后老板。

当企业的规模够大的时候，会产生分层级的PMO，如集团PMO、业务单元级PMO、公司级PMO、部门级PMO和项目级PMO等（见图14.2）。每个层级PMO产生的原因都很可能由于该层级领导所管辖的项目太多造成的。因此，集团PMO就是给集团大领导打杂的；业务单元级PMO就是给业务单元的大领导打杂的，同时要遵从集团PMO提出的要求；公司级PMO就是给公司大领导打杂的，同时要遵从集团和业务单元级PMO提出的要求，以此类推。

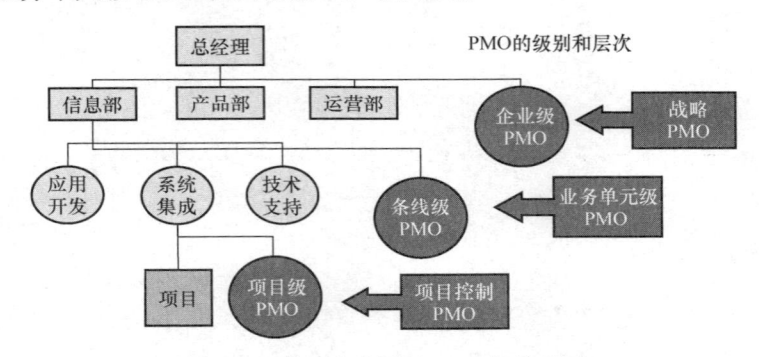

图14.2 某企业分层级PMO架构示例

14.3 PMO到底是领导还是打杂的

虽然都是PMO，但在不同的企业，基于不同的背景，PMO会有截然不同的定位和职责。

很多时候，PMO在企业中的定位取决于发起PMO的领导认为企业在哪个方面的管理有欠缺，需要通过PMO的形式来完善。如果是企业一把手即总经理或董事长希望建立企业PMO，他很可能会要求分管某一领域的副总在其管辖的组织结构下牵头建立一个PMO，通过这个PMO侧重解决企业在该领域的项目管理问题。通常，企业PMO的基础定位可分为五类，即战略型、控制型、运作型、支持型和顾问型。

1. 战略型PMO

战略型PMO往往由企业最高领导者发起，在企业原有的战略规划部门或总经理办公室分化出一块职能开展企业的多项目运营管理工作，以确保企业的战略项目能更好地实施，有效地支撑企业的战略落地。

近年来，随着战略规划工作在国内越来越受到企业的重视，常态化地开展战略规划工作的企业越来越多，然而企业战略规划不能落地的现象也很常见。如果企业战略不能按规划落地，那么战略规划再宏伟、再美好也是纸上谈兵。战略规划要落地，必然要把宏观的战略规划分解为一个个目标明确的项目群或项目，细化具体需要完成的工作内容，配备合适的人手和资源，定义合适的评价指标。因此，作为战略落地实现和保障的手段，项目管理成为重中之重。然而，既能准确理解战略规划的要求、站在企业大局思考、根据企业实际状况设计实施路径，又能搞定项目团队成员、整合各不同职能的资源、实现项目目标的优秀战略项目经理凤毛麟角，企业战略项目的成功率非常低。为了确保所有战略项目的成功，确保所有战略项目的输出可以有力地支撑企业战略，企业内必须有专人站在战略的角度指导和监督相关的各类项目，这个重任就落在了战略型 PMO 身上。

战略型 PMO 侧重于衔接企业战略规划与企业各类项目之间的关系，确保战略规划可以科学地分解成各个项目团队可以理解的目标和工作内容，并根据战略的优先级指导企业对项目的资源分配和平衡，在项目的实施过程中，帮助项目团队分析战略规划的期望和需求，协助项目与战略之间的沟通和协同，重点监控与战略密切相关的关键项目，反馈项目进展和收益给战略规划部门，以便战略规划根据落地的实际情况及时做出相应的调整。通常，战略型 PMO 的负责人和成员既要充分参与企业战略规划的制定和调整过程，又要深入重点战略项目进行必要的支持和监控；既要充分领会高层领导的意图，又要理解项目执行团队的难处和期望。项目组合经理是战略型 PMO 中的典型角色，肩负衔接战略与项目的重任，通过项目组合管理的机制，按企业战略规划和价值管理的要求，站在投资的角度，识别和选择优质的项目，评估项目的收益和价值，对所有的项目进行优先级排列，评估项目组合的整体风险水平，合理调配企业资源，并在所有项目的执行过程中通过对项目绩效和风险的持续监控为企业高层领导及时提供决策所需的项目状态信息。项目组合经理往往由既熟悉战略规划又熟悉项目实施的资深人士担任。

2. 控制型 PMO

在我国，早期控制型 PMO 多出现在软件行业。由于很多潜在的软件问题不一定能在上线前的测试阶段被全部发现，如果在用户使用阶段才暴露出来，会给用户造成严重的损失，因此，软件行业普遍推行质量管理体系，建立系统化的质量管理机制，尤其对开发过程进行严格的质量控制，从而降低出现质量问题的概率。通常，质量管理侧重于采用将工作过程标准化和流程化的手段，减少由于员工经验欠缺或不规范操作造成质量问题的机会。由于软件开发普遍是以项目为单位的，因此只有将质量管理与项目管理科学地整合在一起，才可能抓住软件开发项目过程中的关键控制点，确保软件产品的质量。在企业把质量管理与项目管理进行整合的时候，就出现了项目管理的流程化和体系化的管理模式，其中最知名的就是 SEI 的能力成熟度集成模型（Capability Maturity Model Integration，CMMI）。在这类企业里，PMO 往往是由原来的质量管理、质量控制或质量保证部门转型过来的。

由于控制型 PMO 兼具质量管理和项目管理双重职责，因此侧重于推行和维护基于项目的质量管理标准和体系，提升企业员工整体的工作规范性和标准化程度，降低由于不规范而导致犯错误的风险。项目质量保证是控制型 PMO 中的重要角色，肩负着在企业推行项目质量管理文化和确保体系受控的重任。

3．运作型 PMO

当企业把所有的项目经理都划归到 PMO 来进行统一管理的时候，就产生了运作型 PMO。运作型 PMO 实质上是一个项目经理的资源池，负责培养和管理项目经理资源，根据不同类型项目的需要，把项目经理派遣到合适的项目上，并对项目经理的工作结果负责。

听起来貌似 PMO 的权力增加了，因为 PMO 可以管理很多人了。但是，由于 PMO 要对项目经理的工作结果和项目的成败直接负责，因此，承担的责任和风险也大大增加了。经验证明，运作型 PMO 通常要在强矩阵的组织结构下才能较好地开展工作。在强矩阵结构下，企业职能部门的定位转变为培养和提供各类专业人员的资源池，而不是权力单元，通常也不对项目的成败负责，只对专业人员的素质和专业性负责。这时候，项目经理必须对项目负责，同时拥有挑选专业项目人员的权力、在项目中为项目人员分配工作的权力、考评其承担的项目工作的绩效和分配项目奖金的权力。然而，在当前环境下，我国极少有企业具备强矩阵的组织结构，绝大部分企业仍处在职能管理和弱矩阵结构下，甚至具备平衡矩阵结构的企业都很稀少。因此，通常负责管理专业职能部门的职能经理拥有较大的权力且相对强势，如果项目经理仍然隶属于职能经理，那么职能经理自然会使用自己的资源和权力来帮助项目经理实现项目目标；如果项目经理不隶属于专业职能部门，而隶属于 PMO，那么项目经理想获得职能经理的资源和权力支持就比较困难了。

因此，当面临是否要将项目经理划归到 PMO 并建立运作型 PMO 的抉择的时候，建议每家企业都要先慎重地评估自己的企业是否已经具备条件，然后再做决定，否则，很可能会适得其反，反而让项目经理更不容易开展工作了。

在运作型 PMO 模式下，企业往往会在 PMO 部门里成立全职项目经理团队，也会设置负责管理项目经理团队的岗位，通常会挑选同时具备项目管理经验和团队管理经验的资深经理担任。

4．支持型 PMO

支持型 PMO 目前在企业里是比较常见的，而且也是比较受各部门欢迎的 PMO 定位，因为它主要的职责并不是管控大家，也不是监督大家，而是服务大家或者说给各个项目打杂。支持型 PMO 的主要工作目标是通过自己的协助，让项目经理和项目成员把宝贵的时间和精力更多地聚焦在项目关键的工作上，不会因为项目中的行政事务分散精力，影响项目的主要工作。例如，当 PMO 发现一些重要项目的文档没人管的时候，可以派人到项目中担任项目助理，负责统一管理项目文档；当 PMO 发现在项目开展过程中出现了一些事务性或协调性工作，暂时找不到合适的人来负责时，可以先派人进入项目团队把这些工作承担起来，再组织大家讨论最适合的人选，以确保项目工期和质量不受影响。

在企业建立 PMO 的初期，支持型 PMO 最容易被大家接受，也最容易生存下去。因此，很多企业的 PMO 往往从支持型 PMO 起步，经过两三年后，获得了大家的认同，再逐步向控制型 PMO 转变。

项目助理和配置管理员通常是支持型 PMO 中的典型角色，会由 PMO 派驻到一个或多个项目上协助项目经理完成项目团队的相关工作。

5. 顾问型 PMO

顾问型 PMO 在企业管理成熟度较高的企业中较为常见，通常以辅导项目经理和推动整个组织的项目管理成熟度作为主要工作目标。PMO 成员多以导师、专家或教练的角色出现和参与项目，因此顾问型 PMO 对其成员自身的能力和资历要求较高，不仅要精通项目管理的相关知识、发自内心地倡导项目管理文化、能真正帮助他人解决项目管理过程中遇到的疑难杂症和实际问题，还要能为企业培养合格的项目经理。

PMO 的这五个类型代表了 PMO 的五种不同定位和角色，但并不是说企业的 PMO 只能选择某一定位或角色，从企业的实际情况来看，很多企业的 PMO 往往会同时具备这五种中的两种或三种角色。当然，我们通常认为最完善的 PMO 应该承担这五种角色，但一定不能在 PMO 成立初期就赋予 PMO 太多的角色和职责，因为企业 PMO 的成长和完善是循序渐进的，不可一步到位。很多企业的 PMO 往往会从承担支持型角色开始，在参与项目的过程中逐步获得其他部门员工和高层领导的认同与信任，然后逐步完善 PMO 的其他角色和职能，再经过数年的实践，成为较为完整的 PMO 并形成自己的特色。

14.4 最牛的 PMO 是什么样的

图 14.3 所示的 PMO 职能框架出自英国的 P3O 方法论，在我看来，这也是目前在全球范围内最系统化和最完善的 PMO 模型。当然，这个模型并不是一群专家坐在会议室里想象出来的，模型中的每个职能都源自国际上某个行业顶尖企业的最佳实践。在这个模型里，我们把最完善的 PMO 分成三大块职能：计划职能、交付职能和卓越中心。其中，计划职能侧重于多项目的统筹和对项目方向的把控；交付职

能侧重于确保项目的执行力和项目目标的实现；卓越中心侧重于组织级项目管理机制的完善和人员能力的提升。

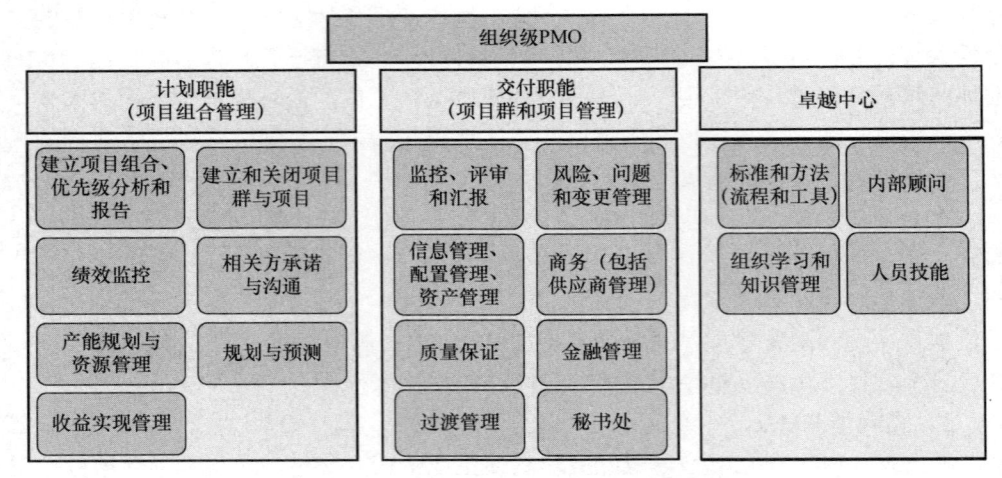

```
                        组织级PMO
┌─────────────────┬─────────────────────┬─────────────────┐
│    计划职能      │      交付职能        │     卓越中心     │
│  (项目组合管理)   │   (项目群和项目管理) │                 │
├────────┬────────┼──────────┬──────────┼────────┬────────┤
│建立项目组│建立和关│监控、评审 │风险、问题 │标准和方法│内部顾问│
│合、优先级│闭项目群│和汇报    │和变更管理 │(流程和工具)│       │
│分析和报告│与项目  │          │          │         │        │
├────────┼────────┼──────────┼──────────┼────────┼────────┤
│ 绩效监控 │相关方承│信息管理、 │商务(包括 │组织学习和│人员技能│
│         │诺与沟通│配置管理、 │供应商管理)│知识管理 │        │
│         │        │资产管理   │          │         │        │
├────────┼────────┼──────────┼──────────┼─────────┴────────┤
│产能规划与│规划与预│质量保证   │金融管理   │                  │
│资源管理  │测      │           │          │                  │
├────────┼────────┼──────────┼──────────┤
│收益实现  │        │过渡管理   │秘书处    │
│管理      │        │           │          │
└────────┴────────┴──────────┴──────────┘
```

图 14.3 基于英国 P3O 方法论的 PMO 职能框架

1. PMO 的计划职能

PMO 的计划职能由七部分工作内容组成，主要内容介绍如下。

（1）建立项目组合、优先级分析和报告。这就是我们通常所说的项目组合管理。如前文所提到的，项目组合管理重在衔接战略和项目之间的关系，站在企业战略和大局的角度，对项目进行优先级排列，合理分配资源，对战略项目的进展进行跟踪和反馈。目的是站在企业的高度，从投资的角度来看待项目的资源投入和分配，确保对企业战略的有效支撑和最大化企业整体收益。

（2）建立和关闭项目群与项目。在组织级项目管理的环境下，由 PMO 对企业所有项目的立项和结项工作统一管理是必需的，这样才能确保各个项目的方向和目标从一开始就与企业整体方向保持一致。如果企业没有对项目的立项和结项过程进行统一管理，各部门就会按照自己的想法去发起和评价项目。由于各自的定位和角度不同，时常会出现项目目标与企业整体战略发生偏离、多个项目的项目目标产生冲突或重叠的现象，这样不但会造成企业资源浪费，还会影响企业的整体战略落地。

（3）绩效监控。绩效监控是 PMO 有能力为企业高层提供决策支持的基础，也是多项目运营管理的信息和数据来源。然而，项目的绩效测量和监控并不容易，因为项目的种类千差万别，管理手段多种多样，项目经理素质参差不齐，项目开展过程中又经常会遇到各种原因的调整，导致项目绩效的标准不好确定。缺少了评价标准，绩效测量和监控就很难实现。为了实现项目的绩效监控，首先要在企业内建立统一的项目绩效评价方法和标准，建立规范化的信息和数据收集渠道，授权 PMO 统一进行项目绩效的测量、监控和考评，按时向高级管理层汇报，并根据高级管理层的反馈指导项目的调整。

（4）收益实现管理。这块工作内容在国内许多企业中是严重缺失的，导致企业在项目投资上的盲目性。因为绝大部分的项目收益是在项目结束之后才产生的，而且一定要用户使用一段时间之后才能验证有没有收益，所以，对于项目收益实现的管理职责是不能放在每个项目团队的。企业必须指定一个部门，站在企业整体的角度根据项目立项报告里对收益的描绘和承诺，从项目阶段到运营阶段，对项目收益的实现结果进行跟踪、测量、评价、记录和汇报。从经验来看，这块工作内容放在企业级的 PMO 里效果最好。

（5）其他工作内容。在 PMO 的计划职能中，除了上述提到的四部分工作内容，为了确保企业的稳定运行和发展，并协助高层利益相关方建立平衡，PMO 通常还会承担相关方承诺与沟通、产能规划与资源管理、规划与预测这三部分工作。

2．PMO 的交付职能

PMO 的交付职能由八部分工作内容组成，侧重于对项目群和项目的实施过程进行有效管理和保障。

（1）监控、评审和汇报。对企业内所有项目的实施过程进行监控、评审和汇报是必需的，否则，企业高层决策者就没有项目相关的信息来源，就无法在第一时间及时了解项目群和项目的实际情况，无法正确判断企业战略落地的程度，无法及时做出企业在关键节点或事件上的决策。其实，很多 PMO 建立的初衷都源于企业高层在这方面的需求。

（2）风险、问题与变更管理。项目变更频繁也是企业和项目经理头疼的问题，尤其对项目经理来说，被动的项目变更几乎是不可避免的。其实，企业的项目有变更是很正常的，关键是要受控，要与企业的目标保持一致。为了确保项目变更受控，在企业内就要建立项目变更管理的统一机制和流程，由专业的专家团队和各利益相关方的代表依据标准进行评判，而不能单靠项目经理个人进行管理。通常，企业级的 PMO 是最适合建立和维护变更管理机制的角色。

（3）信息管理、配置管理、资产管理。在许多企业内还有一个比较常见的现象，就是项目的过程资产、项目中的经验教训及项目过程中形成的一些最佳实践往往都只有项目团队自己的人知道，其他项目团队成员很难知道。这是由于项目与项目之间没有形成规范化的分享机制造成的，特别不利于项目之间的协同和组织过程资产的积累。因此，PMO 往往会承担起这个重任，负责建立企业内项目信息管理、配置管理和资产管理的机制。

（4）其他工作内容。除了上述提到三部分工作内容，PMO 的交付职能还经常包括金融管理、商务（包括供应商管理）、质量保证、过渡管理、秘书处等工作内容。

3．PMO 的卓越中心

PMO 的卓越中心（Center of Excellent，CoE）通常由四部分工作内容组成，侧重于项目管理专业人才培养和推动整个企业项目管理成熟度的提升。通常我们会把企业内组织级项目管理机制的优化分成两部分：一部分是机制的优化，侧重于对企业项目管理相关制度的完善；另一部分是人员的优化，侧重于对项目管理人员能力的提升。

（1）标准和方法。作为企业 PMO，需要持续不断地寻找、挑选和引入企业外部的相关标准和最佳实践，借助外部力量帮助企业建立或优化标准化的项目管理流程、制度和工具，从而推动企业项目管理成熟度的提升。这一点在我国当前时期尤为重要，因为目前大多数企业缺少标准化的项目管理标准、方法和工具，只能依赖项目经理的个人能力来确保项目成功。然而，由于项目管理方法被引入中国的时间还比较短，导致真正懂得如何正确开展项目管理的优秀项目经理非常稀缺，甚至很多完全没有项目知识和经验的新进项目经理也一上来就直接承担了企业重要的项目。但是，这种做法无论是对项目经理个人还是对企业都是有很大的风险的，往往容易导致项目的失败。由于既没有经验又没有企业的相关制度和流程作为参照，很多项目经理只能靠自己在实战中摸索，对于企业来说，这种现象会造成很多不必要的损失，而且也会在很大程度上影响企业的发展。如果可以通过 PMO 的努力，借鉴外来或企业已有的最佳实践，为企业建立一套行之有效的项目管理标准或方法，并在企业内广泛地推广，那么项目经理就可以减少摸索的时间，直接按企业在项目管理上的统一要求开展工作，使项目的成功率大大提升。

（2）组织学习和知识管理。国内许多企业在过去几年或几十年里已经历过无数的挑战，克服过无数的困难之后才获得今天的规模和地位，也总结过无数的经验教训和最佳实践，但很少有企业建立了完善的企业级知识库，相当令人惋惜。为了推动企业整体项目管理水平的提升，PMO 一定要定期组织企业内员工分享项目管理经验和最佳实践，相互学习，共同成长，并且一定要采用各种方式广泛地收集各类有价值的项目管理知识、案例和经验教训，建立企业级的知识库，把原来仅仅存放在员工脑子里的宝贵知识变成企业的组织过程资产，供更多的人学习和借鉴。

（3）人员技能。在当前时期，对于国内大部分企业来说，项目的成败在很大程度上取决于项目经理的能力，因此项目经理的成长速度非常关键。作为组织级项目管理的核心推动者，PMO 必须总结和提炼出具有自己企业特点的优秀项目经理的特征和能力模型，并基于这个项目经理的能力模型协助各个部门挑选合适的人选担任项目经理。此外，还需要帮助项目经理制定职业发展路径，策划有针对性的培训和辅导，帮助部门经理制定项目经理的绩效考核指标和评价方式，从而帮助企业解决项目管理人才稀缺的问题，助力企业的转型及快速发展。

（4）内部顾问。现在越来越多的企业开始采用内部教练或内部顾问的机制来培养企业内部的项目经理，因此，很多企业的 PMO 开始设立项目管理专家资源池和内部顾问机制，让企业内部的项目管理专家共同为企业诊断项目管理机制中存在的问题，提出和评估优化问题的解决方案，直接领导参与项目管理流程优化的项目，成为推动组织级项目管理能力提升的中坚力量。同时,通过内部顾问机制,PMO 可以名正言顺地安排经验丰富的项目管理专家通过实际的项目来辅导和培养更多的年轻项目经理,帮助他们解决项目中的实际问题,让他们更快速地成长。

14.5　PMO,知道你动了哪个部门的奶酪吗

在上一节中,我们已经勾画了最牛的 PMO 形象,然而,对于许多国内企业来说,最牛的 PMO 只是一个愿景,大家首要解决的是 PMO 的生存问题。我看到过太多的新建 PMO 在企业里处境艰难,得不到其他部门的认同和支持,不但无法顺利开展多项目运营管理工作,而且备受质疑。

通常,PMO 会不可避免地与企业如下的六个部门或角色经常打交道(见图 14.4),尤其在 PMO 成立初期,PMO 和这些部门或角色的管辖边界是不清晰的,容易产生很多纷争。为了能尽快和这些部门或角色达成管辖边界上的共识,获得他们在工作上的支持,共同推动企业项目管理能力的提升,PMO 负责人首先要搞清楚大家合作的契机是什么。

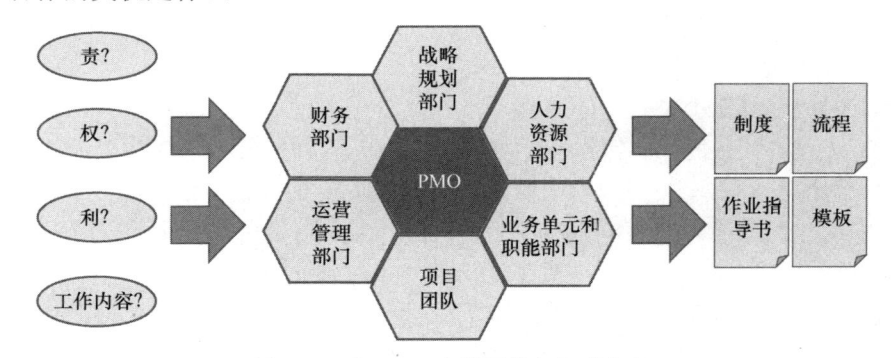

图 14.4　与 PMO 有边界的部门或角色

1. 战略规划部门

战略规划部门的职责是根据企业的愿景为企业制定科学可行的战略规划,而作为多项目统筹运营的 PMO 则负责确保企业内的所有项目与战略规划保持一致,并有力地支持组织战略规划落地,实现预期的收益。因此,PMO 不可避免地要和战略规划部门紧密地协同工作,共同打通战略落地的路径,通过项目组合管理的方式,确保资源的合理分配,实现企业的整体收益最大化。然而,把企业战略目标分解为一个个切实可行的项目目标并不是容易的事情,既要充分理解企业战略,具备大局观,又要熟悉项目执行层面的具体工作内容和测量方法,这些工作很难靠一个部门自己搞定,只有通过战略部门和项目管理部门协同工作和共同努力,才有可能实现战略目标和规划的分解落地。因此,作为企业 PMO,在成立的初期,为了确保和战

略部门的协同性，一定要尽快和战略部门统一工作方向和目标，明确共同的收益，商讨并确定双方的协同方式，划清各自边界，建立通畅的沟通渠道，这样才能获得战略规划部门对PMO的大力支持。

2．财务部门

做项目离不开钱，因此一定会与财务部门打交道。站在企业的角度，项目是一种投资行为，而且有较多不确定性，因此必须通过财务部门严格把控项目资金的投入，尽量避免花冤枉钱。为了企业的稳定运行，在企业里的任何开销都要提前一年做预算，不能想什么时候花钱就什么时候花钱。对于项目这种风险较大的投资行为更是如此，必须提前一年认真仔细地预估项目成本和收益，经过严谨论证和审批之后，形成项目预算，在第二年开展项目时才有钱花，而且在项目的开展过程还要严格地控制项目成本的支出并监控项目成本的偏离和收益的实现情况。为了实现上述对项目成本和预算的控制要求，PMO和财务部门需要充分合作。财务部门熟悉企业的资金情况和财务运转规则，但很难充分了解所有的项目特点，因此，在企业判断项目预算和支出的合理性时，需要PMO和财务部门协作。为了确保和财务部门的协同性，PMO要主动和财务部门加强沟通，了解财务部门的期望，统一双方的目标，明确双方的分工和协同方式，并确立常态化的沟通渠道，这样才能获得财务部门对PMO的大力支持。

3．人力资源部门

项目经理的绩效考核、激励和职业发展离不开人力资源部门的参与，然而单靠人力资源部门又不太现实，因为项目管理的方式和企业原有职能管理的模式差异较大，造成了对人员能力的要求、考评的角度、职业发展的路径都很难在原有的传统体制里找到参照和借鉴，因此只能通过PMO和人力资源部门密切合作，尝试在企业的项目管理领域摸索出一套新的人力资源管理模式。单靠PMO也是不行的，因为离开人力资源部门的支持，无论是绩效考核、激励还是项目经理的职业发展都名不正言不顺。培养优秀的项目管理人才队伍其实也是企业人力资源部门的重要工作目标，因此，在这一点上，PMO和人力资源可以充分合作，由PMO负责提供项目管理的专业知识和收集项目信息，由人力资源部门负责提供人力资源管理的专业知识和人力资源的相关政策，合力建立一套企业项目人力资源管理和人才培养机制。当然，在这个过程中，双方需要明确共同的目标和收益，划清双方工作的边界并确保沟通渠道的顺畅和有效性。

4．运营管理部门

企业的日常运营管理部门负责确保企业的运行稳定和日常收益。PMO和企业的运营管理部门相辅相成，共同实现对企业战略的支撑，因此打交道的机会很多。在项目实施和交付阶段，项目所用到的很多资源都是由项目和日常运营工作共享的，如生产线、机器设备、实验室、各专业的人力资源、资金等，因此，无论是在项目前期的规划阶段还是项目过程中的资源协调，都需要 PMO 与运营部门共同协商，确保企业资源的合理分配和使用。在项目转运阶段，由于项目和运营这两种工作方式差异较大，且通常会由不同团队负责，往往会造成移交过程中出现很多问题，只有通过项目团队、PMO 和运营团队在项目移交过程中三方密切配合，才能最大限度地减少项目移交过程中出现的问题。进入运营阶段之后，PMO 还要与运营部门充分配合，共同推动预期收益的实现并测量收益的实现情况。

5．业务单元和职能部门

当前，许多企业还属于职能化管理和弱矩阵结构，业务单元和职能部门作为专业部门拥有较大的权力和资源，而且很多项目团队通常需要抽调业务单元和职能部门的资源，因此会受到业务单元和职能部门的制约和影响。在项目开展过程中，如何为项目成员分配工作，如何对项目成员进行考核，如何进行激励，都需要和业务单元、职能部门的领导进行充分沟通并达成共识，否则，就难以得到相关部门领导的支持。作为企业的 PMO，与各业务单元和职能部门的领导建立良好的合作关系，划清双方的边界，明确共同的收益，在项目的交付过程中充分地沟通和协同，是确保项目顺利开展的基础。

6．项目团队

对于 PMO 来说，与各个项目团队也要划清工作边界。其实，很多项目团队都不希望自己的工作被 PMO 插手，因为会受到约束和监控。然而，站在企业的角度，为了让项目团队少走弯路，并与企业整体方向保持一致，PMO 必须把项目的立项、结项和项目的一些关键节点进行统一管理，并且对项目的过程符合性进行监督，对项目文档进行收集和存档。然而，如果 PMO 对项目的工作插手得太多，也可能会影响项目的进度。因此，针对不同类型的项目，PMO 需要和项目团队具体分析和制定适宜的管控和支持方式，明确哪些项目工作必须和企业要求高度统一，哪些项目工作可由项目团队自行灵活处理。否则，很可能造成 PMO 的项目管理规定与项目实际做法两层皮的现象，既不利于项目管理制度的推行，也不利于项目的开展。

战略、财务、人力、运营、项目团队和业务职能这些关键部门，在企业中和 PMO 的交集很多，如果关系没处理好，PMO 就得不到它们的支持，也就没有办法顺利开展多项目运营管理的工作。更可怕的是，可能会被大家抱怨 PMO 没有价值。能够和企业的这些关键部门建立联盟关系，是 PMO 可以在企业发挥实际作用的前提，也是 PMO 在企业立足的必要条件。

14.6　知道领导为什么不响应 PMO 的要求吗

很多 PMO 负责人会经常苦于在一些关键事项上得不到企业最高层领导的支持，自己被赋予的权力又不足够大，导致一些关键工作的开展困难重重。其实，很多时候不一定是领导不想支持，而是 PMO 没有能给领导一个他所能接受的方式来帮助 PMO。

如前文所讲，PMO 的工作方式和项目经理很相似，通常本身没有多大权力，但是要擅长通过借力的方式克服困难，实现自己的目标。如果 PMO 希望依赖企业总经理强势地帮助自己去推动其他部门的领导，是不太可行的。那么，PMO 该找谁借力呢？PMO 该向企业高层领导的集体决策机制借力。

PMO 要学会在企业里搭台子，尤其是给企业手上握有大量资源的领导搭一个集体决策的平台，组织他们共同讨论 PMO 关心的问题，促成他们就这些问题达成共识并授权 PMO 负责落实决议，这样，PMO 就可以名正言顺地拿着企业大领导的集体决议去推动其他人来配合自己关心的工作了。在很多企业里，总经理其实已经赋予 PMO 很大的权力了，就是组织企业高层领导开会和集体决策的权力，PMO 可以借助这个权力用集体的力量来推动项目管理能力的提升。

在开展日常多项目运营管理工作的时候，PMO 的上级领导其实不是一个人，而是由一群领导组成的集体决策机制，即项目指导委员会，这正是 PMO 最强大的力量来源。某商业银行 PMO 的工作模式如图 14.5 所示。

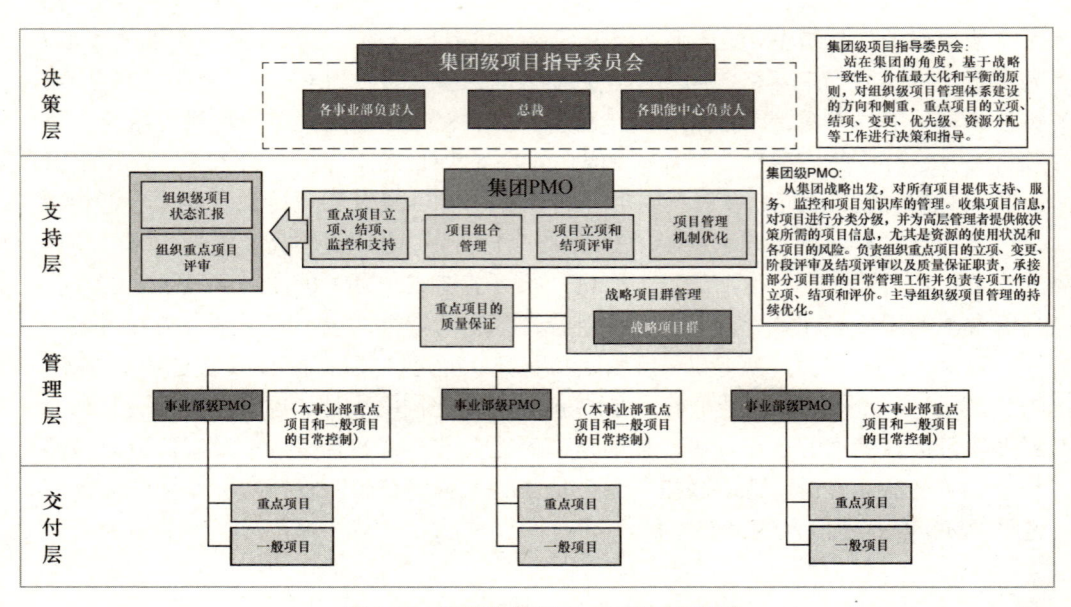

图 14.5 某商业银行 PMO 的工作模式

14.7 PMO 对组织的价值是什么

PMO 的价值到底是什么呢？在我看来，PMO 最大的价值在于通过推动组织级项目管理机制的建设和运转，帮助企业建立可以快速适应外部环境改变的能力，也就是帮助企业成为大家心目中的敏捷组织。如大家所知，现在的企业之所以不敏捷，是因为传统的职能管理过于强大，而且职能管理是以资源为导向的管理模式，并不是以市场和客户为导向的，这就造成了企业对市场和客户需求的变化很不敏感。此外，职能管理模式最大的优势就是稳定性特别好，不容易被改变，在企业韬光养晦的阶段，这绝对是个优势，因为可以在不受外界干扰的情况下练好各部门的专业能力。然而，在外部环境不断改变的时候，稳定性太好而灵活性不足就成了劣势，因为无法快速响应战略的调整和客户需求的改变。组织级项目管理机制的建设，是为了能够帮助企业建立根据战略和市场进行动态调整的能力，确保所有创新或变革的工作目标可以顺利达成，为企业植入敏捷的基因。当组织级项目管理的机制与企业原有的职能管理机制达成平衡后，企业就可以更均衡地发展，既可以通过项目模式进攻，又可以借助职能管理防守，这也是敏捷组织的目标。

通常，我们可以把 PMO 对企业的价值分解为如下几个方面：

- 通过推动项目管理标准化，使组织具备将项目的成功复制和推广的能力。
- 通过推动项目管理透明化和信息化，帮助各团队之间的协同，降低项目的风险，提高项目的成功率。
- 通过推动多层级之间的项目管理协同和受控机制，建立战略层与执行层的纽带，使各个项目团队对高层指派的任务和目标不再困惑，确保战略落地。
- 通过推动各个项目建立统一的信息收集、汇总和分析机制，为管理层提供有力的决策支持。
- 通过推动项目知识库的积累，使组织的项目经理站在前人的肩膀上，缩短通向成功的路径。
- 通过推动项目经理队伍的培养和职业发展路径机制，帮组织不断地培养和提升项目经理的能力。
- 通过推动组织建立系统化的组织级项目管理体系，为组织建立变革管理常态化的机制，帮助组织有效地应对各种来自内部和外部的变化，大幅提升企业的竞争力，使组织基业长青！

本章小结

在当前环境下，在企业建立 PMO 是一个势在必行但又充满挑战的任务，因为这对于企业来说是一次非常大的变革，不仅是在理念、方法和工具层面，更会涉及企业治理的结构性调整。因此，在过去的几年里，新建 PMO 的夭折率非常高。惨痛的教训证明，在 PMO 建立初期，PMO 负责人和团队首先要解决的问题并不是如何成为全面的、系统化的、万能的企业大管家，而是要先解决可以在企业立足和生存的问题，因此首先要明确以下几个问题的答案：

- PMO 在自己企业出现的时机成熟了吗？
- 推动 PMO 建设的领导的初衷是什么？
- PMO 的定位是什么？
- 在领导层心目中，未来完善的 PMO 应该是什么样的？
- 哪些部门的利益会受到 PMO 成长的影响？
- 采用什么样的方式才能获得领导的有力支持？
- 如何证明 PMO 对企业和大家的价值并获得大家的认可？

在对这些问题进行分析和思考之后，PMO 需要根据企业的性质、文化特点、所处的行业特点、管理成熟度和企业所处的发展阶段来制定相应的发展策略及切实可行的实施路径，这样才能最大限度地避免由于自己做了不该做的事情而招致其他部门的联合抵制。在 PMO 建设过程中，切忌从一开始就追求大而全的 PMO 职责和权力，而是要从最容易被大家接受和容易出成绩的简单工作做起，要在最短的时间内做出让领导层和各部门认同的亮点。事实证明，PMO 的建立一定要名正言顺，初期要低调一点，要在后续开展工作的过程中不断地创造出成绩，从而证明 PMO 存在的价值。

篇外篇　××科技集团"从 0 到 1"建设以 PMO 为核心的组织级项目管理体系

这是一个真实案例，讲述了××科技集团的组织级项目管理体系建设的实践过程，在建设过程中，该企业克服种种困难和挑战，走出了一条独特的适合自己企业发展的道路。我希望通过对该企业在项目管理体系建设方面"从 0 到 1"的实践总结，让大家更加了解组织级项目管理体系建设的过程与挑战。

1. ××科技集团的项目管理环境和挑战

××科技集团隶属于新能源行业，两地上市公司，经过了 20 年的发展，成长为以新能源主业为核心的全球化、多元化的集团型企业。随着公司的快速发展，公司的业务模式、组织架构及人员安排频繁调整，迫切需要项目管理体系帮助公司顺利转型。

早期的××科技集团，项目管理体系不健全，缺少有效的、可落地的项目管理制度，也缺少对项目的定义、分类分级和评价机制；项目经理与成员角色职责定义不清、无共识，成员调配难，且工作积极性差；项目目标定义不清，交付物亦不明确，项目收益描述笼统而且无法测量；项目过程中关键信息的监控、汇报机制不完善，项目风险和问题管理机制缺失，不同类型项目缺失合适的项目管理工具和模板；上下层级和跨部门沟通机制不完善，项目经理缺少管理项目的软件，在工作中需要填写不同报告、表格，从事大量重复性工作；项目经理职业发展路径缺失，无合适的项目经理考核、激励手段；对如何培训、培养项目经理不清楚，专业化的项目经理和 PMO 管理人员非常少，仅有的一些从事项目管理专业工作的部门和人员并不受重视，也没有项目经理的职业发展通道。在这样的背景下，从无到有地建立组织级项目管理体系，形成"从 0 到 1"的突破，是尤其困难和充满挑战的艰巨任务。

2．××科技集团组织级项目管理体系建设历程

××科技集团的组织级项目管理体系建设实践正是在这种背景下，克服种种困难和各种挑战，走出了一条独特的适合××科技集团发展的道路。以下是整个过程的回顾。

（1）项目管理体系基础建设阶段（2 年）

这是××科技集团在进行组织级项目管理体系建设时所采用的体系框架，与项目管理相关的工作被分成了四类（见图 14.6）。

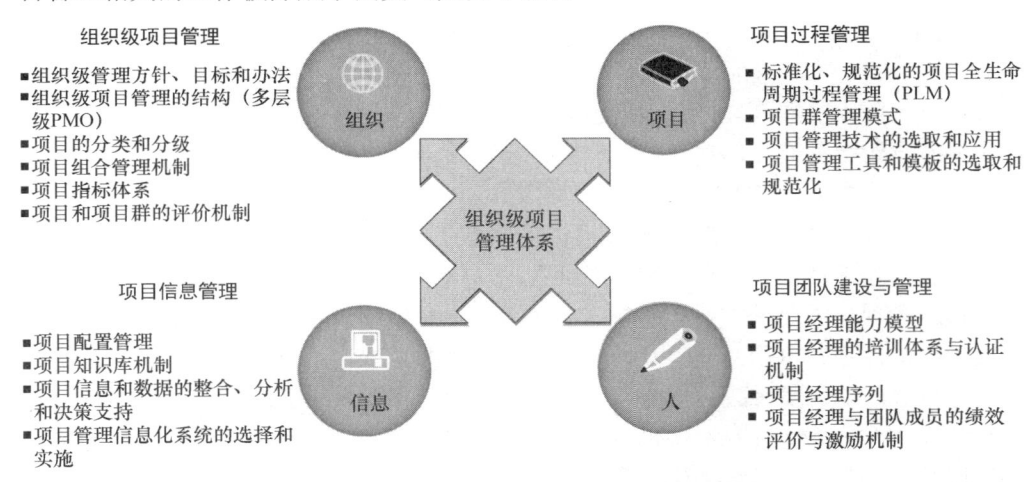

组织级项目管理
- 组织级管理方针、目标和办法
- 组织级项目管理的结构（多层级PMO）
- 项目的分类和分级
- 项目组合管理机制
- 项目指标体系
- 项目和项目群的评价机制

项目过程管理
- 标准化、规范化的项目全生命周期过程管理（PLM）
- 项目群管理模式
- 项目管理技术的选取和应用
- 项目管理工具和模板的选取和规范化

项目信息管理
- 项目配置管理
- 项目知识库机制
- 项目信息和数据的整合、分析和决策支持
- 项目管理信息化系统的选择和实施

项目团队建设与管理
- 项目经理能力模型
- 项目经理的培训体系与认证机制
- 项目经理序列
- 项目经理与团队成员的绩效评价与激励机制

图 14.6　××科技集团 PMO 基于 PMI 知识体系结合企业特点设计的组织级项目管理框架

第一，组织治理层面的工作，偏向于组织级项目管理的顶层设计和系统化的框架。旨在结合公司现有的管理模式和业务特点，出台覆盖集团研发中心的组织级项目管理制度，统一认知，搭建组织级项目管理的组织平台。

第二，项目层面的工作。企业内有很多种不同的项目，由于其承载的业务特点不同，管理成熟度不同，因此不能采用相同的管理方式进行"一刀切"式的管理优化，需要进行差异化的梳理和优化，实现项目的端到端流程管理标准化，并引入适合的项目管理工具和模板。

第三，推动组织级项目管理的信息化和数字化的工作。高效的项目管理离不开项目团队内外部的信息透明和协同，因此更要借助信息化和数字化的工具，帮助实

现项目中的信息收集、提炼、传递和展示。在这个过程中，项目配置管理和知识管理的优化工作也要配套地开展。

第四，关于项目管理从业人员能力提升的工作，如果我们希望组织级项目管理的机制在企业中能够落地和流畅地运行，那么必须培养足够多的项目管理专业人员。因此，定义研发体系不同部门的项目经理能力模型和建立集团统一的项目管理从业人员的职业发展通道及与之配套的评价、考核和激励机制势在必行。

依据对××科技集团在项目管理机制上的差距分析，我们与相关领导们共同制定了2017年、2018年和2019年的组织级项目管理体系建设三年规划（见图14.7）。

在当前这个阶段，绝大多数中国企业的 PMO 比较像一个转型变革的部门，需要从变革的视角推动项目管理文化的形成。在当前的环境下能够让 PMO 这个部门在企业内得到大家的认同，能够让大家看到价值，是一件比较有难度的事情。所以，在企业内要首先坚信自己的价值。采用的方式就是在企业内给自己的部门制定愿景，明确 PMO 的使命、存在的价值。然后确定当时的主要工作是什么，工作的理念是什么。PMO 的愿景是将来要成为项目管理生态环境里的缔造者。PMO 的使命是用专业的方法建设当初在企业内缺少的项目管理专业能力，不再出现很多业务因为项目管理不好而不能顺利进行，很多创新工作因为项目管理不好而没办法开展下去，很多战略由于没有充分的项目组织保障而不能落地（见图14.8）。

接下来，根据 PMO 的愿景和使命确定 PMO 的工作理念。

在推进项目管理工作的时候要求本着简化的工作理念，更多的是做减法，通过制度、流程和推动协同来打破部门"墙"。

项目管理也需要基于科学的方式做决策，规避拍脑袋做决策所带来的风险，推动决策由定性走向定量。当没有切实可用的数据源或合格质量的数据的时候，即使企业有再好的信息系统或数字化系统，也很难发挥作用。因此，为了确保项目决策的科学性、效率和效果，PMO 也需要在企业中推动项目管理和项目相关工作的规范化、标准化、信息化和数字化。

为了支持新的 PMO 愿景、使命和重点工作目标，原有的 PMO 组织结构需要做相应调整，以此帮助 PMO 成员更清晰地定位自己并激发工作的热情。在这次组织调整中，把原来在 PMO 部门中一直在做相同工作的 PMO 成员分成了七个不同的项目管理专业团队（见图14.9）。

在调整了 PMO 的部门结构之后，接下来的工作是打造项目管理文化，这个时候往往需要海量的项目管理培训，从意识层面到认知层面，从认知层面到实战层面，不同的岗位、不同的层级、不同的专题——这些培训可以帮助大家在较短的时间内转变对项目管理的认知，获得大家的认可和支持。

（2）项目管理专业机制的构建阶段（2年）

在这个阶段，组织需要构建一个可以更深入和广泛地推行项目管理机制的网

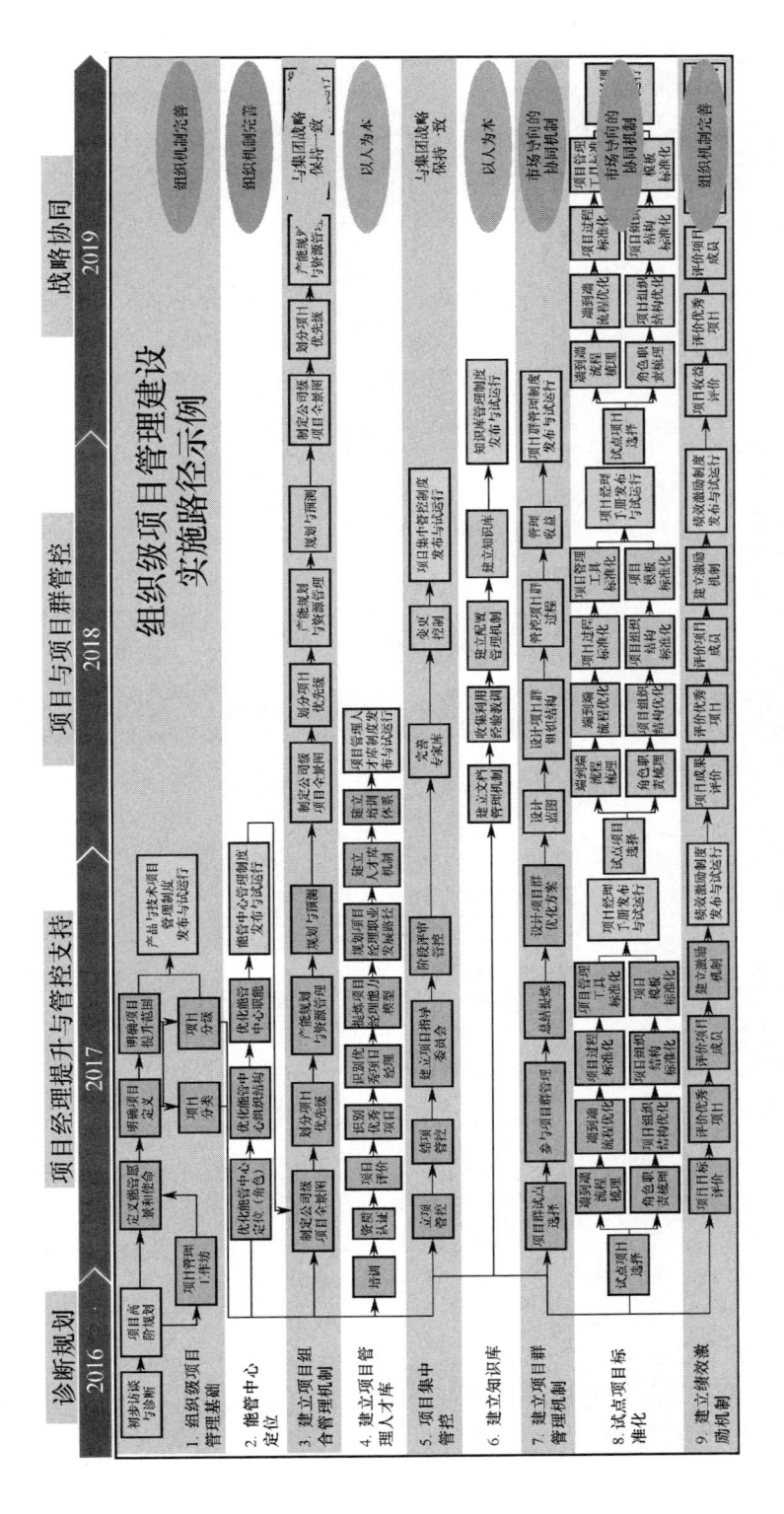

第 14 章 项目管理办公室的定位和使命

图 14.7 ××科技集团组织级项目管理体系建设三年规划（2017—2019 年）

233

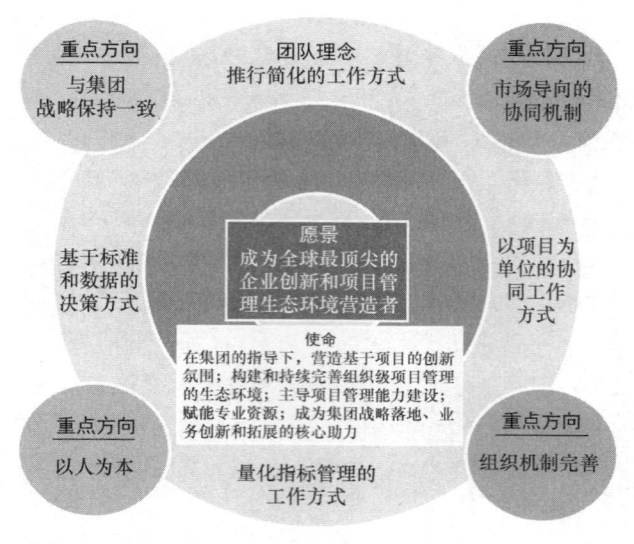

图 14.8 ××科技集团 PMO 愿景、使命和重点工作方向

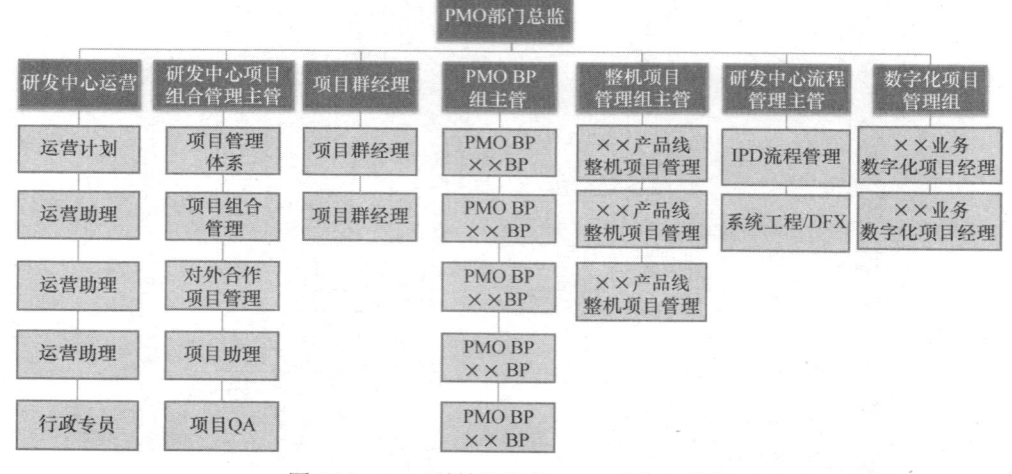

图 14.9 ××科技集团的 PMO 的部门结构

络，组织层级越多，推动转型的工作会越困难。企业的这种转变不能仅仅依靠高层的呼吁，企业真正完成转变是因为有一部分人真正地改变了企业一线的广大员工。××科技集团 PMO 在推行项目管理的过程中，时刻提醒自己要确保能够接地气，能够花足够多的时间、精力去覆盖企业一线人员，让他们在实际的工作中把项目管理用起来，这时候企业才会发生变化。所以，当时做的很重要的一件事情是把项目管理推行到组织的各个层面，特别是一线员工，不断地发展总部 PMO 的下级组织，在不同的中心建立中心级 PMO，中心级 PMO 的下面建立部门级 PMO，在大型的战略项目和项目群中建立项目和项目群级 PMO（见图 14.10）。通过这些努力形成了

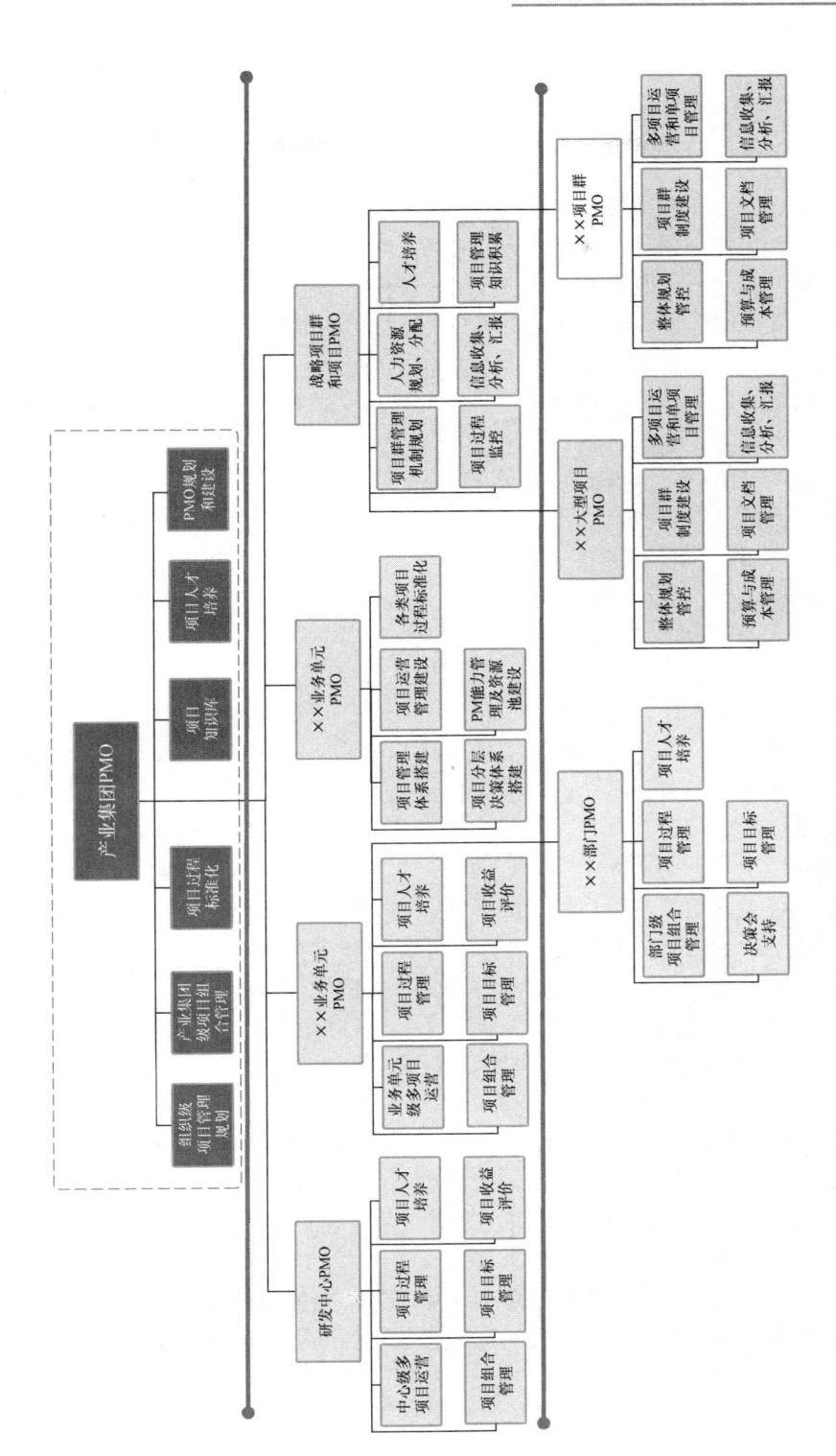

第 14 章 项目管理办公室的定位和使命

图 14.10 ××科技集团的分布式多层级 PMO 架构

235

一个多 PMO 的组织网络，成功构建了生态型、分布型的 PMO 组织架构，不断促进各个 PMO 之间协同、联动，保证大家统一思想、相互支持、相互监督，逐步促进企业组织的转变。

在实践中，××科技集团 PMO 通过"平衡计分卡"或"战略地图"等工具，实现战略目标和指标与项目目标和指标的关联，明确项目和战略的关联关系。创新和变革的工作我们通过项目来管理，在项目化的过程中不断地加强对事情本身的理解，理解深了之后逐渐地总结并形成流程，从而实现熟悉的事情按流程管（见图 14.11）。

在不断扩大组织内部项目管理机制覆盖范围时，一个很重要的工作是建立多项目管理受控机制。在组织中，项目的进行需要不同利益相关方站在各自的角度做出正确的决策，然后在他们之间再进行平衡，进而达成对项目的控制。××科技集团 PMO 是通过建立项目的分阶段和分层的评审机制来实现这种受控机制的。项目管理的决策分层，首先从项目本身的角度解决它的成本、范围、质量的平衡，这更多的是基于目标的管理。项目评审之上是质量评审，目的是确保项目的交付物能够得到公司内部的认同，得到客户的认同，得到行业的认同。质量评审一定要有质量专家在不受任何干扰的情况下进行。再向上才有可能进行业务评审，由业务部门结合项目的状况和外部的商业环境做出决策。

项目的阶段评审到位，真正能够去帮助企业验证项目的价值是很不容易的，因为它需要基于数据，需要基于各种科学的假设和预测。所以我们不断地在项目的不同阶段建立评审点，完善评审依据，选出合适的评审人，以合适的方式组织评审，逐步完善评审机制。

培养项目经理也花了很大的精力。通常，大家认为项目中所有的工作都叫项目管理工作，出现了问题都是项目经理的责任。为了解决这个问题，我们首先澄清了项目中的工作不完全是项目管理工作，项目中的工作至少分三类：一类是实现产品的业务工作，一类是对业务工作进行管控和支撑的职能化专业工作，另一类是项目管理工作。这意味着项目经理不可能只拥有项目管理能力，作为资源整合者必须了解他所整合的资源，要懂业务，要懂技术，要懂人际关系，要熟悉各个职能的管理关注点，这样才能在它们之间做整合和平衡。为此，我们推动项目经理首先锻炼项目管理的专业性和技能，然后提高业务能力，最终成为整合项目和业务的优秀项目管理者。他们不仅能够做项目管理决策，更重要的是他们还能做未来的业务决策，能够从组织如何创造价值的角度开展项目管理工作。这需要很强的预测和推演能力，需要很强的商业敏感性。

项目管理从来都不是一门速成的学问，更不是一项速成的技术，只有花足够长的时间才能够真正地培养出一批优秀的、融会贯通各个业务领域、能够体现专业性并为组织创造价值的项目经理。

第 14 章　项目管理办公室的定位和使命

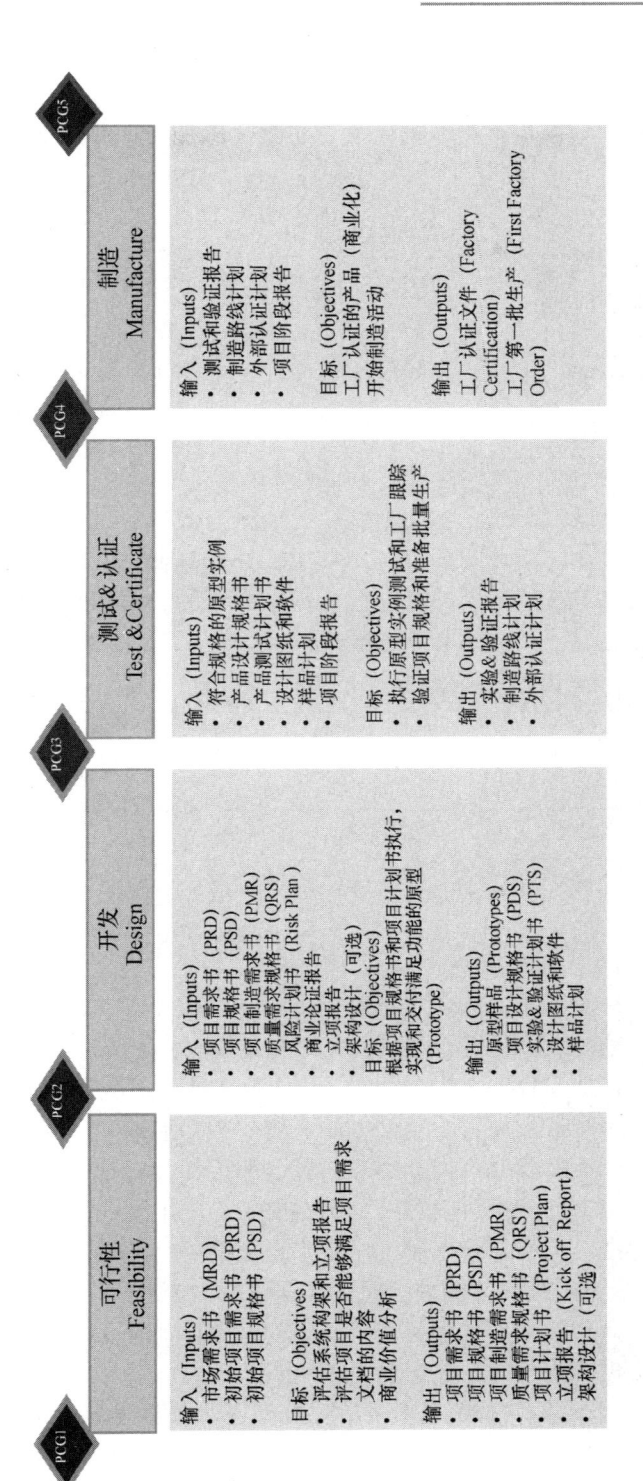

可行性 Feasibility (PCG1 → PCG2)

输入 (Inputs)
- 市场需求书 (MRD)
- 初始项目需求书 (PRD)
- 初始项目规格书 (PSD)

目标 (Objectives)
- 评估系统构架和立项报告
- 评估项目是否能够满足项目需求
- 文档的内容
- 商业价值分析

输出 (Outputs)
- 项目需求书 (PRD)
- 项目规格书 (PSD)
- 质量需求规范书 (QRS)
- 项目计划书 (Project Plan)
- 立项报告 (Kick off Report)
- 架构设计 (可选)

开发 Design (PCG2 → PCG3)

输入 (Inputs)
- 项目需求书 (PRD)
- 项目规格书 (PSD)
- 项目制造需求书 (PMR)
- 质量需求规格书 (QRS)
- 风险计划书 (Risk Plan)
- 商业论证报告
- 立项报告
- 架构设计 (Objectives)(可选)

目标 (Objectives)
- 根据项目规格书和项目计划书执行，实现和交付满足功能的原型 (Prototype)

输出 (Outputs)
- 原型样品 (Prototypes)
- 项目设计规格书 (PDS)
- 实验&验证计划书 (PTS)
- 设计图纸和软件
- 样品计划

测试&认证 Test & Certificate (PCG3 → PCG4)

输入 (Inputs)
- 符合规格的原型实例
- 产品设计规格书
- 设计图纸计划书
- 样品计划
- 项目阶段报告

目标 (Objectives)
- 执行原型实例测试和工厂跟踪
- 验证项目规格和准备批量生产

输出 (Outputs)
- 实验&验证报告
- 制造路线计划书
- 外部认证计划

制造 Manufacture (PCG4 → PCG5)

输入 (Inputs)
- 测试和验证报告
- 制造路线计划
- 外部认证计划
- 项目阶段报告

目标 (Objectives)
- 工厂认证的产品 (商业化)
- 开始制造活动

输出 (Outputs)
- 工厂认证文件 (Factory Certification)
- 工厂第一批生产 (First Factory Order)

图 14.11　将项目管理方法与实际的产品研发流程相融合

237

（3）完善构建体系阶段（2 年）

这个阶段需要解决如何在企业内形成统一的项目管理方法和实践。××科技集团内有多个不同的项目管理部门，每个业务条线或每个分公司都有自己的 PMO。很多时候，各个 PMO 的做法不一样，会产生冲突。所以需要 PMO 建立协同关系，产生共同的语言、统一的思想、统一的方法。这个过程就是统一企业中对项目工作的认识，形成企业标准的过程。企业协同的 PMO 应该是分层和分布式的，虽然各自服务的条线、部门甚至公司不一样，但是大家的思想、工作方式和信息的交流传递必须是高度协同和一致的。这个过程需要依靠项目管理体系的建设，需要有人站出来去尝试统一别人的制度、流程，最后形成一个相同的体系（见图 14.12）。

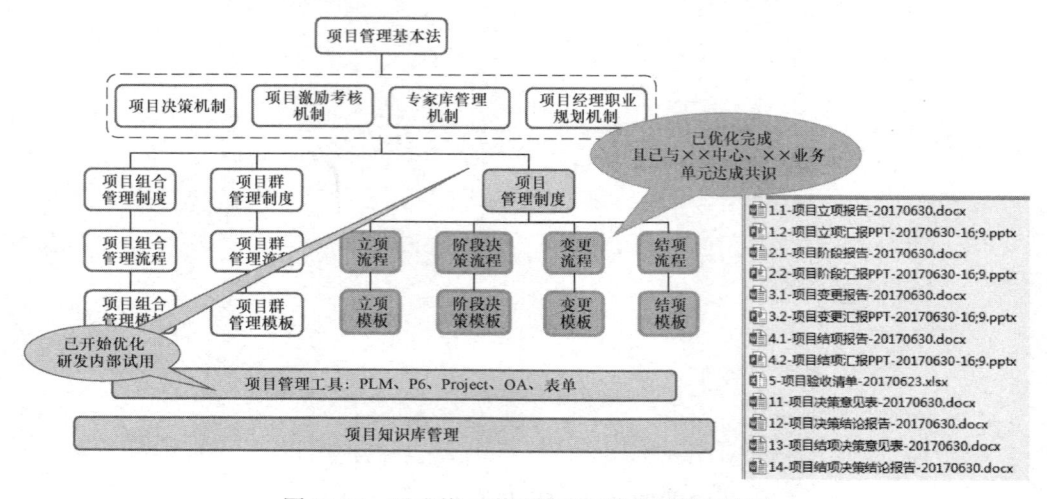

图 14.12　形成统一项目管理标准化制度和流程

××科技集团 PMO 在项目管理建设过程中，一直把公司内其他项目管理部门负责人组织在一起，辅导他们，分享最佳实践，不断推动不同的条线和不同的部门自己制定制度和执行，但支撑的思想来源于同一源头，把大家的行为和做法进行统一，从而逐步统一整个企业的项目管理的方法、思想和标准。××科技集团在项目管理体系建设过程中，不断以 ISO 发布的项目管理标准作为对标参考，作为推动体系建设的依据，同时也参与到项目管理标准制定的工作中，把企业最佳实践做体系化总结，从而形成标准，为项目管理的推广做出自己的贡献（见图 14.13）。

3．××科技集团组织级项目管理建设最佳实践总结

经过这几年在××科技集团的项目管理体系建设方面"从 0 到 1"的实践，可以总结出如下组织级项目管理体系建设的 10 个步骤。

- 现状诊断：基于成熟的组织级项目管理框架进行差距分析。
- 定位愿景：基于企业的现状和蓝图，定位 PMO 的愿景和使命。

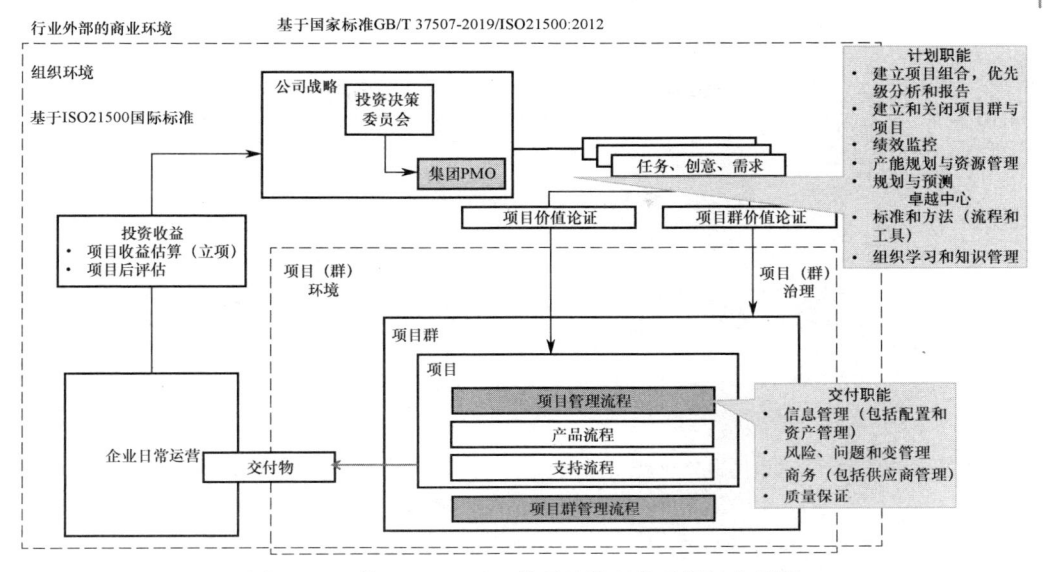

图 14.13　基于 ISO21500 的项目管理体系框架全景图

- 构建团队：设计可落地的 PMO 职能和职责。
- 转变观念：通过海量的项目管理培训获得领导和员工对项目管理的认同。
- 铺开网络：构建分布式的多层级 PMO 管理体系。
- 支撑战略：通过多项目管理机制支撑组织战略落地。
- 建立控制：通过分阶段的项目评审控制项目的节奏。
- 业务导向：将项目管理与实际业务相融合。
- 统一标准：在企业内部形成统一项目管理标准化制度和流程。
- 形成体系：基于项目管理标准构建系统化的项目管理体系。

我们相信，不仅仅是在××科技集团，这 10 个步骤在国内应该具有普适性，以这 10 个步骤来指导其他中国企业在组织级项目管理体系建设方面的工作，应该也很适合。

附录 A

项目经理常见困惑与解答

以下与项目管理相关的问题和解答来自我平时做讲座和培训时学员现场提问与我的解答。由于这些问题比较有代表性，在此和大家分享，希望对大家有所启发。

问：项目经理的权限不够大、地位不够高怎么办？

答：这很正常，因为项目管理本身就不是基于很大权力的管理模式，更多的是微权力下的管理模式。微权力下，项目经理要练好如下本领：

- 搭台子。为自己的项目搭好舞台、布好局，为大家划清工作边界和各自的权责。
- 借力。这与道家的思想比较像，不主张硬碰硬地解决问题，要学会借力，就是借助别人的力量帮自己解决问题。例如，借领导的力，借制度的力，借客户的力。项目经理绝不能一个人硬碰硬地去和所有人拼。
- 平衡。项目经理的主要工作就是维持项目的平衡，因此一定要修炼平衡的能力。

问：我们公司对 PMO 的定位比较模糊，权责不对等，在公司内部很难推行先进管理理念，怎么办？

答：在中国，目前绝大多数企业对 PMO 的定位都不太准确。我们首先要看是什么样的领导发起的建立 PMO 这件事，了解他对 PMO 的定位和期望是什么，然后再根据 PMO 的定位和领导的期望设计 PMO 的职能和角色，招募或培养合适的人。

在企业推行项目管理机制和理念本身就是一件很有挑战的事，充满不确定性、质疑和阻力，属于变革的范畴，这个过程最好采用变革管理的模式。

问：项目成员的绩效考核是否在项目经理的职责范围内？

答：由项目经理考核项目成员在项目管理成熟度很高的组织环境中才可以实现，也就是通常所说的强矩阵环境。在强矩阵组织结构下，项目经理会占据项目的绝对主导地位，而把职能部门作为资源池来看待，这时候的运作模式通常是由职能经理负责培养和输送专业人才，由项目经理负责项目的成败，并负责挑选专业人才加入项目，给出项目成员在项目中的表现评价，这种评价将作为项目成员评定专业等级的依据。

然而，绝大部分企业都做不到强矩阵组织结构，只有小部分以在乙方现场实施服务类项目为主要业务的企业由于是纯市场导向，比较容易做到强矩阵组织结构，如软件实施项目和工程建设项目等。目前在国内，许多企业还做不到完全以客户和市场为导向，权力和资源的分配仍然由资源部门主导，在这种环境下，项目经理通常没有资格评价和考核项目成员，项目成员的考核多由项目成员各自的职能部门经理进行。

不过，当我们在企业里面帮助大家建立企业级项目管理机制的时候，尤其是在甲方类型的企业里，虽然很难帮助项目经理获得考核项目成员的权力，但可以为项目经理争取到为项目成员在项目中工作的表现做评价的机会，再由 PMO 汇总评价结果后统一给到人力资源部门和项目成员各自的职能经理，由他们综合其他因素决定项目成员的绩效。这种方式目前看是可行的，不过通常要靠 PMO 和人力资源部门联合推动来实现。

问：新建的 PMO 如何才能生存下去？

答：PMO 本质上是一种职能，它承担的责任是进行企业内多项目运营，就是当企业有一大堆项目的时候，高层领导忙不过来了，总得有人去平衡它们之间的关系，得有人基于企业整体利益来评估这个项目该不该立、钱该不该投，评估项目与企业的整体目标是不是一致，如果企业内一大堆项目争抢同一稀缺资源的时候决定应该先投给谁……

然而，在很多企业中，PMO 刚刚建立的时候都不太容易生存下去，因为本来企业内各个部门是健全的，工作都是有人管的，只是有些工作管得不是很专业而已，这时候突然产生了一个新的职能部门即 PMO，大家都会担心这个新的职能部门很可能会抢了自己部门的一部分工作，当然哪个部门也不希望自己的高价值工作被 PMO 给抢走。

PMO 如果要生存下去，第一，要搞清楚自己把谁的活儿占了，也就是要锻炼自己如何与其他相关部门，如人力、财务、战略、运营，包括各个职能划清边界。

第二，PMO 一定要找靠山，要思考是企业内哪个高层领导支持，因为企业成立 PMO 是一个非常大的结构性调整，一定有一个高层领导支持才能建立起来。所以 PMO 要想生存下去，一定要搞清楚领导为什么支持，他的期望是什么，我们用什么样的形式能够让他帮助我们解决问题。

第三，要尽快澄清自己的角色和定位。避免从一开始就给自己定位一个监控的角色，因为监控别人是非常得罪人的事，不管是当项目经理还是当 PMO 负责人，大家一定要注意，在没有足够的根基时一定不能给别人一种"我是来管你的，是来监督你的"的感觉，否则就会被所有人抵制。最好一开始先把自己定位为服务别人的角色，帮助大家干其不爱干的各种杂事，帮助他们解决矛盾、协调冲突，帮助大家争取领导的支持。

第四，如果能力具备，PMO 最好能承接一些很有挑战性的战略项目，派人亲自担任项目经理，证明自己的专业能力和价值，这样更容易被大家认同和得到大家的尊重。

等 PMO 用几年时间站住脚之后，再开始考虑监控和绩效考核等职能会比较有把握。

问：我在 IT 岗位工作 2 年，想转做项目管理岗位，要做哪些积累？如果没有项目管理的相关经验怎么办？哪些行业项目管理的岗位需求会多一些？

答：大家都不是刚开始工作就有项目管理经验的，但至少要争取先多参与项目，换句话说，可以没有项目管理经验，但不能没有参与项目的经历。尤其在一个比较成熟的企业，在参与项目的过程中可以熟悉各种项目管理工具、制度、流程，以及观察有经验的项目经理是如何管理项目的。先从一个配合的角色开始，当配合的工作做多了以后，就有机会真正担任项目经理的角色。从积累的角度来说，由技术转管理，首先要学习，要掌握系统化的项目管理知识，无论是 PMP 还是 PRINCE2，都可以。然后在过程中多参与项目，增加实践经验。其实，需要项目经理的公司还蛮多的，如我们现在能够看到，对项目经理需求最大的行业就是 ICT 行业，尤其是 IT 行业，所有软件的开发和实施都是以项目为单位的，甚至一些 IT 运维的工作也都以项目为单位。还有互联网公司的很多业务，对项目经理的需求也很大。所以到 IT 行业会比较容易转型成项目经理。再有就是通信行业和电子行业，所有与产品相关的，如产品开发或产品管理都是以项目为单位的。

问：项目经理提升技能的手段有哪些？

答：技能与知识不同，知识侧重理论，技能侧重应用，提升技能最好的方式就是实践，尝试把所学理论应用到实践中去，通过实践加深对理论的理解，通过不断地重复做，逐渐形成自己的套路，技能也就提升了。在企业里，最好先找到一个榜样或师傅，向他学，照着他的做法做，然后再结合自己之前所学的知识反思和完善这种套路，形成属于自己的套路，这就是在锻炼技能。

问：作为一个新项目经理，最大的困难或最容易被忽视的是什么？

答：最大的困难是搞不定人，项目成员不服管，领导支持力度不够大，抢不到稀缺资源。建议关注人际关系，多观察企业里那些有经验的资深项目经理是怎么把项目做成功的。

问：作为 IT 项目经理，在项目中接触的技术领域太多，是否需要学习 IT 专业技术？如何划分主次？需要掌握到什么程度？

答：IT 项目经理做项目的过程中一定会有三种类型的重要工作。第一种叫业务流程类工作，如 IT 项目要做需求分析、概要设计、详细设计、开发、测试、上线。第二种叫技术类工作，就像你的问题所说的，可能会有不同的开发语言，用到不同的软件，这些属于技术性的工作。第三种叫项目管理工作，搭载在业务流程之上，侧重于通过科学地整合项目中的资源，缩短工期，降低成本和提高质量，提升项目的成功率和效果。因此，一个 IT 项目经理要想做好一个项目，就得既懂业务逻辑，又懂一些会涉及的专业技术，还要精通项目管理。

作为项目经理，最重要的还是把项目管理的工作做好，把专业工作留给专家去做，激励和辅助他们。项目管理的重点是确保项目团队成员按照各自明确的职责和要求各司其职，相互配合，确保项目过程受控和高效，提高项目的成功率。

问：每次汇报完领导不积极回应、不重视，该如何改变？

答：我自己现在做领导，之前也做项目经理，我的体会是，如果我们汇报完后领导说"可以"，那就有两种可能性：第一种是觉得这件事不重要，第二种是确实认为可以。如果确实认为可以，这是件好事，就不说了；如果是他觉得这件事不重要，随口应了一声"可以"，这个时候我们需要注意一下。比如自己说的这件事是作为项目经理更关心的事，但不是领导关心的事，那么领导就很可能只是应付一下。其实这也是项目经理要注意的一点，我们关心的事通常不一定是领导关心的事。如果我们希望能引起领导的重视，必须讲出来这件事对领导有什么影响，对领导的好处是什么，对领导的坏处是什么，这样才能引起领导的关注。其实，这也是一种换位思考法，项目经理要学会揣摩领导所关心的事，把自己关心的事和领导关心的事关联在一起，这样领导才会关心我们所重视的事。

问：如何从项目经理转型到产品经理？需要哪些方面的技能？

答：项目经理和产品经理在企业里是并存的，在国内，二者在互联网公司和传统公司的定义不太一样。

我既做过产品经理，也做过项目经理，二者定位和分工不同，产品经理是对外部的，项目经理很多时候是对内部的。项目经理的主要工作是如何把公司内部的资源有效整合在一起，尽快实现项目的目标。项目的目标哪儿来的呢？很多时候是从产品经理那儿来的。产品经理通常负责收集用户的需求，构思和设计产品，论证项目的商业或业务价值，然后说服企业领导成立新产品项目，投入所需资源，开发和推广产品，最后实现产品项目的收益。

产品经理要不断捕捉客户的需求，把关注点更多地放在客户身上，每天思考的是客户要什么，我怎么能让他花钱买我的产品，因此国内有很多产品经理是从市场经理转型过来的。当产品经理构思好了一个能让客户愿意花钱购买的产品之后，获得企业高层同意，把开发和实施产品的任务分派给项目经理，并与项目经理移交前期的产品和项目信息，加入项目团队，全程参与项目，保持项目团队与自己协同。对于项目经理来说，怎样更有效地获取和分配项目中的资源，组织团队的成员实现目标，就是项目经理的职责。在西方的管理模式下，项目经理和产品经理都是成对出现的，一个对内，一个对外，更好地把整条线打通，这就是我们所说的产品项目管理模式。对于一个产品项目来说，产品经理和项目经理都很重要，缺一不可，当然，如果能找到一个人同时扮演两个角色是最理想的，但是很难找到这么优秀的人，因为他们大部分都出去创业了。

问：您曾谈到在项目管理中有些事情自己不要做，要激励别人去做，但如果自己不上手，自己的能力怎么提升，别人怎么能信服你？

答：项目经理不是不工作，而是要专注于项目管理的工作，把项目中专业的工作留给项目中的专业人士或专家。很多技术出身的项目经理，要做到这一点比较难，因为他们会习惯性地认为项目中的很多专业工作如果自己不做得比别人好的话，别人可能就不服气，就不服从领导。然而，项目经理要修炼的并不是在专业领域超过项目成员，而是要修炼如何激励项目成员努力去实现项目目标，让他们更好地相互配合和协同，确保项目的方向和目标。

通常，项目一定是跨多个不同专业领域的，想成为所有专业领域的专家非常难，好在各个专业领域一定都有专家或高手。作为项目经理，重在调动这些专家的工作积极性，激励他们，服务他们，把他们整合在一起，实现大家共同的目标。项目经理需要锻炼的是，如何能让项目团队中的项目成员在项目中发挥出超常的水平，取得更令人瞩目的成绩。当项目成员都能在项目中取得成功时，项目也必定是成功的。

附录 B

项目经理能力测试

说明：
1. 题目为单选题，共 25 题。
2. 每题 1 分，共 25 分。

项目经理能力评测试题

1. 作为一个职能部门经理，日常运营和本部门项目 A 工作已经满负荷，此时有其他部门项目 B 因突发原因临时要求你拨出资源，协助解决问题，项目 B 与项目 A 同为年度战略重点项目，你此时应当如何做？
   A. 优先完成项目 A 的预订计划，但尽可能抽出余裕资源协助项目 B
   B. 在保证项目 A 关键任务不受影响的情况下，尽量提前安排资源协助项目 B
   C. 向项目 B 的项目经理了解具体情况，如问题较严重，优先协助项目 B
   D. 向项目 B 的项目经理了解具体情况，如问题较严重，在不影响项目 A 关键任务的情况下，安排相关人员加班配合解决
   E. 向项目 B 的项目经理了解具体情况，如问题较严重，向自己上级请示是否在影响项目 A 进度的情况下协助项目 B

2. 在项目执行过程中，因前期技术验证不足，发现原本确定的实施方案不可行，此时项目已相对原计划有所延迟，作为项目经理，你应当先采取以下哪项行动？
   A. 协调相关专家重新确定技术方案，并评估对后续计划的影响
   B. 明确问题原因，确定责任人
   C. 向领导汇报问题
   D. 提出变更申请

3. 你刚刚被指派为公司级的一个重要项目的项目经理，此项目旨在推动公司原有业务流程根据公司未来战略目标进行调整和优化，因此很多职能部门的工作方

式都会受到影响，接手项目后，你将优先采取哪项行动？

　　A. 马上召开项目启动会

　　B. 与相关部门负责人访谈，收集现有问题及改进建议，形成具体方案和计划，领导确认后再召开启动会

　　C. 向相关领导了解项目产生的背景和目标，梳理项目涉及的具体工作，再召开项目启动会

　　D. 向相关领导了解项目产生的背景和目标，梳理项目涉及的关键利益相关方，再召开项目启动会

4. 项目组中的设计工作由专家 A 负责且不可替代，但 A 性格倔强高傲，常与项目经理的要求违背，且经常得罪项目组成员。在一次 A 与其他项目成员就项目实现方案及进度发生激烈冲突后，作为项目经理，你应该如何处理团队内部的矛盾？

　　A. 将项目实现方案、项目进度交给 A 负责，项目经理完成验收工作

　　B. 申请将 A 退回资源部门

　　C. 要求项目组成员尊重 A 的技术权威，不与之发生冲突，项目经理与 A 处理好个人关系

　　D. 向 A 的资源部门主管求助

5. 公司成立了组织级 PMO，职责之一是对所有执行中的项目进行进展监控与阶段评审，作为项目经理，为配合 PMO 的监控评审工作，在向 PMO 提交汇报文件前，你应该优先完成以下哪项工作？

　　A. 收集可交付成果的进展与绩效

　　B. 使用挣值分析方法提供状态报表

　　C. 确保向所有利益相关方发送相关项目文件

　　D. 只明确进度和成本偏差，而非范围、资源、质量和风险

6. 为加强公司战略举措执行力，公司准备建立重点项目绩效考核机制，对项目经理进行公平评价和奖励。作为此项任务的负责人，为了保证新出台的绩效考核制度能落地执行，你应该如何做？

　　A. 确保你的直接领导对绩效考核制度的认可

　　B. 确保分管绩效考核工作的人力资源负责人对绩效考核制度的认可

　　C. 组织公司决策委员会对该制度进行评估并达成共识

　　D. 借鉴业界优秀实践，直接推行最佳实践的绩效考核制度

7. 作为项目经理，你临时接手了一个计划为期两年、已经执行了一年的项目，因公司年度组织结构调整，项目原定的成员已发生很大变化，新项目成员对所负责的工作不太明确；同时，有几项已完成的工作包仍未得到所需的确认，另有三项工作已落后进度一个月，为了尽快恢复对项目的控制，你需要首先完成哪项工作？

　　A. 按照现有情况重新评估、修订项目计划

B. 组织项目组成员及时按原定的项目目标开展工作
C. 重新评估项目目标，并获得领导确认
D. 与核心项目成员重新确认角色职责

8. 作为项目经理，在信息系统开发过程中，新的功能模块使用了新的技术，项目组的技术专家、测试经理发现新功能性能不达标，该问题攻关难度很大，此时你应优先做的是什么？

A. 为争取解决问题的时间，直接进行计划调整，延迟系统发布时间
B. 直接与技术专家研究问题解决方案，进行突击解决
C. 评估问题对项目目标的影响，以决定下一步行动方案
D. 制订性能问题的规避方案，预防性能问题发生

9. 你是公司多个项目的项目经理，但是精力大多数关注在一个重要的项目上面，其他几个已进入开发阶段的项目投入精力较少，导致在人员管理、任务管理和问题处理上不力，引发项目骨干人员的微词，当前情况下你最好采取哪种办法？

A. 召集项目全体会议，重新梳理优化项目的计划、任务分工、工作纪律等
B. 项目经理加班，确保自己在其他项目的工作时长，以保证对项目的把控
C. 挑选有能力的项目组成员，进行项目经理后备资源培养，建立梯队化管理
D. 评估自己在各个项目上的投入，根据项目交期进度重新调整在各个项目的投入

10. 你被任命为某重点项目的项目经理，由于该项目技术难度较大，公司安排了两位在不同技术领域各有擅长的技术专家为该项目进行技术把关。在项目执行过程中，你发现每次技术评审会上两位专家都会为某些技术细节产生争执且无法达成共识，这已经影响到后续工作的开展，作为项目经理，你将如何解决这个问题？

A. 按其中某一位技术专家的意见继续推进项目
B. 在公司周例会上向公司领导反映该问题
C. 向你的主管领导征求意见和建议
D. 私下与两位专家沟通，促成一致意见的达成

11. 对于上题中的情形，如果你是项目经理的领导，你会如何处理？

A. 直接与专家沟通，按其中某一位技术专家的意见继续推进项目
B. 向项目经理介绍自己的经验，由项目经理自己协调处理问题
C. 在公司例会上反映这个问题，让大家共同解决
D. 私下与两位专家沟通，促成一致意见的达成

12. 作为项目经理，如果你发现领导分派给你的目标和任务与你理解的不一致，双方暂时无法达成共识，请选择你认为最佳的下一步处理方式。

A. 忽略自己的意见，按领导要求执行
B. 表面上赞同领导意见，私下按个人意见执行

247

C. 直接找到领导并讨论双方的分歧

D. 找更熟悉领导的同事侧面了解领导的真正意图和期望

13. 作为项目经理，你把如下的哪个关注点作为项目的目标？

A. 项目的直接交付物

B. 项目的交付物给用户带来的改变

C. 项目为企业带来的收益

D. 项目发起人的满意度

14. 作为项目经理，你应该熟悉多元文化下的沟通方式。在一家国企里，当项目经理需要其他职能部门提供特别支持时，应首先找谁进行沟通？

A. 向潜在提供支持的职能部门的具体执行人员提出请求

B. 向潜在提供支持的职能部门的领导提出请求

C. 请求自己的部门领导向潜在提供支持的职能部门的领导提出请求

D. 通过项目管理系统或邮件等书面方式直接安排给执行人员

15. 作为项目经理，你应该熟悉多元文化下的沟通方式。在一家民企里，当项目经理需要其他职能部门提供特别支持时，应首先找谁进行沟通？

A. 向潜在提供支持的职能部门的具体执行人员提出请求

B. 向潜在提供支持的职能部门的领导提出请求

C. 请求自己的部门领导向潜在提供支持的职能部门的领导提出请求

D. 通过项目管理系统或邮件等书面方式直接安排给执行人员

16. 作为项目经理，你应该熟悉多元文化下的沟通方式。在一家欧美文化外企里，当项目经理需要其他职能部门提供特别支持时，应首先找谁进行沟通？

A. 向潜在提供支持的职能部门的具体执行人员提出请求

B. 向潜在提供支持的职能部门的领导提出请求

C. 请求自己的部门领导向潜在提供支持的职能部门的领导提出请求

D. 通过项目管理系统或邮件等书面方式直接安排给执行人员

17. 当项目交付过程中目标的使用者（或客户）发现了一个重大的产品质量问题时，作为项目经理，为了尽快了解问题产生的原因、造成的影响并给出解决方案，你应该先找谁沟通？

A. 项目经理所在公司的专家

B. 目标的使用者（或客户）部门的接口人

C. 项目经理自己的领导

D. 项目研发测试和技术支持团队

18. 在项目执行过程中，如果目标的使用者（或客户）给你发了一封邮件，提出了一些要求或问题，并同时抄送给了你所在公司的各大领导，请问下一步你应该怎么做？

A. 先不回复邮件，通过电话与发件人沟通问题

B. 先不回复邮件，与项目团队讨论邮件的要求或问题

C. 先不回复邮件，征求项目经理领导的意见

D. 立刻回复邮件，向发件人解释或沟通

E. 立刻回复邮件，表示对问题和要求的关注但暂不给出解决方案

19. 作为项目经理，如果你收到了需求方用邮件或电话提出的一项项目范围外的工作要求，请问下一步你该怎么做？

A. 代表项目组拒绝需求方的要求，因为这项工作属于项目范围以外

B. 与需求方沟通，明确这项额外要求的原因和必要性

C. 与自己领导沟通，商讨是否可以接受需求方的额外请求

D. 由于客户很重要，要求项目组加班实现客户的额外需求

20. 项目所涉及的两个职能部门间在某个具体问题上无法达成共识，作为有责无权的项目经理，为继续推进项目进程，你认为以下哪种做法最好？

A. 站在你认为有道理的一方，共同尝试说服另一方

B. 听取相关专家的意见，作为项目负责人直接选定最佳的方案

C. 将双方的分歧进行优劣势分析后邀请双方领导进行决策

D. 找具有权威性的第三方出面，协调双方达成共识

E. 私下与双方单独沟通，协调双方达成共识

21. 项目组的成员是由各职能部门指派过来的，作为项目经理，你发现有的项目成员经常不能完成他所承担的工作，而且职能经理不愿更换，在项目工期很紧的情况下，你偏向于怎么做？

A. 继续强烈要求职能部门主管调配更合适的资源进行替换

B. 向项目经理的主管求助

C. 为了不延误项目工期，替不能胜任工作的项目成员完成他不能完成的工作

D. 努力想办法提高该成员的能力，使他能胜任项目工作

E. 努力想办法调动该成员的工作积极性

22. 作为项目经理，在项目实施过程中，发现与项目相关的一位部门领导经常不配合项目工作，有导致项目延误的风险，你应该先采取下列哪种措施？

A. 请自己的领导出面给该部门领导施加压力

B. 直接写邮件质问该领导为何不配合

C. 在领导集体会议中报告该现象及风险

D. 私下找到该领导询问不配合的原因

E. 找与该领导熟悉的同事了解该领导不配合的潜在原因

23. 在矩阵组织结构下的项目开发过程中，发现有的项目成员存在为了工作而工作、得过且过的现象，工作目的性不强。作为项目经理的你该如何做？

249

A. 为项目组成员设置更具挑战性的工作目标
B. 为项目组成员设置更多需要协调配合的工作目标
C. 协调项目组成员参与项目组工作目标的分解讨论
D. 与该项目成员建立友谊

24. 你刚被总经理正式任命为项目经理。但你得知，在项目立项过程中有过激烈的争论，有一部分高层并不支持该项目，包括项目经理的领导。项目马上就要启动，请问此时你该怎么做？

A. 想办法调到别的项目
B. 消极怠工，等待领导达成一致
C. 说服自己的领导赞同总经理的意见
D. 积极准备项目启动工作
E. 通过风险分析，将可能出现的问题责任厘清，在项目启动会上详细汇报确认

25. 作为项目经理，在项目筹备阶段发现公司分管副总给项目分配的资源无法支持项目目标的实现，你该如何做？

A. 向项目分管副总讲明项目团队的难处，争取分管副总的支持
B. 发扬艰苦奋斗的精神，带领项目团队在有限的资源下，即使知道实现不了，也要努力争取项目目标的实现
C. 向项目分管副总汇报，讲明项目因目标实现不了可能会对公司整体战略造成的影响
D. 有多少资源干多少活

说明：测评结果根据答题的正确率，可分为五个等级：
- 卓越（24~25题）
- 优秀（21~23题）
- 良好（18~20题）
- 合格（14~17题）
- 较差（0~13题）

附录 C

××科技集团项目管理制度示例

××科技股份有限公司企业标准

产品与技术项目
项目管理制度

版　本：A0
编　制：
审　核：
标准化：
批　准：

20××-××-×× 发布　　　　　　　　20××-××-×× 实施

××科技股份有限公司　发布

目　次

前言　2
1　目的与范围　3
2　定义与术语　3
3　角色和职责　4
4　项目分类分级　5
5　年度项目计划和预算管理　7
6　项目各阶段决策管理　7
7　附则　8
8　附录　8
9　相关文件及表单　10

前　言

本标准由××科技股份有限公司提出并归口。

本标准起草单位：集团总工办、集团研发中心 PMO。

本标准主要起草人：

本标准代替标准的历次版本发布情况：首次发布。

编号	修订内容简述	修订日期	修订后版本号	修订人	审核人	批准人
1	A					
2						

产品与技术项目管理制度

1　目的与范围

为了规范产品与技术项目工作开展，提升效率、降低成本、促进公司经济效益的提高，本着项目管理公开原则、报告原则、回避原则、监督检查和维度评价原则，特制定本制度。

本制度规定了产品与技术项目管理的定义和术语、角色和职责、项目的分类分级、项目的计划预算管理、项目各阶段决策管理的基本要求。

本制度适用于××科技股份有限公司（以下简称"公司"）立项的所有产品与技术项目。

2　定义与术语

2.1　产品与技术

由××提供给市场，满足客户需求和使用的有形的物品和无形的服务被称为产品，如风机产品、光伏产品、软件产品、服务产品等。

技术是指围绕××产品开发和交付等过程中应用、前瞻储备的技术，以及为满足××产品外围服务的需求所涉及的技术。

2.2　产品与技术项目

产品与技术项目是指经过公司产品与技术决策委员会批准，具有明确的项目目标和价值，需要交付一个或多个与产品或技术相关的项目产出、成果或服务，具有临时性、独特性、跨职能性、过程不确定性和变革性特征的组织。

在××范围内，产品与技术项目的准入条件为：
- 有明确的开始和结束时间；
- 项目工作是跨职能部门执行的；
- 通过正式的决策审批。

2.3　项目管理

项目管理是对项目的各个方面和利益相关方的动机进行计划、授权、监督和控制，从而在预期的时间、成本、质量、范围、收益与风险等各项绩效指标范围内实现项目目标。

2.4　项目群管理

项目群是与战略目标相关的，以实现成果和收益为导向的，用来协调、指导和前瞻一系列具有相关性项目的，具有独特性、临时性的组织。

2.5　项目组合管理

项目组合是根据组织的战略规划，以投资为导向，将项目、项目群和其他工作组合在一起，以便有效管理，实现战略目标。项目组合管理集中管理一个或多个项目组合，包括定义、排序、授权、指导和监控项目、项目群和其他工作，达到特定的战略目标。

3　角色和职责

3.1　项目管理组织架构

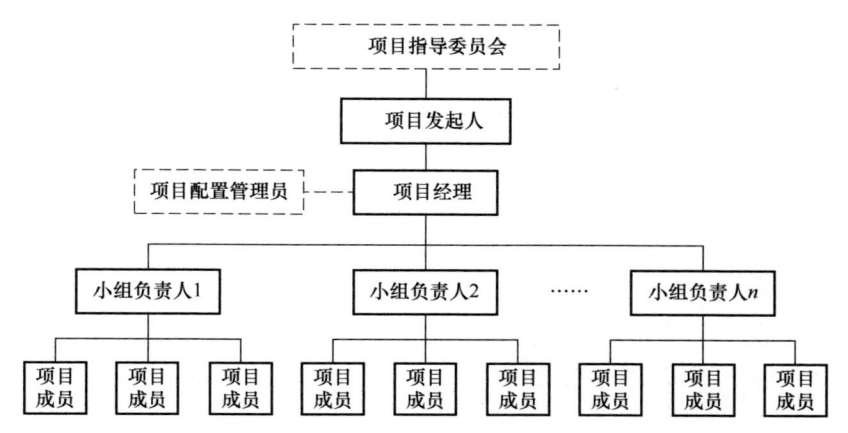

3.2 角色和职责

3.2.1 项目指导委员会

代表各项目的高级管理层，正式任命项目经理，指导项目方向，在关键节点做出决策。指导委员会由代表用户、供应商和商业利益的高层领导组成。

3.2.2 项目发起人

项目发起人来源于某一层级的管理人员，为满足公司战略规划中的某一目标筹措资源。项目发起人对项目的价值和方向负责，对项目进行整体指导和监控。

3.2.3 项目经理

根据项目需求组建项目团队，负责项目整体运行和监控。对项目组成员和项目工作进行日常管理，在规定的时间、成本、质量、范围、风险和收益容许偏差内，确保项目目标的实现；同时负责确保项目产出某项成果，该成果能够实现预期收益。

项目经理需负责项目配置管理工作，维护项目库，收集、整理、控制项目交付物和文件，向相关人员发放版本通知。可依据项目实际情况或复杂程度设立专职项目配置管理员。

3.2.4 小组负责人

根据项目经理的分工，以完成特定的项目交付物为目标，协调所属小组的相关工作，并定期汇报所负责的项目工作的进展，确保所负责项目工作的按时交付。

3.2.5 项目管理办公室

项目管理办公室是根据公司战略规划，对所有项目统一管理、协调的部门。负责组织编制公司项目管理办法及相关管理制度；负责组织组合项目管理计划的编制、发布及改善；负责项目的立项决策、阶段决策、变更决策、结项决策的初审；负责对关键项目的过程进行指导和监督；负责组织项目节点检查，定期汇总编制项目进展报告，提交相关部门及领导；负责项目资料的报备和归档管理。

4 项目分类分级

4.1 项目分类

依据公司内不同层级、不同部门的需求，项目类型可以从多个维度划分。本制度将从项目目的、项目特征、生命周期三个维度划分项目类型。各业务单元、子公司及中心可参照本制度进行项目分类，亦可依据各自业务实际需求增加或减少划分项目类型的维度、方法和类型。

4.1.1 按项目目的分类

a）增加收入类：通过交付产品或服务，可直接为公司带来财务性的收入。

b）降本增效类：提高原有产品运行效率、降低产品成本、增加产品可靠性，达到提升产品竞争力目标的项目；优化生产工艺和生产效率、降低生产成本、提高交付速度和效率的项目。

c）……

4.1.2 按项目特征分类

a）新产品开发类：针对新技术或新领域的产品开发项目；按产品开发流程进行。

b）产品优化类：在公司原有产品的基础上进行开发，与原有产品或在研项目版本的关系可以是并行关系，也可以是替代关系。在产品开发流程的基础上进行裁减。

c）……

4.1.3 按产品生命周期分类

a）预研类：该类项目没有特定的商业目的。一般都或多或少关系到公司当前或未来的经营范围，项目定向地进行基础研究。

b）开发类：根据基础研究的成果以及市场的需要，运用新材料、采用新的设计开发创造满足市场和顾客需求的新产品，其本质是为满足需求创造新的可应用的新产品、新软件等。

c）……

4.2 项目分级

依据公司管理要求，采用得分累加制，项目级别分为集团级、中心级（各业务单元、子公司及中心可依据各自业务实际需求增加中心级以下层级）。根据累加分数确定项目级别：80（含）分及以上为集团级，80分以下为中心级。各业务单元、子公司及中心可参照本制度进行项目分级，亦可依据各自业务实际需求增加项目划分的级别。

项目级别是指项目等级，不同于项目优先级，在本制度中暂不涉及项目优先级划分内容，各业务单元、子公司及中心可根据各自的业务需求，补充、完善各自的项目优先级划分方式和方法。

4.2.1 项目级别划分方法

在管理过程中，产品和技术关注的维度不同，项目级别划分将对其采用不同的划分方法，具体请参照"项目级别划分矩阵"（请查看附录 8.1 和附录 8.2）。

a）产品：项目包括新产品开发类、产品优化类、产品平台开发类、产品平台优化类项目。

b）技术：项目包括技术预研类、技术应用类、公用技术开发类、公用技术改进类项目。

4.2.2 项目级别划分流程

a）对下一年度新项目群中划分初始级别。依据项目级别划分方法，项目管理办公室组织业务单元、子公司、中心相关决策领导或总工团队，集体划分下一年度新项目的初始级别（当下一年度新项目清单梳理完成后）。

b）对任命了准项目经理的新项目，进行项目级别划分确认或调整。依据项目级别划分方法和项目的初始级别，项目管理办公室向相应决策委员会获取最终意见。

c）新项目通过正式立项决策后，确定项目最终级别划分。

4.2.3 各级别项目管理方法

a) 集团级项目，完成中心级决策（各阶段决策）后，需到集团级决策会完成最终决策（报批）。集团级项目日常监控信息由各中心级项目管理办公室进行管理，并将监控信息上报到集团项目管理办公室。

b) 中心级项目，各阶段决策由中心级决策会完成，并报至集团审核（报审）。中心级项目日常监控信息由中心级项目管理办公室进行管理。

c) 原则上各级别的项目信息需要全部在集团项目管理办公室备案。

5 年度内项目计划和预算管理

5.1 年度内项目计划和预算申报

5.1.1 计划和预算收集

项目管理办公室在每年第四季度收集各部门下一年度项目计划及预算，具体包括：

- 已立项项目下年度计划和预算；
- 下一年度准备立项项目的年度计划和预算。

5.1.2 计划和预算审批

项目管理办公室组织相关部门领导及人员对于各项目计划和预算进行评审、批准。

5.1.3 计划和预算公布

项目管理办公室根据审批结果，公布下一年度项目计划和预算。

5.2 年度内计划和预算调整

5.2.1 计划和预算调整申请收集

项目管理办公室在每年年中收集一次已立项项目的计划、预算调整申请，具体包括：

- 上半年已完成工作计划和已发生项目成本；
- 下半年项目计划和预算。

5.2.2 计划和预算调整申请审批

项目管理办公室组织相关部门领导及人员审核并批准项目计划和预算调整申请。

5.2.3 计划和预算调整公布

项目管理办公室根据相关部门领导及人员审批结果，公布项目计划和预算调整情况。

6 项目各阶段决策管理

项目各阶段决策可从技术和管理两个角度开展，即技术评审和管理决策。在本制度中所述的项目各阶段决策是管理决策，是项目指导委员会站在投资角度决策项目是否立项、继续或结项。技术评审是由项目相关的技术专家组成的评审团，从技术角度给出评审结论。一般情况在管理决策前，项目需完成技术评审。本制度中暂不对技术评审进行详细介绍和要求，各业务单元、子公司及中心可依据各自业务实际需求开展技术评审。

项目过程中包括预立项决策、立项决策、阶段决策、变更决策、结项决策。其中立项决策、阶段决策、结项决策为必有决策点，预立项决策视不同类型项目而定（如产品开发项目需设立预立项决策），变更决策视项目执行过程需要而定。

项目管理办公室在项目预立项和立项决策过程中，需按照"项目命名规则"（请查看附录8.3）审核项目名称的合规性。

6.1 项目预立项决策

当接到产品开发项目时，项目目标前期不清晰，需一段时间调研、分析来明确项目目标的项目发起项目预立项决策流程。具体流程要求请查看《产品与技术项目立项决策流程》。在项目预立项决策通过后，决策会指派项目经理，项目管理办公室公布通知。

6.2 项目立项决策

项目目标基本明确且项目中需采用的技术方案基本明确，项目发起项目立项决策流程。具体流程要求请查看《产品与技术项目立项决策流程》。在项目立项决策通过后，决策会正式任命项目经理，项目管理办公室公布项目经理任命通知，并依据"项目编码规则"（请查看附录8.4）给予项目编号。

6.3 项目阶段决策

制订计划时，将项目划分为多个阶段，在各个阶段末按需设立阶段决策点，项目在阶段决策点临近时发起项目阶段决策流程。具体流程要求请查看《产品与技术项目阶段决策流程》。

6.4 项目变更决策

项目执行过程中出现偏差，影响到项目时间、预算、范围、质量等批准的项目基准时，启动项目变更决策流程。具体流程要求请查看《产品与技术项目变更决策流程》。项目变更等级划分请依据"项目变更等级划分规则"（请查看附录8.5）执行。

6.5 项目结项决策

项目按照要求完成项目工作，交付项目产出，移交项目工作后，项目发起结项决策流程。具体流程要求请查看《产品与技术项目结项决策流程》。

7 附则

本办法自发布之日起实施，本办法由项目管理办公室负责解释。

本办法中涉及的相关细则和模板将后续发布。

8 附录（略）

9 相关文件及表单（略）

附录 D

项目管理模板

D.1 ××项目立项报告

1. 项目背景及意义

项目背景	
项目意义	

2. 项目可行性

商业价值和业务价值	
技术可行性	
关键资源可获得性	

3. 项目约束及假设

项目约束	
项目假设	

4. 项目关键成功要素

5. 项目目标

项目目标描述	
项目交付物的组成	
成果转化率	
可获得的经济效益	
可获得的社会效益	

6. 项目方案

可选交付方案一	
可选交付方案二	
可选交付方案三	

项目团队建议：

7. 项目时间计划

项目管理阶段

起止时间	里程碑	阶段名称	阶段主要工作	主要交付物	主要参与方	阶段评审点设置
	☐里程碑 项目完成××%					☐专家评审 ☐管理评审
	☐里程碑 项目完成××%					☐专家评审 ☐管理评审
	☐里程碑 项目完成××%					☐专家评审 ☐管理评审
	☐里程碑 项目完成××%					☐专家评审 ☐管理评审

8. 项目团队成员及组织结构

项目团队成员列表

姓名	部门	原岗位职务	项目内角色	项目内职责	参与工作时间

项目组组织图

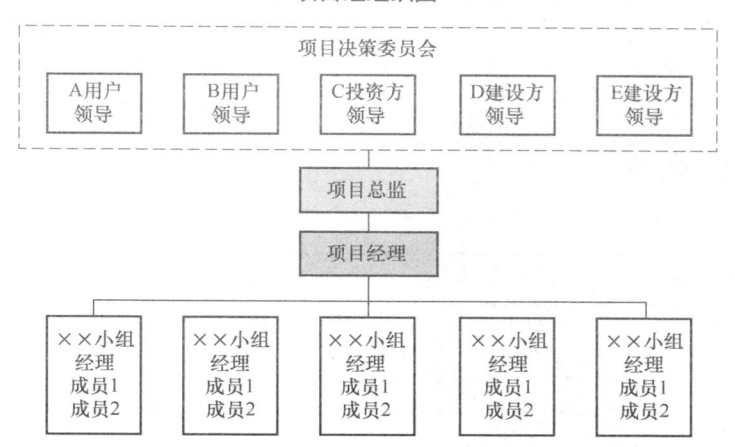

```
┌─────────────────────── 项目决策委员会 ───────────────────────┐
│  A用户领导   B用户领导   C投资方领导   D建设方领导   E建设方领导  │
└──────────────────────────────────────────────────────────────┘
                           │
                        项目总监
                           │
                        项目经理
         ┌─────────┬─────────┼─────────┬─────────┐
      ××小组    ××小组    ××小组    ××小组    ××小组
       经理      经理      经理      经理      经理
       成员1     成员1     成员1     成员1     成员1
       成员2     成员2     成员2     成员2     成员2
```

9. 项目预算及成本支出计划

费用预算

序号	费用类别	预计款项（细分）	经费（元）
1	设备采购费		
2	原材料采购费		
3	加工费		
4	资料采购费		
5	差旅费		
6	会议费		
7	交流费		
8	出版/文献/信息传播/知识产权事务费		
9	劳务费		
10	专家咨询费		
11	其他支出		
12	人力预算		
合计			

费用支出计划

序号	使用预算的阶段	预算用款（万元）	用途说明

10. 项目质量指标

交付物质量

交付物名称	质量验收标准	容许偏差	验收方法	验收责任人	备注

11. 项目风险分析及应对计划

项目风险分析及应对计划

风险名称	原因	事件	概率	影响描述	应对措施	负责人

12. 项目利益相关方分析及沟通计划

利益相关方分类	姓名	项目中担任角色	对项目的主要期望	影响程度描述	沟通方式	沟通频次

13．项目其他成果

标准/专利/认证/奖项	
环境健康安全	
人才培养	

D.2　××项目结项报告

1．项目总体回顾

2．项目成果展示

2.1　项目交付物验收

交付物验收

交付物名称	质量验收标准明确技术指标	质量容许偏差	验收方法	验收责任人	验收结果

2.2　标准/专利/认证预期/奖项

3．项目评价

3.1　项目管理评价

项目管理评价

评审维度	立项批准内容	变更批准内容	实际情况描述	评价结论
项目范围				
项目时间				
项目预算				
……				

3.2　项目阶段评审评价

评审阶段名称	评审时间	评审内容	评 审 组	评审结果
立项评审				
关键节点评审1				
关键节点评审2				
评审维度	立项批准内容	变更批准内容	实际情况描述	评价结论
结项评审				

3.3　用户满意度评价

评价维度	评　分	评　语
以客户为导向		
交付物质量		
履行承诺		

261

（续表）

评价维度	评 分	评 语
响应能力		
项目收益		
项目总体评价		

3.4 项目收益评价

a. 已经实现的收益	
b. 预计未来可实现的收益	

3.5 项目经理评价

评价维度	项目总监评分	项目用户评分	项目供应商评分	PMO 评分
该项目目标达成				
项目经理工作量				
项目经理成长				

3.6 项目核心成员评价

姓 名	部 门	项目内职责	评价得分		
			交付物质量	配合度	成长性

4．项目最终交付物及职责移交

项目最终交付物移交列表

最终交付物名称	移交部门	确认人	备 注

项目职责移交列表

职责描述	移交部门	确认人	备 注

项目遗留问题列表

问题描述	遗留原因	后续处理方案	运维确认人	备 注

5. 项目经验教训

项目亮点	
项目不足	

6. 项目资料归档

项目资料名称	存档处	接收人	备注

D.3 项目工作表

项目工作表用于项目经理、团队成员、项目发起人和利益相关方轻松跟踪和监控项目活动。这些工作表中的任何一个都可以分解成单独的文档。

项目中经常用到的工作表	
简版项目章程	简版项目章程可以作为小型项目的章程,也可以作为大型项目的章程摘要
项目进展报告	项目进展报告是状态报告,可用于让项目发起人、团队成员和利益相关方了解项目进度
预算表	预算表可以跟踪原始预算、实际支出以及成本偏差
成本效益分析表	成本效益分析表可用于审查拟议的项目和潜在的替代方案,并根据更高的投资回报率进行项目选择
风险登记单	风险登记单用于识别、评估、量化风险并确定其优先级(可能发生的事件;项目的不确定性),创建应急计划,并指定风险负责人
问题日志	问题日志用于识别和监控项目问题(已发生的计划外事件)
行动任务清单	行动任务清单用于跟踪和监视分配给团队成员的行动项。行动项是必须完成的任务,但从时间角度来看,这些任务太微不足道,无法在项目进度表中跟踪
交付物里程碑清单	交付物里程碑清单用于确定主要交付物里程碑以及与该交付物里程碑相关的完成日期、目标、假设和约束
工作分解结构(WBS)	工作分解结构表包括项目期间必须完成的活动、所需的工作量、所有相关日期以及分配给完成工作所需的资源
项目成员名录	项目成员名录提供了参与该项目的所有成员的联系信息
角色和职责表	角色和职责表展示团队成员的主要角色、他们参与的任何交付物,以及他们在项目中预计工作的时间百分比
资源分配矩阵	资源分配矩阵用于展示交付每种交付物所负责或所需的资源类型
资源承诺矩阵	资源承诺矩阵显示了每个人在项目中每月分配的工作量
假设和约束	假设和约束表用于跟踪项目假设和约束
决策日志	决策日志用于跟踪项目过程中做出的所有重大决策

（续表）

项目中经常用到的工作表	
沟通计划	沟通计划用于详细说明：你将如何沟通，与谁沟通，多久沟通一次，以什么形式沟通，等等
利益相关方分析	利益相关方分析用于确定利益相关方、他们的角色和他们的需求
期望表	期望表用于识别和跟踪各种利益相关方的期望
变更控制日志	变更控制日志用于跟踪所有正在处理或已完成的变更请求
交付物验收日志	交付物验收日志用于跟踪可交付验收的状态
工时汇总表	工时汇总表用于按个人和月份跟踪整个团队的工作时间
工时表	每个团队成员都可以使用工时表来按活动、按月提交工时

1. 简版项目章程

简版项目章程			
项目名称		项目编号	
项目经理		项目发起人	
更新日期			
背景			
业务需求和业务收益			
目标			
范围	在范围内		在范围外
交付物	交付物		完成时间
评价指标	范围		
	进度		
	成本		
主要注意事项	假设和约束	风险	
		风险类别	风险描述

（续表）

成功标准	1.
	2.
	3.
	4.
	5.
发起人	签名
	印刷体式签名
	日期
项目经理	签名
	印刷体式签名
	日期

2．项目进展报告

项目进展报告												
项目名称							项目编号						
项目经理							项目发起人						
更新日期												
	交付物											
	1	2	3	4	5	6	7	8	9	10		
进度												
范围												
成本												
风险												
问题												
计划完成时间												
实际完成时间												

(续表)

管理警报				
序号	需要管理层注意的情况		行动计划		负责人
报告期内的成就/亮点				
序号	成就/亮点描述	计划完成时间	实际完成时间	负责人	备注

交付物	标题/说明		标题/说明
1		6	
2		7	
3		8	
4		9	
5		10	

3．预算表

预算表		
项目名称		项目编号	
项目经理		项目发起人	
更新日期				
预算状态		
核准预算	迄今为止的计划支出	迄今为止的实际支出	偏差
	计划剩余预算	实际剩余预算	偏差
额外需要的预算			

(续表)

预算详细信息				
内部费用				
薪资	小时费率	小时数	总成本	
资源类型				
资源类型				
资源类型				
资源类型				
资源类型				
资源类型				
其他内部费用				
费用类型				
费用类型				
费用类型				
内部费用总额				
外部费用				
顾问成本		总成本		
顾问类型				
顾问类型				
顾问类型				
资金支出		总成本		
费用类型				
费用类型				
费用类型				
外部费用总额				
总预算				

4．成本效益分析

成本效益分析表					
项目名称			项目编号		
项目经理			项目发起人		
更新日期					
项目开发和支持成本					
描述	FY01	FY02	FY03	FY04	FY05	总计
项目开发成本						
薪酬						
其他内部费用						
顾问成本						

（续表）

资金支出					
项目总成本					
支持成本					
运营成本					
一次性成本					
经常性成本					
持续支持总成本					
收益/节省					
当前流程	FY01	FY02	FY03	FY04	FY05	总计
年总价						
新流程						
年总价						
年度节省						
累计节省						
累计成本						
累计净储蓄总额						
终值				
折现值	利率	阶段	终值
今天这些钱值多少钱		这个项目将持续多少年	期望的项目价值
折现值				
终值	利率	阶段	折现值
期望的项目价值		公司需要多少年才能开始盈利	计划赚的钱在当今市场上的价值
净现值		
阶段	现金流	折现值
1		
2		
3		
4		
5		
总计		
项目开发成本		
净现值		

5. 风险登记单

风险登记单													
项目名称								项目编号				
项目经理								项目发起人				
更新日期											
序号	风险描述	概率	影响	可探测性	重要性	类别	触发事件/指示信号	风险响应和描述	风险应对计划	负责人	状态	记录日期	审查日期
1												
2												

6. 问题日志

问题日志								
项目名称				项目编号				
项目经理				项目发起人				
更新日期							
序号	问题描述	对项目的影响	行动计划/解决方案	负责人	重要性	记录日期	审查日期	解决日期
1								
2								

7. 行动任务清单

行动任务清单							
项目名称			项目编号				
项目经理			项目发起人				
更新日期						
序号	行动任务项	负责人	状态	记录日期	计划完成时间	实际完成时间	备注
1							
2							

8. 交付物里程碑清单

交付物里程碑清单			
项目名称		项目编号	
项目经理		项目发起人	
更新日期			

(续表)

序号	里程碑	描述	计划完成时间	实际完成时间	目的	假设	约束
1							
2							
3							

9. 工作分解结构（WBS）

工作分解结构（WBS）									
项目名称					项目编号				
项目经理					项目发起人				
更新日期									
序号	任务	依赖关系	状态	工时	成本	开始时间	计划完成时间	完工时间估算	实际完成时间	资源
1										
2										

10. 项目成员名录

项目成员名录								
项目名称					项目编号			
项目经理					项目发起人			
更新日期								
姓名	核心/扩展团队	职务	部门	电话	手机	邮箱	项目中的角色

11. 角色和职责表

角色和职责表							
项目名称					项目编号		
项目经理					项目发起人		
更新日期							
姓名	核心/扩展团队	%分配	牵头负责的交付物	参与的交付物	项目中的角色	职责	其他项目任务

12. 资源分配矩阵

资源分配矩阵														
项目名称								项目编号						
项目经理								项目发起人						
更新日期														
项目任务	业务最终用户	业务发起人	IS发起人	业务驱动因素	业务项目负责人	项目经理	业务系统分析师	数据建模员	数据库	数据暂存设计器	培训师	应用程序开发人员	技术/安全架构师	技术支持专家	数据暂存编程员	数据管理者	软件测试工程师
项目管理和要求														
启动														
1	制定初步项目范围														
2	确定业务需求														
3	制定初步预算														
4	确定初步投资回报														
5	完整的项目章程														
规划														
1	建立项目标识														
2	确定项目团队/资源														
3	进行利益相关方分析														
4	编制项目进度计划草案														
5	召开项目启动会														

271

(续表)

		规划											
6	收集详细的用户需求												
7	定义当前业务流程（按原样）												
8	修订项目进度计划												
9	制订项目沟通计划												
10	制定项目组织结构												
11	确定培训计划												
12	制订项目质量计划												
13	制订范围管理计划												
14	制订风险管理计划												
15	制订变更管理计划												
16	制订成本管理计划												
17	制订进度管理计划												
18	制定技术规范												
19	开发技术架构												
20	进行项目采购												
21	最终确定项目预算												
22	最终确定投资回报												
23	开展项目管理												

（续表）

		执行											
1	编制培训材料												
2	执行沟通计划												
3	开发软件												
4	开发新的业务流程												
5	部署新软件												
6	进行培训												

		收尾											
1	获得交付物验收												
2	收尾合同												
3	最终确定预算												
4	最终确定投资回报												
5	进行封闭调查												
6	实施/记录经验教训												
7	归档项目												

说明	
创建交付物	C1：主要创建者；C2：贡献者
需要输入	I
审查交付物	R
批准交付物	A
交付物完成时通知	N
完成后拥有交付物	O

13. 资源承诺矩阵

<table>
<tr><td colspan="14">资源承诺矩阵</td></tr>
<tr><td colspan="4">项目名称</td><td colspan="5"></td><td colspan="2">项目编号</td><td colspan="3"></td></tr>
<tr><td colspan="4">项目经理</td><td colspan="5"></td><td colspan="2">项目发起人</td><td colspan="3"></td></tr>
<tr><td colspan="4">更新日期</td><td colspan="10"></td></tr>
<tr><td rowspan="2">姓名</td><td colspan="13">承诺工时</td></tr>
<tr><td>1月</td><td>2月</td><td>3月</td><td>4月</td><td>5月</td><td>6月</td><td>7月</td><td>8月</td><td>9月</td><td>10月</td><td>11月</td><td>12月</td><td>总计</td></tr>
<tr><td></td><td></td><td></td><td></td><td></td><td></td><td></td><td></td><td></td><td></td><td></td><td></td><td></td><td></td></tr>
<tr><td></td><td></td><td></td><td></td><td></td><td></td><td></td><td></td><td></td><td></td><td></td><td></td><td></td><td></td></tr>
<tr><td>总计</td><td></td><td></td><td></td><td></td><td></td><td></td><td></td><td></td><td></td><td></td><td></td><td></td><td></td></tr>
</table>

14. 假设和约束

<table>
<tr><td colspan="5">假设和约束</td></tr>
<tr><td colspan="2">项目名称</td><td></td><td>项目编号</td><td></td></tr>
<tr><td colspan="2">项目经理</td><td></td><td>项目发起人</td><td></td></tr>
<tr><td colspan="2">更新日期</td><td colspan="3"></td></tr>
<tr><td>序号</td><td>描述</td><td>备注</td><td>类型</td><td>状态</td><td>记录日期</td></tr>
<tr><td>1</td><td></td><td></td><td></td><td></td><td></td></tr>
<tr><td>2</td><td></td><td></td><td></td><td></td><td></td></tr>
</table>

15. 决策日志

<table>
<tr><td colspan="5">决策日志</td></tr>
<tr><td colspan="2">项目名称</td><td></td><td>项目编号</td><td></td></tr>
<tr><td colspan="2">项目经理</td><td></td><td>项目发起人</td><td></td></tr>
<tr><td colspan="2">更新日期</td><td colspan="3"></td></tr>
<tr><td>序号</td><td>决策描述</td><td>备注</td><td>负责人</td><td>状态</td><td>记录日期</td></tr>
<tr><td>1</td><td></td><td></td><td></td><td></td><td></td></tr>
<tr><td>2</td><td></td><td></td><td></td><td></td><td></td></tr>
</table>

16. 沟通计划

<table>
<tr><td colspan="6">沟通计划</td></tr>
<tr><td colspan="2">项目名称</td><td></td><td>项目编号</td><td></td></tr>
<tr><td colspan="2">项目经理</td><td></td><td>项目发起人</td><td></td></tr>
<tr><td colspan="2">更新日期</td><td colspan="3"></td></tr>
<tr><td>序号</td><td>沟通</td><td>描述</td><td>频率</td><td>方式</td><td>负责人</td><td>收件人/与会者</td></tr>
<tr><td>1</td><td></td><td></td><td></td><td></td><td></td><td></td></tr>
<tr><td>2</td><td></td><td></td><td></td><td></td><td></td><td></td></tr>
<tr><td>3</td><td></td><td></td><td></td><td></td><td></td><td></td></tr>
</table>

17. 利益相关方分析

利益相关方分析							
项目名称				项目编号			
项目经理				项目发起人			
更新日期							
序号	利益相关方	角色	带来的影响	影响力	风险承受能力	需求	职责
1							
2							

18. 期望表

期望表					
项目名称			项目编号		
项目经理			项目发起人		
更新日期					
序号	期望描述	来源	必须有	想有	最好有	确定日期

19. 变更控制日志

变更控制日志									
项目名称						项目编号			
项目经理						项目发起人			
更新日期									
序号	变更描述	优先级	原始提出人	记录日期	分派日期	评估者	状态	决策日期	包含在几版
1									
2									
3									

20. 交付物验收日志

交付物验收日志				
项目名称			项目编号		
项目经理			项目发起人		
更新日期					
序号	交付物描述	备注	评估者	状态	决策日期
1					
2					

21. 工时汇总表

工时汇总表													
项目名称					项目编号								
项目经理					项目发起人								
更新日期													
姓名	使用的工时												
^	1月	2月	3月	4月	5月	6月	7月	8月	9月	10月	11月	12月	总计
总计													

22. 工时表

工时表													
项目名称					项目编号								
项目经理					项目发起人								
更新日期													
姓名													
任务	使用的工时												
^	1月	2月	3月	4月	5月	6月	7月	8月	9月	10月	11月	12月	总计
总计													

参考文献

[1] 全国项目管理标准化技术委员会. 项目管理专业人员能力评价要求：GB/T 41831—2022[S]. 北京：中国标准出版社，2022：10.

[2] Office of Government Commerce. Managing Successful Projects with PRINCE2 2009[M]. London: The Stationery Office，2009.

[3] 项目管理协会. 项目管理知识体系指南（PMBOK 指南）（第 5 版）[M]. 北京：电子工业出版社，2013.

[4] The Stationery Office.Managing Successful Programmes[M]. London: The Stationery Office，2011.

[5] The Stationery Office. Management of Portfolios[M]. London: The Stationery Office，2011.

[6] The Stationery Office. Management of Risk: Guidance for Practitioners[M]. London: The Stationery Office，2007.

[7] AXELOS. Portfolio，Programme and Project Offices[M]. London: The Stationery Office，2013.

反侵权盗版声明

电子工业出版社依法对本作品享有专有出版权。任何未经权利人书面许可，复制、销售或通过信息网络传播本作品的行为；歪曲、篡改、剽窃本作品的行为，均违反《中华人民共和国著作权法》，其行为人应承担相应的民事责任和行政责任，构成犯罪的，将被依法追究刑事责任。

为了维护市场秩序，保护权利人的合法权益，我社将依法查处和打击侵权盗版的单位和个人。欢迎社会各界人士积极举报侵权盗版行为，本社将奖励举报有功人员，并保证举报人的信息不被泄露。

举报电话：（010）88254396；（010）88258888
传　　真：（010）88254397
E-mail：　dbqq@phei.com.cn
通信地址：北京市万寿路 173 信箱
　　　　　电子工业出版社总编办公室
邮　　编：100036